胡耀邦

★ 從國共內戰到天安門事件（1915-1989）

THE CONSCIENCE OF THE PARTY

HU YAOBANG, CHINA'S COMMUNIST REFORMER

蘇葆立 著 —— 林瑞 譯

目次

推薦序

王丹（歷史學者、詩人）

在當代中國政治研究中，個人傳記類作品通常被視為邊緣資料，而不是進入中國政權核心的路徑。然而，蘇葆立的《胡耀邦》卻以一種逆流而上的姿態，將中國共產黨內部運作的觀察重心，放置在一位備受爭議而又難以忽視的政治人物身上，為我們提供了一種新的理解中國政治的路徑。此書最大的貢獻，不僅在於重現胡耀邦一生的政治軌跡，更在於對中共制度邏輯的剖析，與方法論上的示範。

中國研究的方法論

本書前言開宗明義地提出了一個中國研究的核心準則：「了解中國的外交、戰略，必須從內政入手。」這一論斷，儘管看似簡單，實則打破了許多外部觀察中國時常見的誤區。舉例而言，若試圖理解中國對南海或台灣問題的態度，單純聚焦於軍事或國際關係並不足夠；只有深入了解中共的國內治理壓力、民族主義動員機制、以及對黨內合法性的焦慮，才能掌握其真正的戰略動機。這樣的分析框架，對中國經濟研究亦同樣適用。當前不少西方學者在分析中國產業政策或資本市場時，仍未能充分納入中共政治控制邏輯的變數。

第二個重要的貢獻，是本書選擇「以人觀政」，從胡耀邦一人之生平，解析整個中共組織與時代的變遷，堪稱現代版的「見微知著」。這一策略令人想起孔飛力（Philip Alden Kuhn）在《叫魂》（*Soulstealers: The Chinese Sorcery Scar of 1768*）中以一起「妖術恐慌」事件為切入點，揭示十八世紀中國社會文化的深層結構。本書所走的路徑，與此異曲同工，選擇胡耀邦這位有著獨特性格與經歷的政治人物作為觀察點，不僅展現了個人的命運，更折射出中國政治轉型的矛盾與困境。

胡耀邦的「天真」

胡耀邦之所以成為一個值得大書特書的人物，除了他在改革開放初期所扮演的重要角色外，更在於他那種在中共高層中極為罕見的「天真」。本書對此有敏銳的捕捉。胡耀邦堅持推動思想解放、為歷史冤假錯案平反，主張加快改革節奏，這些主張雖然激勵人心，但其背後顯露出他對中共體制深層抗拒變化特性的認識不足。

一九八七年他被迫辭去總書記職務時，情緒失控地放聲大哭，這種反應在中共高層幹部中極為罕見，也象徵著一種對政治現實的錯愕與拒絕接受。相對地，同樣被打壓的趙紫陽則冷靜許多，對政治清洗有著更清晰的認知與心理準備，並在其晚年選擇拒絕復出，展現出與胡截然不同的政治性格。

胡耀邦的「天真」不僅體現在情緒反應上，也體現在他的政策實踐中。無論是他對農村改革的樂觀估計，還是對黨內腐敗問題的疾呼，往往忽略了體制本身作為阻力的角色。例如，胡在一九八六年學潮後試圖對黨政分開、推動政改，卻在面對黨內保守派如陳雲等人的強力反撲時毫無招架之力。這種改革者的悲劇命運，既令人同情，也讓人警醒：沒有對權力邏輯的深刻理解，理想往往會變成脆弱的泡影。

值得肯定的是，作者並未因胡耀邦晚年形象的正面光環而掩蓋其過往的陰影。例如書中提到，胡在延安整風運動中，也曾參與對同僚的迫害行為，包括使用酷刑逼供。這些黑歷史對許多胡耀邦的崇拜者而言，可能難以接受，但作者以冷靜的筆調據實記述，體現出歷史研究者的基本品格。

這種誠實的書寫，對讀者而言也極具啟發性。它提醒我們，即便是一個相對正直與改革傾向的中共領導人，也難以逃離整個體制文化的影響。在政治運動中，個人良知往往會被集體暴力與意識形態所淹沒。胡耀邦後期對言論自由的支持，與其早年在延安的角色，形成一種諷刺的對照，也讓我們得以從制度的歷史與心理層面更深入理解中共官員的轉變。

胡耀邦與「團派」的關係

書中對胡耀邦與「團派」的關係，點到為止，實為一個尚待深入拓展的研究方向。所謂「團派」，即是以共青團系統為基礎，逐步培養出一批政治精英，對中共內部人事安排與政策導向產生深遠的影響。胡耀邦在主政共青團期間，大力提拔了如胡錦濤、李克強等後來的政治人物，實際上奠定了「團派」的選拔制度與價值觀。

這種「另類精英路線」一度被視為中國政改的希望所在，因其成員多有理工背景、行政經驗豐富、相對重視制度建設與治理效率。然而，到了二十一世紀，團派逐漸失勢，也突顯出這條路線在面對強人政治時的脆弱。胡耀邦作為團派的精神導師，其政治理想與組織實踐的反差，更值得研究者重新評估。

未來若能針對胡耀邦與團派的制度性關聯進行更深入的探討，例如分析他在共青團體系內的用人原則、價值輸出模式，與後來團派精英的政治行為是否一脈相承，將大大提升本書在政治社會學與組織研究中的價值。

胡耀邦的西藏政策

最後，作為一點小小的補充，我認為胡耀邦在西藏問題上的政策具有現實意義，值得寫進他的傳記中，否則也是一種遺珠之憾。

根據本書第八章和鄧力群回憶錄的記載，一九八〇年胡耀邦在視察拉薩郊區反帝公社一些居民的住房時，親眼目睹西藏人民極為惡劣的生活狀況後非常震驚，他當面對駐藏官員質問：「中央援助西藏的專門撥款都扔到雅魯藏布江裡去了？！」他對多年來以漢族軍人為主的西藏當局推行極左路線的惡果，痛心地留下這麼一句話：「這完全是殖民地的做法！」

一九八〇年五月二十九日，胡耀邦在西藏自治區幹部大會上發表講話。他用六個字概括其講話精神：「免稅、放開、走人」。所謂「走人」，就是把在西藏的漢族幹部大量撤回內地，使藏族幹部的比例達到絕對多數。他說：「在兩、三年之內，我的意見最好是兩年，把國家的脫產幹部，我不是講的不脫產的，不脫產的那要全部是藏族，國家的脫產幹部，包括教員啦，藏族幹部要占到三分之二以上。」他說，對在西藏的漢族幹部「要有計畫地、相當大批地回到內地去妥善安排工作。這麼一來，我看三方面會滿意，中央滿意，漢族幹部滿意，藏族幹部同人民滿意，三方面滿意，我們為什麼不幹這個事情呢！」

胡耀邦的建議一經提出，遭到黨內強硬派的大力反彈，尤其是長期在西藏工作的漢族幹部更是強烈反對，他們紛紛表示，一旦漢族幹部撤出，分離勢力必然增長。因此，胡耀邦的政策沒有被當時的中共當家人鄧小平採納。這裡，其實已經可以看到，圍繞西藏政策，已經形成了龐大的利益集團，他們會以穩定為名，維護自身的利益。而穩定，對於中共來說，是一道神主牌，只要打出這張牌，其他主張就只能退避三舍。當然，我們現在也都看到，以穩定為名拒絕接受胡耀邦的建議的結果，並沒有使得西藏的形勢更加穩定。當然，在這個問題上，我們在此看到了胡耀邦在某種程度上的「天真」。

總體而言，《胡耀邦》是一部兼具思想厚度與歷史嚴謹的作品。它不僅是一部人物傳記，更是一份關於中國共產黨歷史與政治文化的深刻觀察報告，同時也是中華人民共和國的歷史。透過胡耀邦這個人物，我們得以窺見中共體制的希望與限度、改革者的進取與悲劇、以及政治天真的代價，同時也看到了一個國家是怎樣在一個政黨的統治下，歷經了各種風雨坎坷的道路。本書不僅為胡耀邦正名，更為理解中國提供了另一條從個人入手、見微知著的研究途徑。

若將此書作為理解中共和中華人民共和國的歷史的起點，那麼它提醒我們：制度從來不只是抽象的規則與權力結構，它同樣寫在一個個人的選擇、掙扎與命運之中。

中文版序

十一年前，當我在「史密斯・理查森基金會」（The Smith Richardson Foundation）優渥的資助下，展開《胡耀邦》這本書的研究工作時，我並不確定應該把研究重點擺在哪裡。美國人對胡耀邦在中國共產黨內的事蹟一無所知，甚至還有誤解，我應該按照年代先後順序，討論胡耀邦的生平？或者應該偏重理論研究，聚焦胡耀邦在毛澤東死後中共「改革」過程中所扮演的角色？

我在二〇一五年往訪香港與中國大陸，展開這項研究，蒐集材料，走訪與胡耀邦有關的歷史性地點。我在香港找到幾家相關書店，儘管規模不如當年，但它們仍可提供豐富的中國現代史、傳記材料與學術研究書籍，而且有大量我所謂「政治文學」或涉及中南海內部政治風雲的小道消息。我走訪了北京城外幾處歷史性地點，例如胡耀邦在湖南鄉下的老家，他在江西的陵墓，以及位於南充的前「川北行政區公署」。在這些訪問過程中，我沒有設法接觸胡耀邦的任何家人、部屬或任何中國政府官員。這是因為我曾經是美國政府高級安全與情報官員，我擔心這樣的身分會為任何可能有意與我會面的人造成「不便」。

返美後，我決定盡量待在家裡，在可以監控的電腦安全條件下進行這本書的研究。「國會圖書館」（Library of Congress）離我住處很近，走路可及，我也廣泛利用館內「亞洲研究室」（Asian Division

Reading Room）的硬拷貝與電子資源。在讀完幾本關於胡耀邦的主要傳記——有陳利明、滿妹（胡耀邦的女兒）立的傳，還有張黎群等人所著《胡耀邦傳》第一卷，我開始小心翼翼、踏入中國網際網路的世界。那是一片五光十色、令人目眩的材料之海。僅僅是決定讀哪些、不讀哪些，就已經曠日耗時，加上我的語言技巧並不高明，而且在二〇一六年之前，Google Translate, MDBG, Microsoft Bing 與 Tencent 這類線上翻譯程式的功能都還不佳，情況更是雪上加霜，苦不堪言。

我終於找到幾個張貼各類議題（包括幾位學者所說的頗具探討危險性的中國共產黨史料）的當代史料網站。其中對我最有助益的是《共識網》、《炎黃春秋》與《胡耀邦史料信息網》。胡耀邦去世後，《炎黃春秋》一直努力不懈，重建胡耀邦的名聲。面對有增無減的官方壓力，胡耀邦的兩個兒子胡德平與胡德華積極支持這家期刊與它年邁的編輯杜導正。當這家雜誌終於在二〇一六年關門時，擔任《炎黃春秋》副總編的胡德華正在現場，並對外國媒體吐苦水。《炎黃春秋》因多年來刊登內容不斷引發官方審查人員與雜誌工作人員的爭議而被關閉，決定將它關閉的主謀可能就是二〇一二年出任中共總書記的習近平。

或許令人感到反諷的是，最後拍板為胡耀邦名譽平反，並主持胡耀邦百歲誕辰紀念儀式的人也是習近平。一九八七年，在胡耀邦被逼下台的那場鬧劇中，習近平的父親習仲勛是唯一挺身而出，為胡耀邦仗義執言的政治局成員。在二〇一五年的胡耀邦百歲誕辰紀念活動中，《胡耀邦選集》發表了，過去被查禁的兩卷《懷念耀邦》的傳記獲准發行，國家電視台也播出一套五部的胡耀邦紀錄片。但中共當局並未因此公開一九八七年罷黜胡耀邦過程的細節，也未撤銷對總書記胡耀邦的正式批判。對胡耀邦的平反只是形式上的，並不完全。

習近平上台後，一再毀損胡耀邦的傳承和信譽。幾乎所有胡耀邦倡導、建立的改革，都因習近平做出的政治選擇、採取的意識形態立場，以及習近平引進中共領導班的人事，而遭到否定或放棄——我這麼說，應該不失公允。如今習近平邁入第三任總書記任期，他削弱共產黨對終身制的限制，搞個人崇拜，將官方意識形態重塑為枯燥乏味，讓人只能畢恭畢敬、唯命是從的教條。他一面將自己的親信帶進政治局常委會，一面刻意貶抑胡耀邦所鍾愛的共青團出身的領導人。許多振興民營經濟區塊的行動因他而毀，許多改革國有企業系統的努力也因他而窒息。習近平還建立一個科技先進的監控系統，鎮壓社會大眾表達意見，讓大多數民眾噤若寒蟬。許多往訪中國的外國訪客與有見識的觀察家都說，即使在胡耀邦下台後仍愛慕、信任胡耀邦的中國民眾，如今卻唾棄、不相信習近平。

當二〇二五年「六四」天安門慘案三十六週年逼近、本書付印時，我們再次感受到胡耀邦與他秉持的理念對當代中國的重大影響。今年三月三十日，胡耀邦與李昭的三子胡德華心臟病突發瘁逝，享年七十六歲。胡德華突然去世的消息在「紅二代」圈內迅速傳開，許多人不顧安保人員的攔阻，到胡家致哀。若干西方媒體報導了他的死訊，但中國媒體幾乎全無動靜。社交媒體有關他死訊的貼文遭下架，有關四月六日在八寶山革命公墓舉行葬禮（其實只是一次火葬）的消息也不准發布。在胡德華的屍骨火化後，保安人員立即將他的骨灰移往不明地點，準備日後葬在江西省境的胡家紀念公園。

胡耀邦的三個子女撰寫有關父親的書，對於父親和他帶給他們的教訓、以及改革重要性等議題提出獨到的看法。而胡德華在二〇一三年發表的《我心中的耀邦》則有些不同。這本書集結了胡耀邦二十幾位友人與部屬所寫的懷舊文章，並非胡德華本人的回憶作品。胡德華本人的看法往往偏向爭議，主要反映的不是他父親的品德，而是對那些批判、罷黜胡耀邦之人的控訴。胡德華在二〇一三年接受《德國之聲》（*Deutsche Welle*）德國漢學家蘇珊・魏格林・史維吉（Susanne Weigelin Schwiedrzik，漢名魏格林）訪問時，將胡耀邦與鄧小平的改革概念做了對比：「胡耀邦是一個理想主義者，是救民。而鄧小平是一個現實主義者，是救黨。如今看來，『救民』走向開放、民主法治，而『救黨』則走向封閉、維穩。」[1]

我為寫這本書所做的唯一一次訪問是魏京生。魏京生是全球民主運動領導人之一，不僅在這本胡耀邦的故事中扮演一個角色，可能還在一九七九年因胡耀邦之助，從鄧小平手中撿回一命。魏京生是解放軍將領之子，與其他高幹子弟同住一處宅院，知道許多有關精英政治的內幕。我在一九九七年擔任柯林頓（Bill Clinton）總統白宮幕僚期間，曾經出力促成他的獲釋。一九七八年十二月，魏京生在「西單民主牆」張貼大字報──《探索》雜誌在一九七九年一月發表這篇名為〈第五個現代化：民主及其他〉的大字報──自此，他始終不懈地鼓吹民主，堅持中國人民需要民主，而中國共產黨不能為他們帶來民主。魏京生在這篇大字報中呼籲中國人民「團結在民主的旗幟下，不要再相信獨裁者的『安定團結』說詞……法西斯極權主義只能帶給我們災難……民主是我們唯一的希望。」[2]

當我的哈佛大學出版社（Harvard University Press）編輯凱絲琳・麥德摩（Kathleen McDermott）與我決定這本書的英文書名（*The Conscience of the Party*，原譯「黨的良知」）時，我的妻子廖大文，一位長年投入的人權運動家，提出了一個切中的問題。基於她認為道德良知（conscience）是促使個人糾正錯誤的關鍵，她問道：「胡耀邦是在何時發現自己的良知？」這時機並不在他的年輕時代。儘管他受過四書五經之類的小學教育，但屢遭打斷的受教環境、江西清黨的殘酷、國民黨的「剿匪」戰役以及長征的恐怖，這一切遭遇對於儒家仁、義、理、智、信的品德養成絕無加分效果。此外，延安時期的整風、早期馬列毛主義意識形態的僵化、國共內戰的大殺戮以及「解放」後毛澤東的政治運動，對「良知」也是無情的摧殘。儘管共青團的工作為胡耀邦帶來機會，讓他自己與他的部屬對教育與工作採取更文明的作法，但毛澤東的政策干預——特別是「大躍進」與「社會主義教育運動」——將胡耀邦一步步逼入「政治鬥爭」的時代。對胡耀邦來說，由拷問毆打、公社暴力、身心酷刑譜成的文化大革命是其人生的分水嶺。在歷經三年勞改後，一九七二年他重返家鄉，花許多時間研讀、沉思。當時他想些什麼，我們無從得知，但從他在毛澤東死後的行為表現來看，他已經將他的目標與行為從「繼續革命」轉為糾正毛澤東時代所犯下的錯誤，並「撥亂反正」。

胡德華再次詮釋了他父親的思考。有一次，他的友人、著名記者高瑜問道，他的父親在總書記任內的理念是什麼，胡德華的回答很簡短：「讓我們的黨成為一個正常的黨，讓我們的國家成為一個正常的國家，讓我們的社會成為一個正常的社會，讓我們的家庭成為一個正常的家庭，讓我們的人民成為正常的人。」[3]

胡耀邦很清楚自己公平正直、不曲意迎合的個性，他以此為榮，也要求他的家人與他在共青團的部屬這麼做。但他未能讓那些「老革命」接受他的價值觀，最後那些老革命把他逼下台，讓貪腐吞噬了中國共產黨，直到今天情況依舊。造成今天這種局面，黨難辭其咎，如果不能完全怪罪黨本身，就得怪罪人民了。

蘇葆立寫於二〇二五年四月二十九日

前言 「國魂」

大多數的美國人，即使是留意中華人民共和國情事與人物的美國人，對「胡耀邦」這個名字也未必熟悉。但是對大多數有一定年紀與教育程度的中國人而言，胡耀邦不僅有名，而且是他們非常崇敬、懷念的人物。在中國數不清的書籍與文章中，他是人們歌頌讚美的對象。與包括毛澤東和鄧小平在內、大多數中國共產黨前朝領導人不同的是，胡耀邦始終在中國人心目中令名不墜。在一九八九年四月十五日他猝逝之後，中國民眾以「中國魂」、「共產黨員的良知」、「改革先驅」、「人民喉舌」、「人道領導人」、「偉大的民主鬥士」等美詞來懷念他。

他去世後不到兩天，學生與民眾開始湧入北京天安門廣場，擺上鮮花、花圈、旗幟、標語，既表示對胡耀邦的懷念，也藉機宣洩他們對兩年前把胡耀邦拉下台、繼他之後上位的那些中共頭子們的不滿。學生與民眾不理會警方封鎖，把北京市與國家當局官員的禁令拋在一邊，成千上萬湧至，將首都市中心區擠得水洩不通，要求改革——要求領導人像胡耀邦那樣高風亮節，在政治上有為有守。當中國共產黨領導人於四月二十二日在人民大會堂通過悼念胡耀邦的動議時，他們滿懷悲憤，默然肅立在大會堂外。

在紀念儀式過後，有增無減地湧入天安門廣場的人潮高呼口號，要求當局傾聽他們改革治理、提升民權與民主的心聲。他們訴求的重心不再只是胡耀邦，還包括黨與人民。抗議群眾高歌、怒罵，他們節食，組織，封鎖交通，對當局的撤離令視若無睹。面對如此騷亂，嚴重分裂、由元老主政的黨一時拿不定主意，只是一味猶豫、拖延、不斷發言恐嚇、譴責示威，同時彼此之間還繼續明爭暗鬥。最後他們出動解放軍，幹下胡耀邦絕對不會幹的事：一九八九年六月四日，他們以武力在天安門廣場清場，殺了可能數以千計的示威青年與民眾。事後，他們在全國各地抓捕成千上萬的人入獄，將膽敢播報軍警惡行的外國記者驅逐出境，切斷與外界的通信管道，窒息了黨內要求改革之聲。[1] 為重建破損不堪的黨譽，他們下令國家媒體將胡耀邦三字徹底消音。

這本書的基本前提是，無論哪個國家或政治系統，想了解它的外交政策、目標、雄圖與戰略，就必須先了解它的內政。中華人民共和國之所以與眾不同，就在於它執意控制有關其內政的資訊——它嚴控其歷史檔案，仔細管制本國史的研究與出版，並正式通過經過竄改、編纂以反映現有領導班子喜好的中國共產黨歷史「決議」。胡耀邦大致活在與中國共產黨崛起的同時，透過對他一生的檢視，我們可以更詳盡、更有意義地觀察中國共產黨這段充滿驚奇的歷史。我希望讀者發現這是一段值得一讀的歷史。

我以胡耀邦之死作為這本書的開端與結尾。一九八九年四月八日，中國共產黨前總書記與主席胡耀邦，在北京一次黨會中因心臟病發而去世。自一九八七年一月遭逐出總書記寶座以來，胡耀邦不再於政治局會議中露面，這次會議是他下台後出席的第一次會議，因為這次會議以改善中國教育系統為要旨，而改善教育是胡耀邦特別關注的事項。[2] 但在會議進行半途，他心臟病發不支倒地。送醫後，他似乎略見好轉，還幾次與探病的家人會面。但他在四月十五日心臟驟停，於上午七時五十三分去世。

他的死亡導致共產黨高層一陣忙亂，首先他們在當天中午召開政治局會議，指定治喪委員會。[3]總書記趙紫陽提議在官方訃告中讚揚胡耀邦，尊他是「久經考驗、忠誠的共產主義戰士，偉大的無產階級革命家、政治家，我軍傑出的政治工作者，長期擔任黨的重要領導職務的卓越領導人」。趙紫陽主張以政治局常委、而不以胡耀邦原有黨主席與總書記職位的規格為胡耀邦治喪。但由於趙紫陽堅持，所有有關喪禮安排的決定必須先取得鄧小平、陳雲、李先念等黨元老的首肯，胡耀邦的官方訃告直到下午六時三十分才由中國中央電視台在新聞節目中播報。[4]

四月十五日晚，趙紫陽接獲悉，說可能有人發動紀念胡耀邦的示威與集會，但他不以為意。不過公安部也提出警告，要北京各大學提高警覺。胡耀邦一直深獲學生與一般民眾喜愛。中共元老都是八旬老翁，胡耀邦七十三歲猝逝的消息引起極大的震撼。大致上，民眾對胡耀邦之死的反應是哀傷與悲痛。學生的反應更自發，北京各處校園紛紛設立靈堂，學生與教職員開始張貼標語與大字報，表達由衷哀痛，讚揚胡耀邦的品格與一生事蹟。

普通民眾，包括許多公務員在內，開始自發聚集在天安門廣場人民英雄紀念碑前，鮮花、橫幅、標語與大型紀念花圈很快塞滿紀念碑每一處角落。除了悼念訊息外，有人讚揚胡耀邦是「民主先驅」，是名留青史的「開明的人民公僕」。現身廣場的對聯與標語不乏具政治意味之作，但大多表達的，只是對痛失一位愛民、親民領導人的哀傷與不捨。不過沒隔多久，整體情緒開始變化，積累多月緊張的社會政治壓力也即將爆發。

當正式喪禮於四月二十二日舉行時，儘管警方與解放軍極力防堵，人民大會堂外的天安門廣場

一九八九年四月十九日中央美術學院為胡耀邦辦了一場紀念式。大幅輓聯左聯寫著「中央美院敬輓」，右聯寫著「何處招魂」。〔法新社（AFP）記者凱瑟琳．亨利艾（Catherine Henriette）攝影〕

仍然湧入數以萬計的悼念民眾。他們向愛戴的胡耀邦表忠，也怒不可遏、破口大罵那些迫使胡耀邦下台的元老。他們排成人龍，把人民大會堂到八寶山革命公墓間的各個街口擠得水洩不通，迫使胡耀邦送葬車隊花了一個多小時才走完原本只需二十分鐘就能完成的行程。胡耀邦的大體在公墓火化，但骨灰沒有與其他革命英雄混在一起。應家屬之請，江西省偏鄉一個叫做「共青城」的地方為他立了一個墓。直到今天，這陵園仍是一處聖潔淨土，每年有成千上萬的民眾來此向胡耀邦致敬。

在胡耀邦追悼式結束後，民怨因共產黨領導層的無能與分裂而暴增。這股群情激憤的狂潮，終於演變成統治者與被統治者之間的大對決，前後兩個月間，北京為之癱瘓。當局最後以暴力手段鎮壓天安門廣場的民主示威者，結束了這場動亂，這就是著名的「天安門大屠殺」，對大多數中國人而言，就是「六四」（發生在六月四日）。當硝煙漸逝，血跡洗盡，在黨領導人整肅了趙紫陽，找來不見經傳的省領導人江澤明接班之後，胡耀邦的名字從幾乎所有共和國的媒體上消失，彷彿他從未存在一般。

但人們沒有遺忘胡耀邦。他的家屬以及他那些因他心思周密、傑出組織技巧與改革治理的勇氣而受益的舊部，不斷發文爭取他的平反。前後幾近十六年間，共產黨只是極力撇清、阻撓這個議題，直到總書記胡錦濤（與胡耀邦沒有血緣關係）在二〇〇五年同意局部為胡耀邦平反正名為止。前副總理田紀雲與《炎黃春秋》——中國境內主張精準歷史研究與改革派政策的新興喉舌——其他作者，立即撰文稱讚胡耀邦是「共產黨人的良心」。[5]

之後許多年，就在中國共產黨領導班子為政策、態度與接班問題掙扎不已之際，胡耀邦的名字、他一生的事蹟與理念，也成為政治結構改革等構想的象徵——而政治結構改革正是中共政權無

位於江西省共青城附近富華山的胡耀邦陵園，風格十分現代化，與其他中共領導人陵墓大不相同。他的墓地座落在一處大公園中，一位深受人民愛戴的領導人長眠於此。每年總有數以千計的民眾來此瞻仰悼念。（圖片來源：Wikimedia Commons）

法完成、甚至連想都不敢想的議題。沒有人不對胡耀邦的誠實與慈善讚譽有加，「自由派」媒體開始撰文鼓吹立憲民主、新聞自由、以及共產黨二〇一二年後新領導人習近平不能容忍的改革。

二〇一五年十一月二十日胡耀邦百年冥誕當天，習近平領導中國共產黨政治局常委全體委員出席紀念胡耀邦、讓胡耀邦重返黨懷抱的儀式。但他因一九八七年一月遭到非法罷黜與個人羞辱，而在官方記錄中留下的汙點並未因此去除；黨沒有因此修正關於他所犯「錯誤」的官方評斷，也沒有因此解禁，將他一生事蹟完整公諸於世。胡耀邦的《選集》在經過精心策畫後出版，他的非官方傳記的最後兩冊，在官方審查人員將一切涉及他在世最後兩年遭遇盡皆刪除之後，才在壓了五年之後終於發表。

翌年，習近平下令關閉《炎黃春秋》，進一步加緊對新聞自由的管控。到二〇二二年中國共產黨第二十次全國代表大會召開、習近平拿下第三任黨總書記任期時，所謂「改革」的整個概念已完全掏空。胡耀邦當年力圖匡正的許多缺失與濫權，包括個人崇拜、終生任期、意識形態僵化、欠缺政治問責等，卻重新大行其道。

在中國共產黨領導層中，胡耀邦是一位極其特殊的人物。他甚至比鄧小平還矮，身高不到五呎，體重約一百磅；毛澤東在與他初會時就發現他「只是個小傢伙」。早從幼年時代起，瘦小的胡耀邦就知道得找比自己大、能夠保護自己的人交往。憑藉不凡的學業成績，幼年的胡耀邦在湖南獲選進入特種學校，但革命攪亂了他的命運，特別是共產黨與國民黨在一九二七年開始兵戎相見時，一切都改變了。十四歲那年，由於不能繼續讀中學，胡耀邦放棄學業，加入毛澤東在江西西部的革命基地，負責宣傳、出版與為紅軍招攬青年的工作。

革命旅途十分艱鉅。他在「長征」路上不僅遭遇彈片傷，還染過瘧疾、痢疾、肝炎、腦蛛網膜炎、以及其他因體弱、營養不良、因愛抽菸而引起的疾病，險些命歸黃泉。一九四九年初的「太原戰役」，是共產黨在國共內戰中最血腥的一場勝仗，而胡耀邦當年就是取勝的這支共軍黨委會成員。在「文革」（一九六六至一九七六年）期間，他一再遭到紅衛兵以皮帶與木條毒打，之後被送往河南偏鄉勞改營，在酷暑、濕熱與惡劣的環境中苟延殘喘。他強悍、執著、有彈性、自信，面對壓力從不屈服。

生在湖南貧農之家的胡耀邦，了解這片土地與它的人民。他說話帶有濃濃的湖南鄉音，他同情大得不成比例、以土地為家的農民「老百姓」。他為農民謀福，不僅因為他的意識形態使然，即使這麼做困難重重，他也從不退縮。在他的黨政生涯中，胡耀邦遍訪全國兩千兩百多個縣級行政單位中的三分之二，對於窮縣偏鄉的造訪頻率甚至更高。他喜歡不宣而至，與農民互動，一起進餐。中國高幹一般生活在金碧輝煌的「中南海」——共產黨挪用，作為總部的前清帝都——外出旅行也只住豪華別墅，但胡耀邦在官邸外四合院住了三十多年，旅行時也往往選在普通幹部宿舍與賓館過夜。

胡耀邦愛讀書，是自學成材的作者與編者。他畢生投入大多職涯於宣傳，但也深知宣傳有其極限與濫用之虞。他是詩人與書法家，喜歡與知名作家和藝術家為伍。他為自己和他人的演說撰稿，還為全國性刊物編寫文章。

胡耀邦曾是毛澤東的忠實信徒，毛在他職涯早期頗有提拔之恩，特別是將他引進共青團。但隨著時間消逝，毛不容異己、不切實際的政策選項與個人崇拜，逐漸讓他對毛心灰意冷。胡耀邦經常與鄧小平一起工作，但從不自認為鄧小平的門生，而且鄧小平濫權，其一味向其他黨內元老、特別是向毛屈服的作法，也讓胡耀邦感到失望。對胡耀邦來說，「文革」是造成他重新評估自身職涯與理念的分水嶺。胡耀邦在「文革」晚期返回北京，協助鄧小平重建黨與政府組織，但兩人都因得罪老邁的毛而再次遭到邊緣化。

一九七六年九月，毛澤東去世，華國鋒與葉劍英在數週之後發動政變，逮捕毛妻與她的同夥。當時政治局內異見仍然分歧，沒有就鄧小平重新掌權的條件達成協議，但華國鋒與葉劍英要胡耀邦重返北京，主持重建黨務的工作。胡耀邦於一九七七年三月同意出任已經停課多年的中央黨校常務副校長。

在鄧小平仍處於替補位置的情況下，胡耀邦充分發揮組織長才，展現他在意識形態上的創意。他在肅清中央黨校黨委會中的左派份子後，於一九七七年底重新開班。更重要的是，他召集一個才華洋溢的意識形態議題作者群，發行一份專供中央委員會高層領導人參考的《理論趨勢》雙週刊。《理論趨勢》經常聚焦毛澤東在意識形態方面的缺失，但不點名毛澤東。

胡耀邦的下一項挑戰是黨的中央組織部。文革期間留下來、數不清的誤判案例——包括許多涉及叛國罪，仍在黨副主席汪東興控制下的「特案」——讓「中組部」困於泥沼中。胡耀邦重組龐然大物的中組部，擴編工作人員，在各區組織會議，為數以萬計幹部遭到的不當判決平反，其中有些案例回溯到一九五〇年代，甚至更早。他還親身上陣，處理幾百件涉及毛澤東個人之敵的案件。最後，他為五十幾萬黨內誤判的案件平反，讓四百多萬名幹部與其家屬獲益。就連鄧小平也對他另眼相看，只不過鄧向他投來的未必都是贊同的目光。

一九七八年十二月的中國共產黨第十一屆中央委員會會議開啟了鄧小平的改革紀元，長久以來一直被視為黨意識形態與政治路線的轉捩點。在這本書裡，我對這件事的觀點略有不同。在那段時期，最重要的會議是十一月舉行的中央工作會議。這次會議主要討論人事議題，例如為陳雲等幾名在文革期間遭到整肅或失勢的大老的平反。會中用來開脫幾名老幹部的證據，主要由胡耀邦提供。在那個時代，「改革」還不是已成形的概念，只是支持鄧小平成為黨最高領導人、以重建中國經濟的態度。對黨的最高層領導人而言，權力是關鍵目標，能不能指派自己的心腹出掌關鍵性的管控官僚機構——如軍隊、情報與公安、黨中央與宣傳部門等——是權力大小的衡量標準。

胡耀邦由於過去展現的組織長才，而獲選進入政治局，擔任中央委員會總書記與中央宣傳部部長。這兩項任命既拜華國鋒與葉劍英支持之賜，也因為鄧小平的影響力。但胡耀邦沒有實權，而且這兩項新職將他直接交在鄧小平的掌控下，此外就一定程度而言，在鄧小平執意將華國鋒逐下黨主席的行動中，還讓胡耀邦直接成了鄧小平的絆腳石。

在一九七九年一月「理論工作原則會議」中，胡耀邦對意識形態改革的支持，讓許多共產黨元老十分惱怒。這些元老或許厭惡毛澤東，但認為他們需要借助毛的意識形態份量與權威以維護黨的統治。剛結束美國之行返國的鄧小平，怒不可遏地於三月三十日發表有關「四個堅持」的演說。這四個堅持分別是：必須堅持社會主義道路、必須堅持人民民主專政、必須堅持共產黨領導、必須堅持毛澤東思想。四個堅持一經宣布，胡耀邦只能立即銷聲，但無論對他與鄧小平的關係，以及對共產黨領導班子在改革時代的衝勁而言，這次事件已經造成損害。

胡耀邦憑藉組織技巧、意識形態創見與在黨內外不斷增高的聲望，使他與鄧小平的關係不致徹底決裂。胡耀邦在一九八二年的第二十屆中央委員會會議中正式獲選為總書記，不過他得接受鄧小平與陳雲的指示，權力受限。這時的陳雲，地位與影響力已經逐漸增長，與鄧小平不相上下。誠如史學者楊繼繩所言，「鄧小平與陳雲勢均力敵，誰也扳不倒誰，誰也都少不了誰。一些重要議題的運作，兩人都得先達成協議才成。」[6]但鄧小平與陳雲彼此很少對話，也不肯一起出席政治局常委會議，對胡耀邦和總理趙紫陽而言，這都不是好事。鄧小平與陳雲兩人的鬥爭，雖說沒有在海外鬧得沸沸揚揚，但最後不僅造成胡耀邦、趙紫陽先後兩任總書記的失敗，也使共產黨無力因應中國大陸在八〇年代末期的民怨。

身為中央書記處之首的胡耀邦，推動了幾項對中共政權影響最深遠的改革，包括解散人民公社與開啟經濟特區。其中有些之後歸功於鄧小平的改革，其實是胡耀邦的創意，只不過經鄧小平在天安門事件過後採行而已。[7]胡耀邦與陳雲的關係鬧得很僵，多年來陳雲的支持者在意識形態議題上一直對胡耀邦窮追猛打，而陳雲也用貶低胡耀邦的方式，間接批判鄧小平，在胡耀邦一九八三年發表演說、主張全面改革之後，陳雲的反應就是最好的例證。在鄧小平與陳雲兩派人馬越來越公開的鐵拳躂伐下，也因為胡耀邦本人在一九八五至八六年間勸說兩人下台，胡耀邦本人與鄧小平的關係也不斷惡化。

一九八六年十月，堅決為胡耀邦撐腰的葉劍英去世，或許這是鄧小平、陳雲（還有李先念）終於同意胡耀邦必須下台的決定性因素。在這幾名元老策畫、執行，經由一項直接違反中國共產黨本身黨章的程序，一場「宮廷政變」推翻了胡耀邦。引爆這場政變的導火線，並是學生因抗議政府對政經改革的保證跳票，而於十二月在幾處校園發動的示威。胡耀邦被控「違反黨的集體領導原則，在重大政治原則問題上發生失誤」，但這些指控背後的細節從未正式公開。[8] 胡耀邦以長文檢討自己的記錄之後，駁斥了這些指控，黨史學者也在隨後發表的研究中質疑這些指控。這些指控像極了胡耀邦在一九七七至七八年間大舉成功平反的「冤假錯案」。只不過這一次胡耀邦在自我平反前已經離世，而共產黨也不肯為他翻案。

胡耀邦下台的實際過程極度牽強而醜陋。眼見上海與北京學生發動反貪腐示威，讓黨內元老焦慮不安，鄧小平十二月底召集元老，在自宅集會，把示威歸咎於胡耀邦「不能有效反資產階級自由化〔外國勢力〕」。在之後一次與胡耀邦的年輕同事的會議中，鄧小平重複這項指控。胡耀邦願意犧牲自己的地位，以維護已經達成的改革，於是在一九八七年一月初親自向鄧小平請辭。鄧小平下令「中央顧問委員會」召開一次「生活會」——通常指同儕團體內部一種儀式化的批判與自我批判會。在一月間一連五天，幾乎每一名政治局與中央書記處成員，都在選定的「中顧會」成員的伴同下批判胡耀邦——套用胡耀邦的說法——「把我鬥臭」，讓胡耀邦孤立無援、受盡屈辱且淚流滿面。[9] 一月十六日，鄧小平與陳雲參加一次政治局擴大會議，會中建議解除胡耀邦總書記的職位，但保有政治局委員的身分。兩年後，胡耀邦去世。

這本書探討胡耀邦的生平職涯，目的不是為聖徒作傳，也不在歌頌不切實際的美德——本書講述一位有才、有品的人，在一個不獎勵操守與創意的系統中運作的故事。歸根究柢，這是一個悲劇，故事主角為改善眾人的社會、經濟與政治生活而勇往直前，最後終於在少數人的貪婪、嫉妒與權力渴望下落敗。他不是一位英雄；面對他認為比自己更聰明、更有權勢的人，他經常屈服認輸。

但他展現的力量、尊嚴與誠信讓他的許多部屬備受鼓舞，直到今天還有許多人因為他而相信共產黨可以自我改革。在外國人極力了解習近平，以及習近平做了或廢了什麼的今天，胡耀邦的故事值得我們訴說。

本書使用的文獻考據，主要來自二〇〇六至二〇一五年間歷史性期刊雜誌的中文論述、高級黨官與軍官的個人回憶錄、高華和楊繼繩等史學家的突破性創作，以及其他許多主要在香港發表的作品。拜網際網路之賜，中國以外地區的讀者也能讀到許多發表短文、探討中國共產黨黨史的歷史雜誌。《炎黃春秋》與《領導人》等雜誌及「共識網」與「愛思想」等網站，特別是「胡耀邦史料資訊網」，都是本書珍貴的資訊來源。本書引用的許多文章，有些來自之後關閉的網站，有些則來自仍然運作的網站之轉載。習近平對這些雜誌與網站的箝制，以及二〇一九年對香港異議人士的鎮壓，已經讓這些聲音大致消音——但並非全部。

胡耀邦是品德高上、才氣縱橫、樂觀進取又有容人雅量的人。仰慕他的人與他的友人至今仍然對他推崇不已，認為他是「共產黨的良心」、「國家的靈魂」。不過胡耀邦在政治改革之路上敗北，而他的接班人不但沒能做得比他好，看來還做得更糟，我們應該問，這是為什麼？

第一章
生在革命的大時代

一九一五年十一月二十日，湖南省瀏陽縣蒼坊村貧農、臨時挑煤工胡祖倫的妻子劉明倫生下一個男嬰。男嬰排行第九，胡祖倫夫婦叫他「九伢崽」。出生三天後，九伢崽的父母找上孩子的三伯父胡祖儀為孩子取名。胡祖儀飽讀詩書，認為這孩子有一天將成大器，於是根據古書《詩經》典故，為他取名「耀邦」，即「榮耀邦國」之意。與其許多共產黨同事不同的是，胡耀邦長大以後一直沒有改名。[1]

農民出身

一六〇〇年代中期，胡家先祖為逃避江西的社會動亂，遷徙到湖南—江西省界山嶺起伏、貧窮落後的農村。由於胡家來自江西，或許也因為不肯放棄江西的文化和語言傳統，本地人將胡家人視為「客家」。因此，胡家人或許遭到在本地生根更久的居民的歧視。舉例來說，胡家的房子建在比較差的地上——座落在距離村子主體約一英里外的孤立山谷，背後是一片矮陡坡。

在中國，身為「客家」，經常與風雨飄搖的歷史脫不了關係，客家人一般指那些從華北戰亂多事地區，集體移居華中、華南人口較少地區的人民。客家史主要有三到五次大遷徙，時間可以回溯到秦代（西元前二二一至二〇六年），但其中兩次規模較大的遷徙出現在宋朝（西元九六〇至一二七九年）初年與明朝（一三六八至一六四四年）。客家是漢人主流中一個子群，在中國不是經認可的少數民族。但他們在許多領域保有自成一格的認同，沿用一種獨特方言與其他許多客家傳統。今天，身為客家人主要不是地域與語言、而是自我認同的差異。胡耀邦生在客家家庭，是道地客家人，而且在二十世紀之初，他的家鄉所在的那一區，有六成以上居民都是客家人。[2]

客家人素以擁有獨立精神、大膽與勇於行動自傲。他們強悍、有彈性、直率，而且吃苦耐勞。他們重視教育、公平與品行。客家家庭一般不會要女子裹腳，大家族經常將資源匯集，以確保年輕男子都能免費享有教育的機會。[3] 或許你會發現，客家人還有揭竿起義、反抗壓迫的歷史。以十九世紀中葉幾乎扳倒清朝的太平天國之亂為例，太平軍大多數領導人是客家人。國民黨的兩名創黨領導人孫逸仙與廖仲愷，還有幾名國民黨軍著名的將領也是客家人。在中國共產黨革命初期，相當多的客家人加入共產黨，成為黨與紅軍以及之後的中華人民共和國政府的重要領導人。除了胡耀邦以外，這類人士還包括中共最著名的兩名將領朱德與葉劍英，包括創黨元老李立三，根據若干說法，鄧小平也是客家人。[4]

在二十世紀初期的中國，瀏陽縣是革命浪潮的中心。前清代期間，在太平天國之亂於一八六四年敉平之後，因飢荒、戰亂與苛征暴斂而人口出走的瀏陽縣仍然不斷發生農民暴亂。太平天國滅亡後出現的幾次小規模暴亂，儘管以失敗收場，但對清朝覆亡與一九一一年民國的建立都有加分效果。當胡耀邦於一九一五年出生時，成立未久的民國，已因軍閥割據、爭奪地區霸權與全國政府建政權而四分五裂。直到一九二〇年代晚期仍陷於封建民兵勢力割據的湖南，更是兵家必爭之地。由於欠缺治理權威，湖南農民面對地主與土匪的欺壓凌虐，只能拉幫結派來自我保護。之後的毛澤東費盡心機，煽動湖南農民與地主之間的仇怨，來建立一支革命武力。[5]

胡耀邦的父親胡祖倫，於一八八二年生在他日後養活自己一家人的同樣這棟房子裡。胡祖倫的父親胡成瀚受過基本教育，也想方設法讓自己的兒子都能入學受教。但胡成瀚在妻子病逝六年後於三十八歲那年去世。十四歲的胡祖倫與兩個弟妹於是由他們的伯父照料。這位伯父雖也費盡心血，但胡家已陷於困境。沒隔多久，胡祖倫娶劉明倫為妻，劉明倫的家庭來自距離蒼坊村六英里的文家市，父親是貧農，還兼職做煙火。像當年全國各地貧苦人家一樣，劉氏夫婦生下的六子六女（一說為四女）也有幾名因傳染病與惡劣的衛生條件——夭折。

胡祖倫有大約一畝地，種些稻米蔬菜，但生息不夠養家餬口，他還得收集柴火。之後他每天來回超過十二英里，到湖南—江西省界礦區買煤轉售。這是可怕的重活；胡耀邦日後回憶，父親的兩肩因長期載重，腫得像兩個小口袋。胡祖倫太窮，買不起菸草，只能以點燃土產油桐樹葉過癮。[6]他的妻子得在夜間織布，既供家人衣物，也將簡單成品賣到當地市場，以貼補家用。[7]

儘管胡耀邦少年離家，極少回鄉，也從未推動任何發展家鄉經濟的事務，為維護胡耀邦這處祖居，瀏陽縣蒼坊村政府與黨委仍然下了不少工夫。一九九五年，村黨委會重建了這座因家人多已遷離而荒廢多年的老宅。老宅現為國家級觀光景點，有一間收藏許多照片與文物的博物館，及一座陳

胡耀邦在湖南省蒼坊村的祖居。蒼坊村位於湖南與江西省界附近，是一處貧窮、偏遠的客家屯墾區。胡耀邦幼年未上小學，每天來回步行二十公里以上。（圖片來源：Wikimedia Commons）

有胡耀邦塑像的紀念堂。泥磚與木材所搭建的老宅，以青綠陶瓦為頂，堪稱湖南農民簡樸、艱困人生的寫照。老宅由內而外都漆成土黃色，但由於濕度過高、經常降雨，而頗顯陳舊、腐朽。這是一棟大宅——共有十九間房與四千八百平方英尺——但一直至少住著兩家人。胡祖倫一家據有其中七間房，約兩千一百平方英尺。[8] 屋內一片黝黑，樸質無華，沒有家具，沒有藝品，只有賴以生存的必須用品。不過附近小溪流水，枝葉扶疏，倒也為老宅平添幾分寧靜與祥和。

「九伢崽」又瘦又小，但和藹可親又有禮貌。他像其他偏鄉小童一樣，幫忙收拾柴火、照顧牲口。他的父母很快發現他求知慾強、愛讀書，為他取名的胡祖儀遂在胡耀邦五歲那年將胡耀邦送入私塾，學費由胡氏家族集體負擔。兩年後，胡祖儀把胡耀邦送到離家約三英里、一所規模較大的初小，開始研讀《千字文》與《三字經》等儒家經書。胡耀邦展現出強記與學習速度，以及詩文習作的天賦，都令教師們驚訝。[9]

胡祖儀對這個侄兒的學業成績尤為感動，隨於一九二五年將胡耀邦送到位於文家市最近一所政府辦的高小。這所里仁高小是一所較現代化的學校，教授中文、數學、地理、歷史與體育等西式課程，後來還有孫逸仙的三民主義。[10] 胡家沒有能力讓胡耀邦寄宿文家市，所以胡耀邦得每天來回徒步十二點五英里。有時父親也會伴他同行，但在大多數情況下他得一個人來回。上學對他來說，不只是受教，也是一種體能訓練。胡耀邦日後表示，他能在一九三四年「長征」中生存下來，得力於四年小學生涯長途跋涉的歷練。[11]

胡耀邦是教師們所公認里仁高小最聰明的學生，也是全校最貧窮、最瘦小的學生。他不僅住不起學校宿舍，還得從家裡自備餐食上學，這使得他淪為班上一些同學嘲弄的對象，但胡耀邦日後告訴他的女兒，這些霸凌只能使他更努力。同樣在里仁就讀的表兄楊世俊也為胡耀邦提供一些保護。楊世俊日後回憶道，他年紀較長，也比較壯，能鎮住那些小混混，讓他們不敢過分，而較聰明的胡耀邦就幫他寫作業作為回報。胡耀邦日後表示，在里仁就讀期間，幾位老師給他的道義與財物支持讓他十分感念。[12]

就在胡耀邦於里仁學校接受小學教育的同時，華南—華中地區也出現社會政治變化。一九一九年「五四運動」過後的中國，政治情勢發生劇變。成千上萬的年輕人自我組織，成立政治行動團體，其中最重要的有孫逸仙的國民黨與一九二一年成立於上海的中國共產黨。這兩個黨都在財務與政治上接受莫斯科「國際共產運動」（Comintern，即共產國際）的支援。

儘管共產國際下令要這兩個黨合作，國、共兩黨之間卻始終相互猜忌，明爭暗鬥不斷；一般認為共產黨比較激進，對外國利益與社會政治現狀而言也比較危險。一九二四年，孫逸仙在廣州成立黃埔軍校，開始訓練一支在國民黨領導下統一中國的武力。但他在一九二五年初去世，黨領導權最後交到蔣介石手中。軍旅出身的蔣介石雖承認一九二四年建立的國、共兩黨「統一戰線」，但對共產黨極度不信任。他開始籌畫「北伐」，剷除盤據華中與華東的軍閥。而北伐一條主要進軍路線就是穿越湖南。

在胡耀邦受教的里仁學校，校長陳世喬與另三名教師已經秘密加入共產黨。身為當地黨支部書記的陳世喬常在校內開會時對學生積極灌輸馬列理念與著作，並以當時中國青年知識份子之間不斷升溫的愛國與仇外來鼓動學生。胡耀邦與楊世俊在學習數學與地理的同時，也學了一些社會激進主義。後來楊世俊於一九二五年加入共青團。

根據彭湃與毛澤東在「廣州農民運動講習所」所提出的構想，里仁的黨員開始鼓動校外農民激進運動與組織。一九二六年初，講習所出身的湖南農民組織向全省擴散，鼓勵貧農組織農會，要求地主降低地租與利息。這類組織成長迅速，單單在瀏陽縣就有九千多農民加入五百八十六個村級農會。[13] 根據胡耀邦傳記，他的父母、哥哥與其他幾名親戚都參與了農會工作。[14] 沒隔多久，湖南省境部分地區出現「紅色恐怖」，武裝農民結夥殺了一些地主。

一九二六年，已經牢牢掌控國民黨的蔣介石，出動兵力超過十萬，部分由蘇聯資助、武裝的「國民革命軍」北伐，征討分別盤據華中與華東的吳佩孚與孫傳芳。在地方農會大力支持下，國民革命軍很快穿越湖南，在七月間佔領省會長沙。到十一月，北伐軍已經佔領長江重鎮武漢，並將武漢作為中華民國臨時首都。之後，蔣介石揮軍往東，擊敗孫傳芳殘部，於一九二七年三月底進入上海。[15]

在上海期間，蔣介石決定強制解散與共產黨的統一戰線，並整肅國民黨內所有親共勢力。他下令在上海與華南其他地區抓捕、殺戮數以千計的共產黨員。他將黨部從武漢遷到南京，對黨內左派展開整肅。短短數週之間，中國全國共產黨黨員從近六萬人減少至不到一萬人。各地地主所組建的民兵對前一年的紅色恐怖展開報復，發動「白色恐怖」殺了成千上萬的農會成員。

瀏陽縣農民組成一支雜牌軍，於一九二七年五月中旬進軍長沙，但遭國民黨部隊輕鬆擊敗，許多人因此喪命。[16] 隨後，國民黨主持的瀏陽縣新政府開始調查共產黨早先在縣境的活動，里仁高小也被關閉並接受調查。校長陳世喬與幾名共產黨教職人員逃逸，但之後大多被捕，遭到處決。胡耀邦前往師長們家裡探視他們遺留的家人，每天都聽到有人被捕、就地處決的傳言。胡耀邦曾加入

「少先隊」（共產黨少年先鋒隊），不過未遭問罪。里仁高小也於夏末復課。

另一方面，在歷經上海等地的慘敗後，共產黨中央委員會於一九二七年四月底在武漢集會，意圖重組，對國民黨發動反擊。它計劃在華南多處城市發動武裝起義，藉以造成全面性的農民叛變。「南昌起義」是其中最重要的行動。基本上，這是在江西省省會南昌一處國民黨軍衛戍區內部所發動的兵變。由周恩來、朱德等人領導的這次兵變於一九二七年八月一日展開——中國紅軍（後來的人民解放軍）自此以八月一日為建軍節。這支兩萬人的叛軍一開始很順利，成功佔領衛戍區，擄獲大量武器彈藥；但之後遭到國民黨軍強力反擊，叛軍往南逃竄，沿途遭由廣東北上的親政府軍的劫掠和騷擾，死傷慘重，叛逃事件頻傳。最後，朱德率領不到兩千名殘兵敗將逃入江西西部井岡山山區，紮營休養。[17]

共產黨中央委員會於八月七日通過決議，領導農業革命並建立工、農民主共和國，作為中國共產黨革命活動的新方向。中央委員會指派毛澤東發動對湖南省省會長沙的攻擊。這場所謂「秋收起義」的攻擊行動原訂於一九二七年九月七日展開，但為了讓毛澤東有多幾天時間在湖南─江西省界地區集結兵力，而延到九月十一日。

然而，由大約五千名共軍與武裝農民組成的三個混成團並非駐守長沙國民黨軍的對手，到九月十四日，毛澤東不得不下令撤退到里仁高小所在的文家市以進行整補。九月二十日傍晚，毛澤東一面等待南昌起義失敗後潰散的部隊撤回，一面在里仁高小操場對身邊殘餘的部隊講話。胡耀邦與楊世俊也在操場上聚精會神聽著，這是兩人第一次見到毛澤東。兩個孩子為視野開闊而坐在一堵磚牆上，看著一名長髮高個子青年，以一口湖南鄉音對著一群裝扮大不相同卻井然有序的士兵、武裝農民和礦工閒話家常。他告訴他們，由於戰事失利，必須撤退。

他說，但那沒什麼大不了。革命想成功，就得在偏鄉野外藏身，避免與國民黨軍在都市地區正面對抗，紅軍好比一塊小石頭，蔣介石好比一口大水缸，總有一天這塊小石頭會砸爛蔣介石那口大水缸，因為人民站在紅軍這一邊。兩個坐在磚牆上觀看的年輕人都因目睹這麼了不起的領導人而興奮不已，兩人也在那晚下定決心，走上革命之路。毛澤東與他的軍隊隨即南下，里仁學校的日子也大致回歸正常。[18]

一九二九年，一位來自瀏陽縣、從日本學成歸國的青年學者吳記猷，說服瀏陽縣政府成立縣立初級中學。他找來約二十名大學師範出身的教師，自己擔任這所西方式教育設施的校長。這是一所寄宿學校，除了幾間教室，還有宿舍、體育設施與一間餐廳，它的課程有英文、數學、物理、歷史、地理、藝術與音樂。入學得通過競爭激烈的考試，胡耀邦與楊世俊都過了關，在第一班錄取的五十名學生當中，胡耀邦名列前十名。胡耀邦的家人湊足了錢——包括學費、住宿與餐飲，一年要三十幾個銀元，把才華橫溢的胡耀邦送到離家約五十英里的瀏陽縣。胡家人或許希望這孩子有一天能成為傑出的學者。[19]

這個新環境讓胡耀邦如魚得水，憑藉過目不忘的本領、對讀書的熱愛、寫作技巧、外向與好辯以及力求完美的性格，他成為同學與教師記憶中全校最頂尖的學生；他的作品經常成為其他人模仿的範本。[20] 儘管個頭小，胡耀邦打籃球，還在學校樂隊擔任鼓手。在當年軍閥割據、外國勢力壓榨的中國，他在學校以政治理念激進與關心中國前途的愛國情操聞名。

又一場政治風暴於一九二九年捲起，胡耀邦再次置身於風口浪尖。湖南地方軍閥為角逐霸權，彼此之間小規模衝突不斷，打斷了商務、農耕與教育旋律。共產黨元氣漸復，開始在湖南與江西鄉間擴大地盤，也在瀏陽縣重建黨委會與游擊隊。一九二九年十二月，胡耀邦因學校放寒假返鄉，翌年初在一名友人的推薦下加入共青團，迅速投入宣傳活動，撰寫大字報、歌曲與其他材料，宣揚黨與紅軍的訊息。

當胡耀邦在一九三〇年二月返校時，情勢已一團混亂。共產黨與國民黨不僅在瀏陽各地打得難分難解，當地學校也陷於「紅」（共產黨）、「白」（國民黨）兩派之爭的漩渦中。一些學生與教師逃離這場風暴。楊世俊在那個月離校，前往江西加入中國工農紅軍。他改名楊勇，後來成為共產黨開國上將。那年四月，湖南將領彭德懷率領「紅五軍」攻入瀏陽縣東部，包括文家市，同時「紅六軍」攻陷瀏陽市區，佔領政府設施。瀏陽縣立初級中學關閉，幾名教師與胡耀邦等幾名學生逃到長沙，在另一所學校繼續上課。但彭德懷隨即奉新的中央委員會之令對長沙展開攻擊，於同年七月將戰火延燒到長沙城內。胡耀邦上的那所學校又關閉，他別無選擇只得還鄉，從此告別了他的學生時代。[21]

上井岡山

到一九三〇年七月底，彭德懷的部隊已經佔領大部分長沙，還在當地建了一個臨時「蘇維埃」政府，但在八月初，在國民黨軍猛攻下，彭德懷所部撤入瀏陽。[22] 他們在文家與毛澤東、朱德的「紅一旅」會師，組成「紅一方面軍」。當胡耀邦重返家鄉時，四月間在瀏陽縣成立的蘇維埃政府在某些地區仍然運作。已成為共青團團員又有知識的胡耀邦，很快負擔起寫標語、大廣告與教育材料的重任。他寫劇本、組織免學費的學校，還代表半文盲的游擊隊領導人發表演說。他與幾個孩子一起將訊息與食物從共產黨控制的一個區，繞過國民黨軍控制的村落，傳遞到另一區。他在地方黨組內迅速攀升，到那年十月，他已經成為湖南東部黨委的一名幹部。[23]

胡耀邦隨即面對個人的兩難抉擇。父親那塊薄田需要人手幫忙農活。胡耀邦只有十五歲，又瘦又小，但在地方共青團裡已頗有名氣，如果他留在老家，國民黨勢力又重返瀏陽地區，他很可能淪為報復的對象，甚至可能遭到處決。實際上，共產黨在這個地區的前景並不看好。湖南地區的起事正在潰敗，農民軍叛逃事件頻傳，紅軍正撤回江西老巢，國民黨領導人又擺出一幅復仇模樣。更糟的是，當時共產黨中央委員會一片混亂。奉共產國際之命，它首先放棄對長沙等都市中心發動攻擊的計畫，之後罷黜胡耀邦心目中的英雄、負責實施都市中心攻擊計畫的總書記李立三，不過胡耀邦並不知情。

胡耀邦最後決定離開家鄉，走上革命之路。對一個年輕孩子來說，這是個雄心壯志的決定。他選擇英雄人生，當個無畏自主的軍人，挑戰他心中那個疲弱又貪腐的政治秩序。為胡耀邦立傳的作家楊中美寫道，胡耀邦告訴友人，「一個男孩怎能照料幾畝田與他的家？我要像李立三一樣面對世界。我必須離家，參加革命！」[24]就這樣，一九三〇年十一月底，在母親與哥哥的送別下，胡耀邦走出蒼坊村，朝東進入江西山區與共產黨盤據地區。

有關胡耀邦在抵達「江西蘇區」（或稱「中央蘇區」）之後的活動細節並不詳，而且有些矛盾。當年史料記錄保存機制並不完善，而且中央蘇區也不是一致、連貫的整體。由於胡耀邦曾經加入瀏陽少先隊，一九三一年二月他被派赴江西永新，在湖南東南共青團兒童局工作，負責進行擅動與宣傳，包括徵召農民青年加入共青團與紅軍，以共產黨的方式教育他們，教他們唱歌、喊口號，並發表簡單的馬列理論，向年紀較輕、知識程度較低的民眾介紹黨的社會政治理念。[25]

儘管早在南昌與長沙起義失敗之後，毛澤東、朱德與幾名井岡山土匪頭子於一九二八年成立江西蘇區，「中華蘇維埃共和國」直到一九三一年十一月七日俄國「布爾什維克革命」（Bolshevik Revolution）紀念日那天，才在江西省瑞金正式成立。蘇維埃會議的代表在共產國際的資助下出席閱兵式，慶祝新的「國中之國」的建立，並選派毛澤東擔任新共和國中央執行委員會主席與政府首長，而這一切都經過莫斯科批准。[26]

在另幾個華南與華中省份，中華蘇維埃共和國也有九或十處較小型的革命基地，但它們都處於半自治狀態，與中央蘇區的聯繫被國民黨軍切斷。在成立之初，中華蘇維埃共和國轄下地區包括湖南、江西與福建省幾處偏遠山區，面積約三萬平方公里，人口有三百多萬，經濟狀況相對穩定。更重要的是，它擁有一支十四萬到十五萬人兵力的軍隊，這支軍隊雖就訓練與裝備而言，都不是國民黨軍對手，但比地方上的軍閥民兵強得多。面對蔣介石殲滅共產黨據點的圍剿，他們挺了下來。以今天的標準而言，紅軍軍紀非常嚴明，嚴禁士兵欺壓地方百姓、盜取財物。憑藉這樣的紀律，加上蘇區實施沒收富有地主主地、進行重分配的政策，紅軍在江西頗獲民眾支持。毛澤東擬出一套很適合山區作戰的游擊戰原則。一九三〇年，他在一封致中央委員會的信中描述這項原則如下：「敵進我退，敵駐我擾，敵疲我打，敵退我追。」[27]

到了一九三一年底，足智多謀的軍事指揮官運用這種游擊戰術，在江西蘇區兩次擊退國民黨軍

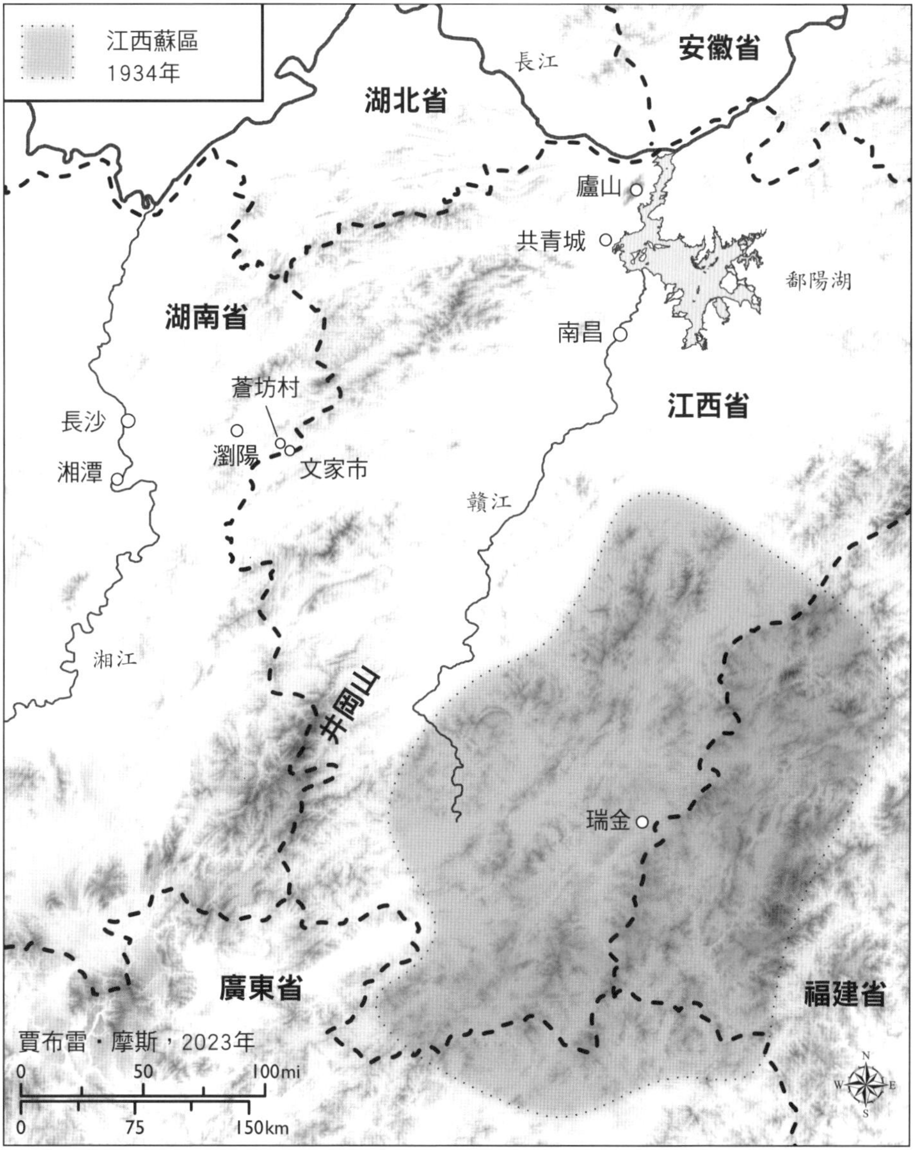

華中的湖南—江西邊區，在一九二〇、三〇年代是革命活動的熱區。

所發動的殲滅戰攻勢。一九三一年九月，國民黨軍發動的第三次攻勢，因日軍輕鬆敉平地方軍閥象徵性抵抗、入侵東北而取消。國民黨政府不僅得在東北對抗入侵的日軍，到一九三二年初，還得從江西大舉撤軍、增援上海。而在同一時間，共產黨的新蘇維埃共和國卻能趁機建立政府組織、軍事結構，展開地方黨組運作，營造地區內貧苦農民的支持。

那年十月，湖南東部（湘東）黨委會改組，成為湖南—江西省委會，胡耀邦奉命出任省委兒童局書記。他的主要任務就是發行一份以青年為對象的報刊，為這份報刊寫稿、寫社論、刻木版插畫，並監督發行。他的表現讓當時負責中央蘇維埃徵才工作的共青團官員馮文彬激賞不已。[28] 胡耀邦基於工作需求得經常旅行，與其他共青團人員聯絡，他的個性、智慧與組織長才，很快就贏得眾人口碑。

躲避政治整肅

一九三二年底，胡耀邦遇上人生第一場政治危機與生命威脅。為他立傳的人沒有詳述他在這段時間的遭遇，但他與他的友人譚啟龍在這年十二月因涉嫌擔任國民黨特工，遭湘贛省委當局逮捕，並判處死刑。事件背景回溯到一九二六年底，當時蔣介石密令國民黨在南昌的右派領導人組織了「反布爾什維克聯盟」（Anti-Bolshevik League，一般根據這個組織的英文字母縮寫而稱為ＡＢ團）。

ＡＢ團成立的目的是滲透共產黨組織，派遣重要人員搶佔軍、警要職，以破壞這些組織。近年的研究顯示，ＡＢ團可能早在一九二七年四月左派國民黨政府在南京主政時就已經解散。在一九二七年「南昌起義」期間，共產黨部隊佔領南昌，摧毀當地國民黨的組織架構，殘存ＡＢ團份子也被逐出權力結構。[29]之後共產黨本身被逐出南昌，毛派游擊隊撤入井岡山，不斷與國民黨軍交戰。一九三〇年秋，毛澤東與朱德的部隊在佔領江西吉安市時，從當地警局搜出文件，文件顯示ＡＢ團仍有兩千餘名成員，其中不乏高級紅軍幹部與共產黨員。毛澤東把這個情報交給中央委員會政治局與其在上海的共產國際顧問，要他們進行調查並採取行動。[30]

毛澤東的「統一戰線委員會」與以李文林為首的「贛西南蘇維埃特別委員會」達成協議，認為必須採取迅速而激烈的行動。兩個組織都成立肅反委員會，發掘潛伏ＡＢ團份子。十月底，贛西南蘇維埃特別委員會向中央委員會提出報告，已經處決一千餘名ＡＢ團份子，毛澤東的統一戰線委員會也說，已經在十二月初抓捕四千四百名ＡＢ團與其他可疑份子，並且處決了兩千多人。毛澤東還說，贛西南蘇維埃特別委員會本身也遭到滲透，他已經下令將它的大多數委員逮捕。[31]

在上海中央委員會與江西黨委的授權下，共產黨以毒打、酷刑逼供、就地處決等極盡殘忍的手段挖掘黨內「叛徒」。這次事件不僅反映國、共兩黨政治鬥爭的激烈，也將革命領黨人的性格暴露無遺。在中國共產黨內歷經沉浮的毛澤東，開始露出之後幾十年成為他的領導標籤、睚眦必報、凶狠殘酷的本色。與毛澤東數次爭議的李文林，在一九三〇年十二月以身為ＡＢ團一員的罪名被捕。南京大學歷史學家高華，在檢驗毛澤東與李文林之間複雜的政治關係之後做出結論，欠缺政治安全感的毛澤東不能容忍李文林與李派的挑戰，於是在一九三〇年搶先下手整肅李派、隨即展開的反ＡＢ團運動，只是後來失控的黨內鬥爭的煙幕。[32]

一九三〇年十二月，毛澤東的統一戰線委員會派遣「肅反委員會」主席帶紅十二軍一個連的兵力進入江西西南的富田，清剿已滲透黨委會的可疑ＡＢ團份子。他們闖進富田黨部，逮捕一百二十人，其中二十四人當場處決。所有逮捕都以酷刑逼出的口供為依據。人犯熬不住毒打，只能供出他們在ＡＢ團的長官、部屬、聯絡人的名字、以及它們的任務目標。有鑒於ＡＢ團這時很可能已經不復存在，所有這一切可能都是誣陷羅織罪名，不過沒有人在乎罪名真實性。[33]

到十二月底，毛澤東的肅反委員會開始逮捕紅二十軍高級軍官，許多軍官於是越過贛江，逃入湖南建立陣地，要求罷黜毛澤東，並要求上海的中央委員會聽他們陳情。[34]毛澤東宣布「富田事件」是「主持ＡＢ團的階級敵人領導的反革命叛亂」，要求處決這些軍官。一九三一年四月，政治局派遣代表團到江西進行裁決，結果代表團同意毛澤東的說法，認為富田事件是一場需要全面懲處的階級戰役。到場開會的二十軍高級軍官被當場逮捕處決。二十軍隨後解散，幾乎整個二十軍軍官團——或許有七百人——全部槍決。[35]

富田事件過後，黨內對ＡＢ團的整肅繼續進行，甚至擴大到不在毛澤東控制下的地區。前後三個月間，紅四軍旅級以上軍官兩千五百餘人——相當紅四軍幹部總數的六成到七成——被處決，「大大削弱了紅軍戰力」。[36]著名黨史學家楊奎松估計，蘇區百分之九十的兵力因ＡＢ團整肅而損耗，其中「湘鄂西蘇區」有兩萬到三萬人被處決，「閩西蘇區」六千人被處決，其他地區處決人數也數以千計。有人認為，在這段期間，肅反在蘇區造成的傷亡總數高達十萬人。[37]

一九三二年底，整肅ＡＢ團的野火已經燒遍蘇區，胡耀邦也在這片腥風血雨中苦苦掙扎。儘管上海的中央委員會下令「找出」ＡＢ團份子，否則就會背上「右派份子」的罪名，湘贛省委書記王首道設法不讓整肅行動失控。根據為胡耀邦立傳的作家陳利明的說法，一天傍晚，胡耀邦與譚啟龍悄悄聊到ＡＢ團這件事，偷聽到兩人對話的保安人員向省委舉發。胡耀邦曾經結識一名因加入ＡＢ團而遭處決的教師，由於愛讀書、是知識份子，因此被控是ＡＢ團一員。[38]

不過根據譚啟龍的記憶，情形是這樣的：湘贛省委保安局在對人犯進行酷刑拷問後取得一份AB團成員名單，胡耀邦與譚啟龍兩人的名字都在名單上。省委幾名成員不願意處決兩人，不相信這兩個貧農背景出身的「紅小鬼」（指自幼加入革命的人）會加入國民黨特務組織。[39]當時正在當地的共青團蘇區中央局巡視員馮文彬，有意徵召胡耀邦與譚啟龍前往瑞金為共青團工作，眼見黨委書記猶豫不決，於是建議由中央共青團決定兩人命運。王首道立即同意，就這樣，在一九三三年一月初，馮文彬、胡耀邦與譚啟龍三人溜過國民黨封鎖線，安返瑞金。[40]回到瑞金後，胡、譚兩人受到共青團書記張愛萍與中央委員顧作霖的盤問，但沒有遭到刑求。顧作霖認定兩人無罪，隨即派胡耀邦擔任共青團巡視員。譚啟龍之後歷任共青團與黨高職，始終是胡耀邦的至交。[41]胡耀邦終其一生不斷講述這段往事，有些傳記作者寫道，胡耀邦畢生反對逼供與檢舉告發，原因就在這裡。

江西蘇區的末日

胡耀邦就這樣以巡視員、或許還以招募人的身分，在江西蘇區積極投入共青團與少先隊的工作。招募新手是共青團一項非常重要的工作，特別對一九三二年底遭遇慘重傷亡的紅軍來說，情況尤其如此。到一九三三年中，共青團已經「養成」近七萬四千名准團員；那年九月，透過共青團加入紅軍的總兵力超過一萬五千人。[42]胡耀邦本人也於一九三三年九月從共青團直接轉調，成為共產黨員，不過他主要做的仍是共青團的工作。當局為酬庸他的辛勞，彰顯他不斷增加的價值，在一九三四年初任命他取代張愛萍，成為共青團中央局總書記。根據這項新職，胡耀邦負責蘇區內一切青年工作，包括教育、出版、支援紅軍家屬、糧食徵用與崗哨提供。[43]

胡耀邦的升遷，適逢江西蘇區整體情勢迅速惡化之際。[44]在一九三三年初國民黨剿匪戰役失敗之後，蔣介石來到南昌，督導預定九月間展開的又一次行動。他集結了一支百萬大軍，更多飛機與重裝甲車，還採用一項新戰略——修築碉堡，層層圍困蘇區，逐漸窒息蘇區內的活動。蔣介石在一九三〇年代初期聘的幾名德國軍事顧問，參與碉堡的修築工作。這些碉堡都有軍隊常駐，碉堡與碉堡之間以鋪好的路面相連，讓紅軍不可能在其中穿行。到一九三四年底，近一萬四千座碉堡將中央蘇區團團圍困。在共產國際軍事代表奧圖．布隆（Otto Braun）的建議下，紅軍採取壕溝戰術反制，但沒有成效，紅軍傷亡慘重。[45]

除了戰略缺失以外，蘇區自一九二〇年代末期成立以來不斷惡化的政治─軍事短板也造成情勢雪上加霜。主要問題在於毛澤東等人在蘇區推動的農業與經濟政策，這種從地主與富農手中暴力征地的政策手段，以及對農業、商業造成的骨牌效應，對蘇區產生災難性的後果。隨著本地市場燈乾油盡，蘇區一貧如洗，紅軍被迫伸入「白區」（國民黨控制區）尋找資源。更糟的是，到一九三三年底，人民發現共產黨的壓榨不下於地主與軍閥，便開始基於經濟與政治理由逃離中央蘇區。國民黨軍在穩控蘇區周邊地區後，開始在經濟上扼殺共產黨。到一九三四年初，食物、烹飪油、就連食鹽的供應也開始短缺，胡耀邦與他的共青團同事發現召募紅軍的工作越來越難。[46]

對江西蘇區來說，一九三四年四月的「廣昌之戰」或許是轉捩點。紅軍的實力因眾多軍事幹部在反ＡＢ團整肅運動中遭處決而重創，敵對的國民黨軍卻規模更大、裝備更佳、機動力更強，在層層密密碉堡保護下朝首都瑞金步步進逼。過去靠著游擊戰術，兩次擊退國民黨軍攻勢的紅軍，在持續三週的廣昌戰役中放棄游擊戰，改採傳統集中兵力攻擊與第一次世界大戰式的壕溝戰，結果慘敗：戰死六千人，兩萬多人受傷。[47]

這時，指揮中央委員會與紅軍的三巨頭——周恩來、博古（即秦邦憲，留學蘇聯返國的學生）與奧圖・布隆——通報莫斯科，說他們只剩下兩條路好走：若留在處境危險的蘇區，就必須改採小規模游擊戰術；要不就是將整個黨、政府與軍事作業移到湘西等中國其他地區。共產國際猶豫了五個月，部分原因是駐在莫斯科的中國共產黨代表堅持情勢不可能那麼糟。[48]等到撤退計畫終於批准時，紅軍的「長征」已經進入發起階段。中國共產黨政治局在九月決定，大多數紅軍與所有黨、政人員都應該撤離江西，往西撤入湖南，因為他們認為蔣介石的勢力不及湖南。

胡耀邦的長征

紅軍跨越無數河流、山嶺、沼澤、草原與荒漠，在國民黨軍與軍閥部隊的追逐下，從江西青翠的山區撤入陝北荒涼的高原，是一段充滿辛酸血淚的旅程。它不很成功，更談不上英勇。所謂的「長征」始於一九三四年十月中旬，一開始有十二萬人（包括八萬六千名紅軍）參與行動。他們首先往南進入廣東，然後轉往西方，穿越廣西、湖南與貴州，之後轉北，經過四川進入陝西。在一九三五年十月抵達陝西時，整個隊伍只剩下疲憊不堪、士氣蕩然無存的八千人。長征過程中遭逢幾次軍事挫敗，集體叛逃事件頻傳，加上共產黨內鬥與領導層猶豫不決——客觀來說，這次行動是一場慘禍。但毛澤東透過巧妙的國內、外宣傳手法，把長征編織成一種堅苦卓絕、逆境求存、幾近神話般的故事。也正由於他的渲染過於誇大，日後不少史家對長征過程中的一些情節表示懷疑。[49]

胡耀邦沒有記錄他的長征經驗，為他立傳的作者雖蒐集了幾篇軼事，但其中一些令人感到矛盾和困擾。當長征展開時，胡耀邦只有十八歲，仍然是一幅孩子模樣，身高不到五英尺，體重也遠遠不到一百英磅——個子太小，不能擔負戰鬥任務。直到隊伍即將出發之前，他對即將到來的狀況一無所知，只知道需要做好隨時出發的準備。他毀了一些文件，將幾件隨身物品打包，帶上《三國演義》、《西遊記》等幾本心愛的書。或許他認為一切已經準備就緒。

當紅軍於十月十日從瑞金出發時，身為共青團重要幹部之一的胡耀邦，被分派到由黨、政官員組成的「中路」。至少他領到一支步槍與幾發子彈。[50] 身為黨支部書記的胡耀邦，得為幾名初次離家的年輕士兵做政治準備。他向他們再三叮囑、保證，為他們打氣，送他們上路。[51]

龐大的長征隊伍於十月底熙攘、緩慢地跨入廣東；一名紅軍將領將它喻為「皇帝坐的轎子」。隊伍「中路」包括「江西政府……七千名後備人員與搬運檔案與櫥櫃的挑夫、瑞金圖書館的全部藏書、紅軍儲備的銀元與黃金……縫衣機、印刷裝備」，以及其他各式各樣、雜七雜八的東西。[52] 由於向廣東軍閥行賄及時，長征行列一開始沒有遭到國民黨的嚴重干擾。但到十一月初，蔣介石軍便開始騷擾這支緩緩前行的隊伍。叛逃的情況越演越烈——挑夫拋下裝備，士兵成群逃逸。胡耀邦也曾努力制止，但未見成效。他領導眾人齊唱「紅歌」，幫助部屬處理腳上的水泡。但他不久染上瘧疾。不能行走的他於是上了擔架，一邊接受有限的醫療，一邊由人抬著走了幾天。

十二月初，當紅軍在湖南－江西省界的湘江遭遇國民黨軍攔截時，胡耀邦才剛略見康復。紅軍因指揮當局猶豫而遲滯，遂遭國民黨軍飛機與大砲攻擊，導致慘重傷亡，裝備也被破壞。之後紅軍試圖在轟炸與掃射下，藉著不牢靠的浮橋渡過湘江，死傷情況更嚴重。儘管共產黨的宣傳將這次強渡湘江事件描述成一場惡戰，但它是一次災難性的大慘敗，沒有人知道究竟死了多少人。許多年後，親歷這次撤離行動的人說，湘江「血流成河」，江面上盡是人員與馬匹浮屍，恍若人間煉獄。

撤離江西的八萬六千名紅軍，在一月初抵達貴州時只剩下三萬人。為什麼紅軍在一場兩天的戰鬥中損失五萬多人？史學者說法不一。有些人認為，紅軍遭遇如此重創主要是由於指揮官無能，不過更可能的原因是太多士兵叛逃或投降。[53]胡耀邦的相關記錄中只寫道，他了解這場慘敗的嚴重性，但他強忍哀痛，撫慰年輕戰士，幫他們從失去戰友的痛苦中重新站起來。[54]

中央委員會與紅軍領導人於十二月中旬在貴州集會，一開始他們將湘江之戰的慘敗歸咎於總書記博古與共產國際顧問奧圖．布隆。他們決定放棄原先讓長征隊伍加入湘西一處既有蘇區的計畫，決定在貴州北部與四川南部地區建立新基地。[55]在僅遭遇地方軍閥象徵性的抵抗就在一月間攻佔貴州北部城市遵義之後，政治局召開擴大會議（紅軍領導人也與會），會中詳細批判過去幾個月所犯下的錯誤，並且選出新領導班子。周恩來仍是主要決策者，但毛澤東重返政治局常委會，執掌軍務大權。[56]由於獲得情報說蔣介石已經將總部與大軍遷往貴陽，於是共產黨決定渡過長江，在四川西部或西北部建立基地。在會議結束後，紅軍改組，「中路」部隊解散，胡耀邦奉派在前線軍事單位紅三軍第十三團擔任黨支部書記。[57]

儘管沒有戰鬥經驗或訓練，胡耀邦在二月參加了「婁山關之戰」。這場對遵義北方一處國民黨據點發動的攻擊，是紅軍自撤離江西以來贏得的第一場重要勝利。沒隔多久，胡耀邦遭炸彈碎片重傷，流了很多血，送往遵義一家臨時醫院急救。由於醫師無法清除所有的碎片，當紅軍移往邊區建立蘇區時，胡耀邦得躺在擔架上，靠人抬著走。他的共青團同事、當時擔任團政委的張愛萍，撥了一匹馬給胡耀邦。[58]胡耀邦康復後，奉命主持一支醫療隊，照顧許多傷兵。他的熱誠、幽默以及對傷兵的悉心照料，贏來許多口碑。[59]

到了八月，紅軍缺糧情況嚴重，打算從當地藏族居民取糧，結果沒有成功。胡耀邦奉命帶領一組糧食徵用專家、一名通譯與金錢前往另一區購糧。這次多虧胡耀邦的交涉手腕，他們買到了糧食。在川北小村「毛兒蓋」，殘存的紅軍決定分成兩路後撤，毛澤東率一路撤往大草原以東，其餘部隊往西。

在整整一週艱苦的跋涉中，紅軍穿越似乎無邊無際的沼澤，一路上沒有可供歇腳的地方，沒有道路與嚮導，東、西兩路都遭到重創。天熱多雨，孱弱的士兵禁不起疾病與飢饉而紛紛不支倒地，紅軍人數又一次銳減。胡耀邦的醫療隊忙到幾近崩潰。這時他再次染上瘧疾，倒在山溝裡。根據胡耀邦傳記的記載，他多年不見的表兄楊勇救了他。當時楊勇身為一名團級政委。楊勇之前負傷，傷勢康復後獲得一匹馬代步。胡耀邦認出騎在馬上的楊勇，叫了他的名字。楊勇發現是胡耀邦，立即下馬，把胡耀邦扶到馬上騎坐，自己走在旁邊，直到走出沼澤。[60]

走出草原後，毛澤東的部隊來到甘肅南部，他們聽說在劉志丹的領軍下，共產黨在東去約四百公里、位於陝北的一處基地做得很好。毛澤東下令繼續往東。一九三五年十月十九日，紅一軍殘餘的八千人抵達陝西省吳起縣，毛澤東宣布長征結束了。在這場歷經三百六十七天、穿越十一省的長

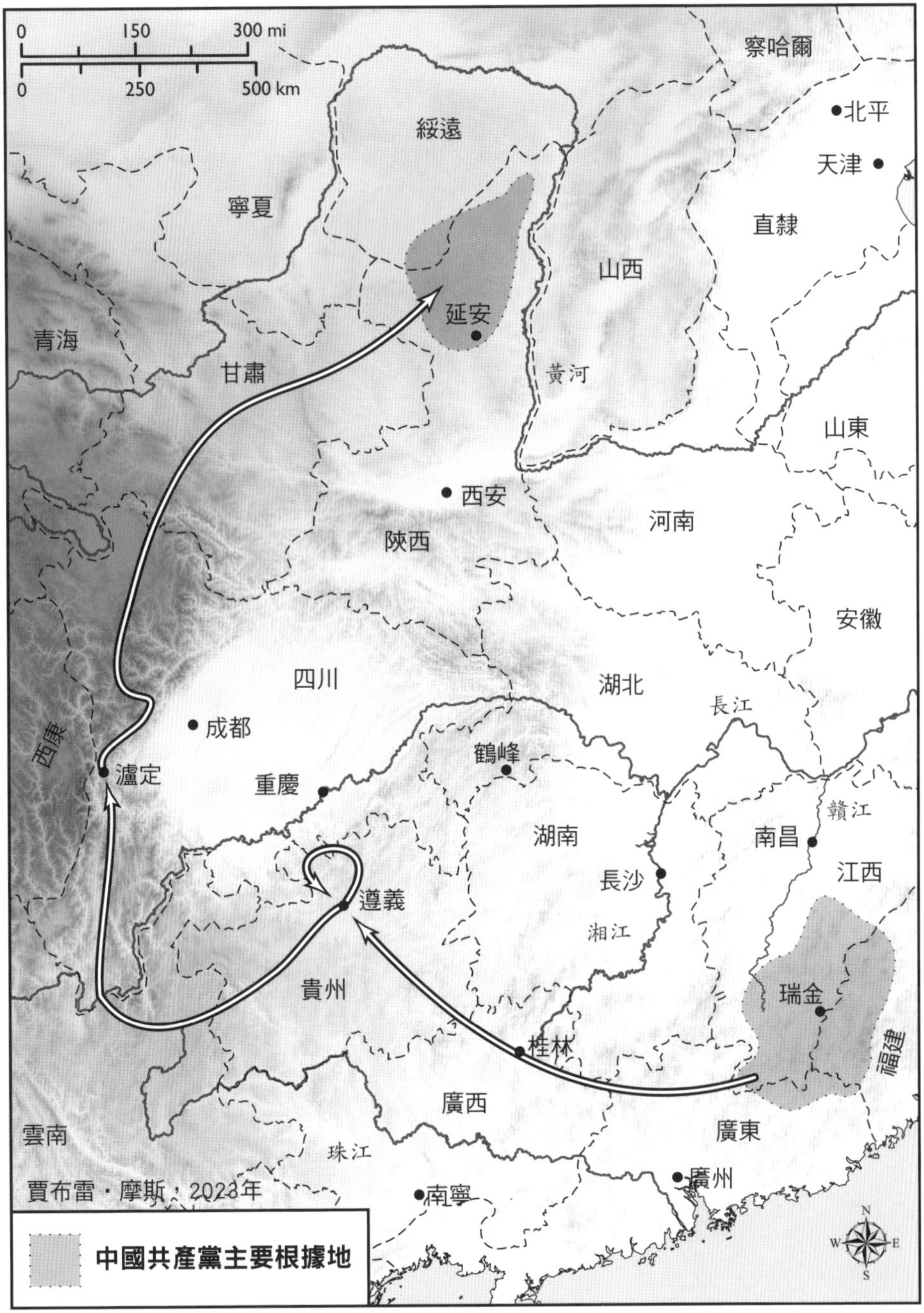

一九三四至三五年間，紅軍從江西中央蘇區基地撤往陝北的「兩萬五千里長征」主要路線圖。儘管實際撤退距離仍有待商榷，但在國民黨軍或地方軍閥不時追擊下，穿越中國西南山地與沼澤地區的這段艱苦旅程，讓紅軍損失了近九成兵力。

途跋涉中，胡耀邦身經無數次大小戰役，多次重傷，不斷與病魔纏鬥，命在垂危，但他活了下來。[61]

年輕的胡耀邦面對未來

胡耀邦因出生地、文化傳承以及成長過程的因緣，置身中國在二十世紀初期的政治革命洪流中，促使他必須早做人生選項。他憑藉高人一等的知識、勤勞與適應力，在不斷變化的政治環境中取勝。儘管僅受過粗淺的教育，但對文學的熱衷與語言技巧，使他在宣傳工作中出人頭地。矮小的身材與稚幼的外表，使他疏離戰鬥角色，成為共青團與少先隊工作的不二人選。幽默感與渾然天成的同理心，使他成為有效的政治工作者與深獲愛戴的同志。他的謙虛與誠懇，讓他深知自己在體能與智慧方面的極限。敏銳的觀察力也使他看清人際政治的波濤起伏，慎選他的盟友與對手。

二十歲的胡耀邦是個硬角色——長征證明他是打不倒的勇者。他把這段經驗視為一種訓練與紀律——如果連長征都難不倒他，還有什麼能嚇阻他及打敗共產黨？他對共產黨與紅軍忠心耿耿，特別是對他自學童時代起仰慕的毛澤東尤其如此。不過，在一九三五年的陝北，共產黨的前途似乎無法讓胡耀邦感到樂觀。陝北貧瘠、乾旱，終年暑熱，人民築穴而居，靠粗糧與牧羊勉強餬口。蔣介石已經開始騷擾這支初來乍到的紅軍。同時，已牢牢掌握中國大部地區的蔣介石，也已穩住與日本的情勢，全力投入剿共。

第二章 沐浴在毛澤東的光芒中

對紅軍來說，抵達陝北雖為「長征」劃下句點，但苦難卻仍未因此結束。士氣低靡，病號太多，營養不良的情況極為普遍，環顧一九三五年十月周遭情勢尤令紅軍膽寒。陝北位於瀕臨黃河、貧瘠的黃土高原之上，處處是淤泥腐蝕造成的山丘、高坡與崖壁。由於沒有森林或水資源，許多居民不得不在溪流沿岸的黃土高坡與崖壁挖洞造屋。陝北是中國最早的屯墾區之一，是秦、漢與唐朝等帝國的發源地。但由於缺水，又沒有肥沃的土地，當地人口稀少，極為貧窮。

經過一段時間的休息與整補，中國共產黨名義總書記張聞天於一九三五年十二月十七日在「瓦窯堡」召開政治局會議。在這次一個多星期的會議中，黨與紅軍領導人討論日後的基地地區、軍事目標與戰略導向。毛澤東在會中發表談話，呼籲加強對「日本帝國主義兼併中國」的反抗。他並主張改變革命戰術，成立一個「廣大的民族革命統一戰線」，將過去一些視為階級敵人的階級份子納入統一戰線。[1] 儘管中國共產黨與共產國際及其華顧問的關係緊張，毛澤東這篇談話與共產國際在一九三五年七至八月採取的下述立場一致：建立廣大的國際統一戰線對抗法西斯，包括對抗日本的入侵東北。

日俄戰爭（一九〇四至〇五年）結束後，日本繼續擴大在東北的版圖。在這場戰爭中，日本接管「南滿鐵路」等俄國在東北的利益。其中南滿鐵路連結大連港與哈爾濱。一九二八年，日本關東軍設計暗殺了中國在東北的軍閥張作霖，同時扶植張作霖之子，「少帥」張學良取而代之。一九三一年九月，日本密謀發動九一八事變（譯按：即「奉天事變」），趁機將「皇軍」大舉開進東北。皇軍很快奪佔南滿鐵路沿線各大城市，張學良的軍隊幾乎不戰而潰。[2]

在一九三二年建立「滿州國」傀儡政權後，日軍在東北肆意橫行，並且向西繼續擴張。面對裝備與訓練都更精良的日軍，張學良手下二十多萬人的東北軍團沒有接戰，一路往西逃散。眼見日軍大舉侵華，南京蔣介石政府卻遲遲拿不出反制的手段，中國民眾群情激昂，也為中國共產黨這次的改變方向增添誘因。[3]

東征

中國共產黨的新方向訂有一些較直接的目標，相對於戰略轉變，這些目標對行動的影響可能更大。根據楊奎松的說法，紅軍需要「徵糧、徵兵」。即使有了在陝北的生力軍，紅軍人數仍然不到兩萬，也填不飽肚子。從陝北基地出發，最簡便的徵糧、徵兵之道，就是渡過黃河，進入土壤較肥沃、人口也較多的山西。山西軍閥閻錫山被控與威脅華北的日軍合作。就這樣，儘管兵力耗損、幾乎筋疲力盡，紅軍在整補之後奉命東征。一九三六年二月，在司令員彭德懷與政委毛澤東領軍下，

「中國人民紅軍反日先鋒軍」分兩路東征，渡過黃河，進入山西。[4]

這時胡耀邦已經重返共青團工作，指揮一個政治工作隊，在紅軍進入山西以後控制的第一個縣進行招安、購糧與徵兵。胡耀邦下令工作隊，要在地方民眾心目中建立良好形象——不可以虐待犯人，不可以侵佔土地、勒索小生意人，也不可以懲罰地方官員。[5]儘管遭到閻錫山派政客橫加阻攔，胡耀邦毫不畏縮，鬥志昂然地全力投入工作。他的工作隊在路經的每一個村莊張貼標語、旗幟，鼓吹全民無分黨派與社會階級，團結愛國，對抗日本帝國主義。雖說他的工作隊成就或許微不足道，但胡耀邦的領導能力贏得上級賞識，認為他將「紅色星星之火燒入」山西。[6]

不過，胡耀邦個人為他的成功付出沉重的代價。他拖著長征帶來的、尚未康復的病體辛勤工作，加上食不果腹，終於在三月初一次會議結束後開始吐血、暈厥。前後幾天時間，他吃不下東西，喝不了水。中草藥不見療效，本地醫生認為他大限將至。胡耀邦的警衛員（譯按：即保鏢）把胡耀邦的病情報給他們所屬的軍事單位。一名軍醫趕到，開了一些西藥，胡耀邦開始好轉，不過仍然不能行走，而被擔架抬著行動。[7]

同時，紅軍東征的情勢也出現決定性的逆轉。四月間，閻錫山向蔣介石求助。儘管與閻錫山有多年夙怨，蔣介石同意在閻錫山位於太原的總部設立邊區剿匪總指揮部，還派遣十個師前往山西。眼見紅軍可能陷於重圍，彭德懷與毛澤東遂於五月初下令紅軍重渡黃河撤軍。在撤回安全地區後，共產黨向「蔣先生」提出停火、聯手共抗日本侵略者的建議。[8]

胡耀邦在回到陝西後逐漸康復。五月中旬，在一次總結七十五天東征行動的會議中，他獲引薦與毛澤東會面。由於會前有人將胡耀邦在山西的成績向毛澤東做了簡報。毛澤東遂在會中點名胡耀邦，要他「站起身來讓大家都看看」。據說，當仍然稚氣的胡耀邦站起身來時，毛澤東說，「喔，還是個稚氣未脫的同志。」隨即詳細詢問胡耀邦的工作，而胡耀邦也以濃濃的湘音一一作答。這是胡耀邦與這位之後四十年主宰他生命的人第一次面對面會談。[9]

西安事變

在結束東征、返回陝北之後不久，中國共產黨與紅軍的處境再次惡化。取自山西的補給支撐不了多久，新兵與俘虜也讓原已無多的資源加速耗損。糧食、服裝、醫藥、武器與彈藥、以及購買這些用品的錢都極度短缺。那年早先，共產黨與當時駐在西安附近的張學良「東北軍」的代表展開秘密談判，同意以停火協議換取補給與金錢。張學良因同情紅軍的理念，願意支援紅軍，而且更重要的是，他認為支援紅軍能讓蘇聯進一步捲入在亞洲的抗日戰爭。[10]

共產黨與南京政府之間也在密商，討論雙方如何才能停止交戰，合力對抗日本的威脅，但在一九三六年底，雙方立場的差距仍然過大。共產國際堅持投入一切人力物力，建立一個統一戰線，而蔣介石準備將更多的軍隊調往紅軍三個方面軍聚集的陝南。一九三六年十月，蔣介石正式在西安成立剿匪總司令部，自己擔任總司令，張學良為副總司令。蔣介石下令東北軍立即備戰，但張學良刻意拖延。[11] 這時張學良已打算與蔣介石全面決裂；而張的副手楊虎城早先建議張先拿下蔣，以蔣的生命為要脅，控制蔣的軍隊。[12] 張、楊兩人都與共產黨方面討論了這項兵變計畫，但始終未獲蘇聯方面協助抗日的保證，計畫於是拖延。

一九三六年十二月四日，蔣介石飛抵西安，親自坐鎮指揮剿匪。儘管忠於他的部隊尚未大舉進駐，但多支部隊已經奉命開往西安。十二月九日，學生發動示威，反對國、共內戰，要求蔣介石加入抗日統一戰線。警方暴力驅散學生。張學良前往西安郊外華清池的蔣介石行營，要求蔣聽取學生訴求。蔣斥退張，還下令張以機關槍對付示威學生。[13]經過這一番折騰，張學良與楊虎城決定迅速採取行動。

十二月十二日清晨，張學良東北軍精銳部隊包圍華清池賓館，將賓館外的警衛繳械，許多守在賓館內的護衛人員也遭擊斃。蔣介石被俘，與他的幾名助理一起被帶到西安。張學良立即電告紅軍總部：「吾等為中華民族及抗日前途利益計，已將蔣及其重要將領扣留……迫其釋放愛國份子，改組聯合政府。兄等有合高見，速覆。」[14]

中共領導層立即將消息轉知共產國際與本身的軍事單位。但政治局委員在如何回應的問題上意見不一，於是決定等待共產國際的反應。十二月十五日，毛澤東與周恩來致電南京政府，要求南京接受張學良與楊虎城的建議，成立統一戰線政府，將蔣介石去職，停止內戰戰備。[15]之後幾天，為因應這次世界級領導人綁架事件所造成的衝擊，南京、西安、延安與莫斯科那些各懷鬼胎的政客忙成一團，他們的立場也不斷變化。共產國際發給延安的電文——十二月十六日發出，直到二十日才公開——毫不掩飾，要求中國共產黨公開否認與這次綁架事件的關聯，繼續爭取統一戰線，並釋放蔣介石。[16]

十二月十九日，中共政治局軟化先前的立場，不再要求審判或處決蔣介石，而主張召開救國會議。[17]上述來自莫斯科的電文，可能是導致中共領導層內部改變主意、轉而支持和平解決的主因，但直到十二月二十一日，他們才將莫斯科的態度告知張學良。蘇聯的反對雖令張學良心灰意冷，但張學良也只能開始想辦法釋放蔣介石。[18]十二月二十二日，蔣介石之妻宋美齡與宋美齡的弟弟宋子文抵達西安，宣布兩人代表南京政府前來，意在達成一項和平解決辦法。蔣介石仍然拒絕公開簽署任何文件，但告訴宋美齡，如果獲釋，願意在三個月內召開救國會議，重組政府，與蘇聯和中國共產黨聯手抗日。[19]

當天晚上，蔣介石與周恩來徹夜開會，達成解決方案的最後大綱。蔣介石同意不再圖謀消滅中共，同意與紅軍聯手共抗日本，在自己領導下把國家團結在一起。蔣介石並同意由宋美齡與宋子文全權代表自己，解決所有其他有關這次事件的問題，同時准許周恩來訪問南京，直接談判有關統一戰線的細節。[20]

輸家與贏家

一九三六年十二月二十五日下午，蔣介石、宋美齡與宋子文在張學良的陪同下，登機飛返南京，一場歷時兩週、高潮迭起、充滿爾虞我詐的緊張鬧劇就此劃下句點。[21]張學良何以陪同返京，迄今原因不明。在抵達南京後，張學良承認為兵變行動負全責而被捕，受到軍事法庭審判，被判了十年。蔣介石先將他減刑為軟禁，但之後將刑期無限延長。（直到蔣介石於一九七五年去世後，張學良才終於獲釋，之後他移居美國，於一九九三年去世。）西安事變結束後不久，蔣介石除去楊虎城的「陝軍」指揮權，最後將他逮捕。當國民黨在內戰中敗北，於一九四九年撤入台灣時，楊虎城與他的家屬在重慶遭到秘密處決。[22]

蔣介石在回到南京後，不僅取得華南軍閥的支持，孤立國民黨內的親日份子，還削弱了共產黨與陝西、山西的華北軍閥勢力。他一開始遵守協議，繼續進行組建聯合政府與軍事合作細節的相關談判。

統一戰線的成立，似乎使日軍決定加緊行動，進軍中國腹地。一九三七年七月七日蘆溝橋事變爆發後，日軍對國民黨軍、對華北與華東與國民黨結盟的在地軍閥展開全面攻擊。北京在三週內淪陷，天津在七月底、上海在八月失守。國民黨軍雖奮勇抵抗，但不敵機動力較強、訓練也較精的日軍，遭到慘重傷亡。數以萬計的中國民眾也慘遭入侵日軍屠殺。事實證明，無論就短期與長期而言，蔣介石在西安事變過後採取的抗日決定，對他本人與對中國都是災難。[23]

許多歷史學者認為，中國共產黨是西安事變後政治—軍事變局的主要受惠者。[24] 周恩來巧妙的談判手法，毛澤東敏銳的戰略算計，來自蘇聯的支持——蘇聯在一九三七年同意為南京政府提供迫切需要的武器與物資——加上日軍選在遠離共產黨巢穴區的華南發動攻擊，都為共產黨帶來休養生息的空間與時間。由於與國民黨第二次合作成立統一戰線，中國共產黨與紅軍（隨即改名為八路軍）得以徵兵、組織和教育，重建一九三六年底那支殘破不堪的游擊隊雜牌軍，為日後必不可免的國、共最後攤牌做準備。當然，領導這次延安擴張的毛澤東，自然也成為這場變局的最大贏家。

胡耀邦重返校園

一九三六年十一月，胡耀邦出席政治局召開的共青團領導人會議，討論如何響應中國學生不斷升溫的團結抗日熱潮。這次會議主張成立一個「民主自由的廣大學生運動」，指示國民黨控制區內的共青團團員解體，加入合法公開的青年組織，即使這些組織仍然「在國民黨影響力之下」也在所不惜。[25] 共青團中央局隨即解散，不過胡耀邦等人繼續以不同的名義做著青年組織工作。一九三七年四月，「西北青年救國第一次代表大會」在延安召開，胡耀邦以代表身分與會，對他而言這是一項不凡的成就。三百名來自全國各種青年組織的代表出席這項會議，毛澤東在會中致詞，說明中國共產黨參加抗日統一戰線的戰略決定。大會還推舉一個執行委員會，胡耀邦獲選候補委員。[26]

但在這一刻，胡耀邦邁入他的下一階段職涯：進入中共最著名的訓練學校，簡稱「抗大」的「中國人民抗日軍事政治大學」，繼續他的教育。「抗大」的前身是一九三三年建於江西蘇區、一九三六年重建於瓦窯堡的「中國工農紅軍學校」。共產黨在一九三七年將總部遷往延安時，工農紅軍學校也隨同搬遷，並改名為大學。

在向「抗大」第一期學生發表的演說中，毛澤東將這所學比做廣州的「黃埔軍校」。黃埔軍校成立於一九二四年，國民黨與共產黨早期許多軍事領導人都出身黃埔。紅軍名氣最響亮的將領林彪出任抗大校長，毛澤東擔任政委，另一名經驗老到的政工與保安專家羅瑞卿擔任教務長。抗大第一期學生一千零六十三人都是資深軍、政幹部，在一九三六年六月開學，十二月結業。

胡耀邦獲選為第二期學生，第二期於一九三七年三月開課，共有三個大隊。頭兩個大隊由營級與連級軍官和一些文職幹部組成。胡耀邦分派在第一大隊，很快獲選為大隊黨支部書記。[27] 抗大早期提供的教育經驗極為粗糙。學校沒有教室或講堂，沒有桌、椅或黑板，書本也很少。學生坐在自己的包袱上，或坐在帆布下的長板凳上，用自己的大腿做墊子寫筆記。宿舍就設在延安周遭數不清的岩洞裡，有些岩洞改建為羊圈，學生得睡在石頭或黏土堆砌而成的床上。小米與野菜是他們的主食。毛澤東說，艱苦的條件是革命養成教育的一部分。

教學課程包括馬列主義、軍事戰術與戰略、政治、歷史，以及視需求加入的補助教材。許多有關革命史與革命實戰的課題，由毛澤東、朱德、林彪與張聞天等資深黨與紅軍領導人主講。有時毛澤東會在排定課程展開前的當天，先在戶外開一次非正式研討會。[28] 日後抗大擴充，建立教室與講堂，聘請新教職人員，在共產黨控制的基地區開辦分校，最後訓練了兩萬多名黨、軍幹部。但在創校之初，它的規模很小，所有有關人員彼此都相互熟識。

自幼好學的胡耀邦，儘管在同班學員大多為紅軍軍官的班上年紀最小，很快成為教師矚目的對象。他潛心向學，探討馬克思與列寧的著作，用課餘時間研讀中國史與文學。毛澤東教的那些課，總能將馬克思理論分析與實戰事蹟、農民智慧、幽默以及強大的反日、反帝國主義詞彙結合，令手不離書的胡耀邦與他的同學們醉心不已。在抗大進修六個月間，胡耀邦可能聽了超過一百小時毛澤東的課，吸收了毛澤東日後在他最重要的理論經典《實踐論》與《矛盾論》中所提出的概念。[29] 胡耀邦坐在全班最前面一排聽毛澤東娓娓道來。毛澤東也發現胡耀邦認真向學，經常點名胡耀邦說出對問題的觀點。[30]

隨著胡耀邦在抗大的日子一天天過去，他與毛澤東之間的互重也逐日加深。特別是有一次日軍

一九三八年毛澤東在一般稱為「抗大」的「中國人民抗日軍事政治大學」講課。早期的抗大情況極為簡陋，沒有幾張桌、椅，沒有書本，許多課在戶外舉行。胡耀邦勤奮好學，頗獲毛澤東賞識，負責針對從都市地區入黨的新人進行政治工作。（圖片來源：Wikimedia Commons）

入侵，抗大許多行政人員與師生奉召離校，擔任戰鬥任務，情況尤然。在那次事件中，抗大校長林彪奉命擔任八路軍一一五師師長，副校長劉伯承接任一二九師師長。抗大二期生畢業式從九月提前到八月，讓學生為山西抗日行動做準備。但胡耀邦與一大隊其他二十七名學生獲選留在抗大繼續深造，研究毛澤東有關中國革命經驗與日後走向的理論。在那次研究結束後，毛澤東欽點胡耀邦出任抗大政治部副主任，胡因此成為抗大重要的領導人。[31]

抗大三期於一九三七年八月開課，有新學員一千三百七十二人，大多數來自國民黨控制區，因受到共產黨理念吸引而開始湧入延安的愛國青年。胡耀邦向毛澤東解釋，許多新生紀律散漫，思想也很薄弱。毛建議胡耀邦辦一份內部校刊，向這些青年灌輸理念，協助教育他們。胡耀邦無法推辭，只得接下這個重任，並要求毛為新雜誌寫一篇創刊文。

一九三七年九月，抗大內部校刊《思想戰線》創刊，發表毛澤東的創刊文〈反對自由主義〉。這篇文章話鋒極為犀利，痛批那些欠缺紀律的人，指他們渴望「無原則的和平」，展現「資產階級自私」，而「損害革命集體」。[32]胡耀邦隨即在接下來的一期發表自己的文章，描述自由主義與反自由主義之間的鬥爭，並全力投入《思想戰線》的編輯、出版與發行工作。

為吸收日本侵華後湧入延安的大批學生，共產黨必須在不同地點開課。抗大在共產黨控制的其他基地區成立八個分校，延安也出現更多大學，包括女子大學、魯迅藝術學院、陝北大學、延安大學與中央黨校等。根據中央委員會在一九三八年三月五日批准的一項決定，成立這些大學的目的在盡快培養能幹、忠誠的幹部，包括大批女學生幹部。

胡耀邦擔任抗大第四期一大隊的政委，負責一切思想教育與士氣議題。在一大隊奉調搬往瓦窯堡、即將啟程前，毛澤東召集一大隊學生講話，言語中對胡耀邦讚賞有加。他告訴這些學生，他「要向你們推薦兩個人……一個是我敬佩的老教授張如心，他可以把許多馬列著作背誦如流，你們可以向他學習系統的馬列主義理論；一個是大隊政治委員胡耀邦，他的年齡比你們大不了多少，是我親眼看著長大、熱愛學習、朝氣蓬勃的『紅小鬼』，現在還不斷寫些文章在報上刊登，很受讀者歡迎。希望你們以這兩個同志為榜樣，好好學習。」[33]

晉升與政治鬥爭

一九三九年三月，毛澤東任命胡耀邦為中央軍委總政治部組織部副部長，胡耀邦的仕途再次高升。當時胡耀邦只有二十三歲，稚氣未脫，所有的軍事領導人都對這項任命提出質疑。但毛澤東駁回這些質疑，甚至還在不到幾個月後提升胡耀邦為組織部部長。[34] 共產黨任何機構的組織部都是主管人事的重鎮，負責管理記錄、員工檔案、薦舉、評估、獎勵、處分、安全許可、以及升遷名單與假條的準備。紅軍的大多數文件記錄都在長征途中散佚，直到胡耀邦接掌組織部時，仍未完全重建。這項任命顯示毛澤東對他的信任，但對胡耀邦來說，這是一次令人不快的經驗。在這以前，面對共產黨領導班子層出不窮的政治鬥爭，胡耀邦只是個旁觀者。但現在他成了舉足輕重的要角。

中國共產黨黨史書籍一般認為，自一九三五年一月遵義會議以後，毛澤東是中共黨內集大權於一身的領導人。不過近年來的研究，特別是高華提出的研究成果顯示，毛澤東能在奪權鬥爭中擊敗對手，在一九四五年第七次黨代表大會之前獨攬大權，過程遠比原先認定的複雜，整件事不但經過精心策劃與政治操控，還在相當程度上倚靠毛澤東的詐術。[35] 在一九三六年底與國民黨建立統一戰線之後，共產黨的責任與控制區都擴大了。儘管共產黨不再面對生存威脅，但毛澤東再也不能透過人際互動與例行性黨團密會操控黨的活動。事實上，到一九三八年，他在延安的親密盟友已相對不多了。

一九三七年十二月，政治局在延安集會，這是自遵義會議以來，中國共產黨為調整領導核心而舉行的第一次重要會議。在之前幾次爭議中都敗在毛澤東手下的張聞天等人，又在這次會議中挑戰毛的權威。或許讓毛更頭痛的是，幾名在莫斯科留學或在莫斯科與共產國際工作的資深領導人，包括王明、陳雲及鮮為人知的保安頭子康生等人都已經返國。

儘管毛澤東保住他在黨內的領導地位，六名莫斯科支持的領導人也與他一起，成為十六人政治局的成員，其中王明的排名高居第二。這些從莫斯科歸來的領導人，不僅負有代表莫斯科對中共領導權進行認可的任務，還帶回一個訊息：對於毛澤東能否執行「統一戰線」政策、牽制大批日軍、讓日軍無力攻擊蘇聯一事，莫斯科有所質疑。王明利用他在這次政治局會議中提出的兩篇報告，間接攻擊毛澤東等人未能「全力對抗日本」，對於與國民黨合作的關注也不夠。會中決定派遣王明、周恩來、博古與另外幾人前往武漢（由於日軍準備攻擊南京，這時蔣介石政府已經撤到武漢），成立中共「長江局」，負責與國民黨政府談判統一戰線的實踐等相關問題。在統一政治與軍事行動的問題上，王明採取的作法比毛澤東更有包容性。儘管王明在中央委員會與政治局的影響力遠不及毛澤東，但毛仍然將王明視為政治威脅。就這樣，派王明前往武漢，既能讓王明離開延安，還能讓他陷入毛澤東所佈下的政治、思想圈套。[36]

基本上，劉少奇、彭真與其他「地下」或「白區」共產黨員都在華北與華中工作，組織對日抗戰。部分為了對抗張聞天，劉少奇與毛澤東在一九三七年加強彼此間的合作。[37] 八路軍高級將領，包括朱德、彭德懷、聶榮臻等人，都在山西、察哈爾與河北建立游擊隊，攻擊日軍後方。到一九三九年，他們已將共軍兵力從西安事變期間約三萬到四萬人增加到超過十六萬人。[38] 這些將領與王明關係良好，與毛澤東也不忘表忠，不過他們彼此之間相互猜忌，各懷鬼胎。[39]

毛澤東迅速採取行動，在新領導班子裡拉幫結派，與張聞天（仍是中央書記處書記）、任弼時、劉少奇以及不久前剛從莫斯科返國、負責政治局日常運作的陳雲與康生修好。一九三八年八月，另一長征老將王稼祥從蘇聯返國，帶回共產國際全力支持毛澤東的保證。毛指派自己的警衛員負責延安所有高級領導人的安全。

毛開始呼籲八路軍高階指揮官，要他們全力在日軍戰線後方偏鄉建立基地，擴張版圖與人力，而不要想方設法與國民革命軍合作、在戰場上與日軍交戰。毛不斷發表意識形態的著作，及漢化馬列主義的基本概念，讓它們切合中國的歷史與社會條件。毛在《論持久戰》中修訂了他對軍事戰略與戰術的想法。他還修改中共黨史，說它是一連串正確與不正確理念之間的「路線鬥爭」史，以鞏固自己身為中共首要理論家的地位。[40]

同樣重要但或許當時比較為人不解的是，毛澤東發起一項學習運動，要高幹們走出日常工作崗位，進入教室，研究馬列主義，以及史達林（Stalin）與毛澤東本人對各自思想運動的論述。學習運動在展開初期幾個月因成果不佳，而引發更激烈的學習與自我批判運動，最後導致「延安整風運動」，將中國共產黨變成毛澤東個人的政治工具。[41]

康生的角色擴大

一八九八年康生生於山東，一九二五年在上海加入共產黨，參與上海的暴力叛亂與地下活動。一九二八年，他支持王明與（從莫斯科留學）歸國的學生，與毛澤東爭奪黨的控制權與江西蘇區的領導權。一九三一年王明以駐共產國際首席代表的身分返回莫斯科。時任中共中央委員、主管情報蒐集的康生，也在兩年後以王明副手的身分前往莫斯科。不過康生到蘇聯還有另一任務，就是學習蘇聯的情報與保安系統「內務人民委員部」（People's Commissariat for Internal Affairs, NKVD）。[42] 康生親歷史達林與尼古萊・葉佐夫（Nikolai Yezhov）為肅清蘇共內部史達林的政治對手，而於一九三六至三七年發動的「大整肅」（Great Purges）。據信，當時康生曾舉報中共支持的幾名留學莫斯科的學生，說他們是「托洛斯基派」（Trotskyites，譯按：托洛斯基為十月革命領袖，自認為是馬列主義正統，批判史達林），導致幾名學生遭驅逐或遭處決。[43]

康生於一九三七年底抵達延安，毛澤東或許有理由相信康生仍是王明的支持者。但中共的情報系統在長征期間大多崩解，毛澤東不想讓過去控制這個系統的周恩來重建影響力。在日軍控制中國大片國土、共產黨與國民黨的統一戰線又非常不穩的情況下，毛澤東需要重建黨的情報能力，而康生或許是完成這項任務的最佳人選。[44] 聰明的康生已看出毛澤東是延安的實際掌權者，於是很快拋棄王明，向毛表忠。或許同樣重要的是，黨內其他領導人都反對毛澤東與情婦江青——原是上海演員，名聲不佳——廝混，揚言將反對兩人結婚，康生卻出面為江青擔保，支持毛澤東。一九三八年初，康生開始取得敏感度更高、影響力更大，而且需要毛澤東明確首肯的職位。[45]

一九三九年二月，毛澤東任命康生為中央社會部部長，負責重組中共情報系統。同時，政治局批准在黨內成立中央情報部，由康生領軍。不僅如此，康生還獲得提拔，成為敵區工作委員會副主任與政治保安局局長，負責最高層級的政治安全工作。[46]

中央社會部主要負責反間工作，是康生最重要的權力領域。中央社會部明文宣布的宗旨為「防範日寇、漢奸、敵人、叛徒與特務滲入我們的組織，確保我們的政治任務成功，保障我們的組織鞏固」，並且「蒐集所有證據、文件與敵人特務與叛徒所行的破壞事實」。[47] 康生很快展開招收新人與訓練工作，布署中央社會部特工與網路。他已經在延安北方名為「棗園」的河濱綠地建立總部，總部園區防衛森嚴，普通幹部與學生不得進入。[48] 康生刻意營造一種獨特、陰森的氣氛，喜歡身著黑色皮夾克、腳踏馬靴、頭戴一頂列寧式便帽、腋下挾一個公文箱，每次離開總部，總有四、五名保安前後簇擁。[49]

康生就這樣從棗園監督共產黨在統一戰線各單位的人事布局，以及在國民黨控制區與日本佔領區的秘密網路。最重要的是，他在共產黨的控制區、特別是延安的每一個黨、軍單位與大學都成立線民網路。[50] 康生身為中央書記處書記的權位以及他與毛澤東的親密關係，意味拔除叛徒的工作由中央社會部主控。但隨著康生的網路與作業範圍不斷擴大，越來越強大的威懾工具落入康生與毛澤東手中——延安整風運動即將到來，胡耀邦將身陷風暴中。

愛來到延安

對胡耀邦來說，一九三九年最重要的事，不是他在中央軍委的快速晉升，而是年輕、嬌小、迷人、聰明的李昭來到延安。一九二一年十二月十二日生於安徽宿縣的李昭，原名李淑秀，背景與胡耀邦大不相同。李淑秀的父親生於湖南寧鄉的富裕之家，幼年時研讀軍事測繪，希望將來成為重要軍官。李淑秀的母親高慧蘭是富有地主之女。李淑秀在很小的時候，父親離家出走，為湖南一個小軍閥工作，從此沒有回家。高慧蘭悲傷哀痛之餘，皈依天主教，與母親、姊姊與其稱乎「阿鳳」的李淑秀住在寧鄉老家大宅，過著安靜舒適的生活。阿鳳讀遍大宅裡豐富的藏書，還上宿縣天主教學校就讀，專攻語言、歷史與地理。[51]

一九三七年日軍侵華後，愛國怒潮席捲全國，李淑秀與她的幾名同學也奮起響應。李淑秀以學生志工的身分加入戰地服務團，協助宣傳工作，鼓勵地方民團負隅頑抗，不要見到日軍就逃。隨著戰事愈演愈烈，李淑秀一幫人決心前往延安加入共產黨，積極投入戰鬥。

一九三九年一月，透過共產黨地下黨員的安排，李淑秀與幾名友人得以先在河南東部與一支游擊隊會合，之後徒步前往洛陽，再搭火車到西安與延安。[52]李淑秀等人用比較有革命色彩的名字，取代她們女性化的原名——李淑秀本名「淑秀」，意為「嫻淑而優雅」，改名「昭」，意為「明而亮」。負責接應她們的游擊隊終於來到，同意幫助這些富家千金（當年李昭只有十八歲）前往延安當革命幹部，為新中國而戰。一行人於二月底出發。[53]

這趟輾轉六百英里的延安之旅過於艱辛——女孩們與游擊隊得徒步通過河南偏鄉，受盡惡劣天候、檢查站、土匪、低劣食宿條件與蝨子的折磨。在一行人抵達西安時，李昭已病得無法行動，不得不臥床幾天才搭卡車完成最後一站，抵達延安。來到延安後，李昭先接受政治背景的調查，隨後派入一所學校，直到七月才進入「中國女子大學」成為第一期學生。她進了高級班，研讀俄文、自然科學與教學方法。不到一年，她加入中國共產黨。[54]

在十月十日慶祝蘇聯「十月革命」的招待會上，李昭初會胡耀邦。當時由於只剩一張空位子，她坐在胡耀邦旁邊。雖說她之前也見過胡耀邦幾面，也很仰慕身為高幹、深獲毛澤東寵信的胡耀邦，但她一直未與他說過話。但這次兩人一見鍾情，友人很快發現兩人已陷入愛河。兩人一起漫步，唱革命歌曲——胡耀邦有很好的歌喉。他對她侃侃而談，討論他對革命的希望、他的閱讀心得、他的理想。兩人彼此以同志相稱。有關他向李昭求婚的記述，說胡耀邦希望與李昭攜手共赴革命，還談到兩人的互敬與對未來的憧憬。[55]

一九四一年十一月，在李昭從大學畢業，獲得黨的批准後，兩人約法三章結了婚。三章婚約內容如下：(1)兩人的關係以志同道合的同志為首，然後才是伴侶；(2)在建立小家庭後，不忘為共產主義奮鬥終身的大方向；(3)在任何情況下，都要互相幫助，互相鼓勵，攜手並進。[56] 有關這三項約定的細節未必果如上述，但無論如何，胡耀邦與李昭相伴相隨四十八年，歷經無數狂風巨浪與凶險考驗，始終互愛互重、相守一生。談到考驗，他們首先得面對來自康生的考驗。

延安整風

「整風」的英文「rectification」，源自宗教法與民法，意思是改正錯誤，糾正一件事。毛澤東在一九四二至四三年發起的「整風」運動，就字面意義而言就是「淨化風氣」，「導正」黨員工作風格的運動。根據中共為延安整風運動做的說詞，這項運動「進一步端正黨的思想路線，加強黨的建設，意義重大深遠」。[57]換句話說，毛澤東之前的中共最高層領導——特別是王明——的政治路線，犯了根本性的錯誤，必須加以導正。[58]高華等後世學者認為，從留學蘇聯的學生在一九三八年底自莫斯科歸國起，到一九四五年第七次黨代表大會召開為止這整段時間，毛澤東都在進行一場精心策劃的派系鬥爭，用盡一切可用手段擊敗心目中的對手。這些對手不僅包括王明與歸國的留俄學生，有些還是毛澤東本人在八路軍的革命同志。[59]

高華詳細記述整風運動來龍去脈，包括思想、組織與權力的勾心鬥角，以及毛澤東與康生如何越來越擔心國民黨意圖策反親共青年知識份子並削弱共產黨。[60]在延安時期即將落幕前不久，原本在國民黨控制的「白區」工作的共產黨地下黨員來到延安，其中有些人曾經被捕，許多人已與他們身在遠方的同志失散。在一開始，中共想用傳統著述上的馬克斯思想對這些青年新血進行教育與灌輸。問題是這類著述似乎與中國革命情勢扯不上關係。同樣重要的是，毛澤東對於這類著述也是一知半解，無法用它們來教導他人。於是，黨員甚至高幹寄望於返國的留俄學生提供這類知識。[61]

延安整風運動分幾個階段進行。第一階段於一九三九年八月底展開，當時中央委員會發表「關於強黨的決定」，要求所有黨組從幹部開始，重新審核各階層黨員的資歷與歷史。「幹部檢查」階段隨即在中央社會部的合作下展開。康生派遣秘密特工到延安各黨組蒐集情報並向他回報。由於中央社會部人手不足，它很可能與共產黨和中央軍委的組織部門聯手，一起推動整肅叛徒的工作。「幹部檢查」的第一階段相對溫和，毛澤東與康生隨即於一九四一年初展開第二階段。

一九四一年五月，在一次高幹會議中，毛澤東發表一篇題為「改造我們的學習」的報告，指責黨員一般都忽略了本身的馬列思想，還提出一份所有黨員都應該研讀的文件清單。沒隔多久，他發表有關中國共產黨黨史材料，批判一九二八到一九三五年間的前領導人，指控他們犯了基本理論與實際運作上的基本錯誤，對曾經留俄的政治局委員展開更猛烈的抨擊。[62] 九月間，毛澤東做了一次重要的組織調整，成立「中央高級學習組」。以毛澤東、康生、任弼時、陳雲為首的學習組，很快就削弱了政治局與書記處的政治權力。

到一九四二年初，毛澤東將「高級學習組」改名為「中央總學習委員會」，並經政治局於六月批准實施。之後兩年，「總學委」成為整風運動的主導。毛澤東是運動領導人，康生是主要副手與總書記。劉少奇與其他領導人加入運動，但如何推動整風的決策權，以及各地、各機關黨組學習委員會負責人的人事任命大權，都由毛澤東與康生掌控。[63]

一九四二年底，整風運動激化。黨員得不斷撰寫、公布他們的階級背景與個人歷史——不僅向組織與反間部門，還得向每一個人匯報。這種之後成為毛派政治運動標籤的公開自我檢查，即人們所謂「脫褲子、割尾巴」。無論擁有都市知識份子背景的新黨員，或老一輩黨幹都不歡迎這種作法。為了讓黨員徹底服從，整風運動得施加更多組織與心理壓力。它的首要目標是，除掉階級背景有問題、與國民黨有知識淵源或動機不純正的人。其次，它要讓每一名黨員都感覺到黨壟斷了他們的人生，他們必須把黨的目標與需求置於個人利益之前。就這樣，延安地區每一個組織、每一個人都因整風運動而陷於組織與心理極度緊張當中。[64]

與康生合作

胡耀邦在這場不斷升高的整風運動中扮演什麼角色，並不完全清楚。台灣學者陳永發對胡耀邦在這段期間的活動有最詳細的著述。陳永發在他的書中舉了幾個例子，說明整風運動的運作，以及運動如何在後期走向極端，其中一個例子引用了胡耀邦的經驗。陳永發的書，由於以國民黨在那段期間的情報記錄為根據，令人質疑其可信性。不過他找到一些確證情報，而且他的說法儘管對胡耀邦並不奉承，似乎與其他可以取得的記錄及胡當年的性格一致。[65]

在整風運動早期，由於既要對黨員進行思想灌輸，又要誘捕毛的反對派，目標過於雜亂，頗令人困惑。最後，毛指定由康生主管中央軍委負責整風與幹部審查各部門。毛建議康生找胡耀邦幫忙，剷除他與康生似乎認定躲藏在四處的叛徒。[66]康生首先在總參謀部成立「領導小組」，監督任務的進程。領導小組以葉劍英為首，組員包括胡耀邦。[67]為胡耀邦立傳的陳利明，以及一篇李昭生平故事的記述，都說胡耀邦同時身為中央社會部領導小組組長，因此對康生雙重負責。[68]當時胡耀邦已完成中央軍委組織部的整風與幹部審查工作。他的新任務是，肅清總參謀部負責情報蒐集的第二局裡的特務。總參謀部大約有兩百名工作人員，大多是受過教育及不久前吸收的青年，可能遭到國民黨特工滲透的疑慮並非空穴來風，胡耀邦當然會秉持一貫作風，努力完成這項任務。[69]

對於這段時間的胡耀邦，已成為中國現代史大反派的康生是個關鍵人物。康生雖說直到一九七五年去世時還在政治上得寵，但部分拜胡耀邦之賜，自一九七八年起開始被鬥臭。一九八〇年，經過嚴密調查，康生身後被共產黨開除黨籍，官方訃告撤銷，骨灰也被移出八寶山革命公墓。之後有關康生在中共黨史中所扮演的角色的著述都經過修訂，以反映他的「邪惡」勢力。康生於是成為一切錯誤的始作俑者，成為其他或許應負同樣罪責的人的替罪羊。但高華在他的《紅太陽是怎樣升起的》書中非常明確地指出，康生完全是遵照毛澤東的囑咐行事。毛澤東後來自己也承認，整風運動——特別是在「搶救」階段——過於偏激，他也有部分責任。[70]

胡耀邦遵照整風運動的目標與方法，展開行動。他讀完毛澤東所指定的二十二篇文章，仔細聆聽毛的講詞，積極參與集體討論，還嚴厲批判自己與同事。同時，他與葉劍英一起參加領導小組會議，討論如何將整風運動有效地引入中央軍委下屬各部。隨後——確切時間不詳——發生的兩件事，撼動了胡耀邦。

首先，在一次高級幹部的大型會議上，胡耀邦因遭到一名軍官的點名批判，而拒絕了這名軍官的「不當要求」。這名未經指名的軍官說胡耀邦「官僚主義、主觀主義、下放主義、書本主義與糊塗主義」（罵胡耀邦「糊塗」，是攻擊胡的姓氏的雙關語）。胡耀邦倍感受辱，於是向黨的第二號領導人劉少奇訴苦。劉少奇的答覆沒有記錄，但胡耀邦之後誓言要比指控他的那人表現得更革命。[71]

第二件事更嚴重，他的妻子李昭被中央社會部線民指控為國民黨特務。這件事發生的確切時間不詳，不過可能發生在一九四二年底。當時李昭懷孕，她的第一個兒子於十一月五日出生。[72]李昭被控的罪名不詳，但李昭的父親是準軍閥，母親是地方貴婦，李昭本身還讀過天主教學校——而這些事都是共產黨的禁忌。更何況整風運動只需口頭指控，即使是在酷刑逼供下脫口而出的指控，被指控的人也會被抓，並接受審訊。當年遭到指控的人說，他們面對嚴厲的心理壓力，感覺與睡眠被剝奪，被口頭辱罵、公開羞辱，被迫一再自我坦白，還不時被毆打，遭到假行刑的驚嚇。儘管在延安整風運動期間，江西蘇區時代那種就地處決的作法似乎並不普遍，據報導仍有好幾千人死於整風，其中許多是因希望幻滅而自殺的青年。[73]

李昭在出事期間，沒有與胡耀邦住在一起，不過胡耀邦能探訪李昭，向李昭保證他相信她的清白，相信她能度過這場劫難。或許因為剛剛生產，得為新生嬰兒哺乳，李昭沒有被送到延安郊外岩洞裡的監獄。儘管身為中央社會部官員，胡耀邦既不能讓妻子獲釋，也無法動用關係找人代妻子說項。鑒於延安在這段期間的偏執，特別是在康生眼中，任何年輕貌美、衣著考究的女人都可能是特工，李昭有這段遭遇並不稀奇。[74]直到一九四三年，李昭的生活才重回正軌。

在同年四月底一次政治局會議上，毛澤東再次重整最高領導班子，正式任命自己為政治局與書記處（有三名成員，除了毛以外，還有劉少奇與任弼時）主席。根據高華的說法，這時的毛已經擁有黨的「最後決策權」，劉少奇是第二號人物。在這次會議上，主要是為了剷除叛徒，毛澤東與劉少奇都為康生的幹部審查報告背書，將報告視為黨的首要工作。[75]

整風運動進入新的階段，更多的人被捕，公開認罪，胡耀邦涉入的程度也更深了。四月底、五月初，在康生特定的指示下，胡耀邦加強對「總參二局」的政治壓力。他首先以貪腐罪名逮捕兩名軍官，又在中央社會部「線報」的協助下找出幾名背景可疑的人，決心讓他們招供。他組織大型會議，痛斥特務猖狂，要求與會的年輕幹部「盯著他們，嗅出他們，逮捕他們」。胡耀邦自稱擁有八種迫使犯人招供的手段，並親自或透過親信施展這些手段。根據陳永發的說法，不出幾天，胡耀邦就在「二局」內找出八十二名嫌犯，蒐集了好幾千頁證供——其中大多是道聽途說，或是嚴刑拷問得出的供詞。他迫使嫌犯公開認錯，乞求黨的憐憫與糾正。[76]

逐漸地，胡耀邦開始面對阻力，許多年輕幹部指責他犯了左派錯誤，迫害知識份子並強迫他人聽從他的觀點。或許從一九四三年五月初開始，胡耀邦的作法因他本人對整風運動的有效性與適當性產生疑慮而出現轉變。他將康生加強抓捕特務行動的最新指令擺在一旁，發布如何節制整風、以免濫權造成士氣蕩然的指導原則。胡耀邦何時發布這些指導原則，說法不一，但談到指導原則的內容，各家說法卻相當一致：(1)不得毆打或咒罵嫌犯；(2)未經黨委事先批准不得綑縛嫌犯；(3)沒有足夠證據不得逼供；(4)嚴防自殺。[77] 胡耀邦不得不發出如此命令，足以證明延安整風運動晚期造成的創傷有多嚴重。

康生在獲悉胡耀邦下令節制後，據說很不快，因此派他的中央社會部副手、經驗老到的情報官李克農，轉達他對胡耀邦的不滿。根據為胡耀邦作傳的唐非的說法，康生曾將胡耀邦在總參二局的成就上報毛澤東，毛還因此親自向胡致賀。但到了一九四三年中，胡耀邦似乎對整風運動徹底失望。他不僅抗拒康生要他收回成令的指示，還提出補充建議，說明哪些類型的證據應該接受，錯案應如何迅速反轉等。[78] 胡耀邦告訴毛澤東，總參查出的幾個特務案都是錯案，大張旗鼓地揭發子虛烏有的特務會造成損害。他特別指出，嚴刑逼供是整風運動中造成最大傷害的作法。[79]

但整風運動並未因此停下來。事實上，在毛力挺下，整風運動於一九四三年七月初進入「搶救失足者」階段，激發又一波迫害與暴力的高潮。在前後兩週期間，大約有一千四百人在毫無證據的情況下被捕，遭到中央社會部官員嚴行拷打。在七月最後兩週，劉少奇與周恩來等幾名毛的同事一定察覺事態不妙，發現整風已經重創黨的士氣，真正找出的特務卻寥寥無幾。儘管毛澤東本人或許也發現這些問題，但這時的劉少奇與周恩來等人已噤若寒蟬，沒有人敢揭發整風的錯誤。[80] 七月三十日，毛澤東發電文給駐延安以外的資深黨領導人，說明幹部審查作法如何正確，在整風期間一些「主觀主義作法」現身，並表示逼供的作法須有所節制。[81]

沒有人批判康生，康生依舊大權在握，情勢沒有出現結構性的變化，但整風運動開始逐漸退燒，進入「審幹肅反」階段，檢討早先犯下的錯誤。毛澤東雖在這時說了些話，經解讀為他對運動做得過火表達歉意，但這些話說得十分含糊。他說，「這次大家都洗了澡，就是水熱了點兒，不少同志被搞錯了。」此外，儘管一些被指為特務的黨員獲得平反，但獲得平反的始終只是少數。當「審幹肅反」階段於一九四四年結束時，中共仍認為整風運動「完全正確」。[82]

在放寬整肅手段之後，胡耀邦的地位似乎每下愈況。顯然他對毛澤東或康生在整風運動末期所做的決定沒有影響力。事實上，他的作法還很可能導致他們對他的不信任或仇恨。在一九四三年中到一九四五年四月第七次黨代表大會召開期間，為他立傳的人找不出任何關於他的重要活動的記錄。據推斷，他回到總政治部組織部，參與第七次黨代表大會代表資歷審核之類的人事工作。當時組織部成立了以彭真為首的二十二人資歷審核委員會，胡耀邦是委員之一，之後並以代表身分出席這次大會。[83]

自來到陝北九年來，中共與其領導人經歷巨大變革。在一九三五年底，中共是一幫瀕臨飢餓邊緣、猶豫不決的流浪人。到一九四五年，它已經成為一股紀律嚴明、訓練精良且信心十足的政治與軍事勢力，準備與宿敵國民黨展開控制中國的最後決戰。一九三五年，中國共產黨可能擁有不到兩萬名黨員。在第七次黨代表大會召開時，五百四十七名與會代表代表了一百二十餘萬名黨員。在長征結束，吸收陝西境內游擊隊勢力之後，紅軍兵力約在三萬到四萬之譜。到一九四五年，分駐幾個基地的八路軍兵力超過一百五十萬人，在蘇聯援助下，裝備有大批小型武器、機關槍，還擁有騎兵與砲兵。與蔣介石的國民革命軍相比，八路軍的規模雖仍然較小，但國民革命軍因負責對抗侵華日軍，所遭到的損傷遠比八路軍大得多。

一九三六年，領導共產黨的是一群交互攻訐、組織散漫，由農民游擊隊、憤世嫉俗的知識份子以及自蘇聯歸國留學生所組成的烏合之眾。但現在它由毛澤東一人領導。在延安建政初期，毛澤東儘管強硬，卻是真正的知識領導人，是同儕之首，一心為中國革命運動打造一處政治與思想的基地，一處敵人追殺不到的避難所。但到了一九四五年，毛澤東幾乎像帝王一樣，住在戒備森嚴的禁區，擁有越來越多專供個人使喚的僕役助理，除了親信，一般人根本見不到他。他是中國意識形態毫無爭議的裁決人，獨攬大權，凌辱、壓制黨內所有其他領導人。為呼應自己的說法，他改寫黨史；為滿足自己的需求，他改組黨領導層。[84]現在他是「毛主席」，他的想法寫入新通過的黨章，成了「毛澤東思想」。當人們以過去專用於皇帝的頌詞歡呼「毛主席萬歲」時，他似乎甘之如飴。

胡耀邦也變了。在抵達延安之初，他是瘦弱、多病、勉強熬過長征的「紅小鬼」。過去的他是擅長宣傳與組織的激進青年，是熱情擁戴毛澤東、鼓吹革命的學生。現在的他是黨的高幹，向高級將領發號施令，以特務罪名迫害他不真的相信他們是特務的年輕幹部。他原本與黨內最惡毒人物之一的康生合作，之後反對康生，而且很可能因此付出代價。他結婚成家，但當他的年輕妻子慘遭共產黨心理壓力迫害時，他卻無力保護她。

為胡耀邦立傳的人總是說，胡耀邦以黨代表的身分參加第七次黨代表大會，加強了他對黨的了解，讓他對黨的組織實力與領導更加敬畏。[85] 儘管我們沒有理由駁斥這類說法，但對胡耀邦而言，在延安的十年是友誼與人際關係滿溢的年代。他曾沐浴在毛澤東的光芒中，但隨著時光流逝，毛為他帶來的卻是越來越難以忍受的折磨與傷害。儘管他仍然尊敬毛主席，或許他已經感覺到掙扎脫困的必要。狹窄的生活與工作空間、激烈但重要的工作、相互奉獻與忠誠，以及一種相對輕鬆而和平的環境——憑藉在這種條件下所培養的友誼，胡耀邦始終能屹立不搖，挺過之後艱困的歲月。在這段期間，胡耀邦結交了幾名最重要的友人，包括與他在總參共事的葉劍英；在總政治部的上司與恩師、在整風運動中淪為毛攻擊的標靶的王稼祥；在抗大的上司、曾與他一起打麻將的羅瑞卿；還有在總政治部的友人陶鑄與王賀壽。在一九四五年八月日本投降之後，胡耀邦與陶鑄、王賀壽拜把，人稱「桃園三結義」。[86]

日本投降以後，在延安的人都知道真正與國民黨的戰爭即將開打。共產黨需要盡快完成兵員與裝備的布署。歷經整風運動的摧殘，遍體鱗傷的胡耀邦要求毛主席把他送往前線。毛立即應允。

第三章
打贏戰爭，鞏固權力

一九四五年八月六日上午，美軍一架B-29「超級堡壘」（Superfortress）轟炸機飛離馬里亞納群島（Marianas Islands）提尼安（Tinian）機場，前往九州南方的日本工業城和港埠廣島。本地時間上午八點十五分左右，這架轟炸機從三萬一千呎高空丟下人類戰史上第一枚原子彈。原子彈在距地表一千九百尺處空中爆炸，發出相當於一萬兩千五百噸TNT爆炸的殺傷力，將廣島幾乎夷為平地，十幾萬廣島居民喪生。[1]

事件過後，蘇聯發現可以趁機搶佔日本在東亞珍貴的工業資產，於是立即採取行動。史達林在八月八日對日宣戰，下令事先已進入陣地的蘇聯軍於翌日入侵滿洲（譯按：即中國東北）；到八月底，蘇軍已經控制東北大多數地區。[2]八月九日，一枚鈽彈投在長崎，造成可怕的破壞，長崎的十七萬八千居民中至少有七萬人死難。[3]八月十日，日皇昭和召開「最高戰爭指導會議」，下令日本接受美、英與中國政府（中國政府以無線電方式與會）在一九四五年七月二十六日所簽訂的「波茨坦宣言」（Potsdam Declaration）中提出無條件投降的要求。根據協議，敵對行動應於八月十五日全面停止。[4]

一場戰爭結束，另一場戰爭開打

在中國，無論是蔣介石的國民黨政府或是毛澤東的共產黨，都對日本這麼快認敗服輸稱奇不已，但雙方都開始準備內戰。蔣介石沒有親自出席波茨坦會議，對美國的原子彈計畫也一無所悉。在八月以前，他顯然相信對日本戰爭還會拖延一年或更長時間。在蘇聯入侵東北後，他調整與莫斯科的結盟談判，同意蘇聯控制外蒙古，以交換蘇聯在佔領東北和援助中共的問題上有所節制。[5]至於作為主要盟友的美國是否繼續支持他，蔣介石並無信心。美國與國民黨政府間的關係在一九四四年逆轉，儘管仍然繼續財務與物資援助，但蔣介石可能認為美國不願中國內戰一直打下去。[6]

毛澤東顯然認為，日本對中國的佔領要到一九四六年中以後才可能瓦解。[7]他自一九四〇年起就在撙節軍事資源，避免與日軍大舉交戰，全力營造自己對共產黨及共軍領導層的主控地位。他開始將部隊移出西北大本營，調往國民黨實力軟弱、蘇聯的抵抗漸成氣候的東北。但在一九四五年八月，特別是在八月十五日蘇聯與蔣介石政府簽訂中蘇友好同盟條約，以及莫斯科隨即施壓，要中共不得打破與國民黨的統一戰線之後，他仍遠遠沒做好採取行動的準備。[8]

八月十六日，蔣介石發電文給延安的毛澤東，邀請毛澤東到重慶談判統一「大計」。毛澤東擔心一旦到了敵人首都，自身安全堪虞，因此沒有同意。但蔣介石一再力邀，美國也表示願意保證毛的安全。莫斯科也致電延安，呼籲國、共談判組織聯合政府。[9]毛澤東終於同意，在美國大使派屈克・赫利（Patrick Hurley）的陪同下，在八月二十八日搭機從延安飛抵重慶。毛澤東留在重慶，直到十月十日，國、共雙方簽署「雙十協定」為止。根據這項協定，共產黨承認國民黨政府的法統，國民黨也承認共產黨為反對黨，作為回報。雙方同意運用和平手段與談判解決爭議，以孫逸仙的「三民主義」為基礎，建立「和平、民主、統一」的中國，並同意召開政治協商會議，制定憲法、實施憲政。[10] 毛澤東於第二天離開重慶，飛回延安，還對屬下說，這項協定不過是張「廢紙」。蔣介石顯然也有同感。國、共開始聯手，讓雙十協定形同具文。[11]

胡耀邦自告奮勇

在日本於一九四五年九月二日正式投降後，所有駐在中國東北、南庫頁島（South Sakhalin）與北緯三十八度線以北朝鮮半島的日軍，都奉命向蘇聯遠東總司令投降。[12] 對蔣介石與毛澤東而言，東北與華北都是兵家必爭之地，兩人也都早在相互談判時，就已經開始調兵準備進駐。八月底，八路軍奉命從各處游擊基地開往東北最南端的遼寧省，或其附近地區。毛澤東的整體戰略是「北進南守」——搶佔中國工業區腹地，奪取日本人留下的武器裝備，一面與蘇聯軍會師，一面阻止國民黨軍進入華北。[13] 蔣介石用駐在天津城內與城郊的美軍陸戰隊接受日軍投降，並開始用美國陸軍航空隊運輸機與美國海軍船艦，讓國民黨軍搶在共軍抵達以前進駐華北都會區。國、共內戰迅速再起的火苗已經點燃，但由於重大地緣政治議題——即美、蘇關係，以及美國不願再次捲入亞洲又一場戰爭——儘管國、共雙方小規模衝突層出不窮，無論是蔣介石與毛澤東都沒有大舉用兵，或宣布停火無效。[14]

胡耀邦渴望親上火線，參加對抗國民黨的實戰。他透過葉劍英向毛提出請求，請毛解除他在中央軍委的職務，說他在總部工作太久了。[15]毛澤東准其所請，當時準備離開延安、擔任「東北人民自治軍」司令員林彪，遂邀請胡耀邦擔任政治官。[16]湖北富家子弟出身的林彪，曾經參加「南昌起義」，之後與毛澤東、朱德一起逃上井岡山。林彪驍勇善戰，是毛澤東的愛將，在一九三八年因負傷送往莫斯科，在莫斯科住了四年。他在回國後出任「抗大」校長（在抗大期間與胡耀邦共事）、八路軍一一五師師長，之後在一九四五年十月出任東北地區人民軍全軍總司令，是國、共內戰初期最重要的將領。

胡耀邦在啟程前，得做出有關自己家庭的艱難決定。他的妻子李昭準備隨他一起上火線，但夫妻兩人這時有兩個孩子：一九四二年出生的胡德平，與一九四五年二月出生的次子。兩夫婦不願讓孩子承受戰區凶險，決定將長子托給延安一名幕僚，但如何處理次子的問題煞費周章。兩人最後決定將次子交給陝西農村合作社領導人劉世昌。胡耀邦要求劉世昌將這孩子視如己出，與劉世昌以劉、胡兩家的姓氏為名，將孩子取名「劉湖」。在李昭的略傳寫道，把孩子交給劉家這件事讓李昭非常不快。胡耀邦夫婦直到十六年以後才再次見到劉湖。[17]胡耀邦與李招帶著一支由七、八百名共幹、職員、學生和雜牌軍所組成的隊伍，於十月中旬啟程，前往東北。一行人於十一月中旬抵達張家口「晉—察—豫軍區」總部。張家口位於北京西北約兩百公里，已經「解放」。[18]

根據李小兵教授（譯按：中國軍史學者）的說法，當時國民黨政府擁有「總額四百三十萬人的兵力，包括兩百萬正規軍。由於已經接收中國境內投降日軍繳交的大多數武器裝備，而且持續接獲美援，國民黨政府軍的裝備優於共軍……〔他們〕控制四分之三個中國與三億多人口。他們佔領所有大城，控制大多數鐵路、公路、海港與交通樞紐」。[19]但對日抗戰造成的慘重傷亡；政治內鬥、貪腐與高級官員的無能；充員兵的文盲與貧乏的訓練；欠缺運輸工具，不能把軍隊運往日軍撤離留下的真空地區——這一切都讓蔣介石的軍隊戰力受創。

一九四五年底，八路軍、新四軍、以及一些較小的共軍單位散布在西北、中北與華東各地基地。在抗戰期間，儘管八路軍在結構上相對安定，共產黨在內戰期間的軍事結構卻不斷轉變，單位不斷移動，在不同的指揮部門調來調去。中央軍委所以這麼做，目的就在於確保黨——特別是毛澤東——擁有「解放」軍行動戰略指導與人員布署的主控大權。[20]

中央軍委將其轄下大約六十萬軍隊分為二十二到二十七個縱隊，每個總隊有三個師，一個師約有七千人。此外，解方軍還有六十萬非正規軍，由較小的旅與地方民兵單位組成，總兵力約一百二十七萬人。[21]但由於游擊隊基地散布各地，通信能力又落後，解放軍的戰力核心與取勝關鍵，主要在於能征慣戰的地區戰鬥指揮官。這些家族與教育背景各不相同的指揮官，對共產黨的意識形態一無所知，但從延安整風運動及之前的經驗中了解忠於毛澤東的重要性。更重要的是，從一九四五年以降，他們知道如何在極度貧乏的條件下餵飽農民軍，調動他們，要他們打仗，讓他們效忠。在之後動盪的四年，他們指揮的部隊、番號與地區任務都會變動，他們之中大多數人會與毛就戰略與人事問題發生爭執。不過解放軍指揮結構的最高層，幾乎只見他們的身影：朱德為全軍總司令，林彪、彭德懷、聶榮臻、陳毅、劉伯承、賀龍與徐向前都是主要戰將。

政委胡耀邦

胡耀邦的階級遠較這些解放軍軍頭低，但在內戰結束前他與其中幾人有共事經驗。只不過他進入東北、親歷火線的希望，在一九四五年底幻滅了。國民革命軍第十三軍，在由美國海軍於十月中旬運抵葫蘆島之後立即往西，在平泉附近沿著進入遼寧的主幹道建立阻擊陣地。十二月初，胡耀邦帶著他的雜牌軍與學生來到附近，他們根本不是裝備精良的國民革命軍對手，只得在平泉以西紮營，等候命令。[22] 一月初，冀察熱遼軍區司令員蕭克，要求指派胡耀邦為軍區政治部主任。延安准其所請，派胡耀邦為總政治部區域代表。[23]

國際政治的考慮也打斷了胡耀邦的軍旅生涯。十一月底，美國大使赫利在返國述職時提出辭職信，信中譴責中國境內的「專業外交人員」，說這些人「與中國共產黨武裝隊為伍」，刻意破壞他扭轉國民黨政府垮台命運的努力。[24] 赫利這番表態惹惱了杜魯門（Harry S. Truman）總統，於是任命前統合參謀長、五星上將喬治・馬歇爾（George C. Marshall）為「駐華特使」。有鑒於中國境內情勢惡化，馬歇爾奉令「運用美國的影響力促進以和平、民主手段統一中國」，並「設法達成停火」，特別是在華北停火。[25]

十二月底馬歇爾抵達重慶。憑藉高超技巧與人氣，身為國民黨與共產黨調停人的馬歇爾，很快就促成國、共雙方於一九四六年一月十日停火的協議。根據這項協議，國、共與美方在北平成立「軍事調處執行部」，負責調查、解決違反停火與土地爭奪爭議。中共派在「軍調部」的首席代表是葉劍英。[26]

葉劍英是廣東客家商人之子，先後在雲南與黃埔接受軍事教育。他在一九二七年參加南昌起義，加入共產黨，之後逃到蘇聯，於一九三〇年回到江西。熬過長征、大難不死的葉劍英是幹練的參謀官，之後成為延安中央軍委委員。他在中央軍委與胡耀邦並肩共事，兩人結為密友。葉劍英曾在一九三七年協助周恩來處理重慶聯絡辦事處的工作，後來成為駐馬歇爾代表團聯絡官。由於有這麼多的歷練，當胡耀邦的身體狀況於一九四六年初再次惡化時，葉成為最能施加援手的不二人選。胡耀邦重病高燒，腹痛腹瀉，情況不斷惡化，蕭克擔心他性命不保。葉劍英利用他的現地調查權派遣飛機把胡送到北平，轉往「協和醫院」，經診斷患了阿米巴型肝炎。在葉劍英安排下，胡的保鑣調往北平照看胡，當地地下黨員還找來一名中醫為胡看診。

胡耀邦在康復過程中，為葉劍英及其參謀長羅瑞卿——也是抗大老友——做一些行政工作，為方便在軍調部與國民黨和美方人員溝通，胡耀邦也獲授少將軍銜。但在一九四六年春情勢緊繃、局面不斷惡化的華北，進行這類溝通是件苦差。據說，當時三十歲、還不夠老練的胡耀邦曾說，國民黨那些軍官油嘴滑舌、自以為是，而美國官員則趾高氣揚，不懂禮貌。當年四月，胡耀邦的健康大致好轉，葉劍英同意讓他重返張家口總部。[27]

六月初，中央軍委下令改組共軍，成立「晉察冀野戰軍」，由聶榮臻任司令員與政委，蕭克為副司令員，羅瑞卿為副政委。野戰軍下設四個縱隊，每個縱隊兩萬餘人，胡耀邦奉命擔任第四縱隊政委，司令員為陳正湘。在晉察冀野戰軍成軍時，其面對的國民黨與軍閥部隊總兵力約四十二萬人。[28]

中共之所以建立政委系統，目的在於確保黨能控制軍事單位。每一級的每一個軍事單位都有一名執掌大權的專業黨工，這名黨工未必受過軍事訓練，但對中央委員會負責。每一個軍事單位的一切軍事決策都由單位黨委會負責，黨工一定是黨委會關鍵人物，往往是黨委書記。在中共幹部階級系統中，政委的軍銜一般與司令員相當。偶而當司令員甚獲當局信任時，司令員可能兼任政委，不過那是特例，不是常規。司令員—政委的關係極為重要。

在解放軍的單位裡，政委負責戰鬥士氣、紀律、思想、忠誠、以及農民青年新兵（或國民黨俘虜）的安全。在許多案例中，這類工作是一種在荒郊野外就地施為的政治與思想教育。政委有幾名副手、一個政治部，以及沿指揮管道而下的下屬軍官。他們負責升遷、獎懲、任命等人事工作與政治安全。[29]

胡耀邦是擔任這種職位的最佳人選。他學識豐富，和藹可親，能與長官、部屬合作。他精通思想理論，知道如何進行有效宣傳。他與毛澤東多年的關係使他成為高級軍官樂意交往的對象。他貌似孩子，年輕士兵都不怕他，願意與他親密互動。而且他往往選擇與一般戰士一起步行，不像許多軍官那樣喜歡騎著馬、高高在上。

他憑藉文學素養與對詩詞的愛好，為沒受過教育的士兵訂出一套獨特的訓練手冊。這本手冊不僅簡明易解，而且朗朗上口——因為它以胡耀邦多年前讀過、中國每一個小學生啟蒙必讀的《三字經》的形式展現。胡耀邦主導、編纂的這本有插畫的《人民軍隊三字經》共五十七章，全部以三字經形式表達，課文解釋共產黨、紅軍、軍隊與人民的關係、以及學習的重要性等。[30]

戰敗的滋味

一九四六年七月，解放軍最高指揮當局決定攻擊國民黨據有、位於山西東北的鐵路重鎮大同，以緩解張家口「晉察冀軍區」總部的壓力。主攻部隊為晉察冀野戰軍的三個縱隊（包括胡耀邦的第四縱隊），賀龍所部、駐在山西—綏遠基地區的幾個旅負責助攻。與國民黨布署在大同內、外的守軍相比，解放軍享有約五比一的優勢，於是解放軍將兵力分為兩部，一部佔領大同郊外村落，其餘則圍困大同。[31]

對大同的真正攻擊在八月初展開，進展速度很慢，地方民兵遭到慘重傷亡後，於九月初退守城牆內。但由於大同南郊的機場仍在國民黨手中，補給與援兵可以繼續送往城內守軍。蔣介石下令駐在大同以西與以東的國民黨軍馳赴附近城市集寧，以打破封鎖。八月二十八日，毛澤東電告聶榮臻與賀龍，要兩人一面圍住大同，一面「殲滅」趕來馳援的華北軍頭傅作義的援軍。共軍現場指揮官認為，他們可以留下部分軍隊繼續圍城，抽調大軍前往集寧，攔截傅作義的三十五軍。[32]

九月八日，三十五軍在空軍支援下攻擊集寧，兩天後三十五軍本身遭到解放軍——包括胡耀邦的第四縱隊——來自南方的攻擊。在兩天激戰中，共軍重創傅作義軍，打殘三十五軍的三個師，殺了五千人。胡耀邦也險些在空中攻擊中遭到重傷。之後聶榮臻讓共軍停下來休息，傅作義趁機增兵，調來三個新的師，包括使用美式裝備的一〇一師。這是共軍前線指揮官犯下的大錯，他們也因此付出慘重的代價。[33]

沒有人能在事過境遷七十年後，僅憑歷史文獻與回憶錄就精確復原當年事件的過程。出現在戰後調查中的相互指責與推諉，讓原本已混亂不清的戰場情勢更加撲朔迷離。但情況似乎是，傅作義裝備較佳的生力軍，在九月十二日以出人意表的高速包抄共軍，造成共軍重創，並打破了對集寧的封鎖。[34]通信能力貧乏以及欠缺指揮經驗讓情勢更加兇險，許多共軍單位誤以為其他單位已經先撤，於是相繼後撤。當天傍晚，撤軍已演變成一場全面潰敗，到九月十三日，中央軍委同意聶榮臻所請，認為他的軍隊應該撤出集寧。在向集寧大舉投注兵力、結果兵敗之後，共軍無力再度展開對大同的圍城攻擊，於是在九月十六日撤出大同。[35]

儘管戰後雙方都宣稱獲勝，但雙方都損失慘重，傷亡人數都超過一萬。[36]但在一開始，內戰整體情勢似乎對國民黨有利。蔣介石在集寧之役結束後表示，他認為內戰可以在幾個月內結束。馬歇爾開始不斷施壓，要求雙方再次談判停火。蔣介石與周恩來兩人都一面跳過對方，只與馬歇爾談，一面準備在張家口決一勝負。馬歇爾在十月一日揚言，除非雙方同意立即停火，否則他要讓自己奉杜魯門之召返美。雙方原則上同意停火，但都提出明知對方不會接受的條件。[37]

在大同與集寧兵敗真相逐漸明朗以後，共產黨或許比國民黨更有理由希望停火。共軍損失的成千上萬兵員大多是久經戰陣的精銳之師，很難用新「解放」地區徵來的農民新兵加以取代。聶榮臻告知延安，他的軍隊會想辦法騷擾開往張家口的國民黨軍，而延安當局應做好放棄張家口的準備。中央軍委與毛澤東同意聶的看法，但考慮到張家口的戰略與心理的重要性，懇請聶竭力防守。[38]

於是，胡耀邦的第四縱隊與聶榮臻所部大多數的軍隊趕往張家口，佔領阻截陣地，準備九月底迎戰經由平綏鐵路（從北平到綏遠）、從東、西兩面而來的國民黨軍。共軍集結於張家口東方，在九月二十九日逐退國民黨軍的攻擊。[39]但聶榮臻與他的指揮官在一個月內二度犯下輕敵大錯：他們忽視了傅作義的戰術長才，以及傅作義手下部隊的速度。傅作義派遣兩萬名機械化步兵、騎兵與裝甲兵北出長城，然後往南折返，奇襲駐守張家口北部、兵力薄弱的共軍。這次攻擊立即扭轉了戰場情勢。[40]聶榮臻在十月十日集結兵力建立防線，但國民黨軍以擄獲的日軍戰車、美援大砲及空中支援重創共軍，聶榮臻在向晚時分下令撤軍。[41]

翌日，傅作義軍準備發動巷戰，展開對張家口的總攻。但至午後不久，他們才發現紅軍與共產黨已經棄守。在將這座「第二紅都」的設施大舉破壞後，紅軍已經往南、往西跑得一個不剩。到傍晚時分，傅作義軍已完全控制張家口，城內民眾一語不發地迎接他們。

聶榮臻（與胡耀邦私下）認為，共軍在華北所遭到的這場慘敗「沒啥大不了」，但延安方面並不這麼想。棄守張家口確實事關重大，必須做重大改變。晉察冀野戰軍隨即改組。聶榮臻的司令員與政委職位分別由蕭克與羅瑞卿取代。[42]毛澤東暫時放棄他攻佔城市與鐵路線的戰略計畫，下令解放軍針對國民黨軍個別部隊建立絕對的軍事優勢，然後各個擊破。[43]

十一月中旬，蔣介石召開沒有共產黨代表出席的國民大會，認定不出數月就能將共產黨擊敗。派在馬歇爾調停委員會的共產黨談判代表也要求返回延安，拒絕參與任何進一步安排的停火或緩和緊張情勢的努力。馬歇爾對國、共雙方漸失耐心，準備結束他在華的調解工作。一九四七年一月初，他離華返美，擔任杜魯門總統的國務卿。[44]

重拾信心與衝力

一九四七年初，胡耀邦的第四縱隊沒有受到晉察冀野戰軍指揮體系異動的直接影響，繼續往南移動，在河北打了幾場小規模的戰鬥，對象主要是地方土閥，而這些地方武力在面對優勢的共軍兵力時往往不戰而降。胡耀邦的同袍在許多年後撰寫的回憶錄中，對胡在這些戰役中所展現的勇猛與指揮謀略讚美有加。[45] 晉察冀野戰軍在一九四七年四月到五月的「正太戰役」之後，連連告捷，在戰略上孤立了河北省會石家莊，取得鄉間地區的控制權，讓共產黨有了更多新兵來源。但共軍傷亡超過六千人，損失也很慘重。[46]

晉察冀野戰軍指揮結構在一九四七年六月改組、擴大。胡耀邦奉派擔任第三縱隊政委，第三縱隊兵力約三萬人，司令員為鄭維山。九月底，晉察冀野戰軍在清風店困住一支國民黨精銳部隊，經過幾場血戰，俘虜國民黨軍部隊長、幾名高級軍官與一萬一千名戰俘。[47] 此役開啟了共軍攻佔交通重鎮石家莊的可能性。這時石家莊已經遭共軍先頭部隊孤立，但有兩萬四千餘名國民黨軍與地方部隊重兵把守，仍是防衛森嚴的堡壘。而國民黨軍司令官誇稱，他們擁有足以堅守三年的糧食與補給。[48]

一九四七年十月底，毛澤東下令晉察冀野戰軍稍事休息幾天，然後攻擊石家莊。他派遣朱德監督作戰計畫的訂定。在作戰計畫通過一連串黨委會議定案之後，胡耀邦便召集第三縱對政治官，進行戰前誓師談話。他要振奮部隊士氣，但也知道這會是一場惡鬥，要部下拿出勇氣，迎接一場損失慘重的血戰。[49]

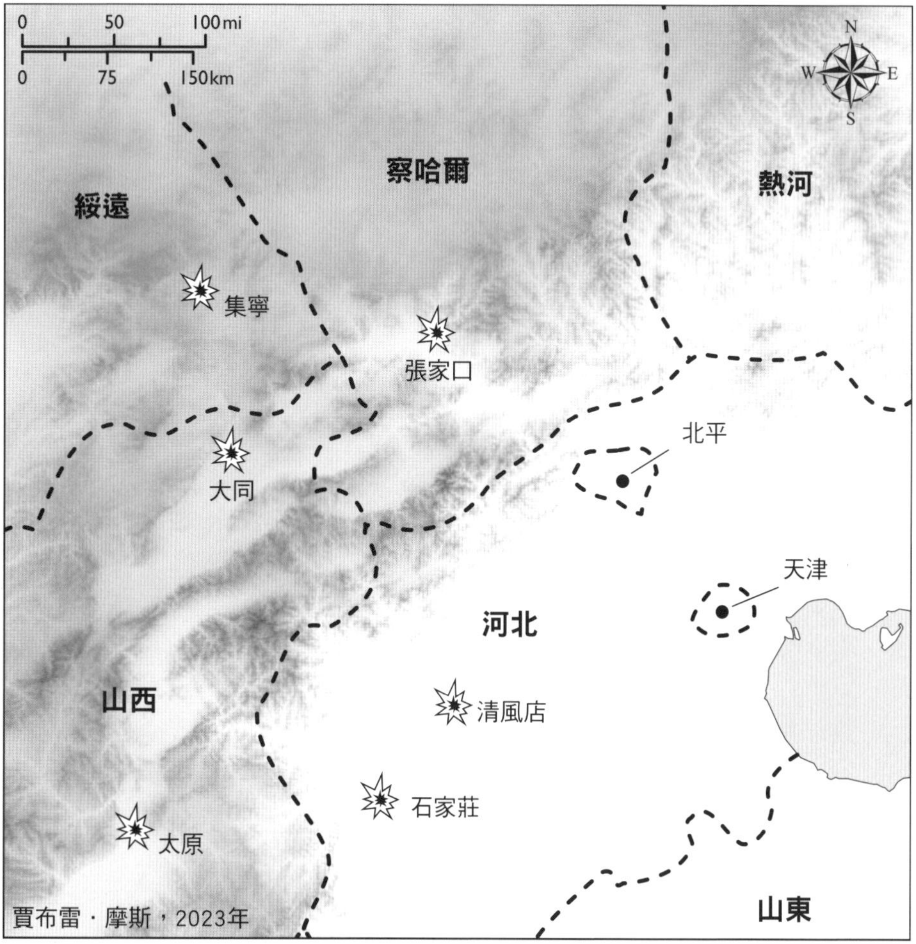

一九四六至一九四九年間，胡耀邦在聶榮臻與徐向前的指揮下，在華北打了幾場大戰。

一九四七年十一月六日，在重砲猛轟、炸毀石家莊電廠及削弱城牆防護力度之後，晉察冀野戰軍的十幾萬官兵與民兵展開對石家莊的攻勢，胡耀邦的預言隨即成真。帶著圍城梯的共軍從隧道中與土牆後竄出，搗毀外圍城防，軍紀嚴明、武器裝備佳的小部隊迅速攻進市中心。經過六天血戰和肉搏，國民黨軍司令官帶領殘餘守軍在十一月十二日投降。兩萬一千名守軍被俘，三千餘名守軍戰死，共軍傷亡約為六千人。[50]

佔領石家莊對中共是一大戰略進展，將一九四七年春籠罩延安的愁雲慘霧一掃而空。毛澤東與其他領導幹部已搬進河北北方的「西柏坡」，前首都延安因此城防空虛，遂遭到國民黨最驍勇善戰將領胡宗南的攻擊。石家莊之役過後，國民黨軍在東北、山東與西北等華北各地不斷遭到重挫，士氣開始瓦解，兵力因共軍攻擊而逐漸削弱，越來越多的部隊集體不戰而降。當然，在國民黨軍、地方軍閥與共軍之間來回拉鋸的大小戰役中，許多共軍也被俘。但奉蔣介石之令，被俘的共軍不得加入國民黨軍。或許因為對於共產黨如何在一九二〇年代、特別是在一九二七年南昌事件以前破壞國民黨軍的教訓記憶猶新，蔣介石把大多數擄獲的共軍戰俘送往遠離戰線的勞工營。[51]

一九四七年十月，毛澤東代表「中國人民解放軍」（這是他第一次用這個名號稱呼共軍）發表重大宣布，改變了中共對國民黨戰俘的政策。新政策保證「對於放下武器的蔣軍官兵，一律不殺不辱，願留者收容，願去者遣送」。[52]儘管這項政策變化或許是導致國民黨軍投降人數不斷增加的原因之一，但中共學者承認，事實上被俘國民黨軍獲准返鄉的人數極少。高階國民黨軍官會被送往遠離前線的勞工營，低階軍官與一般士兵會在經過短暫的政治教育之後，經常在投降當天教育完畢，便就地吸收，加入解放軍單位。[53]但儘管有關細節眾說紛紜，但國民黨軍淪為戰俘的人數相當驚人：到一九四八年中，共軍俘虜的國民黨軍人數已超過百萬，或許高達一百六十萬。其中大多數人直接納入解放軍戰鬥單位。到內戰的大陸戰階段結束時（一九五〇年中），被解放軍俘虜、投降、叛變或「接受改編」的國民黨軍人數已超過六百萬。[54]

能夠接觸檔案的中共學者，引用毛澤東手下名將提出的官式報告指出，解放軍在內戰初期面對野戰部隊失血、無力填補的緊迫問題，因國民黨軍戰俘——或稱「解放戰士」——人數眾多迎刃而解。即使一些遭遇慘重傷亡的單位，也因為吸納國民黨軍戰俘而兵力不減反增。以彭德懷與陳毅在報告中提出的數字為例，在一九四八至一九四九年間，「解放戰士」一般佔比百分之六十五到七十，在有些單位的人數佔比高達百分之八十。[55] 若干解放軍高級指揮官說，與其徵用共產黨控制區那些「解放農民」當兵，他們寧可徵用國民黨「解放戰士」。這些國民黨戰士儘管同樣出身貧農，沒讀什麼書，但至少受過一些訓練，擁有實戰經驗，而且能服從命令。[56] 如何讓農民青年新兵與國民黨「解放戰士」融入解放軍的生活、紀律與思想，然後把他們送上戰場作戰，就是胡耀邦等政治幹部的職責。

太原圍城戰

一九四七年十二月，毛澤東在一次政治局會議中說，這場戰爭已經來到轉捩點，現在共軍不再處於守勢，要將戰火燒到國民黨控制地區。[57] 在華北野戰軍布署的河北與山西省，情況確實如此。在十二月底與一九四八年初，胡耀邦的第三縱隊與傅作義手下的國民黨軍及北平南方、西方的地方土閥部隊不斷衝突。雖然這些衝突造成的傷亡不大，但可將政府軍成功困在都市據點裡，讓他們無力支援東北地區逐漸陷入圍城困境的國民黨衛戍部隊。[58]

一九四八年五月，中央軍委再次改組華北的指揮結構，成立「華北軍區」，司令員為聶榮臻。軍區下設三個軍，每個軍有三個兵力約兩萬人的縱隊。儘管徐向前因胸膜炎臥床，但仍然奉命出任新編第一兵團司令員與政委。徐向前出身山西富家，於一九二四年加入國民黨軍，還進過黃埔軍校。他在一九二七年加入共產黨，成為湖北西部一支游擊隊的頭子。他在長征途中採行另一條路線，於一九三七年抵達延安，加入劉伯承的一二九師擔任副師長。一九四八年，胡耀邦晉升為徐向前的第一兵團政治部主任，負責對六萬餘官兵進行政治工作。第一兵團作戰責任區為山西省東部與南部，當地主要國民黨領導人仍是閻錫山。

山西省省會太原位於汾河河谷，東、西兩面為矮山丘。太原城的城牆築於明朝，有些地方厚達四十英尺、高六十英尺。閻錫山找來中國與日本工程師，沿太原城郊朝四面八方構築縱深近三十英里的陣地，陣地內遍植層層密實的碉堡、掩體、戰壕與鐵刺網，還在山區建立特別據點。他在居民三萬的太原城內建了更多防禦工事，並動員數以千計居民協助捕給與養護作業。太原城防守軍的兵力除了十萬人左右的閻錫山嫡系部隊以外，還有三萬名國民黨軍。[59]

一九四八年七月十七日，中央軍委下令「太原方面軍軍委」包圍、破壞並攻擊太原。一開始毛下令第一兵團立即發動攻勢，而且要在十天內完成任務。徐向前要求延後並解釋，他的部隊經過近來幾場戰鬥後傷亡慘重，筋疲力盡，而且欠缺有經驗的低階軍官。第一兵團需要時間整補及訓練大批最近入伍的解放戰士與農民新兵，並積累發動圍城大戰所需的彈藥與物資。中央軍委於七月二十三日准其所請，下令徐向前在石家莊休養，一面派兵縮緊對太原的包圍圈。[60]胡耀邦是太原方面軍的軍委之一。

九月初，徐向前與胡耀邦都出席了在西柏坡舉行的政治局擴大會議，討論戰略情勢。毛澤東在會中宣稱，對付蔣介石的鬥爭已經從游擊戰進入傳統戰新階段，並下令建立一支五百萬人的大軍，在五年內打垮國民黨政府。他要求解放軍在所有戰線上——特別是東北、北平與天津周遭、長江以北的華中、以及山西——加強軍事壓力。[61]

徐向前病情嚴重，無力視事，遂要胡耀邦返回位於太原東南方的第一兵團總部，向部隊宣導這次擴大會議的「精神」。布署在太原城外的解放軍約有八萬人，包括徐向前第一兵團的三個縱隊、幾個獨立旅，以及來自其他解放區的一個砲兵營。當代軍事分析家指出，徐向前的攻擊方與閻錫山的防守方兵力之比，充其量只是八比十，而根據兵家慣例，攻擊方兵力至少得大幅超越守軍才有勝算可能。此外，解放軍情報人員還沒有將閻錫山部下官兵素質與他們不計一切代價、誓死守城的決心納入考慮。[62]閻錫山強調自己死守太原的決心，還向外國記者出示他為他的軍、民主要守城幹部準備的五百劑氰化物，表示一旦城破，他們都將服毒自殺。閻錫山還擁有幾百名抗日戰爭結束後以傭兵身分留在山西、未返回日本的前日本皇軍。[63]

閻錫山趕在大戰爆發前夕，強化「東山」地區的四大守備區，這是太原城防工事的重心。東山坐落城門東方一座山脊上，可俯瞰約一千英尺下方的汾河平原。四大守備區是城防重中之重，山上的大砲火力可以輕鬆覆蓋城牆、主機場及擁有彈藥廠的城北工業區。牛駝寨、山頭、小窯頭與淖馬等四大守備區都是大型鋼筋水泥與石材結構體，裝備有重機槍與大砲，由三千個碉堡組成的網路負責守備區與守備區之間的連結，其間密布相互重疊的火網、地下道、戰壕、多重鐵刺網柵欄、壕溝與地雷區。閻錫山誇稱它們是可以擋下十萬大軍強攻的「堡壘中的堡壘」，共產黨不敢對它們動手。[64]

徐向前在十月十日回到太原，但直到十月二十三日，由胡耀邦起草的攻擊令才發布，比徐向前原擬的作戰計畫晚了五天。胡耀邦本人前往淖馬前線，向已完成布署、準備發動仰攻的一個縱隊發表鼓舞士氣的演說。[65]

一連十七天的血戰就此展開。砲聲震耳欲聾，炸彈從天而降，機槍狂掃，士兵喊聲震天，有時蜂擁而上，有時又從山上逃竄而下。四大守備區的每一處陣地都歷經多次攻守易主，亡命肉搏成了家常便飯。許多官兵死在崩塌的地道裡，屍體找不回來。戰役進入尾聲時，閻錫山發動毒氣攻擊，許多人因此喪生。徐向前的第八縱隊幾經浴血在十月三十一日奪下小窯頭。第十三縱隊經過幾番佔了又失、失了又佔，終於在十一月十日奪下山頭。第十五縱隊在擊退閻錫山軍十九次反攻後於十一月十一日佔領淖馬。第七縱隊在付出慘重傷亡代價、幾個營打到只剩下五十人之後，於十一月十三日奪下東山最後守備區牛駝寨。[66]

儘管精確傷亡數字或許永遠無法得知，中共方面宣稱，閻錫山軍在東山戰役中折損了兩萬人。根據作者彭海的報導，解放軍第一兵團在發動攻擊前預訂了一萬三千口棺木，結果還不夠。[67] 另一名作者說，太原各地建了七座紀念七千三百多名「烈士」（其中三千四百人無名）的紀念碑，紀念碑文指出有四萬五千多人「在解放太原之役陣亡」，這個數字可能包括在最後總攻擊中死亡的人數。[68]

徐向前的部隊雖然獲勝，但已經殘破不堪。由於只剩下還沒有投入戰鬥的四個旅級單位，徐向前已

太原是山西省會，有城牆護城，戰略地位重要。太原戰役分為一九四八年十一月與一九四九年四月兩個階段。圖示士兵們穿越作為太原地標的「雙塔寺」前。紅軍已經圍住太原，在國共內戰期間最血腥的一場戰疫中擊潰太原守軍。（圖片來源：Wikimedia Commons）

經無力參與對太原城的攻擊。

在中國其他地區，共軍在對付國民黨軍的大規模戰役中打得順手多了。在東北，林彪的東北野戰軍於一九四八年十一月二日擊潰國民黨軍對手，佔領瀋陽。中央軍委下令林彪馬不停蹄，南下追擊往北平與天津撤退的國民黨軍，並預計年底以前在平、津地區展開決定性大戰。在華中，幾支國民黨軍遭到擊潰，或向陳毅領導的華東野戰軍及劉伯承與政委鄧小平領導的中原野戰軍投降。最大規模的戰役逐漸在江蘇與河南的淮海地區成形。

十一月十六日，毛澤東電告徐向前，要他按兵不動，不要攻打太原，以免北平軍閥傅作義的希望幻滅，而放棄太原，帶兵南下，從而危及華中地區的軍力均勢。已筋疲力盡的徐向前自然樂得從命。十一月二十九日，中央軍委下令徐向前撤出前線，休養身體，由兵團副司令周士第、胡耀邦與副政委陳漫遠等三人代理一兵團指揮權。[69]

之後數月，儘管為掌控太原北方、作為守軍主要補給點的機場，雙方也打了幾場爭奪戰，但共軍主打的是心理戰。閻錫山部下守軍與留在太原城裡的民眾逐漸填不飽肚子，飢荒情況開始惡化。飢餓與營養不良的情形在太原淪陷過程中很難量化。國民黨人與西方人士的記述中，談到「數以千計」的人挨餓，還發生人吃人的慘劇，但未提供相關細節或統計數字。[70]

在徐向前的戰鬥部隊休養生息期間，胡耀邦負責共產黨對圍城發動的政治戰。這場宣傳攻勢以閻錫山手下官兵為目標，目的在打擊士氣與忠誠，同時爭取太原城內民眾的同情與支持。宣傳手段包括運用親友、家人信件或擴音器廣播，勸軍人棄守投降。共軍將閻錫山手下負傷官兵送回太原城，讓城內已匱乏的醫藥與食物補給更為緊绷；他們還用大砲將傳單打進城內，通行證也開始在城內流傳。[71]但這些作業的效果不太顯著。

太原之戰的成敗關鍵是軍力對決，而不是政治伎倆。一九四八年十二月二日，華北軍區兩個兵團包圍兩年前失守的張家口，同時林彪所部東北野戰軍的八十萬大軍夾著勝利餘威，從東北南下北平。一九四九年一月，傅作義部隊陷入重圍，由於北平與天津的機場都遭到砲擊而無法脫困。懷海戰役於一月十日結束，為國民黨軍再添一記重創，而幾個月來一直與共產黨談判的傅作義，也在一九四九年一月二十二日獻出北平，領著他的五十萬守軍投降。

經過這一連串慘敗，蔣介石在一九四九年一月二十一日做了一項震驚全球的宣布：他決定下野，把中華民國總統職位讓給他的政治宿敵副總統、桂（廣西省）系軍閥李宗仁。蔣介石帶著國庫鉅額的黃金儲備遷往廣州，然後徹入台灣。這時的國民黨嚴重分裂，國民黨政府軍已經打殘，經濟正在土崩瓦解，李宗仁隨即於二月向共產黨求和。

一九四八年十二月底，毛澤東呼籲中共「將革命進行到底」，也就是說，「我們必須運用革命的方法，堅決、徹底、乾淨、全部地消滅一切反動勢力……我們必須在全國範圍內推翻國民黨的反動統治，建立無產階級領導的、以工農聯盟為主體的人民民主專政的共和國。」[72]

為了將軍隊從華北與西北調入四川省，共產黨必須先剷除閻錫山在太原的據點以及駐於大同的一支小部隊。一九四九年三月中旬，第十九與第二十兵團開始從平津地區往西進兵太原，隨行部隊還有第四野戰軍的一個砲兵師、傅作義舊屬的兩個師、以及來自其他中央軍委單位的一萬五千名官兵。到三月底，包圍太原的兵力已達二十五萬餘人與一千三百門火砲。此外還有二十五萬到三十萬名地方民兵、挑夫與後勤工人負責支援。另一方面，閻錫山的守成軍兵力則減少到七萬二千人與約九百門榴彈砲。[73] 一連幾個月來的補給銳減，已經讓守軍飢餓、孱弱。閻錫山以需要上南京開會為名，在三月二十九日帶著家屬，登上僅存的一架飛機逃出太原。

三月初，第七屆中央委員會第二次全會在西柏坡召開，為作戰計畫作最後定案。之後，毛澤東派遣解放軍副總司令、第一野戰軍司令員彭德懷到太原，協助徐向前發動總攻。四月初，彭德懷探訪臥病中的徐向前，徐向前以自己病體不堪負荷為由，請彭德懷代行軍務。彭德懷同意，不過所有的作戰命令仍然以徐向前之名義下達。由於第十九與第二十兵團司令員楊得志與楊成武握有同樣軍權，徐向前的指揮結構已經大幅改變。「太原前線總委員會」在三月底改組，常務委員由徐向前的四名參謀（包括胡耀邦）與幾名司令員與政委組成。[74] 隨後幾週，胡耀邦一面寫稿撰文、探訪各單位，並強調各單位協力合作、嚴守紀律的重要性，一面陪同彭德懷到前線各單位與陣地視察。[75]

四月二十一日，在北平舉行的談判破裂，未能達成國、共停火之後，第二十兵團發動攻擊，不費吹灰之力便佔領了太原北方「臥虎山」要塞。第二天，太原前線總委員會向守軍發布最後通牒，呼籲守軍放下武器，以免對生命與財產造成不必要的損傷。但守軍沒有回應。四月二十四日上午五點三十分，解放軍的一千三百門大砲向城牆、要塞與太原內城開火，造成毀滅性的效應。不到一小時，解放軍三個兵團同時穿過太原已破損不堪的城牆，從北、東、南三方發動攻擊。當天上午十時三十分，閻錫山總部淪陷，他留下來主持太原防務的官員或死或被俘，三萬守軍「全殲」。太原終於「解放」。[76]

太原已經夷為廢墟，政治工作又一次成為解放軍戰勝後的第一要務。四月二十四日，胡耀邦奉命出任「太原軍管委員會」第三號要員。徐向前是軍管委名義首腦，但負責實際運作的是他的兩名副手胡耀邦與羅瑞卿。軍管委負責查緝閻錫山軍事執政團的殘餘成員，部分成員已遵行早先城破自殺的誓言自殺，不過大部分成員逃逸。[77] 軍管委得建立一個能管事的政府，收拾殘垣破瓦，恢復太原城的工業生產，以養活戰火餘生的民眾。[78]

太原戰役是整個國共內戰期間歷時最久、損耗最重的戰役，傷亡數字驚人：四萬五千餘名解放軍戰死，其中許多是不名的國民黨軍戰俘；十三萬餘名閻錫山軍和國民黨軍「被殲」。有些報導指出，平民傷亡「無法估算」、「不計其數」，表示它們約與兩軍戰死總數相當。一百餘名解放軍「開國將領」參與這場打了六個月的血戰，不過有關太原戰役細節的回憶錄很少。情況似乎是，除了「悲劇」兩字以外，很難找出其他更能描述這場惡戰的詞彙。

將革命進行到底

五月初，第十八兵團準備西進、成為彭德懷第一野戰軍的一部。胡耀邦在十八兵團軍報《人民軍》上發表一系列鼓舞士氣的文章，強調要改善政治工作、邁向在大西北的新勝利。但這些文章以及胡耀邦個人在這段時間的活動，在在說明太原戰役過後，解放軍軍中有嚴重的士氣問題。士兵們普遍認為基本上戰爭已經結束，他們不願再打下去，不願離鄉背井、在遙遠的地方作戰。逃兵與曠職事件開始頻傳，要求返鄉度長假的人也越來越多。胡耀邦明白指出，十八兵團奉命解放西安，趕走胡宗南手下的國民黨殘兵，並打敗控制甘肅與青海大部的穆斯林軍頭。[79]

徐向前已正式解除軍權，奉命長期療養。周士第於五月二十五日接任兵團司令兼政委，胡耀邦仍為政治部主任，同時成為第一野戰軍黨委一員。之後三個月，十八兵團分成幾股，與彭德懷的部隊聯軍，參加在西安、咸陽、寶雞、蘭州與寧夏附近的戰鬥；其中幾場戰鬥戰況激烈，損失慘重。然而，胡宗南與穆斯林軍頭們始終不能有效地協調他們的作戰計畫與運動。他們雖能在七月與八月重創幾個解放軍單位，但一般而言本身傷亡更大，只能繼續往西撤入青海，往南撤入四川。胡耀邦在這段期間的主要工作是在軍報發表宣傳文章，用一個單位的勝利鼓舞其他單位。[80]

七月底，胡耀邦與賀龍奉召回北平，參加與中華人民共和國建國有關的儀式。對胡耀邦與賀龍而言是一項殊榮。「中國新民主青年團」的十名代表出席了「中國人民政治協商會議」第一次會議，胡耀邦是其中一人。儘管胡耀邦沒有直接參與團務活動，但他在一九四九年四月底獲選進入共青團領導層。他與高采烈與舊友重建關係，沐浴在北平大街小巷的節慶氣氛中。九月二十一日，中國人民政治協商會議第一次全體會議在中南海前帝都舉行，當毛澤東用濃厚湖南鄉音宣布「佔人類總數四分之一的中國人民站起來了」時，胡耀邦喜極而泣，與六百餘名代表站在一起，齊聲歡呼。[81]一九四九年十月一日，當中華人民共和國正式成立，在更名為「北京」的北平舉行大閱兵時，胡耀邦也春風得意地站在天安門主席台上。

十月底，胡耀邦與賀龍都帶著新的命令返回陝西。賀龍奉命主持內戰最後決戰的「大西北」戰役。為防阻四川淪為反共基地，中央軍委下令第二野戰軍（簡稱「二野」）經湖南、湖北，兼程往西，經貴州從南方北上攻擊重慶，賀龍的部隊則奉命從北方經由成都發動攻擊。毛澤東為十八兵團訂下的戰略計畫是牽制胡宗南的主力，迫使胡宗南部沿陝川邊界山區採取守勢，直到十一月底、十二月初、「二野」切斷國民黨軍逃入雲南的退路為止。[82]

十一月十五日，蔣介石發現毛澤東打算把他困在重慶，於是帶著小群幕僚匆忙逃往成都，希望憑藉胡宗南與他碩果僅存的幾千名親信部隊重建牢不可破的基地，以便發動反攻，捲土重來。這樣的希望無異幻想，不過胡宗南也因此開始從陝、甘邊區的川北防禦陣地往成都調兵。[83]

十二月三日，隨著隆冬將至，第十八兵團接獲二野總部傳來消息，知道重慶已經奪下，切斷逃亡路線的工作正在進行。賀龍於是下令部隊頂著寒風，進軍成都。這是一場危險、艱苦而緩慢的長途跋涉。儘管只遭到象徵性抵抗，賀龍軍花了兩個多星期才走完三百五十公里，從邊界進抵成都。胡耀邦隨著六十一軍（他是六十一軍政委）走在三個攻擊縱隊的最東面。十二月十日，六十一軍進抵四川中北部南充，不發一彈就佔領了南充。[84]

蔣介石下令胡宗南將部隊移往四川南部西昌，繼續戰鬥。十二月十日，他搭機飛往台灣，又一次出任中華民國總統。沒隔多久，胡宗南在成都舉行高級軍官會議，下令部下在西昌繼續奮戰，然後搭機飛往還未淪入共軍控制的海南島。胡宗南之後也老死於台灣。[85] 國民黨第七兵團司令裴昌會遣使告知解放軍十八兵團，表示有意率同國民黨守軍「叛變」。胡耀邦在十二月十九日會晤裴昌會，待裴如上賓，並安排裴昌會與賀龍會面，以敲定投降協議，成都隨即於十二月二十四日和平投降。[86] 十二月三十日，「西南局」與西南野戰軍第十八兵團在成都舉行閱兵，慶祝勝利。胡耀邦也參加了慶典，這時的他或許知道自己的戎馬生涯即將終束。

治理一個大省的四分之一

雖然解放軍相對輕鬆地打贏了國共內戰的最後幾場大戰，但在一九四九至一九五〇年間，中華人民共和國政府面對如何控制四川的艱鉅任務。四川省遠離中原腹地，中間隔著崇山峻嶺、溪谷河流，還生活著許多非漢人少數民族。這也經常意味，四川是中原化外之鄉。在中國歷史上，反對勢力不時以四川為根據地，興兵與中原的執政王朝拮抗。甚至當一九三七年國民黨政府遷都重慶時，四川各地也有軍閥割據一方，蔣介石別無選擇，只能想辦法與他們共事。[87] 一九四九年，有鑒於蔣介石已撤入西南，共產黨沒有在四川地區積極運作也逾十年，而且數十萬忠誠度可疑的前國民黨軍還留在四川，北京新政府顯然擔心只靠一個省政府不能控制這個省。

作為一種臨時措施，中央政府決定將四川劃分為川東、川南、川西與川北四個行署區，每個行署區相當於一個省。四個行署區都在中共中央西南局全面的政治管控下，屬於西南軍政委員會行政區，並接受西南軍區軍事管控。而主持西南局、西南軍政委員會與西南軍區的分別是鄧小平、劉伯承與賀龍。納入西南局管控的還有貴州、雲南與西康省（當年西藏還不在中共控制下），西南局以重慶市為行政中心。

一九四九年十二月十日，就在共產黨佔領南充當天，三十四歲的胡耀邦奉命出任川北區黨委書記，八天後中央委員會與西南局在一項聯合聲明中證實這項重大人事案。[88] 為了讓胡耀邦逐步移交其十八兵團政治工作，這項人事案直到一九五〇年二月才公開宣布。胡耀邦出任這項新職的來龍去脈不得而知。或許他在一九四九年九月至十月停留北京期間已得到消息，或許這消息還是毛澤東本人告訴他的。像這樣高層的人事案，至少要經過毛的批准。這項人事案對胡耀邦來說是一大晉升——派到其他三個行署區擔任黨委書記的人，都比胡耀邦年長，黨、軍階級也都比他資深。在解放軍入侵西南以前，胡耀邦在職涯上與鄧小平、劉伯承、或與賀龍都沒有任何淵源。

胡耀邦的新職責任重大。川北區的面積約與美國新澤西州的面積相當：區內約一百六十萬頃（約佔七成）為可耕地，當年人口約為一千七百五十萬。它有三十五個主要為偏鄉的縣，設立四個「專區」，以南充為省會，由於內戰，大多數地方政府都已停擺。在國民黨軟弱的行政管控下，曾經是農產富饒地區的川北，產值已經跌到只剩戰前約百分之八十。川北區有百分之九十八的居民住在偏遠村落，而且大多數農民依靠小片農地餬口——就像胡耀邦本人年輕時在湖南一樣。

川北的運輸與通信設施簡陋落後，許多道路因戰亂而年久失修。川北少數民族的規模，沒有西南其他地區少數民族的規模那麼大，但它零星散落的回人、藏人與羌人村落都位於川北窮鄉僻壤，而部落首領對這些新來的共產黨大員都不信任。[89] 此外，胡耀邦的政績表現，得視他能否推動毛式社會主義所要求的全面社會經濟改革而定。共產黨已經在解放軍早先攻佔的許多地區實施這類社會經濟改革，但在西南地區，這類改革仍未施行。

殺土豪與反革命份子

在當時，胡耀邦最重要的當務之急是敉平西南局書記鄧小平在一九五〇年所謂的「匪亂」。鄧小平在二月間第一次會見西南局各地黨、軍要員時明白表示，國民黨軍殘部與地方土豪正對新成立的民政、軍事當局發動暴力攻擊，除非能結束這許多攻擊，否則他們其他的努力都將徒勞無功。[90]有關估計的數字各不相同，但在一九五〇年初，在西南地區流竄的前國民黨軍仍有四十萬到五十萬人之間。此外，由山賊、地方反共人士領導的幾百股土匪也在各地活躍著。在二月會議中，西南軍區司令員賀龍奉命「肅清土匪」。賀龍後來將他所屬十三個軍、三十七個師與兩個兵團的大多數兵力投入戰鬥，一直持續到一九五三年底。[91]

一九五〇年二月二十日，胡耀邦從成都前往南昌正式履新途中，親身經歷了這種「匪亂」。當天傍晚來到南昌近郊時，胡耀邦的車隊遭到小股盜匪伏擊，胡耀邦本人還從他的美製吉普車的前座還擊，最後將匪徒驅散。胡耀邦當晚在南昌召開臨時會，皺眉聽完川北整體情況簡報，決定以加強保安為第一優先要務。[92]之後一週，胡耀邦正式宣布成立「川北黨委」（由他擔任黨委書記），及由他兼任主任的「川北行政公署」。胡耀邦隨奉命出任川北軍區政委，由韋杰（當時為六十一軍軍長）兼任軍區司令員。胡耀邦在南昌召開大規模的「人民代表」會議，在會中發表演說，鼓舞士氣，與「來自各行各業的代表」交談，代表們對他雖尊禮有加，卻懷抱戒心。[93]胡耀邦承認，在今後一段期間，共產黨員將是行政公署工作人員的少數，他要求大家充滿信心，不要散播謠言，要防範盜匪，團結締造更美好的川北。

三月，西南局向北京提出一份報告，詳述其對於伏擊共軍單位、處決村縣官員、縱火、綁架、強暴與干預徵糧等暴力與犯罪事件不斷增加的關切。這份報告引起中共中央的注意，中央軍委遂於三月十八日發布兩份重要文件：「關於剿滅土匪與建立新革命秩序的指示」與「關於嚴厲鎮壓反革命活動的指示」。當時毛澤東正在莫斯科訪問，而劉少奇與其他中央領導人則明白指出，必須以暴制暴，「毫不猶豫」地取得成果。[94]

三月二十五日，西南局開會轉發中央有關清匪的指示。鄧小平批判地方官員「怕殺人」，儘管告誡官員不要濫殺，但他說人殺得不夠，會讓黨脫離人民群眾、陷於孤立。[95]四月間，胡耀邦成立「川北清匪委員會」，自任黨委書記。到五月，他與韋杰已將六十一軍改組為二十一個作戰單位，先從匪患最猖獗的縣份下手，展開清匪。五月十七日，穿著軍裝、了無半點平日幽默氣的胡耀邦主持高級幹部動員會議，加緊清匪力度。他在會中要求在偏遠村落成立農民協會與自衛團體，與它們結合，擴大清匪。事後證明，胡耀邦這招對土地改革工作很有效。最後，他要求所有軍人與幹部，在九月底前完成全面肅清所有川北土匪與國民黨特工的「目標」。[96]

之後的發展不完全明朗，但過程很血腥。一九五〇年八月底，胡耀邦宣布清匪運動目標已經提前達成，「殲滅」股匪七萬三千多名，其中「政治瓦解」兩萬四千多名。[97]這似乎意味著在一九五〇年五月中旬與八月中旬間，軍事單位與農民自衛隊在川北至少殺了四萬九千名「土匪」。[98]這個數字與「鎮壓反革命運動」（簡稱鎮反運動）的目標、配額差不多。但在毛澤東看來，這不過是試試水溫而已。

華東師範大學教授楊奎松在對國家與省級檔案進行徹底研究之後，自二〇〇六年起開始發表有關共產黨黨史的文章。他的研究聚焦於一九五〇到一九五三年間的「鎮反運動」，部分因為這個運動沒有獲得學界太多關注，部分則因為這是毛澤東領導的最早的全國性「政治運動」之一。在一開始，楊奎松只想知道在內戰末期向共軍投降的幾十萬名國民黨軍官的下落。結果發現，在「鎮反運動」中被捕的前國民黨軍人與文官中，數以千計的人在全國各地遭到就地處決，其他好幾萬人在送往勞改營之後就失去蹤影。[99]

在一開始，清匪與鎮反在政治意圖與時間上都相互關聯。幾十萬國民黨殘餘軍人與前政府官員，以及近一百萬名解放軍戰士與不斷湧入的共產黨幹部，讓西南地區的糧食儲備狀況空前緊繃，而這兩個運動似乎是中共針對這個問題所提出的解方。這兩個運動反映的，都是毛澤東堅持的、必須以「階級鬥爭」完成中國革命的信念。從更實際的層面來看，中共在建政之初，貨幣問題與沿海地區缺糧等都是嚴重的經濟議題。直到一九五〇年六月召開中央委員會全會時，毛澤東就這些問題提出的建議都是「不要全線發動攻擊或豎立新敵」。[100]

由於四川是中國最大糧食產區之一，因此北京在一九五〇年下令，四川必須至少為上海提供兩百五十萬噸糧食。鄧小平面對一個問題：既要為上海提供那麼多糧食，又要鎮壓土匪，這樣做會招致地主與普通農民的一致反抗。但他奉令行事，絕不手軟——根據初步報告，到那年八月，除了川北「殲滅」七萬三千名土匪以外，川東也殺了九萬五千人，川南十四萬，川西五萬，貴州八萬多，雲南也殺了六萬兩千人。地方農民組織已動員擴充，對新政權的支持不斷增加，土匪活動也為之驟減。[101]

那些被殺的真的都是土匪嗎？在清匪運動之初，其規定模糊不清，一般罪犯、妓女、吸毒犯、小地主、富農與國民黨低階軍職與文職官員都在黑名單上。法律權威與程序不明，當局要的是立竿見影，不鼓勵拖延審慎。有了罪名就等於有了逮捕狀。許多地方恩怨就在一方指控另一方為「反革命份子」的簡單操作下迎刃解決。一些軍事單位還因此掀起一種殺戮狂潮。[102]

毛澤東在這些運動中所扮演的角色頗令人費解。一九五〇年十月，他要求知道有關逮捕、起訴與行刑的各種細節，他纏著公安部長羅瑞卿與區域黨委書記索取特定數字，他會指責他們對階級敵人過於仁慈。他親自起草一九五〇年十月通過的一項決議，根據這項決議，公安部與地方警察部門要進一步介入反革命份子的逮捕與懲罰過程。毛澤東表示，心存憐憫，放慢起訴腳步，不殺「那些該殺的人」，就是犯下「右傾」的思想錯誤。這項決議的出台，引發一波全國性逮捕與處決潮，在許多地方，當局的逮捕與處決數字較之前爆增一倍。以鄧小平提出的報告為例，到一九五〇年底為止，西南地區「殲滅」了八十五萬土匪與反革命份子，比他在八月提報的數字增加了近百分之七十。毛澤東也在一九五一年一月底向鄧小平致電伸謝。[103]

在一九五一年初發給各區域領導人的個人電報中，毛澤東更變本加厲，規定領導人必須按照地區總人口比例，逮捕、殺戮一定數量的反革命份子。舉例說，毛澤東在一月建議上海當局，要他們得公開「大殺幾批」，處決兩、三千人，他並且建議南京再多殺一千人，說他們應該訂定總人口每千人處決零點五到一個人的配額。毛澤東承認，貴州省這類地區曾要求每千人殺三個人，他認為這樣的人口比例有些過高，而殺人配額數字應視各地情況不同而不同。[104]毛澤東這番表態導致鎮反運動失控。不到幾週，許多地區的省領導人開始訴苦，說他們沒辦法像這樣濫捕濫殺，川北的胡耀邦很可能也是其中一人。過度逮捕造成牢房人滿為患，就算趕造臨時牢房也緩不濟急。反革命份子候審名單累積了幾十萬人。地方當局開始幾乎毫無理由地濫殺。[105]

為胡耀邦立傳的作者，沒有多談胡耀邦在面對鎮反運動所造成的濫捕濫殺時作何反應。胡耀邦的兒子胡德平曾說，他父親因為在「鎮反」期間「殺的人太少」而遭到批判，但胡德平沒有證實這個說法。[106]有鑒於胡耀邦對毛澤東的絕對忠誠，以及他必須奉行鄧小平綏靖西南的嚴令，他應該不會積極反抗這股席捲西南的腥風血雨。

不過在「鎮反」期間，胡耀邦確實嘗試用一種秩序管束他的手下，儘管這種秩序並不完備。他曾訓令地方官員不得踰越中央政策所訂定的極限。在清匪運動第一階段接近尾聲時，他曾嚴詞批判自己屬下的軍事單位欠缺軍紀，「罪不可恕」。[107]但在一九五〇年底與一九五一年初，隨著公安部隊介入對反革命份子的抓捕與懲處，毛澤東的個人電報取代了中共中央語焉不詳的「規定」（這些規定直到二月才姍姍來遲），問題變得更加惡化了。

前公安部官員尹曙生引用一九五四年鎮反運動簡報的數字指出，一九五一年一月到五月是這場全國性大殺戮的最高潮。在一九五〇延續到一九五三年的整個鎮反運動期間，共有七十一萬兩千人（這個數字可能低估了）被殺，其中五十四萬三千人在第一年死亡（從一九五〇年十月開始），而這五十幾萬人大多死於一九五一年一月到五月。濫殺行為包括就地處決、在公共廣場集體處決、逮捕翌日便處決、為解決監獄爆滿狀況而處決、以及一家老小滿門處決。尹曙生指出，鎮反運動三年之間殺的人比四年國共內戰期間戰死軍人的總數還多。[108]

一九五一年四月初，鄧小平向中央提出報告，如果按照人口比例，對已抓捕的六萬人展開下一階段處決，可能加速「各地迅速萌芽的殺戮風」。他建議將行刑的權力從縣與村級黨委提高到專署一級。這時毛澤東或許已經接獲來自各地的類似訊息，於是將鄧小平的這份報告轉發全國，下令中央書記處與公安部插手控制情勢。四月二十日，他建議西南局將等候處決的六萬人撥出半數，投入築路、墾荒與其他大型勞力項目。四月二十六日，鄧小平向胡耀邦下達指示，要黨採取行動控制鎮反，在處決人數超過人口比例的地區停止殺戮，盡可能避免殺人，把人犯大舉投入強迫勞動，設法清理積壓的案件。[109]

公安部長羅瑞卿在五月十到十五日舉行全國公安幹部會議。會中通過毛澤東所親自起草的決議，決議重申要將殺人比例降到總人口千分之零點五到千分之一，在超越配額的地區暫停處決。決議還將有權下令逮捕、處決的層級分別提高到專署與省級，以防「左派」濫權。決議並下令以一九五一年九月為限，清除所有積案，建議將大批在押人犯送往「勞改」，以觀其效。[110] 毛澤東告訴省領導人，「一般來說……殺人不能太多，殺得太多會喪失社會同情，喪失勞動力。」[111]

「正確」做好土地改革

但在一九五一年一月，隨著「土地改革」運動正式展開，又一場腥風血雨在大西南揭開序幕。「土地改革」一直是中共主要的社會項目，但由於西南地區佔領未久，盜匪活動仍然猖獗，川北等地的土改運動遲未登場。這使西南局得到較多喘息的時間，以進行土改工作的組織與協調。只不過這段時間太短，鎮反、清匪與土改終於參雜在一起，全數登場。就這樣，直到當局在一九五二年春宣布土改結束時，暴力仍是川北政治生活的要素。[112]

根據位於南充的華西師範大學一項研究，胡耀邦在川北遭遇三大土改問題：土地持有不公（百分之八點六的人擁有近百分之四十的可耕地）、土地利用效益不彰、還有對佃農的「重利剝削」。在鄧小平與西南局嚴令，與中央指示下，胡耀邦展現組織與宣傳長才，推動一項顛覆社會認知、政治意識激進的改革。他在一九五〇年中展開人力組織，同年十一月已培訓出一萬五千名幹部與三十三萬名民間志工，並展開第一階段土改——減租退押、降低田租、退還佃農支付的過高押金。早先的運動已經動員四百五十萬農民，成立地方協會與自衛隊。

在西南局的指示下，胡耀邦率部於一九五〇年底展開五階段土改進程。首先是一次全面宣傳運動，讓主要位於偏鄉的農民做好迎接改革的準備。第二、也是最難的階段於一九五一年展開，胡耀邦成立「川北土改工作總隊」，自任總隊長。三月，最主要的工作在巴中縣展開。胡耀邦將村民分為地主、富農、中農、貧農與僱農等五級，並開始沒收地主資產。[113]為推動這一階段與下一階段（沒收租田與富農房產，防止地主出慢或隱藏資產）土改，胡耀邦組織作為土改主力的貧農，發動村民大會。讓貧農在這些經常流於暴力的「訴苦」大會中譴責地主。動員貧農、提高貧農「階級意識」，是共產黨土改主要核心，目標是要讓農民將多年壓迫的積怨朝共產黨指定的方向宣洩。[114]

胡耀邦決定分三期完成在川北的土改，每一期涉及省內約三分之一的土地面積，少數民族居住區直到一九五三年以後才實施土改。鄧小平與胡耀邦同意，世上沒有「和平土改」這回事，還批判「右派」的土改未能將公憤導向農村特權。另一方面，兩人也設法讓一些從農村搬進城市做小生意、開工廠的富人不致受辱。但這類運作拿捏不易，經常因公憤掩蓋黨紀而失去平衡。[115]在土改期間，雖然公安官員不像他們在早先運動期間那樣肆意濫捕濫殺，但群眾暴力卻很普遍。根據楊奎松等人的記述，這些群眾暴力事件大多涉及對地主與富農（在一九五〇年，川北的地主與富農約有一百五十萬人）個人的侮辱，內容包括用棍棒毆打地主與富農、剝他們的衣物、剪他們的鬚髮、迫使他們認罪、搗毀個人財物等。許多人因此自殺，地主與富農因失去一切謀生手段而餓死的報導也時而頻傳。[116]

為胡耀邦立傳的人與其他學者則堅持，胡耀邦以有紀律的作法推動土改，既達到川北土地所有權轉變的成果，也保住甚至提高了經濟生產。像之前幾場運動一樣，胡耀邦承認共產黨在土改期間犯了錯，造成一些過激的事件。不過沒有人怪罪他。事實正好相反。西南局在一九五二年看完胡耀邦的報告後說川北土改「正常進行，讓人非常安心」，還對他表示嘉獎，說他在這場運動中展現的管理長才「可圈可點」。[117]最後，土地所有權大幅改組，農村生產力增加，共產黨也取得大多數農民的忠誠。胡耀邦能執行上級命令、有效組織與宣導、監控部屬、締造成果的名聲也不脛而走。胡耀邦將一本紀念冊贈予所有參加川北土改的幹部，紀念冊上印有一句毛澤東的題詞：「克盡職責，掌握政策，調查研究，從事實追求真相」。[118]

打造職涯關係

在中國，人際關係——不僅是誰與誰同鄉，或與誰系出同門，還包括關係的規模與內容——永遠是判定與分析政治和政策走向的關鍵要素。胡耀邦在川北的部屬後來陸續成為共產黨與解放軍的中階幹部，但他們似乎不再與他有進一步的接觸。他在西南局的那些省委書記級同事，有的繼續在西南擔任要職，有的出任更高階黨、軍高官，甚至還有人成為政治局委員。對胡耀邦而言，目前為止，在兩年零七個月的川北工作生涯中，他培養出最重要的關係就是與西南局黨委書記鄧小平的關係。鄧小平是大西南最有權勢的人，由於親力親為，參與西南地區政治、經濟與少數民族議題，他對毛澤東很有影響。

胡耀邦久仰鄧小平大名多年，但過去從未與鄧小平在同一地區或軍事單位共事。現在，他與鄧小平經常一起工作——鄧小平似乎每隔幾週都會在重慶舉行西南局會議——於是兩人發展出一種直到胡耀邦去世一直維持的工作關係。鄧小平一般都是胡耀邦的上司。批判鄧小平的人將胡耀邦在政治上歸類為鄧系人馬，而兩人之後還兩度一起宦海浮沉。但胡耀邦說自己不是鄧小平的門生，也不是鄧系人馬，兩人之間也並無主客關係。二〇〇四年，前副總理田紀雲在一篇悼念胡耀邦的文章中引用胡耀邦的話，「有人將我們分成派系，說胡耀邦是鄧小平的門生。這完全是胡說。我在一九三〇年加入革命，直到一九四四年才遇到鄧小平。」[119] 胡耀邦之後的許多職涯調動得經過鄧小平批准或確認，但這些調動都不是鄧小平的手筆。胡耀邦一直堅持毛澤東才是他的師承，但鄧小平不是。

無論如何，胡、鄧兩人之間培養出一種友好、尊重的和睦關係，在許多議題上都能取得相當的互信，在政治上相互支持、協同一致。由於兩人在年齡、階級、職位、背景與性情上相去甚遠，幾乎沒有人將兩人間的關係視為一種友誼。鄧小平是中央委員、解放軍高級將領、中國最大行政轄區最高領導人，位階比胡耀邦高出好幾級。鄧小平比胡耀邦大十三歲，來自四川一個小地主家庭，受過良好教育。他曾留學法國，在法國結交陳毅與聶榮臻，一起成為共產黨員。胡耀邦則是湖南貧農之子，儘管頗有文采天賦，但十五歲那年就輟學上井岡山，加入共產黨叛軍。

兩人都在軍中成為政委，但鄧小平是幹練的戰略家，是高級將領爭相問策的對象。胡耀邦則以擅長發表臨陣演說、鼓舞士氣著稱。兩人都是矮個子，身高都只有大約五英尺，但胡耀邦稍矮一些。鄧小平身材肥胖、一張圓臉、表情嚴肅而冷靜；胡耀邦則精瘦結實、充滿活力、和藹可親、妙語如珠。胡耀邦比鄧小平更有學養，除了飽覽各類文學作品，還經常研讀馬列經典論述。鄧小平重實際行動，不喜歡讀書，以手段高明、能夠成事出名。鄧小平不善公開演說，說起話來沉悶單調、乏味，胡耀邦則熱情洋溢，語調高亢，濃厚的湖南鄉音還經常伴著有力的手勢。

但兩人確實有共同之處：在重慶共事那段時間開始，兩人就迷上合約制橋牌。鄧小平在抵達重慶前不久才學了這種牌戲，胡耀邦則早在延安時代就知道橋牌的基本規則，儘管當年一般將橋牌視為西化知識份子的遊戲。在鄧力邀之下，胡耀邦在來到重慶後重拾橋牌。橋牌帶來的智慧挑戰，及其它千變萬化的無窮玄機與勾心鬥角，令兩人沉醉其中，兩人也都成為橋藝高手。兩人打牌的風格大不相同。鄧小平較深思熟慮、精打細算、步步為營，而胡耀邦則更大膽，往往不按常理出牌。但兩人都愛在牌桌上凶猛廝殺，都對輸牌深惡痛絕。與兩人多年同桌的牌友認為，鄧小平比胡耀邦技高一籌，但胡耀邦從不放棄，鄧小平雖很欣賞胡耀邦的牌技，但他寧願與胡對壘，不願與胡搭檔。最重要的是，橋牌讓兩人可以拋開日常的工作重負，一起喝酒、抽菸、吃點心、嘻笑、玩樂。由於鄧小平選擇牌友時看的是牌技，不是階級，所以他們的橋牌會有一條不成文規則：牌桌上不談政治。[120]

三反、五反

在西南地區的農村土改運動未完成以前，中央已決定在革命的下一步加緊管控「資產階級」。在剛建政後，由於經濟情勢不穩，中共領導人曾下令地方官員小心對待小企業與工廠老闆，不得懲罰他們或沒收他們的資產。胡耀邦遵照這些指示，與南充相對較少的工業家與小企業老闆合作、營造互信，重建川北的非農業經濟。

但到了一九五一年底，華北發生的幾例黨與地方政府領導人的貪腐案，讓毛澤東相信共產黨陷於喪失革命熱忱的危險，毛澤東認為，由於不斷接觸社會中的「資產階級」份子，共產黨員已開始腐化，必須發動一場群眾運動來進行清黨。「三反運動」就此展開，目標是「反貪汙，反浪費，反官僚主義」——打擊對象主要是官員，而不是商人。中央在一九五一年十二月與一九五二年一月向所有各地黨組發出正式通告與指令，要各地組織運動、動員群眾，立即將發現呈報。[121]

毛澤東一開始就親自介入，下令處決兩名官員，要求黨像延安整風一樣，將「三反」作為一場新整風運動的核心。他為三反劃定階段、訂定日程、確立調查目標，並鼓勵黨委會全力捕捉中型與大型「老虎」——貪汙金額在一百萬與一千萬元之間的貪官。毛澤東堅持群眾必須參與，結果當然使誤判（因為一般平民無法判別怎樣才構成浪費或貪汙）與暴力的可能性擴至最大。[122]

鄧小平立即展開行動，準備在西南推動「三反」。他在十二月十三日舉行計畫會議，擬出六點計畫，內容包括特別調查組、群眾動員與各階層資深黨領導全力參與等。毛澤東在十二月十七日批准這項計畫，於是西南局在第二天開會展開工作。[123]「三反」運動的第一階段為蒐集情報與研究文件，主要聚焦於銀行、會計、營造、採購與運輸等經手鉅額款項的官僚機構。這些領域的主管官員很快淪為「大老虎」嫌疑人，各級大小官員也被迫面對群眾「坦白交代」他們的貪汙與浪費。根據張鳴等學者的說法，西南地區有二十七萬名官員參加「三反」，其中十二萬四千人供承貪汙。就像江西「ＡＢ團」運動與延安「整風」運動，「三反」也沒有明確的標準，隨口編織的指控就能讓人被捕，酷刑逼供的現象很普遍。隨著暴民壓力的增加，自殺事件也開始頻傳。

當毛澤東在一九五二年一月底決定為「階級鬥爭」升溫，針對中共貪汙問題的根源——中國的資本家「資產階級」——下手時，情勢變得越發艱難。「五反」運動與「三反」息息相關，不過它的對象更明確——任何商人、店鋪老闆、工業家、工廠廠主或還未納入國家管控的生產商都是打擊對象。「五反」的目標是要全民打擊賄賂、盜取國家資產、逃稅、政府合約舞弊與替外國政府盜取國家經濟情報。黨的調查隊伍有權進入任何企業機關、審查帳目、盤查資產主人、沒收資產與徵收罰金。許多商人逃逸，有些人因不堪其擾、不甘受辱而自殺。到二月中旬，毛澤東繼續要求揭發、批判更多「老虎」。鄧小平的對策是為手下省級單位訂定配額，限期四月以前完成。[124]

到了三月中旬，這兩個相互關聯的運動所造成的經濟效應開始在全國各地顯現：都市經濟幾近停擺。工廠與商店關門，倉儲消失了，糧食供應銳減，工人解雇，銀行也關門了。鄧小平發了一份令人不快的報告給北京，說重慶出現嚴重糧荒，許多人民「開始對三反、五反運動表示不滿」。根據西方與中國學者的說法，鄧小平這份報告與其他地區黨領的類似報告終於說服黨中央，提前結束了「五反」。[125]

胡耀邦在「五反」活動的角色顯示，他逐漸了解這些所謂「運動」政治的高成本。他在一九五二年初接掌主控權，展開行動阻止其失控。[126] 他蒐集材料、發布指令、走訪各地、斥責濫權、抗拒來自重慶的擴大運動、或為貪汙「老虎」訂定打虎指標的壓力。川北在一開始宣稱抓了兩千五百三十一頭大、小「老虎」，但在胡耀邦為可能被迫認罪、屈打成招的人建立複查、匡正程序之後，其中七百零六人經宣告為「假老虎」。[127]

胡耀邦涉入這類政治運動究竟有多深，或他是否真心投入這類運動，由於相關情資太少，我們無從判斷。他在日後對群眾政治運動提出批判，說這類運動讓太多人憑著太少情資攻擊太多目標。不過川北在這段期間的情況究竟如何，也因為相關回顧資料太少，我們無從得知。胡耀邦只是奉命行事，不過他竭力克制，不像其他許多人那樣肆意濫權。鄧小平對胡耀邦的評價——這些評價主要來自胡耀邦傳記作者引述，但一般都是去頭去尾的節錄——胡耀邦「搞得好，有主見，不盲從，勤廉為政，兩袖清風。」[128]

一九五二年的川北整體而言仍是一個農業區，只有一些養蠶業，在南充有幾家輕紡織廠，在縣城裡有一些小型農產加工設施，如此而已。「五反」運動要打擊的五種現象究竟有多嚴重，實在很難說。川北根本沒有多少資本家。胡耀邦一直小心翼翼地執行命令，之後還為川北知識份子——他們大多來自富有家庭，自然淪為「三反，五反」運動的攻擊目標——辯護、平反。無論怎麼說，當鄧小平於五月初向中央匯報「三反，五反」運動進度時，川北都是西南局轄下唯一報告工作完成的省份。[129]

繼續前進仕途

一九五二年六月七日，西南局傳來一則中央組織部下達川北黨委的簡訊：「胡耀邦調赴中央工作。要在七月底以前抵達北京。」[130]簡訊中沒有指明胡耀邦的新職，不過中央正在進行一連串人事異動，讓擁有行政長才的幹練之士前往北京，進入不斷擴大的黨、政組織工作，胡耀邦就是其中一人。鄧小平也要在七月底進北京。兩人這項調動，是將四川五大區合而為一的重組過程的一部分。

不到三年間，胡耀邦與他在川北行政公署的部屬將這處國民黨殘餘官員與士兵、土匪、秘密幫派份子及桀驁不馴少數民族集聚的溫床，打造成一處共產黨治下最安定、最有生產力、最有條理的實體。現在他們要將四川的行政管理權——包括西康藏人區的控制權——交給同事李井泉，由李井泉展開對四川的鐵腕統治。能夠調離一個幾乎孤立的偏遠省份，進入新中國政治中樞，當然令胡耀邦雀躍不已。他囑咐友人部屬不要舉行惜別儀式、不要送禮，便不聲不響地離開南充。六月三十日，他只帶著一名秘書、一名警衛員與他的十歲兒子胡德平啟程前往重慶，向鄧小平與西南局其他同事致意。七月初，胡耀邦一行人搭一艘小船經長江三峽前往武漢，然後搭乘火車上北京。他的其他家人——包括他的第三個兒子，父母，丈母娘與來自老家的一名姪女——與李昭一起留在南充，直到三個月後李昭產下一女後才又團圓。[131]

胡耀邦的川北舊部黃天祥，回憶胡耀邦在一九五〇年抵達南充後發表的演說。在這篇演說中，胡耀邦以他一貫自我調侃式的幽默說，「耀邦身高不滿五英尺，但他來到川北能對當地人民有利嗎？」誠如黃天祥所說，「在兩年零八個月任期間，他領導各級幹部與廣大人民群眾建立、充實新民主政權，完成以土改為核心的一連串民主改革，重建並發展經濟與教育和文化體系，建立幹部團，完成既定目標，表現超出預期。」[132]

更重要的是，儘管胡耀邦不完全同意他們的政策，他仍然展現對黨、對毛主席的絕對忠誠。毛澤東的革命雖總是夾著腥風血雨，但胡耀邦總能不辱使命，完成任務。現在他懷著對黨與毛澤東的滿滿信心動身上北京。但隨著革命繼續，他的信心也面臨極度考驗。

第四章
疑慮漸生

胡耀邦父子於一九五二年七月中旬抵達北京，住進距中南海不遠的高幹賓館。中南海位於紫禁城邊，是中共黨、政大本營所在。直到這一刻，仍然沒有人告訴他何以將他調來北京：他也沒有接到任何職位派令。當然，有關傳言倒是不少。其中最讓胡耀邦心動的傳言是，他之所以奉命來北京，是因為「中央人民政務院」總理周恩來要他出任建設部長。胡耀邦盼望能「建設新中國」，特別是協助百姓找到好的都市家園。[1] 鄧小平剛剛奉命出任第一副總理的事實，或許讓胡耀邦更加躍躍欲試。只是日子一天天過去，沒有傳來任何消息。

八月一日，中央組織部副部長安仔文告訴胡耀邦，有關他的人事派令有變化，他不久就會奉召面談。[2] 幾天後，胡耀邦見了當時在黨內地位僅次於毛澤東的劉少奇。劉少奇首先讚揚胡耀邦年紀輕，擁有行政與軍事歷練，又擅長與不同的人共事，隨即告訴胡耀邦，說他已經獲選擔任共青團領導人。[3] 胡耀邦一定心知肚明，為這項人事案拍板的必然是毛澤東。劉少奇之前準備了一張三位候選人的名單，而毛選了胡耀邦。[4]

儘管獲選擔任中國境內第二大組織——當時中國新民主青年聯盟擁有六百多萬成員，是第一大組織——領導人是一項殊榮，但這件事卻令胡耀邦垂頭喪氣。那天晚上，他向他的秘書吐苦水，他現已三十七歲，還有一個十歲兒子，卻得重操這種早在十幾歲那年就在江西幹過的舊活。[5]但他不能拒絕。他自己也曾在川北告誡他的幹部，「黨命令你到一個地方，你就得到那個地方；黨要你做一件工作，你不能問工資多少，盡力去做就對了。」[6]

一九五二年，革命勝利與「人民共和國」建立所帶來的亢奮之情逐漸消退。內戰結束了，數以千計的黨官、軍隊司令員與政委不斷湧進北京，進行分贓。新部會與黨組紛紛成立，處理重建中國經濟與行政架構複雜而緊迫的問題。有些兵團司令員與政委奉命處理他們一竅不通的行政與經濟企劃問題。

儘管有些觀察家認為，中國在一九四九到一九五三年這段期間表現不錯，沒有出現尖銳的人事或政策領導權分裂，但黨中央與政府官僚組織的膨脹，以及毛澤東加速中國社會「社會主義轉型」的意旨，使得情勢更加緊繃。[7]毛澤東名義上仍是共產黨、人民解放軍最高領導人及政府頭子（他是中央人民政府委員會主席），但自一九四五年召開第七次黨代表大會、權力達於顛峰以來，他對於政策與人事議題的實際控制權已經縮水。到一九五二年，毛澤東在內戰期間為替代政治局而成立的五人中央書記處——五人分別是毛澤東、劉少奇、朱德、周恩來與陳雲（取代一九五〇年去世的任弼時）——依然完整，不過權力關係已經轉變。

無論在意識形態與日常黨務管理的權威上，劉少奇都比過去強了。毛澤東開始自言自語，說要成立一個「第二總部」，這話或許是一項警告，但毛表明劉少奇是他的副手。[8]周恩來身為總理兼外交部長，成為中國外交臉面，也更加位高權重。將經濟專家盡納身邊的周恩來，或許認為中國整體的經濟發展與企劃都應歸自己管。

朱德仍是人民解放軍總司令，是革命軍事委員會委員。革命軍事委員會以毛澤東為首，而負責管理解放軍行政事務的解放軍參謀長聶榮臻也是軍事委員會委員。一九五〇年十月底，在決定派遣解放軍進入韓國時，彭德懷同意指揮中國人民志願軍，從而成為中國最重要的實質軍事領導人。毛澤東同意讓自己的兒子毛岸英加入志願軍上前線作戰，擔任彭德懷總部的俄文通譯。這原本似乎是一份比較安全的工作。但在十一月二十五日，美國空軍轟炸彭德懷指揮總部，炸死毛岸英。據說毛澤東因此懷恨彭德懷，從未釋懷。[9]

接管共青團

在奉命出掌共青團時，胡耀邦對這些事一無所知。在八月十日報到、就任這項新職時，他的首要工作就是組織、指導共青團年度重頭戲——籌備共青團中央委員會年會。而他只有兩週的時間將這一切準備就緒。胡耀邦與共青團書記處的主要幹部開會，聽取現有年會籌備計畫的相關簡報，並重組共青團領導層。在有關共青團與黨中央關係的問題上，他請教馮文彬——馮文彬是他在江西蘇區青年團的故友，在胡耀邦之前擔任中國新民主青年團領導人。[10]

八月十四日，胡耀邦針對共青團的情勢向毛澤東與劉少奇提出書面簡報，並請兩人提供建議與指導。他告訴兩人，一旦有了正確的思想指導，共青團其他的問題可以迎刃而解。毛澤東在回覆這份簡報的批示中寫道，他同意胡耀邦的看法，共青團應該在舉行大會之前召開一次黨領導會議，討論今後走向的問題，他要親自與胡耀邦見面進一步討論。[11]

在國共合作與對抗期間，「共產主義青年團」（共青團）的名稱改了幾次。當內戰局勢已定，為了鞏固新政權的合法性，仍得強調青年激進主義時，共產黨成立了「中國新民主青年團」。毛澤東親自為新民主青年團撰寫團綱，要這個新組織「同各界青年一起，領導他們，加強學習，發展生產」。[12]

要將一個戰時、革命期間成立的青年組織，轉型為一個後革命時代承平時期的青年團，不是一件簡單的工作。共青團必須在活動與自我形象兩方面做改變。共青團將成為黨的政策與目標主要的傳輸系統、領導的啦啦隊、專業的宣傳隊伍，鼓吹毛澤東與黨中央所提出的任何思想路線。共青團中共權力系統重要的一環是，對任何列寧主義政黨而言，宣傳與情報都是保住權威的關鍵，但不是決策組織。

胡耀邦憑藉早先的共青團工作經驗，以及一九五二年八月在北京的那段請益，他或許立即了解到這一點。他日以繼夜地工作，根據馬列主義，更重要的是，根據毛澤東思想，為中國新民主青年團全國代表大會撰寫工作報告。八月二十三日，就在大會開幕前夕，他與毛澤東、劉少奇、政治局其他幾名常委及鄧小平聚會。毛澤東在會中說，年輕人的主要特性就是膽大而熱誠，但他們缺乏知識。因此，共青團應該強調思想、文化、科技學習及體育，讓年輕人能在發展新中國的過程中成為更好的幫手。[13]

中國新民主青年團第一次全國代表大會第三次全會（一屆三中全會）在一九五二年八月二十五

日到九月四日於北京舉行，胡耀邦在會中提出融入毛澤東指示的工作報告。出席這項會議的包括共青團中央委員會三十八名委員與候補委員，他們代表全國各地六百多萬共青團團員。[14] 劉少奇提出一份中央委員會的工作報告，大會隨後通過「有關當前工作問題的決議」，對過去幾名未點名共青團領導人的工作風格稍有微詞。毛澤東沒有接見與會代表——這似乎表示他完全放手，但他注視著會議的進行，在會議結束後批准由胡耀邦出任共青團中央委員會第一書記。[15]

在七十多年後的今天，很難評斷當年共青團大會的理念與熱誠。儘管當年這一切激情或許不是偽裝的，但它們似乎做作、牽強、單調、乏味。胡耀邦的工作報告是毛主席講話、標語、指示與思想樣板的集大成之作，其主要訊息就是「學習、學習、再學習」，將所有的青年工作置於各級共產黨全面管控下。[16]

任由像共青團這樣龐大、具有潛在影響力的組織脫離黨的領導而自行其是，雖讓毛澤東一直有些擔心，但毛澤東表示，共青團需要自行發展適合年輕人的進程，不能只是作為黨的附件。胡耀邦要帶領共青團朝這個方向前進，但他堅守立場，認定共青團需要以黨的指示與領導為最高優先，中國青年也需要被灌輸黨的思想與政策。誠如他在一九五三年中所言，「宣傳與教育工作是團務工作的靈魂。」[17] 儘管胡耀邦相對年輕，個頭瘦小，還遭到一些同事的懷疑，但毛澤東挺他，讚揚他的領導才能。胡耀邦日後回憶毛澤東當年曾對他說，「小個子上台，或許個頭不起眼，但不用擔心，不被人嘮叨幾句是不可能的。」[18]

胡耀邦上台後，首先改善共青團的旗艦刊物，特別是《中國青年》雙月刊與《中國青年報》日報。在他上任以前，共青團領導層內部曾就這些刊物的整體方向進行辯論。有人認為，這些刊物應該多發表有關食品、時尚、旅遊與攝影等的文章，為年輕人提供更實用的建議。但胡耀邦不同意，堅持共青團的責任在於建立「思想威望」，照料中國青年的政治、教育與思想健康。[19]他經常在《中國青年》刊登有關馬列主義經典論述的文章，還邀請一些中國革命元老發表憶舊詩文，評論時事與政策。毛澤東與劉少奇有時也會為《中國青年》撰文，毛澤東曾經打趣說，相較於中共機關報《人民日報》，他更喜歡《中國青年》。[20]

對於共青團的出版業務，胡耀邦都親力親為。這幾年間，他經常在住處會見《中國青年》的資深工作人員，確保他們在截稿以前了解重要的政治議題，他還會在重要文章付印以前親自審稿。[21]雜誌工作人員在回憶這些會議時說，胡耀邦總是能以敏銳、智慧的眼光審視議題，會議不拘禮束，氣氛輕鬆、互動而愉快。由於與毛澤東及其他高階領導熟識，胡耀邦也不時應邀出席政治局擴大會議，因此能將他對當前政策議題的了解轉告共青團人員。[22]

胡耀邦後來發行《辣椒》與《星期天》兩份輔助性週刊，擴大了共青團出版陣容。這兩份週刊的內容包括熱門新聞、在新中國成長的建議、行為準則、服裝風格、嗜好，不時還會針砭官員貪汙這類不健康現象。負責《辣椒》與《星期天》的總編輯說，這兩份刊物頗獲一般民眾歡迎，但未必為地方官員所喜。胡耀邦在一九五四年四月出任「中國青年出版社」負責人，之後他進一步擴大出版規模，不僅討論科學新知，還發表有關「社會主義楷模」與英雄等吸引年輕讀者的故事。[23]

除宣傳工作外，胡耀邦也加強了共青團在減少中國鄉間文盲這類社會改革工作上所扮演的角色。他全力倡導一九五〇年「婚姻法」，主張男女平權，廢除包辦婚姻與納妾等傳統中國婚姻的陋習。事實證明，要全民為這項新婚姻法買單並非易事，但胡耀邦也不氣餒。他在《人民日報》撰文，成為國務院「徹底實施婚姻法委員會」委員，並在一九五三年幾次召開的共青團會議中宣導新婚姻法。儘管終其一生，胡耀邦本人說話帶有濃厚的湖南鄉音，但他也積極參與共產黨推廣「普通話」——即中國官話，一種華北方言——的運動。

胡耀邦大力支持共青團積極參與中國經濟的重建，這對共青團的擴充很有幫助。一九五三年五月，他在中國工會全國代表大會發表重要的演說，保證共青團會與工會合作，完成並超越國家為礦業與其他勞工密集工業所訂下的指標。之後幾年，他鼓勵成立小規模青年工作隊，投入艱難或時間緊迫的施工項目，以力量與熱忱完成優先任務。[24]

由於這些行動的成功，共青團進而投入大規模的勞工項目，例如派遣青年工作隊，離開都市地區與大學，進入黑龍江、江西等偏遠省區進行植樹與土地的復墾工作。一九五五年底，胡耀邦來到鄱陽湖附近江西省一處偏鄉，探訪來自上海、頂著寒風在惡劣環境下工作的土地復墾隊伍。胡耀邦盛讚這群青年愛國墾荒的熱忱。在場青年要他為他們這個項目揮毫題字，作為留念，但找不到毛筆，於是胡耀邦以竹竿與棉布即興製作一枝筆，寫下「共青城」幾個字，而贏得眾人一致歡呼。這次經驗頗令胡耀邦感動，後來那座小鎮取名「共青城」，胡耀邦還不時與小鎮領導人聯絡。在胡耀邦於一九八九年去世後，遺孀將他安葬在共青城附近，並在當地建了紀念陵園。[25]

胡耀邦充滿活力的領導為他的組織與他個人加分不少。一九五六年底，他向中央委員會提出報告，在短短四年間，共青團團員人數已從六百萬增加到兩千多萬，規模不斷擴大，在城市、鄉村、工廠、學校、政府機構與軍事單位成立了七十萬個組織。共青團現有八萬多名專業幹部，負責輔導投入造林、土地復墾、建築、廢料回收、礦業、農業與工業工作數以百萬計的青年。共青團刊物發行甚廣，書也賣得很好，與一九五〇年代中期崛起的青年文藝潮相呼應。一九四〇年代末期為訓練共青團幹部而成立的中國新民主青年團中央學院，在一九五四年遷入北京「海淀區」新址，教學課程也擴及哲學、政治經濟與少數民族語言。[26]

胡耀邦本人身價也一飛衝天。他參與一九五四年憲法起草，獲選為中國人民政治協商委員會主席團、以及一九五四年九月第一屆全國人民代表大會常務委員會的成員。[27]他是中蘇友好協會的成員，還擁有其他幾個「群眾組織」的榮譽職銜。他成為極少數可以領補助、赴國外旅行的中共官員之一，不過參訪對象國仍只限於羅馬尼亞、蘇聯、阿爾巴尼亞等社會主義集團國家。

在毛澤東的陰影下

接掌共青團之後五年，或許是胡耀邦成人後最快樂的時光。他與家人生活在北京「東城區」一座舒適的四合院房子。他的妻子在北京二號棉廠擔任經理，工作繁重，每週兩人總是聚少離多，不過這並無損兩人夫妻恩愛。儘管早先曾對共青團的任命略有微詞，但胡耀邦似乎為中國青年全力奉獻，而且樂在其中。他不斷精進有效領導大型組織的行政管理技巧，還培養一群能幹且值得信任的官員協助他推動工作。中國經濟正在復甦，韓戰於一九五三年達成停火，與共產集團其他成員國的關係也很融洽。胡耀邦在中共官僚體系內聲望甚高，經常參與高層黨會。劉少奇與朱德對他甚為倚重，他在四川的老上司、正在黨內迅速崛起的鄧小平也是如此。

不過毛澤東才是胡耀邦真正重要的老闆。毛澤東欽選他出任共青團領導，教他如何選用正確的思想與組織軌道在黨內運作，而胡耀邦管理共青團的方式也讓毛澤東感到滿意。歷經戰時歲月的淬鍊，胡耀邦對毛的尊重幾近奉承。這時的胡耀邦似乎是死硬毛派份子、馬列與毛澤東思想的忠誠信徒，是一切黨政策無倦無悔的宣傳家，他堅信只要相信毛主席，遵照毛主席的理念行事，就能建立偉大新中國。

一開始胡耀邦並不太關心黨高層內部日漸洶湧的爭議。一九五四年初發生的整肅高崗與饒漱石事件——直到今天仍是引人爭議的事件——是大禍將至的先兆。二十一世紀初期學者認為，高崗與饒漱石兩人是毛澤東與劉少奇、周恩來權力鬥爭下的犧牲者。一九五二年底毛澤東把高崗帶進北京，主持國家計畫委員會，但毛此舉不僅意在利用高崗削弱周恩來在「國務院」的權力，也是對劉少奇在政治局權力的反制。[28]但由於高崗在人事情資方面處理不慎，引起劉少奇與周恩來警覺、發動反擊，毛澤東這項計畫遂告失敗。毛在十二月對政治局提出警告，說黨內有出現「兩個司令部」的危險，這番表態顯然暗示，毛已經默許劉少奇與周恩來拿下高崗與中央組織部部長饒漱石兩人。[29]

一九五四年二月，高崗與饒漱石被控在黨內「陰謀奪權」，成立「反黨聯盟」。周恩來是高崗的主控人，鄧小平、陳雲等人則提供有關饒漱石「罪行」的詳細證詞。高崗與饒漱石被控破壞周恩來與劉少奇的名聲，以謀篡兩人在黨內的職位。在對高崗提出的十點控訴中，黨中央說高崗試圖在東北建立「獨立王國」，離間黨與軍方，並造成與蘇聯關係的問題。[30]

有關高、饒兩人搞「反黨聯盟」的指控或許純屬子虛，但相關說法也並非完全空穴來風。[31]不過在共產黨黨內權鬥中，準確與否並非必要條件。審判可以未審先決。高崗與饒漱石遭到無休止的盤查拷問，昔日盟友對他們發動無情的批判，支持他們的人也棄他們而去。高崗幾次嘗試自殺未果，但幾個月後他吞下大量安眠藥身亡。饒漱石堅不認罪，被開除黨籍、下獄。他在獄中得了精神病，獲准出獄，直到一九七五年死時仍在看管中。毛澤東是這整個事件的主謀，但未參與任何實際的控訴行動。[32]

在這段期間，毛澤東與周恩來之間的經濟政策之爭，因兩人的權力競爭而越演越烈。由於兩人之間的爭議經常出現在周恩來的國務院與毛澤東的政治局會議中，還出現在《人民日報》社論上，胡耀邦或許很清楚這些政策之爭。爭議重點在於中國轉型為社會主義國家的速度，但也擴及其他經濟政策的領域。

安德魯．華爾德（Andrew Walder）在一九五〇年代初期指出，毛澤東是蘇聯式中央計畫經濟的忠實信徒。在中、蘇雙邊關係的蜜月期間，蘇聯投入巨資在中國境內成立數以百計的工廠，數以千計的蘇聯與東歐顧問湧入中國，協助建立、運作這些廠房。蘇聯經濟體系似乎是成功的成長模式，儘管兩國的社會經濟條件大不相同，但中國領導人——特別是毛澤東——渴望將它搬進中國。[33]

中華人民共和國的人口比蘇聯龐大，工業產能比蘇聯低，小規模農業也比蘇聯更密集，而蘇聯式體系並非中國的當然首選，一些官員因此主張以較長、較慢的轉型期解決問題，以建立一種更平衡的社會主義系統。周恩來與經濟問題負責人陳雲就主張採取謹慎的成長計畫，運用實際可行的預算，完成不慍不火的生產目標。而毛澤東則主張依靠中國最豐富的資源——它的人民，特別是鄉村農民——以及共產黨拿手的人民動員能力，以更激進的手段加速經濟成長。

一九五三年，當初步經濟成長計畫擬妥時，包括毛澤東在內的中共領導層有一項內部共識，要使用至少十五年時間完成農業、工業與商業的社會主義轉型——也就是以至少十五年時間，完成農業集體化、以及將所有工商企業全面國有化的進程。但到了一九五五年，毛澤東顯然因為相信中國農業集體化進度不僅比預期快，還可以更快，還能將農業集體化教訓擴及整個中國經濟，而改變了主意。[34]

在土改進程於一九五〇年代初期完成後不久，中國若干地區的黨幹部已經展開行動，號召六到八家農戶成立農民互助隊，例行性地共享勞力、農具與耕畜，以完成重要的生產任務。到一九五四年，在共產黨控制的農民協會合作下，農民結合成較大的集體組織，稱為「初級農業生產合作社」，一般由二十到三十家農戶組成。這類社會主義色彩較濃的集體生產單位共用農具與耕畜，但土地並不共用。

在生產合作社成功增產的報導鼓舞下，北京在一九五四年十月要求加速成立農業生產合作社，並訂下翌年春天成立六十萬個合作社的目標。在當局鼓勵下，已經成立初級合作社的地方將既有的合作社結合在一起，建立更大的「先進生產合作社」。在這種「先進」合作社中，農民將土地交由合作社統籌運用，農民以勞動換來的不是金錢，而是「工分」。[35]

這種合作社遭到「中農」反對，因為其資源共享的作法讓他們得不償失。但急著向上級表功的村幹部不顧中農反對，強迫成立先進生產合作社，問題於是出現。許多農民寧可宰殺他們所飼養的牛與豬，也不願把牛與豬交給鄰居，為免農田遭到集體化，許多農民乾脆放棄農耕，不事生產。這造成新成立、負責穀物採購的「供銷合作社」短缺，也惹怒了幾個省的農民。沒有經驗的低階合作社官員於是以毆打、罰款、停發「工分」等霸道手段對付不肯聽命的農民。到一九五五年三月，有關如何控制情勢的爭議成為中央黨、政會議的討論核心——全國各地在短短幾個月內匆匆成立了六十七萬多個合作社，但越來越多農民要求退出，有些農民甚至發動暴力示威。[36]

一九五五年七月，毛澤東要求迅速擴張農業生產合作社，將合作社的數量「翻一番」。當中央委員會召開省級黨委書記會議討論農村工作時，毛澤東藉機未點名地批判農村工作部部長鄧子恢，及以周恩來與陳雲為首的經濟工作主管。毛說：「我們的某些同志，像一個小腳女人，東搖西擺地在那裡走路，老是埋怨旁人說：走快了，走快了。過多的評頭論足，不適當的埋怨，無窮的憂慮，數不盡的清規和戒律，以為這是指導農村社會主義群眾運動的正確方針。錯了。這不是正確的方針，這是錯誤的方針。」[37] 毛澤東要求在一九五六年底前成立一百萬個合作社，而且一定要讓農村幹部了解增加生產、為都市工業化提供糧食與經費的必要。他要與會者有信心，相信農民群眾與共產黨一定能克服困難，更正他們的錯誤。[38]

政治更加個人化

在更加制式化的蘇聯式總參體系於一九五四年底確立後，毛澤東或許失去一些指導軍務的權力。他或許將他對越來越大的黨官僚體系的部分控制權，讓給負責籌辦第八次黨大會的劉少奇。而周恩來在經濟與外交政策方面扮演重要的領導角色。不過毛澤東仍然大權在握。

毛澤東是黨主席，可以召開政治局常委會議、政治局會議、書記處會議與特別會，可以決定開會地點、與會人及會議議程。身為中國馬列主義不容置疑權威的毛澤東，能為思想辯論定調，也能設計研究材料，而且最重要的是，能充當誰贏誰輸的裁判人。黨的決議、指示、公告與其他文件草案都得經他最後審批。文件的分發流程也是毛澤東說了算，就連其他領導人在發表演說前，也得先將講稿交給毛澤東過目、修改。[39] 中共官方喉舌《人民日報》發表的每一篇社論或重要政策性文章，都得在付印以前先交由毛澤東批准。最重要的是，所有黨職、軍職重要的人事任命都得經過毛澤東批准才能定案。

一九五五年底，毛澤東利用他的組織權與宣傳主控權，加碼投入經濟政策之戰。他指控黨內持續不斷的「右傾保守思想」是造成政策問題的主要來源。十月，他力推他的加速社會主義農業轉型計畫，認為中國可以在三到四年、而不是他早先估計的十五年完成這項計畫。[40]

周恩來開始批判（未點名毛澤東）「盲目冒進」的傾向，特別是國家與地方領導層任意提高穀物生產指標的作法。[41] 毛澤東隨即反擊，指官方批判高指標的作法無異於在農民群眾的熱情上「澆冷水」，讓生產目標更難達成。一九五五年底，毛澤東提出修正版「十二年農業發展計畫」，再次提前中國趕上西方經濟的時間表，添加了更多高指標發展的經濟活動領域。周恩來則主張保持穩定、可控的發展步調。他在一九五六年初一次演講中說，「那不重要。條件不成熟，等一下不要緊。晚一點宣布建成社會主義社會有什麼不好？這還能鞭策我們更好地努力。」[42]

在一九五六年大多數時間，周恩來與毛澤東兩人的鬥爭你來我往，互有消長，周恩來擁有中央預算計畫人員與經濟官員的支持，贊同毛澤東的恢宏大計的省級官員則支持毛澤東。在中國共產黨即將召開自一九四五年以來第一次全國代表大會之際，劉少奇想方設法，在這兩個越來越對立的立場之間找一條中道，努力維持一種相對而言的和諧。

第八次黨全國代表大會預定在一九五六年秋天召開。黨需要一次結構性重整、需要討論當前經濟與政治工作報告，也需要一套新黨章，還得通過五年經濟發展計畫。一如既往，最重要的工作是通過新的黨領導人人選。

第八次黨大會標示胡耀邦政治地位的大幅提升。他不僅獲選為與會代表，負責提出共青團工作報告，還是大會主席團成員，負責大會管理。更讓胡耀邦吃驚的是，他看到自己竟然名列新選出的中央委員會九十七名正式委員名單上，尤其令他感到意外的是，幾名列名候補委員名單的人都比他年長，在軍事或黨、政的資歷階級都比他高。他在一九五六年九月寫信給鄧小平與陳雲，請兩人轉交毛澤東，請毛讓自己只當候補委員就好。不久後，中央書記處書記劉瀾濤向胡耀邦解釋，他之所以獲選，是因為黨中央認為中央委員會應該有共青團的代表。劉瀾濤還警告胡耀邦，不得再提這件事。[43]

隨著黨大會召開在即，國際考慮也在此會議政治上扮演角色。在一九五三年史達林死後，中蘇關係因莫斯科的接班人鬥爭而停滯不前。赫魯雪夫（Nikita S. Khrushchev）似乎將在這場權鬥中勝出。赫魯雪夫在一九五四年底訪問中國，以加強他身為蘇共傑出領導人的威望，雖說他在此行期間保證提供中國貸款與經援，還允諾訓練中國核子工程師，但毛澤東或其他中國領導人對他的印象並不好。毛澤東基於意識形態與個人理由，不喜歡喧囂吵鬧的赫魯雪夫。中國領導人隨即開始暗示，毛澤東才是繼史達林之後，成為國際共產運動領導人的正當人選。[44]

一九五六年二月底，赫魯雪夫在莫斯科向蘇共第二十屆黨大會發表一篇題為「關於個人崇拜及其後果」（On the Cult of Personality and Its Consequences）的「秘密演說」，以令人瞠目結舌的言詞，厲聲譴責史達林的政治與個人濫權、他在黨內的恐怖整肅、以及他的戰略與經濟失敗。會後，赫魯雪夫親自接見以朱德與鄧小平為首的中國代表團，就這篇演說的內容進行簡報，並爭取中國代表的支持。鄧小平立即返回北京，向中共領導層報告。[45]

三月中旬，毛澤東開了四次中共高層會議，討論這篇演說與其帶來的衝擊。史達林與其「個人崇拜」也有中國版，中國版的史達林就是毛澤東，這是人盡皆知但不能明言的事實。據說，會中有人抱怨史達林多年來一直沒能搞好與中共的關係，而毛澤東聽得很仔細。之後幾個月，共產集團忙著因應蘇聯境內「去史達林化」運動所造成的衝擊，有人建議修改中國共產黨的結構與黨章，讓毛澤東看起來比較不像史達林，毛澤東也默許了。舉例說，中共黨章原本吹捧毛澤東思想是「我們一切工作的指導」，毛澤東同意從黨章中刪除所有這類文字。他自願放棄「國家主席」這個儀式性、沒有實權的位子。最重要的是，毛澤東同意對黨的思想路線與政策方向進行可能帶來重大後果的重大調整。[46]

一九五六年九月十五日，第八次黨全國代表大會召開。在毛澤東致完簡短的開幕詞後，劉少奇發表政治報告，而政治報告一直是任何黨代表大會的主軸。政治和思想路線顯然有了變化。劉少奇宣布，「我們國家的階級鬥爭路線出現基本性改變」，隨著農業合作化與「資本主義工、商業……轉型公私合營……將私有生產手段轉為社會公有系統，我們國家現已基本完成這項極度複雜而艱鉅的歷史任務。誰能在我們國家的社會主義與資本主義鬥爭中獲勝這個問題，現在已經決定」。[47]

劉少奇宣布，「黨如今面對的使命是……團結國內外一切可能團結的力量，為建設一個偉大的社會主義中國而奮鬥……我們進行這類〔階級〕鬥爭的主要道路是教育與勸說。只有對少數敵視社會主義、違背國法的人，才必須採取必要強制改造。」就這樣，劉少奇向中國境內非共民主黨派伸出橄欖枝，宣布今後「應該採取共產黨和各民主黨派長期共存、互相監督的方針」。[48] 黨員與黨外領導人一定都以為這項路線轉變事先經過毛澤東的批准。

但不出兩年，毛澤東推翻了所有這些改變。九月二十八日舉行的八大一中全會改組了黨內權力結構。毛澤東仍是中央委員會主席，由四名副主席（劉少奇、朱德、周恩來與陳雲）輔助。原本負責執政的五人書記處，由毛澤東、劉少奇、朱德、周恩來、陳雲、外加鄧小平等六人組成的政治局常務委員會取而代之。由於解放軍開國十大元帥中的四人（另三名在七大就加入政治局的元帥繼續留任），外加已經擔任政府高官的兩名經濟專家，政治局擴大編制，共有十七名正式委員與六名候補委員。

大會還批准在政治局下設立行政單位中央書記處，以鄧小平為首，負責處理日常黨務。[49] 儘管結構有了調整，實際當權派與他們之間的關係並沒有多大變化。儘管個人職銜與待遇出現些許變化，但毛澤東似乎還能與這個新領導班子相安無事。但之後他變了卦。

事實上，早在八大一中全會閉幕後不到幾天，毛澤東對新的思想路線另有意見。據劉少奇的妻子說，毛澤東在一九五六年十月一日國慶慶典上告訴劉少奇，他認為「黨第八次大會有關基本矛盾的構想不正確」。當時劉少奇大為驚訝，但毛沒有進一步說明。[50]

開始出亂子的那一年

一九五七年初，毛澤東遵照八大的決議，支持與非共民主黨派、特別是與知識份子的「長期共存、互相監督」。一九五六年四月，毛澤東提出「百花齊放，百家爭鳴」的方針，要求放寬對藝文與科技圈的思想限制。劉少奇隨即附和，《人民日報》還發表一篇社論，鼓吹這個構想。但當時東歐正因「秘密演說」而陷於一片混亂，其他中共領導人對此並不熱衷。[51] 或許因為見到作家胡風因公開批判黨而在一九五五年被判二十年重刑，中國知識份子再也沒人膽敢放言高論。[52]

一九五七年四月與六月間發生了什麼事，中國史學者們仍眾說紛紜。那年二月與三月，為了不讓中國共產黨淪為喪失革命熱忱、軟弱而自滿的執政黨，又一場黨內整風運動似乎蓄勢待發。毛澤東邀請黨外知識份子共襄盛舉，一起批判黨的缺失。越來越多知識份子開始響應，特別是在都市地區、大學校園與藝文界，反應尤其熱烈。五月初，民眾對共產黨、共產黨思想、政策與領導人的批判如潮湧般噴發，有人開始批判毛澤東，說他像秦始皇一樣專制。黨媒一開始歡迎這類批判，鼓勵民眾更加公開地宣洩他們的不滿。

不過好景不長。毛澤東在五月十五日寫了一篇供黨內傳閱的文章，名為「事情正在起變化」，他提出警告，黨中央可以容忍右派知識份子批判，但有其限度。[53] 毛澤東開始在政治局會議中說，共產黨與黨外批判人之間的爭執「不是姊妹與舅子之爭，而是敵我之爭」，對黨發動攻擊的人是「右派份子」，是階級敵人。在五月後半月，政治局一面鼓勵群眾公開批判，一面採取一種後來稱為「引蛇出洞」的作法，訂定收尾的計畫。毛澤東說，這次整風只會持續一個月左右，不會有許多黨員或共青團員受影響。[54]

毛澤東要鄧小平主持反撲大計，抓「幾千個」右派份子，並施壓個別官僚、擴大整風。但以強硬著稱的鄧小平其反撲手段辛辣凶狠，遠遠超出毛澤東的指望。在之後兩年，五十五萬餘人被貼上、或被官方打成右派份子或「右傾」，被迫戴上「右派的帽子」。隨著整風運動越演越烈，可能被指為右派的理由也越來越多。曾積極參與非共產黨的政治活動、批評共產黨或其領導人，尊崇民主制度或民主國家，閱讀西方書籍、聆聽古典音樂、穿著時尚服飾、信奉基督教或其他宗教、表達被視為異端的觀點、聆聽被官方認定為右派人士的演講，甚至只是身為科學家、技術專家或教師，都可能成為被打成「右派」的理由。

被打成右派的過程，由當事人的工作「單位」控制。無論經由「鳴放」會議提出公開指控，或私下譴責，工作單位的黨委領導需蒐集一份右派嫌疑人名單。在有些黨中央的單位，鄧小平或其他高級領導會要求名單上羅列更多人名。被指控的人往往也有討論辯駁的機會，但不會有正式審判，也沒有認罪的必要。黨委有最後裁決權。

被正式貼上右派標籤的人會遭到停職，或在公眾會議中被譴責或被剝奪黨籍的命運。有些右派份子可以留在原單位進行再教育，不過許多人被送往偏遠地區進行「勞動教育」。[55]勞教刑期長短不一，由公安部勞教營的領導判斷犯人是否成功「改造」而定。許多在一九五七至一九五八年間送往勞改的人，直到一九七七年才獲准返鄉。一九七七年，百分之九十九的「右派份子」在胡耀邦的努力下，獲得黨的正式平反。[56]多少人死在勞改營裡迄今仍沒有公開。

但反右運動受害者人數比五十五萬多很多。根據北京大學法學教授郭道暉的研究，在一九五〇年代末期，全國各地被正式貼上「右派」標籤的人超過四百六十萬。許多人可能在「大躍進」期間獲罪遭刑。在「大躍進」期間，許多飢餓的農民與生產大隊之類的低階官員，只因抱怨餓肚子或向上級反映飢荒情況，就背上「右派」罪名。

尤其是中國知識份子與學生成為迫害的目標，教授、科學家、研究人員、醫生甚至連中、小學教師也慘遭毒害。[57] 一些在中國估計約三百萬知識份子聚集的學校、實驗室與單位，六成或六成以上的人被打成右派，送往偏鄉勞改。在這段期間，作家、藝術家、音樂家與記者成了急於達成抓人的標的，以及在上級面前爭功的官僚最喜歡抓捕的對象。[58] 從政治觀點來看，這場對黨員與非黨員發動的反右迫害，只是進一步政治鬥爭的前戲：毛澤東不分青紅皂白、用「右派」威脅一切異議人士的作法，使今後許多年再也沒有人膽敢對他的激進政策提出合理的反對，進而將一般的爭議轉換成思想戰與「階級鬥爭」。

一九五七年七月，毛澤東在「青島會議」中說，「資產階級右派和人民的矛盾，是敵我矛盾，是對抗性的、不可調和的你死我活的矛盾。」對付右派就得用對付敵人的階級鬥爭之嚴厲手段。[59] 誠如史學者李洪林所言，毛澤東這番話擴大了階級鬥爭的概念，鬥爭的根據從原本的社會階級背景，擴大為對一個人的政治思想的裁判。[60] 對中國社會與中國共產黨而言，都造成災難性的後果。

胡耀邦與共青團的「右派主義」

一九五七年五月十五日，中國新民主青年團在北京「人民大會堂」召開第三次代表大會。這是一次里程碑式的會議，大多數的政治局委員，包括毛澤東，都參加了大會開幕式。胡耀邦宣布，將青年團的名字改回原名「共產主義青年團」。胡耀邦說，之所以改名，是因為中國「大規模階級鬥爭」的時代已經過去，社會主義革命已經完成，剝削階級「基本剷除」了，現在共產主義青年團可以全力協助黨為「共產主義光輝的理念而鬥爭」。[61]

或許當時胡耀邦還沒發現，毛澤東已改變他對容忍異議與公開政治論述的看法。在「事情正在起變化」一文中，毛澤東提出警告，「我黨有大批知識份子新黨員（青年團員就更多），其中有一部分確實具有相當嚴重的修正主義思想。」[62]毛澤東在出席這次大會當天已經寫好這篇文章，不過隔了一段時間才發表。更讓人感到不祥的是，毛澤東在四月二十五日的青年團會議中說，「一切離開社會主義的言論和行動都是完全錯誤的。」

在大會結束時，胡耀邦連任共青團中央委員會第一書記，書記為劉西元、羅毅、胡克實、王偉、梁步庭與項南。[63]不到兩個月，這些書記們相互之間都開始唇槍舌劍，有人甚至被貼上右派的標籤。胡耀邦或許知道共青團內部在思想路線上有雜音。他拉攏知識份子，在大學校園招募團員，並鼓勵資深幹部、在共青團刊物鼓吹獨立思考，就若干方式而言，胡耀邦贊成不同的意見。當《中國青年日報》總編輯張立群等人要求社論更加獨立，表示共青團刊物不能只做「共產黨傳聲筒」時，胡耀邦或許感到憂心，但為時已晚，縱想有所行動也來不及了。毛澤東在看到張立群發表的這些言論時大發雷霆，張立群大禍臨頭。[64]

從七月中旬到九月初，當胡耀邦在莫斯科與基輔出席國際青年團大會與慶祝活動時，鄧小平在幾名胡耀邦副手的協助下，在共青團中央委員會大舉發動反右整風運動。在經新疆返國順便巡視當地團務工作時，胡耀邦打長途電話到北京，共青團書記處書記羅毅在電話中告訴胡耀邦，當胡耀邦出國時，共青團中央書記處遭到「重創」。共青團中央委員會許多成員，包括《中國青年日報》幾名編輯與資深記者，已經遭羅毅（與鄧小平）打成右派。胡耀邦聞訊大驚，令羅毅不得對右派採取進一步的行動，並立即飛返北京。[65]他嘗試為幾名遭罪的同事平反，但未成功。胡耀邦於是找上鄧小平說，《中國青年日報》總編輯張立群因「糊塗與矛盾」而在批判黨媒過程中犯錯，但這些錯不能證明他思想右傾。鄧小平答道，「既然你這麼說，那……不過他若糊塗就不能當總編輯」。於是鄧小平將張立群下放到一個縣級委員會，前後好幾年。[66]

第一批共青團右派份子大多被送往西北與華北的「勞教營」。反右運動又拖了一年，更多共青團的領導人落馬。在較低層，反右運動也持續了好幾年，獲罪受刑的人遠比高層多得多。沒有記錄顯示胡耀邦曾經直接批判這場運動。一九五八年二月，在為前往勞教營的共青團高幹送行時，胡耀邦表示安撫，還說了些勞改有益更正思想錯誤的話。[67]

反之，鄧小平在迫害黨內外右派份子的過程中，特別是對知識份子，表現得越來越狠。在一九五七年九月至十月中央委員會的會議報告上，鄧小平保證反右運動將「繼續加深，擴大……我們必須贏得全面勝利」。他警告，「一小撮」黨領導人在這個議題上「軟了心腸」，還說共青團在根除「右派主義」的工作上呈現嚴重的組織與思想問題。他建議共青團「嚴肅執行改組」。[68]

胡耀邦在十月十日的一篇講詞中，回應鄧小平等人有關共青團的批判，保證實施「對幹部隊伍的政治、組織與思想轉型」，在所有的領導崗位上「將右派連根拔除」。[69]不過在那一刻，沒有人注意他的觀點。隨著毛澤東主控一切政策議題的勢力不斷壯大，剷除一切異議的壓力也如排山倒海般而來，共青團也開始遭到鄧小平的中央書記處進一步審查。

一九五八年六月，共青團書記梁步庭與項南遭中央書記處書記劉瀾濤點名批判，說兩人是「右傾機會主義份子」。胡耀邦打電話給劉瀾濤討論此事，但話鋒遭劉瀾濤打斷，還對胡耀邦提出警告，如果繼續為手下撐腰，胡本人也可能被打成「右傾份子」。就這樣，胡耀邦又有兩名得力副手遭當場革職，其中一人還被送往勞教營，在那裡待了二十年。胡耀邦悔恨異常，對這種譴責與指控的政治操作更為厭惡。[70] 一九五八年七月，胡耀邦在向中央書記處提出的報告中說明共青團為匡正所做的努力，結果引來鄧小平的警告：共青團不能誇耀它的成就，要緊緊跟隨黨的領導腳步。[71]

在反右運動第一年，五十幾名共青團中央委員被打成右派，另有幾百人因被指為「中右派」而去職。胡耀邦一開始很懊惱，認為自己沒能好好教育身邊的人，讓他們陷入這種思想風險，他甚至向其中一些人致歉。但他後來發現，問題其實來自最高層。根據為他立傳的一名作者表示，胡耀邦首次開始對毛澤東與毛領導的路線有了疑慮。[72] 但他沒有聲張。

毛澤東對他的反對下禁口令

就在胡耀邦奮力保住分崩離析的共青團，重建共青團與他本人在黨領導層的地位之際，毛澤東準備再出新招，鞏固他在中國政治與經濟決策領域唯我獨尊的大權。一九五七年十一月，毛澤東二度訪問莫斯科，慶祝蘇聯十月革命四十週年。他特別點名隨同他訪蘇的鄧小平，說鄧是「中國與中國共產黨未來的領導人」。[73] 毛澤東對蘇聯近年來的成就，特別是對兩枚「史普尼克」（Sputnik）衛星升空的事讚不絕口。當赫魯雪夫誇口說蘇聯計劃在十五年內超越美國時，毛澤東也說，中國要想辦法在十五年內趕上英國。[74]

十二月底，毛澤東要求經濟計畫人員加速經濟成長腳步。他在《人民日報》的社論修訂指導口號，要全國「鼓足幹勁，力爭上游，多、快、好、省」，達成經濟成長的目標。他讚揚各省加速社會主義轉型的熱忱，這重燃了一九五六年因計劃經濟目標訂定問題而出現的「反冒進」爭議。[75]

一九五八年初，毛澤東在廣西省會南寧召開中央計畫會議，選舉省書記。表面上這次會議要討論剛結束的第一個五年計畫的成果，但毛利用這次會議攻擊兩年前指責毛「冒進」的人。他在會中發表四次講話，要代表們不要再提「反冒進」，因為這是「政治問題」，強調「反冒進」只會打擊中國六億人民奮力向前的熱忱。[76]

之後，毛澤東談到他批准的上海黨委第一書記柯慶施的「乘風破浪」、超越英國的工作報告，還反諷意味十足地問周恩來，總理能寫出這樣的報告嗎？周恩來答稱寫不出來。毛澤東於是說，「你不是反對冒進嗎？我是反對反冒進的。」周恩來就這樣開始寫公開認錯的「檢討」，一連寫了三篇。之後毛澤東又攻擊幾名經濟高官，其中幾名是點名指控，說他們「封鎖」他。毛澤東隨即著手為地方幹部起草執行北京經濟指令的指導原則。日後觀察家認為，由於受到這些原則的鼓舞，幹部們開始誇大他們的成就。[77]

透過一九五八年二月一次政治局「擴大」會議，以及三月在成都、四月在武漢這兩次區域性書記會議，毛澤東繼續韃伐與他在經濟計畫上意見不合的人。他堅持「反冒進」的人不是馬克思主義信徒，甚至或許還是右派份子——這是後果嚴重的標籤。周恩來在成都會議上做了更詳盡的自我批判，陳雲、薄一波、李先念等中共首席經濟高官也忙著跟進表態。就連一直只想息事寧人的劉少奇，也承認自己犯了未遵從毛的指導的錯誤。[78]

毛澤東隨即將一九五六年召開的「八大」改頭換面。一九五八年五月五日至二十三日，中國共產黨第八次全國代表大會第二次會議（譯按：與八大二中全會不同）在中南海懷仁堂舉行。根據中共黨大會的標準格式，這次會議也以中央委員會全體會議打頭陣，然後又一次舉行宣布人事改組的全會。毛澤東審查、修整了主要的會議報告，邀請幾名非中央委員在會中致詞，然後發表四次演說。在他近身的監控下，「八大第二次會議」修改了許多一九五六年推出的改革。

這次會議決定，以「鼓足幹勁，力爭上游，多、快、好、省地建設社會主義」做為中共經濟與政治項目的「總路線」。它修正了一九五六年中國階級鬥爭的情勢，說「資產階級與無產階級、社會主義與資本主義間的鬥爭，是我們主要的內部矛盾」，是一場「激烈的、你死我活的矛盾」。會議強調一九五七年反右運動的正確性，並通過毛澤東在「反冒進」問題上的立場。[79]

這次會議進一步加強黨內毛澤東的組織與思想權威，為「大躍進」奠下政治基礎。經過這次會議，毛澤東在黨內最重要的對手此後也只能唯唯諾諾，再無異聲。陳雲與周恩來在會中公開大聲宣讀正式書面的自我批判。周恩來隨即請辭總理，要求政治局決定自己繼續留任「是否洽當」。政治局沒有採取正式的行動。國防部長彭德懷也於同時（一九五八年六月）請辭，不過他的請求也被擱置。[80]

「八大第二次會議」將毛澤東與毛澤東思想捧上了天。一堆高級領導人爭相向毛獻媚，說毛是

「當代最偉大的天才」，毛的理念就是「真理」。[81] 過去毛澤東曾在一九五八年說這是一種可能導致專制獨裁的「個人崇拜」，但現在他說，他的情況是「正確的個人崇拜」，因為根據他所引用列寧的說法，「與其讓你獨裁，不如我獨裁好」。[82]「改頭換面」的八大通過毛澤東的主張，要在十五年內在鋼鐵生產方面超越英國，並發動「大躍進」，做為中國首要的經濟項目。各省代表競相保證，要在他們負責的地區加速生產。

毛澤東安排了一些新人事，大張旗鼓地擴大他個人的權力。首先，他指派國共內戰期間的常勝將軍林彪元帥為中央委員會副主席。接下來，他成立官方意識形態指導刊物《紅旗》月刊，指派自己的秘書陳伯達來經營。毛還將兩名積極支持毛派經濟計畫的省級領導人——上海的柯慶施與四川的李井泉——納入政治局。[83]

胡耀邦出席了八大第二次中央委員會會議，但他並未在會中發表演說，也沒有留下任何對這次會議的感想。[84] 他仍在努力站穩自己在共青團內的立場，開了一次持續兩個多月的共青團中央委員會全會，最後還通過一項決議，批判他的一名親信。為響應中央書記處的批判，胡耀邦在演說與共青團的刊物中，極力附和迅速變化的思想新路線，他甚至組織了一個三百人的青年「致敬團」，在七月一日訪問中南海，向毛澤東與中央領導層致敬。[85]

在收服中央委員會與中央人民政務院、奪回人事與一切政策主導權之後，毛澤東將目光轉到或許讓他仍然有些不放心的體制：人民解放軍。一九五八年五月二十七日，他召開了中央軍委「擴大」會議。毛澤東顯然認為解放軍在軍務工作的作法上已變得太官僚與「專業」，太像蘇聯的紅軍。他要求對軍中的「教條主義與派系主義」進行調查。他以「南京軍事學院」為攻擊目標，因為這裡是兩名解放軍元帥與幾名高級將領的巢穴。

在這次開了一個月的中央軍委擴大會議中，毛澤東使出他慣用的手法。首先，他利用多年來一直困擾解放軍內部的人際嫉妒與競爭來進行煽動。剛晉升副主席的林彪，在會中暗諷國防部長彭德懷與其他將領的關係，此舉讓彭德懷難堪。毛澤東特別點名幾位他認為應該批判的解放軍領導人，包括不久前辭去南京軍事學院院長職的劉伯承元帥、訓練總監蕭克與參謀長粟裕。[86]

毛澤東用低階幹部攻擊高階官員。被控的官員要做「檢討」或「自我檢查」，一般都必須被迫「自我認罪」。被控官員要在公開場合檢討，能不能「過關」得視在場眾人的反應而定。[87] 毛澤東若發現中央軍委會議的氣氛過於平靜，就會私下找來其他軍頭炒熱氣氛。鄧小平就是他找來的軍頭之一。根據台灣學者鍾延麟的說法，儘管鄧小平不再是解放軍軍官，但他身為總書記，權力擴及政軍事務，自一九五四年以來一直是中央軍委委員。毛澤東指派鄧小平擔任中央「反教條主義領導小組」組長。鄧小平也親上火線，貫徹毛澤東的指令，對粟裕、蕭克及另幾名高級將領——其中幾人是他過去的部屬——下狠手。不過鄧小平會設法繞過了他在內戰期間的老戰友劉伯承。劉伯承獲准離開南京軍事學院，長期休養、退出政壇，不過仍保有中央軍委副主席與政治局委員的職位。[88]

這次中央軍委擴大會議說明了，毛澤東又一次重返據他說已有幾年不「抓」的解放軍。它證明毛澤東有隨心所欲、控制解放軍議程與人事議題的能力。他對教條主義的批判，讓大家都知道毛澤東「要紅不要專」的偏好，不僅適用其他領域，也適用於軍隊。但人事議題或許同樣重要。他教唆國防部長彭德懷對付其他「老元帥」，強化鄧小平在中央軍委的領導地位，並且用一些未必可信的理由打擊幾名高級將領。這些被整肅的軍官大多數直到毛死後才獲得平反。在一九五八年，像中共所有其他官僚體系一樣，解放軍也在毛的牢牢掌控中，而他顯然無意放手。[89]

大躍進大難臨頭

大躍進造成的人倫慘劇究竟有多大，直到事發六十年後真相才逐漸揭露。根據「官方」數字，從一九五八年底到一九六二年，餓死、在勞工營因操勞致死或被打死、自殺、或因其他所謂「非正常死亡」而喪生的人數「超過一千萬」。[90]「中央黨史研究院」副院長說，這個數字來自「最權威的部門「國家統計局」，但國家統計局引用的檔案仍屬機密。[91]之後中共其他官僚機構出爐的「官方」統計，將大躍進期間死亡總數提高到一千六百萬到兩千萬。[92]

史學者楊繼繩估計，在大躍進期間，直接死於飢荒的人約有三千四百萬到三千六百萬。他也認為，在這段期間，中國人口總數因無法產子、人口不能正常成長而減少四千萬，也就是說，大躍進造成的「總人口損失」為七千六百萬。[93]馮客（Frank Dikötter）估計，因大躍進而餓死的人約為四千五百萬。[94]

相關統計數字之所以出現如此巨大差異的原因有兩個：由於許多死難者離家前往他鄉覓食，屍體被毀或被埋在亂葬崗，真實死亡數字無從考查；此外共產黨當局封鎖檔案，不讓數字外洩也是原因。

之後許多年，中共官方人士將這一切歸咎於多年洪水、乾旱之類的「自然災害」，往往還加上對蘇聯的批判——隨著中、蘇兩國意識形態的分裂在一九五九至一九六〇年更加惡化，蘇聯中止了許多與中國的交易。[95]但中國學者近年達成結論，中國若干地區在那幾年出現的旱災災情在正常範圍內，並非伴隨大躍進而來的飢荒的主因。楊繼繩寫道，「從一九五八到一九六一年間，中國境內沒有出現大規模洪澇、乾旱之災，也沒有發生大規模低溫破壞事件。在這三年之間，天候狀況正常。」[96]其他學者也對蘇聯減少援助造成影響之說加以駁斥，認為大躍進期間發生的慘劇主要屬於「人禍」。[97]

一九五八年八月北戴河會議

就政治面而言，釀成這場大禍的元兇就在於權力過度集中，而一九五八年八月十七日到三十日毛澤東在濱海勝地北戴河召開的「政治局擴大會議」，將這種權力過度集中的現象嶄露無遺。出席這次會議的人包括各省黨委書記，以及負責督導年經濟計畫的中央各部會領導人。會議議程從經濟計畫與目標，到民兵事務和教育，包羅廣泛。毛澤東為大會訂下超級樂觀的思想步調：中國要憑藉農民群眾的熱情，短期內在鋼鐵產量上「超英趕美」，以比之前預期更快的速度完成「社會主義轉型」，進入共產主義。[98]

在會議召開前，毛澤東視察了河南與山東的實驗「人民公社」，說它們「好」，既能作為管理「生產、生計與政治權力」的手段，又能作為中國社會的「基本單位」，協助中國社會轉型，達成社會主義烏托邦的目標。[99]毛澤東隨即在北戴河會議中極力鼓吹，要全國各地在十月底以前成立人民公社。一場大規模社會工程實驗於是展開，在短短一個多月時間，一九五四到一九五五年間完成的七十四萬多個農業生產合作社，轉變為兩萬六千個人民公社。之後隨著分拆與合併，人民公社數目增加到約五萬三千個。為了基本會計與管理的理由，每一個人民公社又進一步分成「生產隊」與「生產組」。一九五八年十月底，中國媒體傲然宣布，百分之九十九的偏遠農戶已經併入公社。[100]

這個轉型使中國農村在龐大的黨官系統下加以組織化，甚至軍事化。這些黨官為了貫徹命令，除了運用武力外別無他途，而他們的命令就是將一切農村資產、牲口與裝備「集體化」（實際上就是沒收），置於政府管理下。他們沒收的東西包括家用烹飪器皿與餐桌、餐椅。毛澤東醉心「公社食堂」的想法，認為建立公社食堂不僅能更有效地為人民提供更多的食物，還能使家庭不再成為社會主義社會的基本單位。農戶必須把鍋碗瓢盆與其他日常用品繳交給公社食堂，在公社食堂裡進食。如在有些地方，當局以軍營式公社房取代農家住宅，而工作分配則根據半軍事化路線來進行組織。如楊繼繩所說，「控制鋪天蓋地，無所不在。無產階級專政的強制力量，深入每一個邊遠鄉村，抹一個家庭成員，每一個人的大腦和腸胃。」[101]

由於誇大計畫經濟生產的目標，這次北戴河會議為中國經濟帶來更多慘禍。克制與務實的主張遭到「八大第二次會議」噤聲，八月間，毛澤東與地方領導人將年底必須完成的生產目標，提高到近乎癡人說夢的高度。而毛澤東視為指標的鋼鐵生產尤其重要。中華人民共和國在一九五七年的鋼鐵生產約為五百六十萬噸，但到了翌年六月底，儘管產量落後一九五七年的水準，毛澤東仍然下令業界領導人，須在一九五八年將產量倍增到一千零七十萬噸。在北戴河會議中，為保證在一九五九完成（完全不實際的）一千八百萬到兩千萬噸鋼鐵的生產目標，毛澤東堅持必須在一九五八年將產量倍增到一千零七十萬噸。[102] 一場全國性煉鋼熱就此展開。官媒誇稱，中國在一九五八年的鋼鐵生產超標，但大多數的專家認為他們煉出的大多是沒有用的鐵渣，令人咋舌地浪擲了資源。[103]

毛澤東與他的經濟計畫人知道，中國自己的煉鋼廠——就算是蘇聯提供的鋼廠——也煉不出這麼多鋼，於是他們組織「群眾運動」來增加鋼產。他們要求農民進入遙遠山區挖鐵礦，並下令在全國各地建造燒柴火的「土高爐」來煉鐵。這類高爐在中國已運作數百年，不過它們達不到煉鋼所需的高溫，就算只是煉鐵，技術也不普及。一九五八年底，中國各地建了數以千計小規模、效率差的「後院土高爐」，不僅浪擲了大量的鄉村勞動力，許多森林也因燒柴的燃料需求而被砍伐一空。這些高爐生產的，只是些品質低、農民們稱為「鐵疙瘩」、沒有用的鐵鎔渣（它們大多是以烹飪器皿與工具燒出來的）。另一方面，由於投入秋收的人力太少，在一九五八年種好的穀物只能爛在田裡。[104]

北戴河會議還根據誇大的公社農地的生產評估，訂定不實際的農業生產目標。一九五八年年中，河南與山東一些「模範」公社開始吹捧增產成果，有的甚至說每畝（一畝約等於六分之一英畝）產量比之前一年多了二十倍。這些數字經常出現在為紀念蘇聯「史普尼克」衛星升空而命名的所謂「衛星」田，它們使用了實驗種子與耕作技術及大量肥料。不乏農民出身的中共中央領導人，照理說應該更清楚其中的道理，但他們都點了頭，認為穀物大舉增產的目標一蹴可及。毛澤東甚至已經開始為如何處理這許多剩餘食物的問題傷腦筋了。[105]

「統購統銷」是最大問題。早自一九五五至一九五六年起，由於大規模集體化的出現，統購統銷已逐漸喪失其預測供需的能力。它向農民購進太多穀物，卻讓農民缺乏賴以為生的糧食。黨設定的農產指標越來越高，農民必須上繳的越多，留下自用的糧食也越少。當然，將穀物賣給國家統購

為完成毛澤東為一九五八年訂定的不切實際的鋼鐵增產目標，中國各地不計一切、建了數以千計燒柴火的高爐，結果浪費了巨大資源與勞力，卻沒有生產可用的鋼。（圖片來源：Wikimedia Commons）

部門是強制的，囤積與藏匿穀物會遭地方當局毆打、監禁等嚴懲。隨著供給問題的惡化，這類懲罰也越來越重。一九五八年，由於數以百萬計的農民被迫離鄉背井，或開採鐵礦，或投入大規模水資源保護的項目（水壩、水庫與灌溉系統），都靠府提供糧食，農村糧荒的情況越演越烈。

毛澤東繼續視察精挑細選的公社，與公社領導人談話，他當場下達指令，並通告全國周知。他鼓勵其他領導人如法炮製，其他許多領導人——包括胡耀邦——也照辦了。問題是，沒有人願意承認他們不懂黨的計畫，或對黨的計畫不熱衷。面對到訪的上級官員，低階官員不會據實以告。他們不會與上級討論糧食短缺、公社食堂條件惡化、農民過勞的問題，他們只會談些思想教條、會計與給付議題以及低階幹部的犯行。[106]就這樣，問題持續延燒，每下愈況。一九五九年初，許多地方明顯發生營養不良、特別是浮腫的問題，有關餓死的傳聞出現了，於是中央當局開始調撥糧食、應急處理。

一九五九年初的又一次區域性會議，以及五月間的中央委員會全會，就結構、會計、工資給付與管理問題，進一步調整公社系統。[107]這時已傳出華中與華東地區有兩千五百萬人「沒有飯吃」的報導。西南部地區也出現暴力抗議事件。但其他地區仍然充斥一片農作物豐收、農民奮力生產的假消息。毛澤東似乎很相信這些假消息，除了少許「左派份子」的錯誤，與有關公社性質的一些殘餘的思想困惑，一切順利。[108]

廬山會議攤牌

一九五九年六月，毛澤東決定再開一次政治局擴大會議，處理大躍進政策越來越明顯的缺失。為了讓領導人略事休養，讀讀書、享受湖光山色，他選擇江西的廬山為開會地點。[109] 廬山山巒疊翠、雲煙嬝繞，是山水畫家最愛的作畫景點。自十九世紀末起，廬山就因為西方商人與傳教士建了幾百棟別墅而成為避暑勝地。蔣介石曾為了避開南京的暑熱而以廬山為行館，馬歇爾為調停國共內戰，也曾在廬山開了幾次會。

毛澤東將這次擴大會議定調為一種工作假期，用上午與午後不久的時間討論議題，然後是電影、跳舞與晚間餘興節目。與會人儘管知道這次會議的要旨在於「糾左」，由於議程安排輕鬆，有人仍將它視為一次「神仙會」。會議於七月二日展開，預定進行兩周。與會人士包括大多數政治局成員，以及急著向毛表功的省黨委書記。

擴大會議一開始地區性的分組討論進行得很順暢，但看在一些對毛所謂「一切順利」的說法不以為然的人眼中，特別是看在國防部長彭德懷眼中，情況有些不對勁。彭德懷與毛澤東是湖南同鄉，都在南昌事件後逃上井岡山，兩人曾是眾所周知的親密戰友。[110] 但在國共內戰期間，兩人關係開始惡化，一九四九年過後，兩人已貌合神離。彭德懷以擔任志願軍總司令率軍打贏韓戰而享譽，但毛岸英在韓戰期間戰死一直令毛耿耿於懷。

硬脾氣、桀驁不馴的彭德懷，對毛澤東當上黨主席後展現的頤指氣使頗不以為然，而且也毫不掩飾地表白自己的看法。當毛澤東在一九五八年五月迫使彭德懷整肅彭的軍官團時，雙方關係鬧得

一九五三年毛澤東與「中國人民志願軍」總司令彭德懷合影。一九五九年，由於毛澤東指控彭德懷是「反革命團夥首腦」，曾經是眾人眼中湖南「親密戰友」的毛澤東與彭德懷兩人的關係急遽惡化。彭德懷在文化大革命期間死於獄中。（圖片來源：Wikimedia Commons）

更僵。彭德懷曾兩次嘗試辭卸國防部長職位，但毛沒有應允。毛澤東之所以越來越擔心自己無法贏得解放軍的忠誠，並牢牢掌控解放軍，或許與彭德懷的私人恩怨是考量因素之一。

在會議就「大躍進」的成就有氣無力地討論了幾天之後，彭德懷決定直接向毛澤東表達自己的關切。七月十二日下午彭德懷來到毛下榻的別墅求見，但獲知毛正在午睡，於是決定寫信表達自己的看法，並於七月十四日把信交到毛的手裡。[111] 這封信措辭謹慎，信中首先讚揚大躍進取得的成功，說它如何讓中國人民振奮不已。彭德懷隨即在信中指出，但有幾個問題值得注意。首先，「浮誇風氣」普遍存在於中國各地、各階層，特別是黨媒，情況尤其嚴重。其次，「小資產階級狂熱，使我們容易犯左的錯誤。」第三，「政治掛帥」不能取代經濟法則。[112] 所有這些批判都直接針對毛澤東「主觀意志能帶來奇蹟」的看法。毛澤東沒把彭德懷這些批判看在眼裡，但發現這封信是用來打擊對手的好機會。他把握了這個機會。

毛澤東等了兩天，然後將彭德懷這封信印發給廬山會議所有的與會者參考，還加註「彭德懷同志意見書」的標籤。封信彭德懷寫給毛的這是一封私函，他既未為這封信加標題，也沒想到毛會將信公開。七月十七日，毛指示各討論組專心討論這封信，還得每天將討論內容向他提出報告。毛澤東很快地發現，許多其他高級黨領導人也有與彭德懷一樣的疑慮，但他不動聲色，繼續每天仔細讀著會議簡報。他開始召集親信的黨、軍領導人——包括林彪、彭真、黃克誠、楊尚昆，還有他在延安時代的老助手康生——對他們說，「到山上來，說說這件事。」

彭德懷的多年舊部、身為國防部副部長與總參謀長的黃克誠，在七月十七日抵達廬山，見了彭德懷，彭德懷讓他看了那封信。黃克誠指責彭措詞過激，但表示自己會支持彭，之後於七月十九日發表一篇支持彭德懷的談話。[113]前黨總書記、在延安遭毛澤東逼下台的張聞天，這時也來到廬山。他與彭德懷就整體情勢交換意見，但在這封信公開傳閱以前沒讀過信的內容。不過無論怎麼說，他同意彭德懷的看法，並於七月二十一日在他的討論組發表了長達三小時的談話，詳細說明大躍進的成就與缺失，擺明他對彭德懷這封信的支持。[114]

七月二十三日，毛澤東發動反擊，徹底扭轉廬山會議討論的性質。他在一次全會中引經據典，發表一篇充滿謾罵、辯駁與怨懟的演說，要與會領導人「硬著頭皮頂住」。他說，領導人應該對「總路線」、對農民了解「政治經濟」的能力更有信心，對目前還不能有效運作的公社食堂這類事務要更有耐心。在直指彭德懷的一段話中，毛澤東揚言他「會到農村去，率領民眾推翻政府，你解放軍不跟我走，我就找紅軍去。我看解放軍會跟我走的」。[115]

毛澤東這番話把廬山會議的基調，從原本的「糾左」，轉為一場針對以彭德懷為首的「右傾機會主義」的全面攻擊。又過了一週，隨著更多的黨員上山，對彭德懷的批判也開始轉烈。臨時性政治局擴大會議與小組討論開始誹謗彭德懷與其他批判大躍進的人。

毛澤東需要搞一個更大的陰謀，所謂彭德懷四人「反黨集團」於是出現。他先把黃克誠推下水，之後談到一個包括張聞天在內的「軍系俱樂部」。毛澤東又說，曾在一九五八年陪同彭德懷視察、不願指責彭德懷的周小舟也是其中一員。彭德懷等四人必須自我檢討，但一直未能針對他們所遭到的指控提出辯解。當然，這些指控盡皆誇大不實，但在毛澤東虎視眈眈下，每個人也只能照劇本演戲。[116]

正在山東視察共青團工作、出席一些儀式活動的胡耀邦，也接到中央書記處的通知，要他在八月一日以前上廬山。儘管當時生病，胡耀邦仍然搭軍用專機飛往江西，然後乘車於七月二十九日抵達廬山。或許他對這次會議的原始宗旨有一般性了解，又或許來到廬山以後他才發現會場政治情勢竟已經如此緊張。農民出身的胡耀邦，對於「衛星」田地所宣稱的生產成果本來就不相信，也曾指責一些地方領導人誇大生產成果。但面對毛澤東這類高級領導，他只能閉嘴。一九五八年底，胡耀邦開始更頻繁地下鄉考察共青團工作，設法在「反右」運動造成地方團員人數銳減之後重振旗鼓。一九五九年在視察河南時，他目睹農民因缺糧而受到的苦難。不過情況還不算太糟，雖然他有些擔心，但並不緊張。[117]

當胡耀邦抵達廬山時，主要議題是整肅黨中央「右傾」領導人。毛澤東在八月二日第八次全會上的講話已經挑明，要譴責「彭黃張周右傾反黨集團」，將它逐出黨外。所有與會一百四十九名中央委員與候補委員，都必須就這四人與其背信犯行「表態」，也必須強調自己對毛澤東「三面紅旗」——黨的總路線、大躍進與人民公社——的忠誠。[118]

胡耀邦在廬山會議上表達了什麼想法、發表了什麼談話或做了什麼筆記，並無可供查詢的正式記錄。為他立傳的人說他誠惶誠恐。早在湖南工作期間他就認識彭黃張周四人，對所有這四名反黨「陰謀份子」知之甚詳。他曾在太原圍城戰期間與彭德懷共事，曾在延安與張聞天比鄰而居，並結為友人。一名軍中同僚告訴胡耀邦，幾名資深將領不解為何情勢竟然發展至此，胡耀邦當時答稱，「彭老總怎可能反黨反毛？毛主席是老大，不聽異議的。」[119]

在小組討論會上，胡耀邦說了幾句支持毛主席的陳腔濫調。就連秘書為他準備製作官方記錄、交給毛澤東批示所需的筆記時，他都沒有告訴他們他真正的想法。[120]當大會就「關於以彭德懷為首的反黨集團的決議」進行表決時，儘管決議文對彭德懷極盡誹謗能事，否定彭對革命的一切貢獻，胡耀邦仍然舉手支持這項決議。[121]所有四人都被逐出現有官職，儘管仍保有黨籍，但已淪為政治棄民，成為日後易遭迫害的軟柿子。

廬山會議與八大第二次會議造成的衝擊無以復加，毛澤東又一次證明他俐落的政治手腕，他凌駕一切反對之上，不能容忍任何異議，更別說對他的直接批判了。他創造了一個攻擊黨內政治對手的新標籤——「右傾機會主義」，今後幾年，他以這個標籤打擊數以百萬計的黨員，讓無數的人即使面對明知錯誤、有害的政策決定也嚇得不敢發聲。雖然毛澤東曾在短短一刻承認自己對經濟的了解有限，但這時他已經全面掌控中國經濟政策。八大第二次會議做了幾項修正——降低一些生產指標，也改變一些達標日期——但沒有解決生產體系的基本缺陷。這些缺陷之後更加惡化。

或許最重要的是，毛澤東再次改組了中央領導班子。在緊接八大會後於北京舉行的軍委會議中，他完成對人民解放軍領導層的整肅。從八月十八日到九月十二日，他召開中央軍委「擴大」會議，兩萬八千餘名解放軍軍官與會。毛澤東、劉少奇與周恩來都在會中說下狠話，朱德則在會中發表書面自白，承認自己犯了未在廬山大力批判彭德懷的錯誤。這次軍委會議一開始再次指控彭德懷與黃克誠反毛，貶低兩人過去的軍功。接著會中拖出另四名參與「軍系俱樂部」的解放軍高官——都是彭德懷的部屬，並發動對抗解放軍內「右傾份子」的全面鬥爭，在年底前鬥倒一千八百四十八名軍官。[122]

在大會確認彭德懷與黃克誠免職之後，毛澤東讓比較聽話的林彪掌管解放軍，擔任國防部長與中央軍委資深副主席，並且任命公安部長與解放軍公安軍司令員羅瑞卿為總參謀長。當然，一切能將過去「戰友」拉下馬，同時還能藉機鞏固自己權勢的事，林彪與羅瑞卿都樂於從命。

至於胡耀邦，他很快就知道，由於沒有積極抨擊彭德懷，他已經被毛澤東盯上，並將為此付出政治代價。他後來告訴親友，之後兩年毛澤東對他不理不睬，讓他「坐冷板凳」。[123] 廬山會議過後幾個月間，似乎為了證明他的忠誠與對「三面紅旗」的熱誠，胡耀邦旅行、發表演說、寫文章、吹捧這些他逐漸起疑的政策。他之所以這麼做，部分是為了化解調查與整肅「右傾份子」與「小彭德懷」對共青團內所造成的壓力。然而，他所做的這些努力成效有限——共青團幹部再遭重創，特別是教育與科研機構情況尤為嚴重。不過，胡耀邦此舉或許也是為了修補他個人與最高領導層之間的關係。置身北京令人窒息的政治氣氛下，這位四十五歲的青年運動領導人，除了繼續為他爭取了三十多年的理念奮鬥，並繼續追隨他三十多年來奉為偶像與恩師的人，似乎別無他法。雖然好學不倦讓他更能思考、更有學識，但胡耀邦仍是一個忠誠的毛派，也仍是毛主席堅定——但並非不疑——的信徒。

第五章
捲入漩渦

一九六〇年秋，在廬山會議結束不到一年，胡耀邦前往十年前曾主持的川北當地黨委視察。在一條旅經多次、南向通往南充的路上，路上行人的形貌讓他震驚。他們衣衫襤褸，面色蒼白消瘦，有些人皮膚浮腫，肚子鼓出，一望就知營養不良。據說胡耀邦當時怒道，「解放後我在這裡的那段時間，他們比這穿得與吃的都好……這叫做『大躍進』?!」在聽說一些人餓死後只能暴屍野地、無法安葬，胡耀邦更加怒不可遏：「他〔毛澤東〕被人圍繞蒙蔽了。他不知道真實情況！」[1] 兩個月後，在一次共青團學校論壇上，根據引述，胡耀邦表示不相信自己親眼目睹的這些慘狀是官方所謂「自然災害」造成的。事實上，他認為這是共產黨想將中國推入社會主義而操之過急，讓人民徹底對大躍進失望的後果。他知道鄉村對大躍進的怒火正在延燒，建議共青團刊物調整有關「三面紅旗」的宣傳。[2]

胡耀邦是否真的說了上文引用的話，我們不得而知。不過以他當時的情緒來看，這些話似乎可信。廬山會議過後，胡耀邦努力重建他在毛主席心中的分量。他發表演說，參加群眾大會，在青年團密會上致詞，歌頌小規模煉鋼等一切大躍進的項目。一九六〇年三月，胡耀邦在中國婦女聯合會的全國性會議上演說，對婦女聯合會採用「高舉毛澤東思想大旗，快馬加鞭，躍進、躍進、再躍進」的口號稱頌不已。一九六〇年四月，他在全國人民代表大會上說，大躍進提供中國青年「最有價值的精神財富禮物」。[3] 在他對大躍進如此吹捧之後，南充路邊的實況想必讓他震驚不已。

到一九六〇年底與一九六一年初，飢荒大肆蹂躪了鄉村。公社食堂沒了食物，一九五九年底雖做成讓農戶自行耕作的決定，但決定遭地方級領導忽視，許多農戶既無糧食，也沒烹飪的鍋具。地方保安部隊實力擴充，建立更多地方性的勞改設施，以監禁偷糧食、搶糧倉、毆打公社或生產隊官員、或逃難躲避飢荒的人。[4] 氣急敗壞的地方幹部既然不能完成穀物生產指標，就只能將糧荒怪罪於「階級敵人」，對被控囤積的人展開抄家、毆打、監禁、甚或殺戮暴行。農地迅速公社化，公社食堂取代以家庭為中心的餐食傳統，並強迫農村勞工遷往異域他鄉，投入煉鋼與水利工程——這一切所造成的結構性問題，使鄉村地區的民怨愈演愈烈。

胡耀邦對大躍進的了解

一九六〇至一九六一年間，當鄉村地區陷於飢荒與動盪之際，胡耀邦留在北京處理共青團事務。胡耀邦家人也經歷了一些缺糧與配給減少的困難，但根據一個稱為「特供」的項目，他們可第一優先享用國家統購糧食。所謂「特供」，就是用一項精心算計的比例，為駐北京的黨、政與外國外交使領人員提供穀物、蔬菜、肉類、油、糖、布與其他配給的制度。由公安部負責的「特供」，執行過程應萬無一失。[5] 所以胡耀邦本人沒有親歷過鄉村地區的匱乏慘況，但透過官方報告與來自省共青團領導人的小道消息，以及他本人的視察之旅，胡耀邦應該對這些事知之甚詳。

史學家高華想知道當年毛澤東等高官對中國各地情勢究竟有多少了解，以及他們有何因應之道。到一九六〇年，有好幾篇關於浮腫流行病與大規模「非正常死亡」的報告，不過毛澤東只願採信河南第一書記吳芝圃這類阿諛奉承之徒的報告。吳芝圃在三月提出報告，在他的省份有百分之九十九的人在公社食堂進食，不過他也知道幾十萬信陽市農民因當地公社食堂缺糧、關閉而餓死。[6]

儘管黨與政府的政策有所調整，緊急糧食也已經運抵，但農民仍然大批大批餓死，一開始中央將這一切歸咎於「反革命份子」與「潛入領導層的地主」囤積穀物而造成糧食短缺。據說，毛澤東在一九六一年獲悉七十萬信陽市農民餓死時說，信陽市之所以出現這種系統性失敗，是因為「地主階級復辟與反革命階級報復」。在之後一九六一年底所展開的調查中，數十萬名信陽市幹部被調查，十萬人遭到整肅。但正如楊繼繩所言，官方觀點仍是「制定、鼓吹這些致人於死的政策的中央政府依舊『正確而光輝』，而帶來這些政策的毛澤東仍然『明智而偉大』，造成飢荒的系統『無比優越』」。[7]

北京並未因此修改政策，讓農民回復傳統的農耕型態與作法，而是下令各省省會，要負責為重災區提供緊急補給。但由於官員由下而上對問題層層隱瞞，以及統計數字造假、報告被毀、民怨遭噤聲、求助信件被沒收，當局往往不了解實際災情的規模。[8]

最後，黨終於有了反應，開會決定降低生產指標、增加私有農地、放寬大規模鋼產與大型水壩與水庫工程項目要求，並且將穀物轉送災區。當局也建議民眾消費米糠、麥麩、鳥糞、蔬菜、花生芽、草根、樹皮與棉花等「代食品」。[9]毛澤東雖發現問題越來越嚴重，但仍然堅持推動穀物統購統銷系統與公社食堂，而這些錯誤政策正是造成大飢荒的始作俑者。[10]

甚至當毛澤東承認農村飢荒確實嚴重時，也仍然堅持最壞的情況已經過去，事情正在好轉。[11]史學者蕭象（或許是筆名）在二〇一五年一篇令人讀來不寒而慄的文章中寫道，毛澤東早在一九五八年就很清楚農村鬧飢荒、餓死人的事，但他漠不關心，只是將責任推給下屬。蕭象做成結論，毛澤東視人命如草芥的態度，使大躍進期間因政策錯誤所造成的成本大幅增加。[12]

早在一九五九年初，已經有農民與沮喪的地方官員開始把事情攬在自己身上。他們關了公社食堂，恢復原有的農耕方式——農戶耕作一定的田地，將協議數量的穀物賣給生產大隊，留下若干自用。這種作法即所謂的「包產到戶」，通常也叫「農戶責任制」，就技術面來說，就是「家庭聯產承包責任制」。這種作法早在一九五六年已在浙江試行，但因遭當局視為異端而被排斥、壓制。在公社系統於一九五八至一九五九年間慘敗之後，「包產到戶」制在飢荒最嚴重省份之一的安徽重新啟動。安徽第一書記曾希聖開始向其他地區推薦這種作法，它恢復生產與降低飢荒的經濟效益幾乎稱得上立竿見影。[13]

但高級領導人不敢作主，只敢看毛澤東的臉色行事。毛澤東過去一直堅決反對他所謂「分田單幹」的作法，不過到一九六〇年底與一九六一年初，這個立場似乎有些動搖了。一九六一年三月的中央委員會工作會議通過決議，淡化公社的重要性，而以生產隊為農村經濟主要的核算單位（生產隊的規模往往與過去的農村一般大小）。毛澤東告訴曾希聖，可以讓他實驗包產到戶，期限一年。同年五月，中央終於同意廢止濫訂指標，而害慘農民的「統購統銷」制公社食堂也逐漸關閉。[14]

領導班子的團結似乎也每下愈況。隨著災難性政策失敗的報導不斷增加，毛澤東與劉少奇兩人之間一向冷漠的關係變更加疏離。[15]一九六一年四月，劉少奇在湖南老家住了幾週。他目睹飢餓與貧困，聽村民訴說當局如何對他們的慘況視若無睹，他們如何與掩蓋壞消息的省官員起衝突。劉少奇怒氣沖沖地回到北京，更加相信必須撤回大躍進政策，但他拿毛澤東沒轍。毛澤東剛愎自用、心情鬱悶，或許還非常生氣。[16]劉少奇在一九五九年四月繼毛澤東之後成為國家主席，這件事或許加深了毛的嫉妒，但對毛澤東的權力並無影響。[17]毛澤東開始對其他中央領導人越來越不放心，開始更加倚賴區域黨書記的政治支持。

儘管大躍進的成績令人失望，毛澤東仍然把持政治系統。他的那些軍中老戰友已經不再能與他坦誠交換意見，高級黨領導人與政府部會首長在重要的政策議題上也不願置喙。但一些野心勃勃、阿諛奉承之士竭力吹捧毛澤東，國防部長林彪對毛的奉承尤其入骨。自一九五九年起，林彪開始在解放軍發揚毛澤東的思想研究，並於一九六一年五月下令解放軍機關報《解放軍報》每天在一版刊載一則「毛主席語錄」。[18]

廬山會議結束後，胡耀邦一直努力爭取毛的榮寵。一九六一年九月四日到二十九日，胡耀邦獲准前往受災最重的中原地區進行視察。他只帶了三名助理，往訪山東、江蘇、安徽與河南，視察災情，與地方領導人與農民交談，向他們保證北京會繼續關注。眼前災情令他怵目驚心，儘管地方領導人刻意款待，但他拒絕接受特殊待遇，他要實際體驗農民生活，與農民一樣吃「代食品」。[19]

安徽省鳳陽縣是胡耀邦此行視察的地區之一。鳳陽縣共青團書記告訴他，自一九五八年以來，鳳陽縣全縣四十萬居民中已有六萬人餓死，活下來的居民也有超過百分之三十五的人營養不良。這名書記告訴胡耀邦，鳳陽縣正在進行曾希聖與毛主席批准的「責任田」制的實驗，農民的穀物生產因此逐漸恢復。但胡耀邦遵照毛的看法告訴這名書記，不要搞「包產到戶」，以免導致不可接受的「分田單幹」。在安徽其他地方，胡耀邦也見到類似飢荒與苦難的景象（安徽全省的死亡人數達六百萬），安徽人民似乎希望他能為他們指一條路，告訴他們是否能夠採取「責任田」制。胡耀邦表示，公社可以「借」田給個體農戶（這是劉少奇的點子），但這種作法只適用於饑荒非常時期。[20]

在視察結束後，胡耀邦在河北省邯鄲小停，整理筆記，準備撰寫給毛澤東的正式報告。在與助理磋商後，他決定報告中不提他目睹的那些飢荒慘況，只談好消息與涉及政策的建議。他在報告中寫道，根據他的觀察，「情勢確實比去年好」，之所以能如此旋乾轉坤，都靠毛主席最近的政策，特別是緩和公社配屬單位之間困擾與競爭的政策。胡耀邦在報告中重點談到安徽所倡導的「包產到戶」，認為這是「一種起過作用但具有危險性的作法」。胡耀邦說，它的好處在於，幫助飢餓的農民熬過幹部瀆職，重新站穩腳步。但危險在於，它會造成集體統一管理與個別農戶之間「難以解決的矛盾」，最後導致全國穀物減產。[21]

胡耀邦回到北京後，向幾名共青團同事出示這篇報告，有些人認為它內容膚淺，像「跑馬觀花一樣」，但胡耀邦不以為然，將報告交到中央辦公廳，請它轉交毛主席。毛澤東看完報告後批示「寫得很好，值得一看」，下令轉發即將舉行的一次工作會的與會人。[22] 胡耀邦的這篇報告未必造成多大影響，但他的支持顯然讓毛澤東很開心。

胡耀邦後來為當年沒冒著丟官風險、支持農戶責任制一事悔恨不已。毛澤東與中央委員會在一九六二年禁止農戶責任制，還懲罰了許多倡導這種作法的安徽官員。二十年後，胡耀邦回到安徽，向他在一九六一年視察旅途中見到的一些幹部致歉，承認他們是對的，而自己當年卻幫著把農村政策引向一條死路。[23]

北京的七千人大會

一九六一年十一月，中央辦公廳通知所有縣第一書記級別的共產黨幹部，要他們在一九六二年一月八日以前抵達北京，出席「中央委員會擴大工作會議」。之所以召開這次會議，是因為鄧小平對中國一九六二年糧食的情勢感到擔心，不知道生產目標能否實現。毛澤東隨即建議召開中央委員會工作會議，不僅可統一有關糧產的思考，還能對大躍進作一次初步評估。毛澤東建議將會議擴大，納入黨中央各部、中央各部會以及重要廠、礦負責人。中共就這樣開了歷年來最大規模的中央委員會，共有七千一百一十八名幹部與會。由於毛澤東正在外地視察，劉少奇也趁歲末在廣州休養，大會計畫與籌備工作主要由鄧小平負責。由於北京缺糧少米，鄧小平建議與會人自備米和肉與會。[24]

從一月十一日到二月七日舉行的大會，雖說在食物餐飲上限制頗嚴，但仍為與會者提供晚間餘興。這次會議以如何餵飽六億中國人為討論重心，過程時而劍拔弩張，時而充滿憤怒。大會第一階段的主要工作是準備一份有關整體情勢的報告，以「統一了解」。毛澤東任命以劉少奇為首的報告起草小組，要求他們就過去三年的「主要矛盾」達成協議，在起草流程結束時在全會中提出口頭報告。[25]一月二十七日，劉少奇提出三小時的口頭報告。他是否在提出報告以前先與毛協商就不得而知了，但這篇報告讓與會代表和毛澤東聽得錯愕不已。

毛澤東常愛用「一個指頭與九個指頭的關係」來比喻大躍進的缺點與成績。劉少奇在報告中引用這個比喻說，「過去我們經常把缺點、錯誤和成績，比之於一個指頭與九個指頭的關係。現在可能不能到處這樣套。可能已經是三個指頭與七個指頭的關係。在一些地區，缺點與錯誤還不只三個指頭……我去湖南鄉下〔劉少奇是湖南人〕，農民說那是『三分天災，七分人禍』。如果你不承認，大家不會接受。」劉少奇在結論中說，總路線、大躍進與人民公社等「三面紅旗」的政策方針雖完全正確，但他警告總路線出現「執行上的偏差」；對大躍進的解釋「也有一些片面性」；雖然人民公社「有前途，但搞得太急，未經過典型試驗就全面推開」。[26]

劉少奇這篇演說贏得歷久不衰的滿堂彩。毛澤東事後說，當時他已經知道「修正主義想推翻我們」。在一九六二年，所謂「修正主義」一般是指親蘇聯共黨與蘇共頭子赫魯雪夫的思想。赫魯雪夫極力批判毛澤東、中國共產黨與大躍進，雙方甚至因此鬧到斷絕黨對黨關係，莫斯科撤出派駐中國的經濟顧問。毛澤東也痛批赫魯雪夫是「修正主義」，不是馬克思理論正統。他後來直指劉少奇是「中國的赫魯雪夫」，是一名「修正主義者」。[27]

毛澤東安排林彪一月二十九日在全會中致詞。[29] 林彪個頭毫不起眼，面容蒼白憔悴，全無演說家的樣子。兩年來他大部分的時間都因養病而不在北京。但在這一刻，擁有解放軍兵權後盾、對毛死忠的林彪，正是毛澤東最需要的幫手。林彪一上場，立即著手清除劉少奇演說所造成的損害。他說，三面紅旗完全正確，「是中國革命發展中的創造，人民的創造，黨的創造」。林彪說，「在困難時期，我們更應倚賴、相信黨的領導和毛主席的領導，這樣才能更輕鬆地克服困難。而事實證明這些困難……正是因為我們沒有遵照毛主席指示、沒有留神毛主席警告、沒有根據毛主席思想行事而造成的。如果我們聽毛主席的話，了解毛主席的精神，我們繞的遠路會少得多，今天的困難也會小得多。」主持會議的毛聽完這番話自然龍顏大悅，大大誇獎林彪，要手下將林彪這篇講詞發到全黨傳閱。[28]

第二天毛澤東親自上台，以閒話、詼諧的方式發表了一篇溫和得出奇的演說。甚至他還在演說中做了毛式「檢討」：「凡是中央犯的錯誤，直接的歸我負責，間接的我也有份，因為我是主席……我不是要別人推卸責任……但是第一個負責的應當是我。」[29]

在簡短的自我批判之後，毛澤東立即把矛頭轉向與會第一書記，要他們為他們犯下的錯負責。他甚至要求將會議延長到春節過後，讓與會代表都能發洩怨氣。這個「出氣會」階段不過持續了幾天，毛澤東就發現情況不妙，因為許多縣委書記開始大吐苦水，將不合理的農產指標、浪費人力物力的煉鋼與灌溉項目、以及公社食堂等北京下令實施的種種政策歸咎於高層。[30]毛澤東告訴他的醫生李志綏，這樣的會議是浪費時間：「他們白天出氣，晚上看戲。一日三餐吃飽喝足，然後放屁。這就是他們心目中的馬列主義。」[31]春節過後第二天，二月七日，會議休會，代表們打道回府。

胡耀邦出席了這次七千人大會，不過他在會中的活動或有關他的事蹟並無詳細記錄。他曾邀請幾名代表到家中作客，詢問有關曾希聖所遭到的批判——曾希聖隱瞞死亡人數，以不實消息誤導前往江西視察的黨領導人。大會結束後，代表們留下來批判曾希聖。曾希聖於二月初遭劉少奇免職。不過，胡耀邦沒有參與這些會議。[32]

毛澤東—劉少奇之爭

雖然瀰漫一派可喜的「民主」氛圍，七千人大會其實一無所成。會中沒有採取重大政策或人事變革，「三面紅旗」繼續，沒有追究「非正常死亡」的罪責，自我批判很快被人忘卻，並沒有重要人物去職。毛澤東離開北京幾個月，將日常工作交給劉少奇負責，不過所有重要的決策仍需毛批准。

毛澤東乘專列南行後，劉少奇運用政治特權召開領導會議。他在二月二十一到二十三日舉行政治局常會，討論一九六二年政府預算與其他經濟政策議題。毛澤東與林彪沒有出席，但劉少奇、周恩來、朱德、鄧小平與陳雲等其他五常委都參加了會議。陳雲原本一直以心臟病為由在杭州休養，但他之所以隱身杭州，更可能的理由是他對大躍進政策有異議。而劉少奇特別要求他就中國經濟問題提出報告。

陳雲的報告直言不諱，一開始就列舉五十億元的預算赤字、農業減產、（水利工程等）資本建設過度投資、通膨嚴重、經濟重大失衡、以及城市人口過多、生活水準差等問題，指出「當前情勢艱難」。[33]陳雲建議以十年為期，放緩、調整經濟腳步，減少工業生產與資本建設，抑制通膨，增加糧產，改善生活標準，並重組中央計畫體制。劉少奇對陳雲的報告表示支持，指責七千人大會沒有徹底暴露問題。[34]

劉少奇授權陳雲在國務院提出這份報告，報告中實事求是的精神獲得國務院熱烈的迴響。但在報告向下轉發以前，劉少奇、周恩來與鄧小平於三月中旬前往武漢，面見毛澤東，請毛批准。劉少奇建議恢復中央財經領導小組，以陳雲為首，協調經濟重建工作。毛澤東未置可否。劉少奇趁毛不在北京，轉發陳雲的構想，開始「退出」大躍進的政策。禁止農戶承包是他要改變的一個政策。劉少奇告訴同僚，「我們必須退得夠。分田單幹不好說，但包產到戶還是可以的。」[35]

但「包產到戶」議題問題很大，它惹惱毛澤東，因為它代表億萬農民反對毛的農業集體化計畫。三月中旬，毛澤東派遣秘書田家英與一組農村工作專家前往湖南，了解怎麼做才能重建農產。田家英一行人聽到農民與低層幹部對包產到戶讚不絕口。農民一再強調，包產到戶幫他們從大躍進的壞政策中恢復，比公社與生產隊好得多。[36]

當田家英一行人來到上海，向毛提出報告此行見聞時，毛澤東大發雷霆。他告訴田家英，「我們走群眾路線，但有時不能全聽群眾。實施農戶責任制就是不能聽的例子。」當七月初毛澤東返回北京時，陳雲要求面見，簡報經濟調整方案。長久以來毛澤東一直指責陳雲「右傾」，但也承認陳雲對經濟議題的影響力。陳雲告訴毛澤東，現在約百分之三十的中國農村地區採行農戶責任制。這番話讓毛澤東更加怒火中燒。[37]

七月八日，毛澤東將劉少奇、周恩來、鄧小平、田家英與另一名秘書陳伯達召到中南海一間辦公室，說明他的觀點。他直截了當告訴他們，他不同意包產到戶、畫分公社田交由農戶承包的作法。他下令自七月中旬起舉行中央委員會工作會議，討論農村議題。[38]陳雲或許察覺風向有變，便提出正式離休請求，悄悄返回杭州養病。

毛澤東紀事錄顯示，他與劉少奇在七月十日會了一次面，但沒有說明兩人談些什麼。幾年後，劉少奇妻子將這次會談的內容轉告自己兒子。她的轉述細節或許並不精確，內容也無疑有些偏頗，但比對之後發生的事，她的話似乎可信。當劉少奇依約到來時，毛澤東正在中南海室內泳池游泳。毛澤東對劉少奇咆哮，「你急什麼？壓不住陣腳了？為什麼不頂住？」劉少奇很尷尬，只得退入接待室，等毛更衣。兩人終於坐下討論，但很快發生爭執。毛澤東說，田家英與陳雲在劉少奇支持下，不斷向他推銷包產到戶，而且劉少奇急著放棄大躍進政策，這一切都令他生氣。毛澤東怒斥劉少奇，「你否定三面紅旗，土地都分了，你卻不頂回去！要是我死了，又會怎樣？」劉少奇也不甘示弱，答道，「餓死這麼多人，歷史要寫上你我的，人相食，要上書的（譯按：發生人吃人的慘劇，歷史會留下記錄）！」最後兩人都平下心情，毛澤東同意繼續調整經濟腳步。[39]不過兩人之間已結下樑子。

第二天，中央辦公廳宣布將於七月二十五日在北戴河舉行農業議題工作會。毛澤東親自訂定議程、規定與會人選，聽取農業簡報，並組織分組討論、要核心小組準備後續會議文件，為準備這次工作會議下足了功夫。在八月六日的大會演說中，毛澤東大談階級關係、持續進步、農業以及專政的需求，與劉少奇在三月間那次「西樓會議」表達的主要觀點截然不同。[40]之後，毛澤東讓這次會議持續了近兩個月，先在北戴河，接著在北京舉行八屆十中全會「預備會」。他使出渾身解數，強調其他人的觀點都太悲觀，大家應該聽他警告並提防階級鬥爭死灰復燃。[41]

九月二十四到二十七日召開的十中全會，是毛澤東這項操作的高潮。經過精心策劃的十中全會，是毛澤東的一項政治大勝。他首先在會中發表強而有力的演說，強調中國近幾年的整體情勢確實不好，但現在情況正在改善。他談到國際共產集團的解體、馬列政黨的修正主義，也談到中國共

一九六四年毛澤東與劉少奇合影。這時兩人雖仍然合作，但關係已經無法修復，最後打碎了中國共產黨的集體領導。後來劉少奇在文革期間死於獄中。（圖片來源：Wikimedia Commons）

產黨如今主要奮鬥的目標是「馬列主義與修正主義之間的鬥爭」。他說，在一個社會主義國家，「階級肯定長期存在。我們必須承認階級與階級鬥爭，反動階級可能復辟……所以我們從現在起，就必須年年講，月月講，天天講……必須開一次會就講一次。」[42]

十中全會通過決議，指控坦言大躍進政策失誤的人「攪動一股黑風」，指控支持「包產到戶」的人「走了資本主義道路」。這次全會的主要口號是「千萬不要忘記階級鬥爭」——毛澤東利用這句口號作為他之後幾場政治運動的基礎。[43]

毛澤東還利用這次會議做了一些重要的人事調整，在鄧小平的中央書記處添加三名新書記：陸定一負責監督宣傳工作，時任總參謀長的羅瑞卿負責處理軍務，延安時期的中央社會部部長康生則隨時奉毛的指示行事。一九六二年夏，康生策劃對副總理習仲勛（習近平之父）發動批判，指習仲勛支持發行一本推崇劉志丹的小說。劉志丹在陝北的共產黨基地是長征的目的地。康生指控習仲勛是包括高崗與彭德懷在內的「反黨集團」的一員。

十中全會在結束時通過決議，成立以康生為首的「習仲勛專案調查委員會」。[44] 大會對彭德懷（彭曾要求重新考慮對他的懲罰），與鄧子恢（鄧曾帶頭採用農戶責任制）也成立類似「專案調查委員會」。成立具法外特權的「專案委員會」來進行調查的先例就此確立。

十中全會是毛澤東的盛大的政治勝利，也是劉少奇的挫敗。劉少奇的地位與聲望依舊，但他在二月鼓吹以實事求是手段重建經濟的政策被廢除了。農民以創意的作法匡正大躍進的錯誤，卻被指為異端邪說，而鼓吹這些創意的人也遭到嚴懲。十中全會的精神——階級鬥爭作為指導原則——成為解決黨內外一切矛盾的利器。

回到湖南老家

胡耀邦於一九三〇年十一月離開湖南老家，投身革命，時年十四歲。三十二年後，他以湖南湘潭市委臨時第一書記的身分重返老家。這是一項臨時派任，在中共級別結構中，比他當時擔任的共青團第一書記低了一級。官方聲明顯示，胡耀邦仍保有共青團第一書記職銜，也仍在儀式與計畫活動中代表共青團，但共青團日常的管理工作則由他的主要副手胡克實與其他共青團書記負責。[45]

一九六二年五月，中央書記處呼籲高級官員志願到下級單位，視察經濟復甦，並強化地方黨委的領導。胡耀邦是第一波響應這項呼籲的高官，不過在提出申請六個月後，他才終於獲准以湘潭市委第一書記的身分下鄉。而在這段期間，隨著毛澤東與劉少奇之間的權鬥轉烈，政治情勢也有了變化。七月中旬，劉少奇召集等候臨時派任的幹部開會，為他們的責任訂定優先順位。他向幹部們提出五項任務要求，首先要加強地方黨委領導，其次是執行中央政策、誠實報告地方情勢、以及糾正地方幹部錯誤的工作風格，最後裁示增加經濟生產。[46]但在出席從八月開到九月、波濤洶湧的十中全會，特別是在毛澤東喊出「千萬不要忘記階級鬥爭」的口號之後，胡耀邦擔心黨的農村政策會更加偏離正軌。[47]胡耀邦的下到湘潭並非隨意任選的結果。不僅他的老家，毛澤東、彭德懷及其他許多黨、軍著名領導人的老家都在湘潭。一九五九年彭德懷視察湘潭老家以及劉少奇的視察寧鄉（位於湘潭附近）老家，都對毛澤東的政策與權威構成嚴厲的挑戰。雖然沒有證據證明毛澤東刻意選派胡耀邦往訪湘潭，但胡耀邦此行必須經過毛澤東與劉少奇兩人批准，此行成果也得提交兩人審批。

當時湘潭是個大型地理區，有十個縣，面積從洞庭湖（長江洪泛區）延伸到湖南東南、江西省界（當年胡耀邦就是從老家逃入江西參加革命）。湘潭全境約百分之七十為山區，可耕面積只佔百分之二十，仍是所謂「魚米之鄉」。在大躍進期間，湘潭的農產跌到一九四九年的水準。儘管不像安徽與四川那樣氾濫成災，但有關營養不良、缺糧、人口外逃與餓死人的耳語傳言甚囂塵上。一九六二年底，湘潭情況已有改善，但孤兒、衣不蔽體的民眾、搖搖欲墜的房舍建築、年久失修的道路與水庫以及其他種種貧苦跡象仍然無所不在，令胡耀邦不忍卒睹。

胡耀邦僅僅帶著一名秘書、一名警衛員，沒有家人陪同，於十一月來到湘潭，展開他料想將持續兩年的視察工作。他很快就與他將取代的華國鋒混熟了。高大、冷靜、為人誠懇的華國鋒自一九四九年以來就在湖南工作，由於將毛澤東的家鄉韶山管理得很好，頗獲毛的青睞。

華國鋒自願退居湘潭第二書記，繼續處理日常行政工作，讓胡耀邦專心投入現地考察、中央政策執行的監督、以及向北京匯報經濟重建與思想工作。[48] 華國鋒開誠布公地向胡耀邦簡報湘潭情勢。大躍進不僅損及糧食生產、破壞山區林木，還重創了黨幹部與一般農民間的關係。許多官員欺壓農民，以暴力、強制手段沒收農民烹飪工具，強迫農民進公社食堂用餐，不讓農民耕作自己的田地。

在北京改變政策後，這些幹部都成了農民譴責、唾棄的對象。華國鋒說，湘潭黨官們為此都很氣憤、沮喪。由於權威掃地，黨官們不是與農民爭執不休，就是乾脆放棄，讓農民耕作承包的公社田。這種作法使農產恢復了一些，但許多家庭仍然沒有米糧。[49]

胡耀邦與華國鋒展開對湘潭所有十個縣的旋風式視察。胡耀邦親力親為，閱讀每個縣的歷史，了解其生產、公共設施、副業、畜牧業、漁業等。他與地方官員詳細討論，不斷與農民直接溝通。

他能說方言，沒有那種官腔官調，說起話來又談笑風生，這使他很容易就能取得他要的情資。為了與草根幹部與農民直接對話，他經常遣走他的官派保鑣和警衛。他知道必須盡可能讓每個人全力投入、重建糧產，他也告訴山區居民，要他們多種植冷杉、油桐、竹、茶樹、水果與山茶，並開墾閒置的荒地，進行包產到戶生產。[50]

在視察縣城黨部時，一般他都會發表演說，討論整體情勢，說明官員需要做到的事項。他要傳遞的主要訊息就是樂觀進取。胡耀邦語調高亢，咬字清楚而有力，是活力四射的演說家。他經常與在場群眾互動、問問題、背誦詩句、說笑話。但他也會板著臉，非常嚴肅地要求地方幹部注意中央的政策，糾正過往的錯誤，研讀毛主席教條。許多年後，人們還記得當年如何戰戰兢兢、聽胡耀邦訓話。[51]

一九六三年一月底，胡耀邦終於來到他出生地瀏陽縣。他在文家（他在這裡上學）停留了幾天，會晤老友與老師，查看當地一貧如洗的慘況。那是一次令人絕望的經驗。三十年來，幾乎沒有一件事變得好，許多事還比過去更糟。他徒步來到老家所在的蒼坊村（當地仍然沒有鋪石路面），住了兩天之後離開。在這兩天間，胡耀邦對哥哥胡耀福的作為表示不滿。胡耀福將公社資產據為己有（胡耀邦逼他歸還）。胡耀邦對妹夫也頗有微詞，因為他妹夫不斷抱怨錢不夠花，卻任由子女遊手好閒、不務正業，成天吸菸鬼混。

胡耀邦在老家訪問的同時，毛澤東在北京舉行中央委員會工作會，以發起一場貫徹十中全會的政治運動。劉少奇在會中提出以「反對與阻止修正主義」為重點的工作報告，但毛澤東不斷打斷他的報告，說黨應該更注意本身的修正主義問題，而想做到這一點，唯一的途徑就是發動一場「社會主義教育」運動。[52]

毛澤東在一九六三年三、四月間視察了幾個南部省份，對於他的「社會主義教育」運動只獲得不慍不火的反響很不高興。五月間他又在杭州開了一次「部分政治局常委與區域書記與會的小型會議」。[53]毛澤東在會中做了幾次講話，強調國內情勢嚴峻。他說，若不搞階級鬥爭，「地主、富農、反革命和壞份子、各種妖魔鬼怪都會現形」，破壞元氣大喪的共產黨，只消幾年，「全國性反革命將復辟，我黨將淪為修正主義政黨……法西斯政黨，整個國家將變色」。[54]

胡耀邦也莫名其妙地出席了這次杭州小型會。[55]無論以他的共青團、或以湘潭書記的身分，他都不夠格出席這樣的高層會議。或許只是機緣巧合，他在五月初陪同一個阿爾巴尼亞青年訪問團訪問毛澤東，也或許因為他在一九六一年的報告中批判包產到戶，讓毛決定邀他與會。[56]總之胡耀邦參加了這次小型會議，不過沒有任何記錄顯示他在會中說了什麼，或他對毛在會中的講話有何反應。

杭州會議修訂了早先黨的鄉村工作指導原則，強調階級才是當前問題的源頭，農民必須帶頭運動，從腐敗的草根生產隊中剷除階級敵人。換句話說，以高壓的鬥爭大會對付低階幹部、隨意貼上思想標籤、強迫取供、羅織罪名、以及私刑懲罰的往事又回來了。胡耀邦曾經目睹這一切。杭州會議結束後，他前往武漢，協助他在延安時期的「拜把」、時任中南局第一書記的陶鑄，向來自廣東、廣西、河南、湖北、湖南與江西的省黨委書記宣講杭州會議的精神。之後，胡耀邦回到湖南，向省與湘潭地區幹部做類似的講述。[57]

胡耀邦發現他在湘潭最初幾個月的工作與毛主席的要求相違背，他重建生產的成果也未獲重視，這讓他很尷尬。在如何解決幹部不求表現、各地流行包產到戶的問題上，湖南省委其他幹部，特別是第一書記張平化與第二書記王延春，過去一直主張採取更暴力、對抗的作法。胡耀邦在會中解釋，「我不記得主席在十中全會有關階級關係與階級鬥爭的指示……為了做好工作，我不僅樂意向中央，同時也向平化與延春以及其他同志學習。」[58]

不過，胡耀邦並不完全同意他們或毛澤東的社會主義教育運動的作法。他不願對受盡折磨的草根幹部施加更多懲罰。他完全接受所謂的「四清」——清理生產隊領導人在帳目、倉庫、財務與工分的貪腐行為——的必要。但他主張避免言行暴力，採取較包容、較有教育性的作法，即所謂「四個調查和四個幫助」。

接著他得返回瀏陽，協助處理嚴重的旱情。他針對早先在一個縣實施的比「四清」寬大的作法，提出一篇初步報告，但這篇報告在湘潭與長沙遭到嚴厲的批判。胡耀邦筋疲力竭備感沮喪；他的健康情況在八月間惡化，湘潭黨委建議他休息。胡耀邦就這樣成了毛澤東剛落成的韶山別墅的第一名官方賓客，但他只在這棟華廈停留幾天，大部分的時間都在寫他在縣裡推動「四清」的經驗報告。[59]

接下來四個月，有關胡耀邦活動的記錄很少。他似乎把大部分的時間花在草根階層調查上，他要表達的主要訊息仍是恢復糧產、對抗乾旱。或許他用較多時間休養身體。湖南省委已經在積極推動「四清」，但胡耀邦沒有參與，開不完的省委會議上都不見他的身影。

十一月，胡耀邦重拾共青團的工作，負責審核預定在一九六四年六月共青團全國代表大會上提出的工作報告草案。胡耀邦不滿這份報告，於是幾名報告起草小組成員在十二月來到湖南，與他一起工作。一九六四年二月，胡耀邦回到北京，向鄧小平的中央書記處提交報告草案，請求批准。[60]草案又做了進一步修改，胡耀邦也因此留在北京。

除了一九六四年四月再次赴湘潭視察之外，胡耀邦在湖南的逗留突然結束，比預期短了幾個月。有關他的職涯記錄並未對此做任何解釋，只說他對於未能完成在湘潭的工作感到遺憾。[61]

毛澤東與劉少奇之爭讓胡耀邦得面對許多益形惡化的共青團問題。儘管開玩笑說自己已近四十九歲，卻仍在主持青年與孩子的事務，他顯然很沮喪。在共青團這次全國代表大會舉行以前，胡耀邦曾求見毛澤東，要求辭職由他人取代，但毛要他留任。於是胡耀邦繼續奮戰，籌備六月間的第九屆共青團會議。除林彪外，所有政治局常委都出席了開幕式，會議進行得很順利。七月初，共青團中央委員會選胡耀邦連任第一書記。但他仍然表明自己去意。[62]

胡耀邦一定在回到北京後不久就知道兩年來毛澤東與劉少奇之爭急遽升溫。自杭州會議以來，社會主義教育運動一直搖擺不定。[63]在最初幾個月，許多省成立種子項目，省領導派出工作組，指導各地公社與生產隊領導隊伍進行重組。這些工作往往在暴力脅迫的手段下完成，成千上萬的人被打、被逼供，草根單位的自殺事件層出不窮。一九六三年九月與十月，黨中央備妥兩套各不相關的社會主義教育運動的指導文件，一套來自當時正在旅行的毛澤東，另一套則來自留在北京的劉少奇與鄧小平。相關指示終於以一個新名目下傳到較低層黨組，造成更多混亂。[64]

一九六四年冬，劉少奇全力打擊鄉村與城市較低層的貪腐，在指導「四清」運動中扮演更積極的角色。區域領導人經常引用毛主席的名言，說「草根階層的領導有三分之一不在我們手裡」。[65]劉少奇認為，真實的比例比三分之一還高，必須立即採取行動，包括在一些地區對佔領較低層黨委會的「資產階級份子」進行「奪權」。反諷意味十足的是，劉少奇變得比毛澤東更左、更沒有耐性。[66] 劉少奇主張由上級派出調查工作組，鎖定縣級與公社級黨幹進行打擊，而毛澤東主張由貧農領導四清，由下而上進行整肅。在中央書記處任命劉少奇主持整個社會主義教育運動之後，毛澤東在一九六四年八月告訴負責區域局的領導人，「我希望地方攻擊中央。我的辦法就是以地方孤立中央。」[67] 毛澤東的首要目標成為「走資本主義道路的當權派」，之後簡稱為「走資派」。他在華南、華中各處旅行，爭取區域局書記的支持。[68]

最重要的是，毛澤東開始依賴國防部長林彪的支持。這時林彪正在積極推動對毛的個人崇拜。早自一九六一年每天在《解放軍報》刊登《毛主席語錄》起，林彪一直利用政治訓練教材與軍媒吹捧毛澤東，說毛是不世出的天才，毛的一切絕對正確，這項造神運動到文化大革命期間達到頂峰。一九六四年五月，解放軍總政治部發行手冊，登錄有關毛主席三十個題目的兩百句話，要解放軍士兵人手一冊，在上政治課時背誦。沒隔多久，解放軍出版社開始擴大發行，將手冊推廣到全國各地。這本日後人稱「小紅書」的毛語錄最後共印了十億多冊，發行地區除中國外，還遍及世界各地。

陝西兩百天

一九六四年十一月十六日，陝西黨委第一書記張德生傳話給中央書記處，說自己因病無法視事，要求解職。總書記鄧小平立即建議胡耀邦接任，黨中央隨即批准。[69] 在接下來的一年六個月間，胡耀邦儘管置身邊陲的陝西，毛澤東與劉少奇之爭的升高，卻成為影響他的健康與職涯的主要因素。胡耀邦的女兒寫到，或許由於胡耀邦與西北局（控有陝西與其他四個省）第一書記劉瀾濤的政治立場與個人風格不同，胡耀邦對於出任陝西第一書記與中央西北局第三書記這件事「有些疑慮」。[100] 劉瀾濤在一九五〇年代中期曾經是中央書記處書記，負責督導共青團，並在一九五七年負責共青團的反右整風。他曾在一九五六年因胡耀邦不肯接受中央委員提名而斥責胡耀邦。但更重要的是，在一九六四年毛澤東與劉少奇之爭的戰場上，胡耀邦與劉瀾濤兩人處於對立面。劉瀾濤是劉少奇的多年舊部，而胡耀邦的仕途則仰仗毛澤東。

在前往陝西赴任以前，胡耀邦先做了家庭作業，對陝西省的慘狀有相當了解。早在胡耀邦於一九三五年隨著長征隊伍第一次踏上陝西時，陝西就是一孤立、貧窮、塵土飛揚之地，而且幾十年來一切似乎未見改善。與其他省份相形之下，對陝西這樣一個總是在生存邊緣苟延殘喘的地方，大躍進造成的傷害雖沒那麼大，但仍是一項重創。在一九五六與一九六四年間，陝西糧產減少百分之二十三，農作物產量比西藏還差。荒漠化重創陝北大片地區，而北京幾乎排他性的獨重穀物生產的政策，也導致農業資源的普遍濫用。基礎設施腐壞，道路與橋梁年久失修，省境沒有任何大型工業。缺乏師資影響教育，文盲率估計在百分之四十三以上。[71]

但最嚴重的問題是政治。過度熱心地實施令人困惑的社會主義教育政策，加上對「反黨集團」支持者的莫名其妙的追緝，在陝西造成一種讓人窒息的政治氛圍。由於陝西黨委書記們不但在彼此之間，還與西北局公然爭執，鄧小平告訴胡耀邦，到陝西履新後第一要務就是讓領導層團結。在一九六四年「四清」運動期間，無論就黨幹部接受調查的人數（超過一萬五千人），或在被捕入獄人數（超過一萬一千人）——平均每天逮捕三十多人——兩項數字上，陝西都位居全國之冠。三千多名幹部被逐出黨，六百多人被殺，其中許多人被迫自殺。[72]劉瀾濤曾在「彭（德懷）－高（崗）－習（仲勛）反黨集團」案的調查中負責協助康生，唯恐逮捕的人過少。[73]

當胡耀邦奉命出任陝西第一書記時，身為黨中央辦公廳主任的楊尚昆正在陝西偏鄉進行調查，他建議胡耀邦在上任第一年盡可能少說話。胡耀邦於十二月一日抵達西安「西北局」總部報到，劉瀾濤建議他在西北局提供的住房安身，不要住陝西黨委的賓館。劉瀾濤解釋，因為陝西黨委有「派系問題」。[74]但胡耀邦答道，他的首要職責既是陝西第一書記，在工作地點附近住下來當然比較方便。此外，除了出席重要會議以外，他要求免去他大多數西北局職責。劉瀾濤同意了。胡耀邦就這樣給劉瀾濤碰了軟釘子，兩人關係之後也越來越僵。

來到陝西後最初幾天，胡耀邦不斷與省黨委同事們簡報，隨即投入西北局就社會主義教育運動而進行的冗長會議。一般情況下，在開完這些會議後，他會在陝西進行一次「入門」視察，不過他已經接到通知，知道中央委員會將於十二月十五日在北京舉行工作會，之後還要舉行「人大」會議，而這兩場會議他都必須參加。但他還是派了帶在身邊的兩名共青團秘書到附近偏鄉查訪。像在湘潭一樣，胡耀邦仍保有共青團職位與官銜，不過鄧小平給了他指示，要他把百分之八十的時間花在陝西事務上。胡耀邦這一次到陝西，家人同樣沒有隨行，都留在他在北京的共青團住處。

這次中央委員會工作會議由於將毛澤東與劉少奇兩人間的爭議表面化而變得特別重要。在劉少奇於工作會開幕式致詞時，毛澤東頻頻在一旁酸言酸語。在整個工作會與之後的政治局擴大會議中，兩人持續針鋒相對，不過中國史學者一般將兩人的衝突視為思想與程序之爭。劉少奇認為，「主要矛盾」在於貪官汙吏，以及他們在草根階層的地主／富農支持者，而毛澤東則主張攻擊「走資派」。毛澤東沒有指名道姓，但他的攻擊矛頭越來越明顯：劉少奇、鄧小平、以及其他毛澤東認為刻意將毛擋在門外的高級經濟官員。[75]

毛澤東因嫉而恨，對劉少奇的態度越來越狠。根據中央黨校史學者羅平漢的說法，在十一月底的一次會議中，毛澤東大發牢騷，挖苦劉少奇說，「還是少奇掛帥，四清……經濟工作統統由你管。他們不聽我的，但你厲害，你就掛帥，你抓〔鄧〕小平、總理」。[76]

一九六四年十二月二十六日，毛澤東七十一歲生日那天，兩人間的爭議來到轉捩點。毛過去不讓人為他慶生，但這次他讓江青與他的保鑣汪東興在人民大會堂宴會廳辦了一場小型慶生會。毛自掏腰包，指名約四十人宴客名單與座位排序。與毛同桌的都不是中央委員，包括幾名群眾組織代表、一名他欣賞的軍頭、還有區域黨委書記陶鑄與陶妻曾志。劉少奇、鄧小平、周恩來與幾名區域局書記等其他重要領導人都坐在旁桌。朱德與林彪未獲邀。北京黨委頭子彭真也不在場。但胡耀邦出席了這次慶生會，是所有來賓中階級最低的。顯然他的出席經過毛澤東授意。[77]

根據曾志事後描述，這場宴會完全不真實。毛澤東喋喋不休，一邊大吃大喝，一邊以輕蔑言語或歷史典故明嘲暗諷，雖沒有指名道姓，但話鋒顯然對準劉少奇而來。毛澤東說，有了一些小小成就就「把尾巴翹上了天」，搞「獨立王國」，不再像過去那樣向他報告。在開始用餐後不久，宴會廳安靜了下來，大家都在努力解讀毛主席的「話中話」。曾志寫道：「那天晚上根本沒有生日的氣氛，每個人都緊張兮兮，迷迷糊糊，主席怎麼了？廳裡幾乎沒有聲音，只有一片寂靜，大家都戰戰兢兢，聽著主席坐在那裡又笑又罵，我們連想都不敢想。」[78]

中央委員會工作會議於十二月二十八日結束，通過十七條針對社會主義教育運動新指示。這些指示談到當前主要問題的性質、目標與應對方法，內容大多與劉少奇的作法一致。毛澤東所堅持的對「資本主義當權派」的攻擊納入最後一條。儘管兩人歧見依舊，中央書記處通過經修訂的「十七條」，轉發下級黨組。

三天後，毛澤東下令停止轉發十七條，銷毀所有的副本。他與他的秘書陳伯達改寫整份文件，否定文件中一切附和劉少奇主張的部分，將有關資本主義當權派與「社會主義對抗資本主義」的作法擺到第一位。[79] 一九六五年一月三日，就在劉少奇經人代會票選、連任國家主席當天，毛澤東在中南海舉行政治局擴大會議，貶損劉少奇在社會主義教育運動的領導地位，說劉少奇派遣大批工作組的建議是「人海戰術」。[80] 一月十四日，黨發表毛澤東的新指導原則，現在叫做「二十三條」。毛澤東又「掛帥」了，而劉少奇一舉一動都在毛的監控中。毛主席在一九七〇年告訴來訪的美國記者愛德加·史諾（Edgar Snow），他在一九六五年一月進行有關「二十三條」的辯論時，已經決定拿下劉少奇。[81]

由於毛劉之爭成為這次工作會議眾人矚目的焦點，胡耀邦與劉瀾濤在會中大不相同的表述反而沒有人注意。劉瀾濤在十二月十七日發表的一篇講話中說，西北局轄下五省全境幾乎有半數的縣已經失控，如今黨在這五省的主要重點工作就是「奪權」。劉瀾濤說，西北局三百二十八個縣級黨委中，有一百四十九個黨委領導班子已經「腐爛，大體腐爛，或有嚴重問題」。[82]

一週後，胡耀邦就陝西情勢發表長篇報告，並在報告中提出與劉瀾濤式強硬作法大不相同的觀點。他說，「陝西省已經整肅了六百六十名全職幹部。這相當草率。我們如果不能耐心耐性，犯錯自然難免。」他又說，不讓犯錯幹部有悔過機會，「也是一項政策錯誤」。在談到報告核心議題時，胡耀邦說，他「每天都在算計著如何增產」。他主張鼓舞農民與幹部的生產熱誠，更重要的是，他主張用化學肥料與多元農耕的作法。[83]

胡耀邦於一九六五年一月十七日回到西安，卯足了勁投入工作。在日後一次訪談中，楊尚昆說，胡耀邦或許認為他的觀點與「二十三條」吻合，但他在展現「二十三條」的過程中做得不夠謹慎，對西北局的觀點的注意也不夠。[84] 胡耀邦在回到西安後，召開陝西省黨委會，提出「二十三條」摘要，以及他本人針對陝西社會主義教育運動「偏左」的問題提出糾正解方。他主張以「三個暫停」——捕人暫停、「雙開」暫停、面上奪權暫停——為行動開端。他在黨委會中強調，黨的宗旨不是要懲罰人民，而是要教育、改造人民。他主張諄諄教誨，寬大包容，反對批判、懲罰，並強調思想指導，但也容忍不同意見。為他立傳的人承認，胡耀邦的觀點未能獲得黨委會的一致支持。[85]

農曆新年過後，胡耀邦率領陝西省委出巡。他帶領幾名幕僚分乘兩輛吉普車前往四川省界附近的安康市。從二月五日到十二日，他視察了七個縣，觀察農業狀況，與幹部與普通農民聊天，針對各式問題提出解決辦法，一切以增加農產的需求為重心。他主張農業多元化，建議採取「兩手抓」政策，也就是一手抓糧食，一手抓多種經營。在關中地區，主要是一手抓糧食，一手抓棉花；在陝南地區，主要是一手抓糧食，一手抓山貨土特產；在陝北地區，主要是一手抓糧食，一手抓造林和畜牧業。[86] 在歷經來自北京不斷變化的政治指示，與陝西黨官之間「你死我活」式的惡鬥來回拉鋸的摧殘下，許多草根幹部對他的建議遲疑不前。

二月十四日，仍在安康市的胡耀邦提出一套有關幹部培訓的政策處方，並於凌晨二時用電話報到西安，並令西安方面將報告轉交西北局總部。胡耀邦後來鼓吹的許多理念，都出現在這份後來人稱「電話通訊」的文件中。這份文件強力反對劉少奇在全國、劉瀾濤在西北局鼓吹的極左作法。胡耀邦在文件中強調民粹主義、聚焦生產、容忍與開放——這些建議未必與毛澤東思想唱和，但它們走在時代前方，或許太超前了。沒隔多久，胡耀邦就被扣上異端邪說的帽子。[87]

胡耀邦主張以寬容對待幹部，提出所謂「四個一律」，即：⑴凡屬被處分過重的幹部，應該一律減輕刑罰；⑵凡屬停職、撤銷工作但尚未處理的幹部，一律先放回工作崗位，等待問題查清再做結論；⑶凡屬曾經犯錯、但已經交代過的幹部，只要能搞好生產，一律既往不咎；⑷繼續為惡的幹部一律嚴懲。[88]

二月十四日那天，胡耀邦一早出發，繼續他的視察之旅，但西北局總部下令要他的幾名隨行幕僚立即返回西安做研究。三天後，劉瀾濤打電話給胡耀邦說道，「我把中央和西北局的意見通知你。你的『電話通訊』中提出的四條幹部政策不妥，可能引起翻案風。」[89]胡耀邦否認這種指控，堅持他的作法禁得起考驗。但一場生死攸關的大難即將來到。

劉瀾濤這麼做是經過授權的。根據呂克軍的說法，劉瀾濤一直與陝西的楊尚昆和北京的彭真有聯絡，報告胡耀邦那些引起爭議的說法。[90]胡耀邦要求重新啟用社會主義教育運動中遭到整肅，但已經「悔改，能搞好生產」的幹部，也讓地方領導人感到備受威脅；這其中涉及的問題不僅是糾錯而已。因為這類整肅往往是黨派權鬥的結果，不是法庭根據法律做成的判決，讓遭到整肅的人復職，等於對下令整肅的領導人的否定。這麼做不僅讓領導人權威受損，也使他們淪為被整肅者報復的對象。被劉瀾濤下令整肅的人何止成千上萬，胡耀邦「既往不咎」的政策，也因此成為劉瀾濤首先要打擊的「電話通訊」政策。

當胡耀邦二月二十五日返回西安時，劉瀾濤已經做好發動更多攻擊的準備。他將胡耀邦這些建議電告當時主持書記處的彭真，由彭真轉報毛澤東與劉少奇。毛澤東興趣缺缺，只答了一句「告訴耀邦，要他注意這件事」，但劉少奇卻火上澆油。據說，劉少奇在仔細看完胡耀邦的「電話通訊」後說道，「胡耀邦難道不搞階級鬥爭嗎？怎會忽視階級鬥爭？」[91] 劉瀾濤就用劉少奇這句話大作文章，在一次公開會議中語帶諷刺地問胡耀邦，「你只有兩隻手；如果一手抓糧食，一手抓多種經營，用什麼手來抓階級鬥爭？」[92]

胡耀邦在二月二十七日以書面「檢討」的方式呈交他的第一篇自我批判。在劉瀾濤不斷施壓下，胡耀邦之後又寫了許多篇檢討報告。一般來說，「檢討」的要旨就是迫使人們於大型集會中在長官面前卑躬屈膝。犯錯的人必須承認錯誤，解釋為什麼犯錯，為犯下的錯道歉，然後請求黨的原諒，給予更正的機會。這種書面報告往往會遭接受報告的一方一再拒絕，以強化侮辱效果。誠如沙葉新所言，「一旦你的精神遭到一再反覆折磨，被數不盡的檢討徹底摧殘之後，檢討最終的目標也達成了；這個目標就是迫使你放棄自我，放棄思考，放棄試驗，放棄批判，不再容許絲毫不同的理念或絲毫懷疑；就是要讓你成為一種聽話的工具。」[93]

胡耀邦大難臨頭，面對不斷加劇的壓力，身體狀況也開始惡化。三月初，他不僅得參加開不完的會，還必須不斷出面解釋「電話通訊」的政策，並解釋他在來到西安以後做成的其他決策。他的政策理念遭對手誇大為「資產階級」、「反動」、贊成「物質激勵」。辯方與控方對壘，控方搶佔上風，步步進逼。[94]

西北局在三月七日舉行書記處會議，討論胡耀邦所犯的錯，但沒有要胡耀邦與會。[95] 三月十日，西北局要胡耀邦解釋他的控罪。胡耀邦又準備了一份檢討，還請楊尚昆給予建議。胡耀邦或許認為楊尚昆能說動中央，為自己撐腰。但當時楊尚昆站在鄧小平與劉少奇一邊，勸胡耀邦向劉瀾濤認錯服軟，讓劉瀾濤熄怒。[96]

第二天，西北局又開會檢視胡耀邦的案子。劉瀾濤打定主意，不僅要羞辱、還要整肅胡耀邦。胡耀邦也發表長篇大論，奮力為自己的行動辯駁，但他隻身來到陝西，既無人脈的支援，也沒有建立人脈的時間。早已滿布會中的劉瀾濤心腹隨即對胡耀邦提出各式各樣的指控，包括指控他反對劉少奇。[97]他們就這樣呼口號也似，不斷叫囂怒罵了五天，胡耀邦開始身體發腫，頭痛、背痛到難以忍受，視力與聽力也開始衰退。三月十七日，他病得無法起床，醫生堅持他必須住院。[98]

胡耀邦經診斷患了腦性蛛網膜炎。這是因為保護腦與脊髓的膜急性發炎而引發的病。它能造成慢性病態神經痛，如果不治療就會損及視力與聽力。但儘管在醫院臥床，胡耀邦仍然絞盡腦汁寫檢討，想在悔過與抗拒中找出適當的平衡，站穩自己立場。他用五天的時間寫了一封四千字的信給劉瀾濤，並在結尾寫道，「在西北局的呼籲與協助下，我現在決定以革命同志應有的高姿態更正我的錯誤。」[99]在胡耀邦住院期間，西北局仍然每天舉行批判他的會議。

在三月三十一日的一次會議上，楊尚昆說，胡耀邦在來到陝西時用意是好的，但由於急著想提高陝西農產，他的想法「有片面性，有搖擺」，他「錯誤地認為自己原來的想法是正確的，是符合『二十三條』精神的」。但楊尚昆堅持，胡耀邦犯下的不是反黨的思想「路線錯誤」。他建議會議盡快結案，接受胡耀邦最新提出的檢討，不要把胡耀邦的名字寫在批判材料上。[100]

西北局沒有理會楊尚昆這些建議，授權陝西省黨委將胡耀邦的檢討文件廣發各級黨委，並蒐集胡耀邦的言論與其他資料，準備進一步批判。四月間，就在胡耀邦仍然住院時，這項爭議燒到北京中央書記處。彭真似乎支持進一步調查，但鄧小平不願這麼做。楊尚昆也建議暫時停止批判，等到春後再說。當時其他人或許不知道，毛澤東已經從北京派了一名醫護專家到西安來治療胡耀邦。[101]

五月十九日，儘管醫生還不敢確定胡耀邦是否已經脫險，但他認為自己已經康復，決定出院。西北局決定自五月三十一日起再次舉行全面的批判大會，並下令胡耀邦準備一份檢討文件。六月初，鄧小平建議西北局不要急著審判胡耀邦，或迫使胡耀邦出席鬥爭大會，讓黨在北京解決這個議題。[102]西北局不理會鄧小平的建議，在六月十一日舉行大規模的批判會議。胡耀邦也在會中針對所有各項指控提出冗長的辯詞。甚至對楊尚昆說他「搖擺」，他也提出反駁：「就算在長征期間我也不搖擺，現在怎可能搖擺？」[103]批判大會持續多天，一直沒有結論。胡耀邦已經筋疲力盡。

這時北京出手了，派葉劍英元帥出面解決這項爭議。葉劍英是胡耀邦在延安時期的老長官與友人。六月十八日他在事先未經通知的情況下，以視察軍事教育為由飛到西安，陪同葉劍英來訪的還有曾在一九三二年整肅運動中救過胡耀邦的張宗遜與張愛萍。在西北局依照慣例為葉劍英一行舉行的歡迎晚宴中，張愛萍說了一段富有戲劇張力的話：「我們一進潼關……就看到陝西的麥子長勢喜人，看來是一個大豐收。耀邦瘦了，陝西肥了，耀邦對陝西是有功的啊！」整個宴會廳頓時鴉雀無聲，或許這時西北局的人已經覺察到，這三名解放軍高官到訪，為的不是視察，而是救人。

晚宴過後，葉劍英把胡耀邦拉到一邊說，賀龍元帥告訴他，陝西正在迫害幹部，他來陝西就是來救人的。胡耀邦很氣餒，對葉劍英說，自己已經做了六次檢討，仍然不能過關。葉劍英勸道，「老弟啊，你在舊社會少吃了幾年飯，你鬥不過它們啦！在西安說不清楚，回到北京談嘛。」[105]

六月二十日，葉劍英的軍用專機飛離西安，胡耀邦與他的秘書也在飛機上。胡耀邦要求離開西北局，回北京養病，劉瀾濤無從拒絕。這次胡耀邦赴陝西任官，共在西安停留兩百天，其中有一百天用來應付盤查與政治壓力。但他總算脫險了。西北局在七月間又開了一次辯論胡耀邦案的大會，接下來幾個月，這個案子一直是西安最主要的政治話題。在批判「胡耀邦錯誤」的大旗下，西北局又發動了幾場有關思想與個人的政治戰。

在北京，點燃西安這場政治戰火的餘焰仍繼續悶燒。在「二十三條」之爭結束後，劉少奇聽從同事建議，向毛澤東交代了一篇自我批判。他還邀請其他高級黨領導人到家裡，開「黨的生活會」，公開討論他的錯誤、缺失及長處。劉少奇將這些會議做成筆記，交給毛澤東過目，或許因為這招，毛沒有對劉少奇立即下手。社會主義教育運動繼續在全國各地展開，不過熱度各不相同；到了年中，全國只有三分之一的縣表示已經完成運動。根據羅平漢的說法，毛澤東在一九六五年下半年失去對社會主義教育運動的胃口，開始忙著其他計畫。[106] 七月，胡耀邦獲許在妻女的陪同下進北戴河休養。他的女兒日後回憶，父親在這次假期非常開心，不僅笑口常開，玩著遊戲，甚至還唱歌。[107] 只是好景不常。

那年夏天，北京與西安的政治情勢更加緊張。西北局不斷開會批判胡耀邦，誹謗、謾罵的深度與廣度也有增無減。胡耀邦從來訪友人處聽到這些事，寫了一封信到北京，抱怨自己所受到的不公待遇。八月，西安方面宣布胡耀邦未經請准、擅離職守，令胡耀邦返回西安，但遭中央辦公廳主任楊尚昆拒絕。[108]

最後，胡耀邦接獲通知，中央書記處將趁西北局與陝西省委的幾名書記到北京開工作會之便，在十月六日舉行書記處特別會，檢討他的案子。十月六日那天，胡耀邦依規定來到特別會會議室，訝然發現鄧小平獨自在座。兩人的對話經多方面人士確認。

鄧小平：「你們的爭論擺下，不要談了。你不回陝西去了，休息一段時間，另外分配工作。」

胡耀邦：「中央是否給我做個結論？」

鄧小平：「沒有必要。」

胡耀邦：他們（西北局）寫的……會議紀要已經發下去，還要肅清我的『流毒』。」

鄧小平：「他們說的不算，中央沒有給你作結論。」

胡耀邦：「是否把總書記今天講的這幾點形成一個文件發下去？」

鄧小平：「沒有必要。」[109]

毛澤東在胡耀邦案扮演的角色仍然不清。他在對本案的短暫介入與發言中究竟說了什麼，言人人殊。就連胡耀邦的女兒「滿妹」（李恆）也說，毛澤東對她父親的態度如何，證據「不明」。[110] 最可信的概述是，胡耀邦到陝西任職是毛的主意，而胡耀邦在陝西的表現也與他多年來對毛的支持一致，為胡耀邦提供醫護支援、協助胡耀邦撤出陝西的也是毛。一九六五年十月，毛澤東與劉瀾濤就陝西的問題發生爭執。當劉瀾濤批判胡耀邦在西北工作不力時，毛澤東反唇相譏，「如果胡耀邦不革命，他怎麼能回來〔北京〕？誰是陝西的主謀，誰是做計畫和建議的人？」劉瀾濤總算識相，不敢回嘴。[111]

準備文化大革命

毛澤東有更大的仗要打，他為打這場仗擺下的圈套準備收網了。他似乎認定中共已經不再由他掌控，中共採行的也不再是他主張的政策路線。就像蘇共一樣，中共的思想也不再純淨，而且更重要的是，他瞧不起、不信任的一夥人已經篡黨奪權。他不能容忍這樣的事，於是他計劃發動一場由宮廷內部發動的宮廷政變。

他的主要打擊目標是劉少奇與鄧小平、彭真、薄一波等劉少奇支持者。但首先毛澤東得確保本身安全，控制最重要的權力機構：軍隊、國內安全架構、黨的官僚神經中樞與宣傳組織。[112]毛澤東的手段直截了當：拿下相關官僚組織的最高領導人，用自己的親信取而代之。

第一個他要拉下來的人是中央書記處副書記、中央辦公廳主任楊尚昆。中央辦公廳負責監督中央警衛局，不僅負責保衛所有的黨設施，還得為每一名高級黨官提供個人的安保服務。楊尚昆自一九四五年以來一直擔任中央辦公廳主任，他的一項權責是精確記錄毛澤東在會議中的發言，因此自一九五九年起，中央辦公廳在毛澤東的辦公室、住處與專列都設有錄音裝置。[113]毛澤東原也批准這麼做，但一九六五年他在他與一堆年輕女性搞性關係的私人專列上發現錄音裝置。他大發雷霆，要求停止一切對他的錄音，並懲罰負責人。楊尚昆因此被下放到廣東省委，之後派到幾個健康設施，隨即於一九六六年初調任陝西，在陝西被捕，關了十二年。毛澤東將楊尚昆拉下馬，以一九四〇年代初期以來就擔任自己私人保鑣的汪東興取而代之，擔任中央辦公廳主任。楊尚昆的背景複雜，曾在蘇聯留學、在彭真底下做過地下黨務，還是鄧小平的多年舊部，而汪東興則對毛絕對忠誠，毋庸置疑。[114]

下一步毛澤東把注意力投向解放軍。國防部長林彪雖對毛忠心耿耿，但體弱多病，大部分時間都在東北港都大連休養。不過，林彪是解放軍最有影響力的領導人，而且他主張「突出政治」，強調政治思想教條重於傳統的軍事訓練。林彪把軍隊日常行政管理的工作交給元帥賀龍與總參謀長羅瑞卿。到一九六四年，林彪與毛澤東都對羅瑞卿起了疑心，認為羅瑞卿似乎與賀龍（毛澤東認為賀龍與劉少奇、鄧小平是一夥的）密切合作、插手決策，必須拔除羅瑞卿才行。[115]

一九六五年十二月十一日，一架軍用運輸專機飛到昆明，將正在當地視察的羅瑞卿接到上海，出席一項政治局常委的秘密會議。接下來一連幾天，羅瑞卿在會中不斷遭到「專橫」、野心、對老元帥不敬的批判，而且得不到為自己答辯的機會。[116]他隨即被剝奪一切軍職，由毛澤東屬意的楊成武繼任總參謀長，而軍委總書記一職則由葉劍英接手。對羅瑞卿的批判延續到翌春。一九六六年三月，羅瑞卿從北京一棟三樓窗口跳樓自殺未遂，摔斷了腿，終身跛腳。[117]

羅瑞卿案值得注意之處在於，控罪證據非常薄弱，但被告始終沒有機會為自己辯駁，而他那些昔日友人與部屬在發現毛澤東決心將他剷除後也立即翻臉，對他冷嘲熱諷、惡言相向。在他自殺未遂後，劉少奇與鄧小平嘲笑說他若真想自殺，跳樓就該讓頭先著地；葉劍英甚至還寫了一首打油詩挖苦他。[118]跛了腿的羅瑞卿沒得到適當醫護，在文革期間他被拖著參加批判大會，遭到各種凌辱。而他所以承受這一切，除了林彪擔心他權勢過大，毛澤東要將他剷除之外，似乎找不出任何理由。

毛澤東為拿下劉少奇，必須剷除的第三個目標是組織部長與中央書記處書記陸定一。陸定一是所有藝術、文學與文化產品發展的關鍵人物。早在一九六三年，毛澤東就認定，特別是京劇等傳統藝術形式，需要進行革命性改革。一九六四年七月，他成立包括陸定一與北京市長彭真在內的五人小組，研擬文化改革建議。但這個小組幾乎沒有任何建樹。

陸定一被鬥的近因是，經「發現」幾年來以多封匿名信舉報林彪妻子葉群與人私通的人，就是陸定一的妻子嚴慰冰。嚴慰冰在一九六六年三月被捕，陸定一也被牽連。陸定一表示對匿名信的事完全不知情，但仍在五月遭到官方懲戒。[119]

就像羅瑞卿一樣，陸定一所遭受的批判也惡毒、誇大地令人稱奇。在一次政治局會議中，林彪在每位與會者座位上擺了一封證明自己老婆清白的信，還揚言要當場殺了陸定一。楊成武舉起拳頭對著陸定一的臉一陣比劃，就連通常冷靜的周恩來也對準陸定一甩茶壺。由於當時毛澤東人在杭州，而代毛主持這項會議的鄧小平，或許為了不讓陸定一遭到人身攻擊，決定不讓陸定一參加後續的會議。[120]後來在文革期間，陸定一嚐盡拷問、監禁之苦。但毛澤東這項扳倒劉少奇的算計，還有第四步，也是最重要的一步，就是拉彭真下馬，而陸定一的命運與彭真息息相關。

彭真是政治局主管宣傳的委員，也是中央書記處資深書記、北京市委第一書記與北京市長。他強悍、直言，是劉少奇的多年舊屬，毛澤東對他不太信任。毛澤東在一九六四年指派彭真為文革五人小組組長，或許是在測試彭真的政治忠誠。[121]

一九六五年十一月，毛澤東開始收網。他鼓勵上海市委書記姚文元在上海報刊上撰文，攻擊彭真部屬、副市長吳晗寫的劇本《海瑞罷官》。《海瑞罷官》講述明朝官員海瑞因批判皇帝而獲罪、入獄的故事。姚文元說，吳晗寫的《海瑞罷官》影射一九五九年毛澤東對國防部長彭德懷的懲處，意是在攻擊毛主席。姚文元這篇文章事先經毛澤東過目和修改。[122]

之後兩週，北京各報都沒有刊登這篇文章，因為彭真與陸定一已禁止首都報紙轉發。[123]最後，羅瑞卿在本身遭毛主席毒手羞辱前的最後行動中，下令《解放軍報》於十一月二十九日轉載這篇文章，《人民日報》也在翌日跟進，還發表評論批判姚文元。[124]

彭真終於在一九六六年二月召集五人小組，因應這場迅速惡化的思想論戰。二月四日，五人小組完成一項概要報告（譯按：即所謂「二月提綱」），建議將相關討論限制在學術圈，以免演變成政治風暴。彭真於二月七日將報告草案送交人在武漢的毛澤東，毛稍加修改就批准了報告，但這只是他的緩兵之計。三月中旬，毛在杭州舉行政治局擴大會議，批判大學與黨媒的知識份子是「名義上的共產黨員」，警告宣傳部將有滅頂之災。[125]

三月二十八日到三十日，毛澤東見了康生與江青，就幾件事向黨中央下達指示。他指控「學閥」鎮壓左派刊物，保護「反共知識份子」。他說中央宣傳部是「閻王殿」，要打倒「閻王」（指陸定一）解放小鬼。他下令地方結合有「反叛精神」的同志，如果中央搞「修正主義」，地方「必須搞文化大革命攻擊中央」。[126]毛澤東說，必須對彭真、中宣部、北京市委與五人小組進行批判，如果他們繼續包庇壞人、抗拒革命，就「必須解散」。[127]

周恩來贊同毛澤東的指示，鄧小平遂在四月九日到十二日舉行書記處會議，由康生與陳伯達在會中重申毛澤東的指示與批判。彭真否認指控，但鄧小平與周恩來拉下臉來，說彭真的錯就是反毛澤東、反毛澤東思想。書記處建議政治局常委會撤銷「二月提綱」，由「文化革命文件起草組」起草新報告。[128]

四月十九日到二十六日，就在劉少奇正式訪問東南亞之際，毛澤東在杭州召開政治局常委擴大會議。在毛的主持下，政治局常委廢了「二月提綱」，解散彭真的五人小組，並譴責彭真。當劉少奇返國與會時，會議已近尾聲，劉少奇也只得接受毛所造成的既定事實。彭真就這樣倒台。

彭真回到北京，見到一些同事，但沒有任何人與他說話。楊繼繩對此有感：「在中國共產黨內，人與人的關係是政治關係與階級關係。除此而外沒有其他關係，所謂私人友情並不存在。一旦毛澤東對什麼人失去政治信心，其他人立即與這人劃清界線，盡量保持距離，甚至落井下石。」[129]

五月，還在杭州的毛澤東調整了北京的權力結構，下令政治局常委在劉少奇主持下舉行擴大會議。在會議舉行前，《解放軍報》發表了一篇措辭強硬的社論，名為「不要忘記階級鬥爭」，誓言軍方必成為毛澤東思想的堅決後盾。五月八日，陸定一被捕。五月十日，北京市委改組，由毛的親信取代彭真出任第一書記。

此外，在這次政治局常委會議舉行前，毛澤東還下令加強北京軍事的安保工作。周恩來與中央軍委總書記葉劍英成立包括總參謀長與公安部長在內的「首都工作組」，首都工作組只對周恩來負責，而周只對毛負責。首都工作組執行毛的計畫，將幾個原本駐外的主力師調入北京，納入北京衛戍司令部的管控中。葉劍英說，之所以採取這些步驟，是因為毛澤東衷心相信有人要搞政變推翻他。[130]

毛澤東的政治局常委擴大會議在五月十六日舉行，有七十幾名中央委員與會。會議的第一個重點就是譴責彭真、羅瑞卿、陸定一與楊尚昆「反毛澤東，反黨集團」。[131] 但毛更關心他自身的安全，以及剷除劉少奇一事。拿下彭真與楊尚昆，既能強化毛的安全，也讓毛更能控制黨的文書工作。剷除陸定一，既讓毛更能直接掌控宣傳媒體，也安撫了毛越來越倚重的江青。除去羅瑞卿加強了林彪對解放軍的掌控。一舉清除鄧小平為首的書記處四名重要書記，讓書記處跛腳，也使劉少奇的地位更加不穩。

中共黨史學者同意，這次會議通過的所謂「五一六通知」是文革的工作計畫書。由江青選派、以陳伯達與康生為首的文革計畫起草小組，於四月中旬開始起草工作計畫，但小組擬出的每一個草案都經毛澤東反覆、大幅改寫。在北京擴大會議中通過的工作計畫書最後版本，以黑體字註明毛澤東本人的意見，不得刪改。

大體而言，「五一六通知」不折不扣就是毛的通知——報復、嘲諷、狠毒無情。全部的內容就是權力與權威：

全黨必須遵照毛澤東同志的指示，高舉無產階級文化革命的大旗，徹底揭露那批反黨、反社會主義……的資產階級反動立場，徹底批判混進黨裡、政府裡、軍隊裡、和文化領域各界裡的資產階級代表人物，清洗這些人，有時則要調動他們的職務。尤其不能信用這些人去做領導文化革命的工作……這些人物有些已被我們識破，有些則還沒有被識破，有些正在受到我們信用，被培養為我們的接班人，例如赫魯曉夫那樣的人物，他們現正睡在我們的身旁。[132]

在劉少奇的指導下，全體一致無異議通過這項決議，劉少奇甚至准許非政治局委員也參加投票。有些中共黨史學者認為，當時劉少奇沒發現所謂「睡在我們身旁的赫魯曉夫」就是暗指他自己。而且毛澤東老早就在談反對修正主義以及「階級鬥爭」的必要，這類用語並不顯得特別突兀。會議又開了幾天，到五月二十三日那天，「彭—羅—陸—楊反黨集團」正式被解除一切官方職位。[133]

擴大會議最後還有一項工作，就是成立一個新的「中央文化革命小組」。像過去一樣，這個過程也由毛澤東從杭州下指示完成。他指定的小組成員不得更改、異動。五月二十八日，擴大會議通過毛澤東拍板定案的中央文革小組人選：小組長陳伯達（毛的秘書）；顧問康生（毛的前情報頭子，延安時期安全首腦）；副組長江青（毛妻）、王任重（中南局第一書記）、劉志堅（解放軍總政治部第一副部長）與張春橋（上海市委書記）。小組有七名組員：謝富治、尹達、王力、關鋒、戚本禹、穆欣與姚文元。[134]

胡耀邦靠邊站

在這段動盪混亂的期間，我們不知道胡耀邦想些什麼。或許因為健康理由，他沒有出席上文討論的那幾個關鍵性會議。不過，他可能根本沒有得到與會邀請。他在遭受批判的可疑情況下離開西安，而且情況並未解除。他在一九六五年十二月作了最後一次嘗試，希望毛澤東能施加援手解決他的困境。在葉劍英的建議下，胡耀邦的老友、同樣也是「紅小鬼」的陳丕顯，邀請胡耀邦到上海檢查身體。陳丕顯在一九六四年晉升為上海市委第一書記，但與他的左派部屬張春橋和姚文元漸行漸遠。胡耀邦在上海停留了十天，或許曾嘗試面見當時也在上海的毛澤東，但沒有成功。陳丕顯雖保證把胡的案子上報毛澤東，但始終沒有下文。[135] 胡耀邦倖倖然返回北京，不知何時才能復出為官。

名義上胡耀邦仍是共青團首腦，但他已將日常團務管理工作交給副手胡克實。一九六六年四月，他至少出席了幾次共青團在北京舉行的全會，但未在會中發表演說，也沒有扮演領導角色。[136]這時已經年屆五十一歲的胡耀邦，或許無意重回共青團總部擔任全職工作。他曾有過職涯晉升的機會，派赴湖南與陝西任官，但兩次都以失敗收場。來自全國性與省級派系政爭的壓力壓垮了他的健康。一九六六年二月，仍在休養中的胡耀邦，聽說自己與兩名前部屬竟然在陝西被指為「右傾機會主義反黨集團」的重要成員，這消息無疑令他焦慮不安。他知道中央不太可能把自己送回陝西、面對這些指控，他只想留在北京休養。

或許胡耀邦非常滿意共青團在他的指導下所完成的成果。共青團已經成為一個黨的忠誠、勤勉的輔助組織，為數以百萬計的日後黨員進行招募、教育與思想灌輸工作。在胡耀邦諄諄善誘下，共青團中央委員會已成為一個有效的管理團隊，不但擁有穩定的核心，隨著年輕領導人不斷進出、外放，人員的流動也有條不紊。一九六六年五月，他那位備受仰慕的毛主席，利用胡耀邦作為訓練對象的中學生和大學生，只花了三個月的時間，就將他費盡多年心血打造的共青團拆得四分五裂。

第六章
文化大革命

有關「無產階級文化大革命」，其原因、悲與惡、暴行與殘忍、始料未及的轉折及最終的失敗與放棄，著述已經很多。數以百計的書與數不清的文章，用了許多語言設法解釋這場無法解釋的、梳理這不能梳理的、理解這難以理解的慘禍。但太多黑幕仍然鎖在共產黨的檔案裡，而且脫罪的謊言太多，許多回憶錄內容也太痛苦，令眾多文革受害者不堪回首。中國共產黨已經決定，不宜申述探討、了解這個主題。當文革於一九六六年爆發時，胡耀邦是共青團名義首腦，他先後在湖南與陝西兩省的臨時派任，都因派系鬥爭而以失敗收場。胡耀邦仍然自詡為毛澤東信徒，不過他與六〇年代初期困在政治鬥爭中的其他許多人也有牽扯。錯綜複雜的關係讓共產黨在文革期間不斷抽搐，也將胡耀邦從擁毛派被打成這場革命暴行的犧牲者。對胡耀邦來說，文革是其職涯的分水嶺，讓他在幾乎在不知不覺中成為一個改變的推手。

最重要的，文革談的是毛澤東。這名當時已經七十一歲的老革命家，憑著一些混濁不清、雜亂無章的理論，發動了這場革命，或許他也曾看到自己的許多想法錯了，但不肯承認。他蠻橫、嫉妒、惡毒、自戀，又缺乏安全感，惟恐自己培養的接班人急著奪自己的權。他很清楚自己大權在握，可以用來肅清對手，他煽動策劃、陷害前戰友，讓他們受盡折磨，得不到救命的醫護而含怨以終。孤單、隔絕、早已與中國人民失去聯繫的毛澤東，就這樣不計後果、肆意濫權了十年。最後，病痛毀了他的健康與判斷力，野心家將他那些難解的語言包裝成他們自己的政治指令，而毛澤東也淪為他們遂行私慾的工具。

但對毛澤東在一九六〇年代的同事，及他在今天的接班人而言，中國共產黨所建立的這種系統與權力結構的欠缺韌性、無法改變，也同樣重要。這個系統結合了一般盲從的黨員——對他們而言，馬克思主義有的只是一堆難以發音的名字，只是一種概念奇特難解的外來信條——憤世嫉俗、肆意操縱的黨領導，加上凶殘無情的犯罪集團，是毛澤東自創的系統。在一九六五年，共產黨已經成為中國社會的主控權威，而毛澤東就在這一年展開他搗毀、重組這個黨的行動。

文革的主要故事情節就是如此——毛澤東對他一手創立的系統已失去信心，決定將它改頭換面、重新打造。但黨的操控機制的主要成員——軍隊、公安、宣傳機構與中央官僚——保持不變。當毛澤東將怒火逐一燒向它們，甚至將其中一些機構解散時，在一些關鍵支持者的協助下，他總能肆意操控，成為勝利者。不過這些被他擊倒的人最後都一一復辟。

至少就初階段而言，毛澤東利用中國青年的革命狂熱，打擊黨內異己，這是文革的特色。在這段期間，最令人印象深刻的景象是：一、兩百萬青年列隊天安門廣場揮著《毛語錄》，高喊「毛主席萬歲」，而毛也陶醉在鋪天蓋地的奉承中，向廣場上天真無知的青年揮手致意。這些青年在他的要求下，最後都成了暴民統治的工具。

本章的重點，不是毛澤東的目標，更不是他的思想，而是透過少數幾項經典研究，來概述文革的幾個主要階段。然後，我要聚焦胡耀邦的文革經驗，討論這些經驗對他的人生與思想的衝擊。[1]

文化大革命與共青團

在「五一六通知」要求全黨批判學術、教育、新聞、藝文界的「資產階級反動理念」之後，北京大專院校爆發緊張的情勢只是遲早的事。五月中旬，仍在杭州的毛澤東秘密派遣一小組人前往北大，進行調查與煽動。他們鼓勵北大一位名叫聶元梓的教員公開她與北大管理當局之間的爭議。於是自詡為左派的聶元梓與幾名同事，在五月二十五日在北大張貼「全國第一張馬克思主義大字報」，譴責北大幾名領導有意將新萌芽的文革導向「修正主義」的道路。沒隔多久，數以百計的大字報也在校園各處湧現，其中有些還對聶元梓提出批判。教育部長與新上任的北京市委第一書記隨即訪問北大，授權人們討論這篇大字報，或許是希望能藉此控制情勢。[2]

但聶元梓這篇大字報的抄本送到毛澤東處，獲得毛的讚賞，毛在五月三十一日下令將它在全國公布。同一天在《人民日報》「奪權」的「文革組」下令將它全文廣播和刊登。《人民日報》在六月一日轉載這篇大字報，還在頭版刊出名為「橫掃一切牛鬼蛇神」的社論。這篇由陳伯達主稿、康生聯名的社論，要求文革在全國展開，「破除幾千年來剝削階級所造成的一切舊思想、舊文化、舊風俗、舊習慣」。[3] 文化大革命就這樣迅速席捲全國。

劉少奇雖批准「文革組」接管《人民日報》，還讓一支工作組接管中宣部，但事先對這篇社論的發表並不知情。[4]六月三日，劉少奇召開政治局擴大會議，討論北京校園越演越烈的亂象。這次會議通過「八點規範」，限制校園內的學生活動，並派遣由黨與政府各部會高幹所組成的工作組前往大學校園，控制情勢。由於學生動亂已經擴散到北京的中學甚至小學，因此政治局下令共青團組織中學工作組。[5]

當時胡耀邦仍在家中養病，胡克實於六月三日傍晚舉行共青團書記處緊急會議，開始組織幹部，派赴北京各校。胡耀邦在獲知這些決定時，對工作組進入校園一事很不以為然，但他沒有吭聲，因為這是政治局的命令。[6]一開始，共青團與北京市委組織了十六個工作組進入學校，最後共有三百多個工作組進駐北京八個校區，參與其事的共青團幹部超過一千八百人。[7]他們奉命進駐北大與清華大學附屬中學，「吸收與解散紅衛兵」，將紅衛兵納入更有效的控制。[8]

但工作組在大學碰上阻力。劉少奇指示工作組要攻擊大學管理人員，這種作法使已經派系化的示威學生更加分裂。學生團體部分依據階級背景與家族世系而各擁山頭。許多高級黨幹的子女很快捲入這場旋渦。文革組組員也直接介入，支持各不相同的學生團體。成千上萬大字報很快貼滿北大與清華校園每一處可以張貼的牆角，有的譴責校方領導、教師與學生，有的為他們辯護。[9]

共青團工作組在控制學生激進份子的工作上也遭遇類似問題。雖說政治局下令不能讓文革活動干擾正常學校作業，到六月中旬，學生團體間的鬥爭已經癱瘓了北京各地中學。中央派遣的工作組於是開始拘留一些著名的左派學生。但激進派學生不甘示弱，也於六月十八日起開始對校方管理人、教師與工作組成員進行人身攻擊。[10]在劉少奇七月間主持的幾次政治局會議中，陳伯達指控學生遭到工作組「鎮壓」，劉少奇、鄧小平與文革組成員之間的分歧益發尖銳。

七月十六日，毛主席在武漢附近的長江游泳。在解放軍戰士的陪伴下，七十一歲的老毛咧著嘴在江中戲水的照片很快就出現在全國每份報紙上。傳達的訊息很明確：毛主席還很健康，寶刀未老，有軍隊支持，而且要回來管事了。毛澤東在第二天通知鄧小平，他即將返回北京，在他回來前不得召開政治局會議。[11]

毛澤東的文化大革命——紅色恐怖

毛澤東在七月十七日回到北京後，直奔文革組設立總部的釣魚台賓館。在之後幾天舉行的一連幾次政治局會議中，毛澤東非常明確地表示，反對將工作組派進學校，決心將工作組撤出校園。他大發雷霆，還蠻橫下令八月一日到五日舉行第八屆中央委員會第十一次全會，讓政治局的委員們連準備會議報告的時間都沒有。此外，他還暗中寫了一封信給北京中學紅衛兵，說他「熱烈支持」他們反抗「地主、資產階級、帝國注意份子、修正主義份子、和他們的走狗」。他造了一句之後十年響遍神州大陸各角落的口號：「造反有理！」[12]

甚至在「十一中全會」舉行前，七月二十九日在人民大會堂舉行的群眾大會，公開宣布要廢除派往各級學校的工作組。那天晚上，來自八所中學的紅衛兵遊行進入共青團總部，喊著口號、貼著大字報，還指名道姓攻擊共青團領導。胡耀邦告訴胡克實，這些示威學生的背後有文革組撐腰，應該將這類「不正常」的作法向鄧小平示警。[13]

胡耀邦出席了這次遵照毛澤東指示於八月一日展開的全會，會議中出現的離譜怪事很快就讓他目瞪口呆。在毛澤東致完開幕詞後，劉少奇上台簡報中央自「十中全會」以來的工作，還討論了文革與工作組議題。這時毛澤東開始不斷以嘲諷謾罵的口氣打斷劉少奇的演說，還指控中央像當年的清朝與蔣介石一樣壓迫學生。劉少奇俯首認罪，但毛澤東仍然當著整個中央委員會成員面前，足足對他羞辱了兩個小時。[14]

那天傍晚，文革組召集胡克實與共青團書記處書記到釣魚台賓館開會，報告共青團工作。雖胡耀邦就技術而言還在休養期間，不負責共青團督導，但他仍志願陪著胡克實一行與會。康生、陳伯達與江青輪番上陣，痛斥胡克實等人奉劉少奇與鄧小平之命，迫使紅衛兵聽命於共青團工作組。康生指控他們犯了嚴重的思想錯誤，陳伯達說，他們的腦子已經老朽，把青年團變成「老人團」。而江青的言語更加刻薄。她先數落胡耀邦，說既然病了就不必與會，「恐懼群眾運動改變了你，胡耀邦，從『紅小鬼』變成了『膽小鬼』。」[15]江青後來得意地說，「我是毛主席的一條狗，他讓咬誰，我就咬誰。」[16]在那個八月天的傍晚，來到釣魚台的胡耀邦或許覺悟到，江青這番侮辱意味著他在毛澤東面前已經失寵了。

在全會第二天的小組會上，共青團與胡耀邦本人遭到猛烈攻擊。毛澤東帶頭發動攻勢，重複康生的批判，說胡耀邦與胡克實派遣工作組到學校控制抗議學生，是犯了「方向錯誤和路線錯誤」，而且這些錯誤還是有意為之。毛澤東說，「他們本應站在學生運動這一邊，卻站上鎮壓學生運動那一邊，應該受到嚴懲。」[17]

八月五日，毛澤東宣布全會會期延長一週。更重要的是，他親筆寫下並立即發表了他自己的大字報：「砲打司令部——我的第一篇大字報」。毛澤東這篇大字報簡短而直接，攻擊「領導同志」「實行資產階級專政，將無產階級轟轟烈烈的文化大革命運動打下去。他們……圍剿革命派，壓制不同意見，實行白色恐怖」。[18]這篇大字報不僅意在昭告天下，說毛澤東支持紅衛兵與示威學生，同時也表明他要以學生做武器，打擊對手。對他狂熱效忠、年少無知、喧囂無懼的紅衛兵，就此成了毛澤東在次階段打擊「走資派」的鬥爭利器。

毛澤東於八月四日傳話給人在大連的林彪，要林彪回北京出席這次全會。八月八日林彪帶著妻子趕回北京。與毛澤東會面後，林彪在當晚會晤文革組，誓言要以「雷霆萬鈞、地動天搖」之勢打跨「反動當局」。[19]同日，十一中全會通過關於文革未來方向的十六條決定，其中包括對中央過去犯錯的批判。經過幾天討論，毛澤東「砲打自己的司令部」，為十一中全會劃下句點：他在八月十二日改選中央委員會，大幅改變了政治局與政治局常委人事。他增補六名政治局委員（其中三人是解放軍「老元帥」），將常委人數從七人增加到十一人，還將排名順序做了大幅更動。劉少奇與鄧小平降了級，文革組三名成員（陶鑄、陳伯達、康生）進入常委會。林彪成為黨的唯一副主席，取代劉少奇成為黨的第二號領導人與毛的接班人。[20]這個新成立的政治局常委會只開了一次會，毛澤東在天安門廣場檢閱一百多萬紅衛兵時公開露了一次面後，就動手拆了它。

胡耀邦的文化大革命——痛苦與屈辱

八月十三日，在十一中全會結束後，紅衛兵找上胡耀邦。那天傍晚，文革組在北京「工人體育館」舉行數千名紅衛兵參與的群眾大會。新當選的政治局常委李富春代表毛主席在會中發言，宣稱

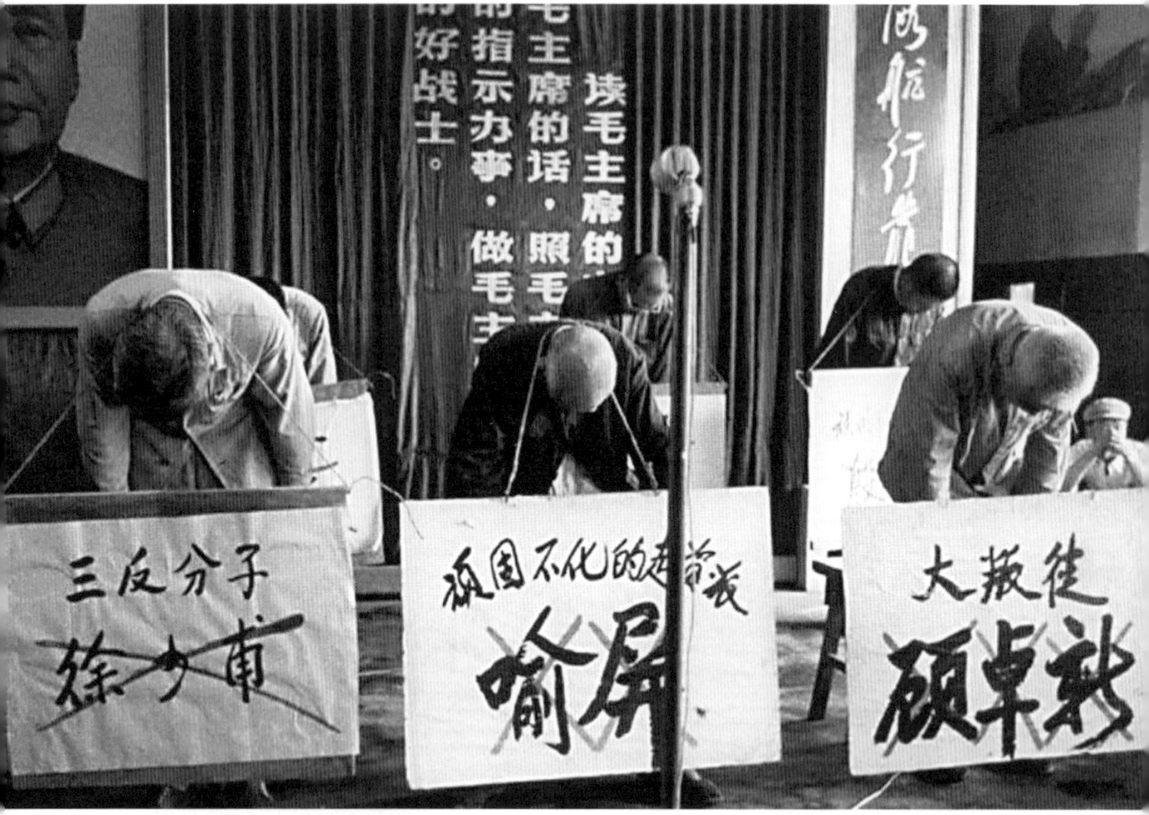

在文革期間，當眾羞辱與批判是幾乎無所不在的現象，胡耀邦就曾經一再淪為其受害者。圖示三名身分不詳的官員被迫向指控他們的群眾俯首認罪，三人掛在脖子上的牌子列出他們的罪狀，還在它們的名字上畫了「X」，意指群眾認為應該將這三人處決。（圖片來源：Wikimedia Commons）

要改組共青團。大會結束後，幾千名示威者高喊口號，聚集在北京正義路三號共青團團部前，數小群紅衛兵還闖進富強胡同胡耀邦（與胡克實）的住宅。紅衛兵抓住胡耀邦、胡克實與幾名共青團書記，將他們帶回共青團團部「拉出去鬥爭」。胡耀邦成了最早遭到紅衛兵鬥爭、第一個被紅衛兵人身攻擊的中央委員。[21]

胡耀邦這第一場鬥爭會一直持續到翌日晨三時，會後紅衛兵還不讓他回家。憤怒的紅衛兵用大字報與旗幟佔領共青團大院每個處角落，為表示安撫，胡耀邦同意與他們在禮堂集會，答覆他們的問題。紅衛兵問他，為什麼他要在一九五〇年代保護「右派份子」，他如何在長征旅途上「失蹤」，他與劉少奇、鄧小平是什麼關係，以及他是否反對毛主席等。最後，胡耀邦奉命留在禮堂裡，寫犯錯檢討報告。這些鬥爭他的紅衛兵有許多是高官子弟，他還認識其中一些人。但在盤問結束後，胡耀邦仍搞不清是誰策動了這場對共青團團部的攻擊。

八月十五日，李富春帶著一大群紅衛兵重返共青團團部，對共青團領導人提出指控：「三胡一王」——胡耀邦、胡克實、胡啟立、王偉——沒有高舉毛澤東思想紅旗，沒有好好遵循群眾路線、還阻止紅衛兵揭發他們的錯。「三胡一王」因此遭革職、檢討，並解散團中央書記處，成立新的臨時書記處。這項指控沒有相關文件，只是不具細節證據的口頭指控。李富春還指示紅衛兵要尊重書記處每一位成員。[22]

隨後幾天，對胡耀邦的打擊如火如荼地展開。首先，一群不知道該做什麼的「革命」青年佔領共青團所有下屬的局處。共青團所有的刊物停刊，所有的組織活動叫停。[23] 新成立的團中央臨時領導班子的主要活動就是譴責「三胡一王」。

這類打擊一般是以群眾示威大會揭開序幕，大會通常在團部大樓舉行，「三胡一王」先在數百名喊著口號、揮舞標語、在不斷叫罵的示威群眾前繞場示眾。之後，幾名凶狠的紅衛兵會將四人臂膀扭向背後，迫使四人彎腰、俯首，保持一種令人痛苦的所謂「噴射機姿勢」——因米格十五（MiG-15）戰鬥機反剪後掠式雙翼而得名——將四人押上講台，或大院陽台。四人得保持這種姿勢長達一小時。有時他們還被迫雙膝跪地，頭戴紙糊的高頂「笨蛋帽」，脖子上還掛著列有他們「罪狀」的牌子。日後胡耀邦的秘書讚揚他是「鐵漢」，因為胡耀邦儘管因神經疾病等病魔折磨而痛苦不堪，卻還能打點精神，指導年輕同事如何忍受痛苦。[24]

八月十八日，一百萬紅衛兵集結天安門廣場，向親臨廣場接見他們的毛澤東致敬。胡耀邦的女兒「滿妹」說，當天負責共青團團部維安的紅衛兵也去了天安門，她的父親就從那一天開始被打。負責維安的紅衛兵在返回團部時發現所有書記處的書記都被打，衣服被扯爛，血跡斑斑，臉孔淤青腫脹，脖子上掛著牌子，幾名書記的頭髮還被剃光。[25]

八月底、九月初，由於文革組下令紅衛兵內「造反派」採取更多的行動打擊走資派，安全情勢也更加惡化。劉少奇與鄧小平都被解職，但沒有受到進一步懲罰，群眾於是把怒氣出在共青團身上。共青團領導人開始被送到各地學校與工廠接受鬥爭，但在地方性學校與工廠，會場秩序較難控制。在共青團團部，當局可以將「三胡一王」帶上陽台或講台，與群眾分開，但在其他地方，想攔阻耍狠的學生、阻止他們攻擊自己所認定的「反毛派」，就難多了。在一次鬥爭大會中，由於胡耀邦不承認自己是「三反份子」（反黨、反社會主義、反毛），一名十七歲女孩憤而用皮帶狠抽他的頭和臉，抽出斑斑血痕。在這段期間又一次鬥爭大會中，胡耀邦遭人用木棍痛毆，一連幾天痛得直不起腰，只能拄著枴杖行走。[26]

根據胡克實的記憶，一九六六年十二月是最黯淡的日子。他記得有一次胡耀邦在鬥爭大會中被摔倒在地，幾名紅衛兵以皮帶對他一陣亂抽，痛得他在地上翻滾哀號。胡克實相信，胡耀邦在這段期間被打了十幾、二十次；胡克實本人與胡啟立被打的次數遠比這多得多。[27]在文革的這個階段，紅衛兵激進派的成分也從「老紅衛兵」——高幹子弟——轉為更加狂熱效忠毛主席的「造反派」。[28]

胡耀邦在沒有參加大會、接受紅衛兵批鬥時，必須留在「牛棚」裡。所謂「牛棚」，指的不是牛住的地方，而是文革初期專門用來監禁「牛鬼蛇神」等敵人的所在。就共青團的案例來說，所謂「牛棚」指的是共青團團部大院裡的庫房。每一間庫房關二十到三十名人犯，人犯得打地舖睡在地上，庫房由紅衛兵或共青團低階人員看守。書記級別的共青團高官分住有隔間的牛棚，在上廁所時偶而可以相互短暫交談。除非發生家庭的緊急變故，都不可以回家。[29]

在胡耀邦被關進共青團團部、不能回家探望的那段期間，他的妻子李昭也奉令只能在工作地點活動，不得返家。胡耀邦的長子胡德平在北大搞「革命」，次子在清華，小兒子與女兒都在唸中學。他們無一能逃，都成為文革無政府狀態的犧牲品。多年來一直與胡家一起生活的李昭的母親，被送回安徽老家接受調查，這時胡耀邦的母親病重。胡耀邦的薪俸自八月起停發，隨著冬天臨近，胡家的食物與燃油取暖補給都陷於困境。司機、秘書與其他幕僚都被支開，胡家大院經常空無一人。一九六六年底某天上午，滿妹回到家中，發現紅衛兵將大院洗劫一空。紅衛兵在胡家沒找到任何值錢的珍寶或錢鈔，於是毀了許多胡耀邦珍愛的書，還將撕毀的書頁隨處棄置在院落裡。[30]

一九六七年一月六日，上海爆發所謂的「一月風暴」，革命造反派與學生奪權，宣稱不再接受

到一九六六年八月，文革組已經接管政治局與政治局常委的大多職權。圖示一九六六年底，文革組領導江青、周恩來、與康生乘一輛吉普車在一次體育館群眾大會中檢閱紅衛兵。（圖片來源：Wikimedia Commons）

上海黨委的權威。毛澤東批准他們奪權，但不喜歡他們自稱「人民公社」，於是造反派改名為「上海市革命委員會」。上海市革命委員會以張春橋與姚文元為首；以一位名叫王洪文的工廠勞工頭頭為第一副主任。前上海市委與市府主要領導人大多遭解職或入獄，許多人被打，還有人被殺。[31]

在毛澤東批准的情況下，文革進入奪權階段，全國各地的派系鬥爭變本加厲。在共青團團部的人，根本不可能知道主事的人是誰。二月初李富春又一次來到團部，告訴取代「老紅衛兵」的「造反派」紅衛兵，胡耀邦「反對毛主席多年」，因而引發一場新的激烈批判。胡耀邦顯然鐵了心，決不認罪、悔過，這使他受到更多折磨。[32]

許多城市的治安因「革命委員會」成立期間爆發的派系武鬥而瓦解，於是毛澤東在一月底決定，解放軍單位應該「支持左派廣大群眾」。這項命令之後經過修訂，成為所謂「三支兩軍」，即解放軍應在混亂、失控地區執行「支左、支工、支農、軍管、軍訓」任務。[33] 但由於缺乏明確的指導原則，難以判斷哪些造反派才是真正的左派，解放軍單位司令員與政委本身也往往捲入地方政爭。有些文革組成員於是主張在軍中展開奪權，因此導致葉劍英等解放軍老帥們公開翻臉。[34]

一九六七年二月文革組與解放軍高級將領在一次氣氛火爆的政治局會議中翻臉，進一步加深了領導班子的裂痕。毛澤東在獲悉此事後大怒，大罵老軍頭搞「二月逆流」，揚言發動新武鬥來對付這些老軍頭。最後，毛澤東廢了臨時成立、負責處理日常事務的政治局領導組，將這些責任交給文革組，由周恩來總其責。到了二月與三月，老軍頭們奉命做些尷尬、丟人的檢討，隨後被迫靠邊站。[35]

儘管胡耀邦或許在共青團牛棚中聽到一些傳言，但他不可能掌握有關領導班內鬥的詳情。他的生活仍然是日復一日、永無止境的批判，他不斷遭人吐口水、辱罵、丟垃圾、被迫跪地或擺出噴射機的姿勢，而且不斷被打。

禍不單行，就在他蹲牛棚期間，他八十六歲的老母劉明倫突然在一九六七年春因腦溢血病逝。胡耀邦的長子胡德平獲准陪父親前往醫院停屍間，在停屍間第一次見到父親因不能照料病危的母親而痛哭。僅僅幾週後，胡耀邦在共青團書記處一名親信的書記，因不堪面對紅衛兵無盡的迫害而自殺。[36]

胡耀邦是個小個子，身體羸弱，但他在心理上很強悍、倔強。他始終抗拒，抵死不承認自己是「三反份子」。不過，或許他已接近崩潰邊緣。他不斷承受折磨，而且或許他還相信這一切都經過毛的批准。為他立傳的人隱約暗示，胡耀邦在這段期間對毛的感情有些「矛盾」。這時的胡耀邦在發現毛主席不容異己，毛的個人與官方行為與過去大不相同，文革運動在思想上也站不住腳之後，也開始在私下裡潛心檢討他過去深信不疑的這場革命。[37]

一九六七年七月，胡耀邦被帶進北京西南一座汽車廠，再次接受批鬥。他因頑固惹惱了工廠「造反派」工人，招來一頓毒打，打得他疼痛難當，必須靠人攙扶才能走路。胡耀邦家人的訴苦終於傳到周恩來耳裡，經過周的恩准，胡耀邦家人可以帶食物進入共青團團部牛棚，送胡耀邦到附近醫院看診和治療。[38]一九六八年初，軍方根據毛的「三支兩軍」指示，派遣控制組進駐共青團團部維持秩序。控制組的進駐限制了批判大會，讓牛棚內的人犯緩一口氣，但也為他們帶來又一層體罰——他們或被拉到郊區做工，或奉命幹一些清洗廁所之類整人的體力活。以胡耀邦的案子來說，進駐共青團的軍方控制組奉命調查胡耀邦的政治史，特別是他與鄧小平和劉少奇的關係。[39]

康生的文化大革命——專案調查

延安時期曾是毛澤東心腹的情報頭子康生，在一九四五年後失去了利用價值，被毛悄悄貶到山東。之後，康生得到江青之助，逐漸爭回毛的恩寵。大躍進之後，毛一意孤行，與黨中央官僚體系漸行漸遠，於是康生緩緩重返權力核心。他對毛奉承阿諛，打小報告，讓毛發現小說、戲曲中對其含沙射影的攻擊。當毛在一九六六年決心剷除對手時，康生已官拜文革組「顧問」。康生利用早期紅衛兵集會打垮「中央調查部」幾名關鍵人物，奪回他對國內、外情報蒐集機構的影響力，並取得這些機構的檔案。[40]

一九六六年五月的政治局擴大會議除發動文化大革命之外，還成立了「中央專案調查委員會」，對遭擴大會議罷黜的「彭—羅—陸—楊反黨集團」進行調查。中央專案調查委員會由周恩來負責，直接聽命於毛澤東。之後接受調查的高幹越來越多，中央專案調查委員會改名為「中央專案調查組」，規模與勢力也越來越大。名義上它聽命於政治局常委，實際上是由文革組控制。康生親自審查許多案件，特別是年代回溯延安時期、涉及叛國或間諜指控重罪的案件。[41]

中央專案組下設三個辦公室。「一辦」由汪東興主持，設於中央辦公廳，負責調查黨與國務院官員。「二辦」以解放軍總參謀長為首，設於中央軍委辦公室，負責調查解放軍高級將領中的政敵。「三辦」由公安部長謝富治主持，負責查緝公安系統內政治的不忠份子，以及特案和大案調查。[42]

三個辦公室各自專責幾個大案，調查對象都是毛的主要政敵。調查的主旨就是發掘材料，證明多年來調查對象都是毛主席、黨、社會主義或革命的敵人。專案調查員大多是擁有政治調查經驗的軍方或公安官員。他們經授權可以前往任何地方、查閱任何記錄、盤查任何人，為取得欲加之罪的材料，他們有權使用一切手段。

這些手段包括毆打、拷問、監禁、對家人施壓，甚至包括強迫自殺。無論毛澤東或文革組成員認定某人犯了什麼罪，中央專案組都得蒐集證據證明這人確實犯了這些罪。中央專案組的調查不必當庭對質，因為從不開庭，只要能支持控罪或貼上的標籤就行。解放軍空軍司令員、中央專案組「二辦」主任吳法憲後來寫道，他相信專案組蒐集大多數的證據都是假的。[43]

在胡耀邦不懈的努力下，中央專案組的調查終於在一九七九年劃下句點。有關統計數字各不相同，調查資料也已消失在官方檔案中，不過在一九六七到一九七九年間，中央與地方專案組可能調查了兩百多萬名幹部。其中幾近七百人是副部級以上的官員，包括十名政治局或中央書記處高官、無數的解放軍將領，以及中央委員會半數以上的中央委員。[44]中央專案組的嫌犯有多少人在調查過程中死亡，至今仍是國家機密，但據報導，「三辦」進行的大規模調查造成數以千計亡魂。奉中央專案組之命，劉少奇、賀龍、陶鑄與彭德懷都因「醫生用錯藥」而死在醫院。[45]

為胡耀邦立傳的人，對他在一九六七年後半與一九六八年的事蹟並無多少著墨。他仍然住在牛棚，不能回家。家人與一些親友獲准前往共青團團部探望他，不過他得戴上銬才能見他們，還得報告他們是什麼人。[46]在一九六八年三月共青團軍事管控組接管之後，他不再像過去那樣經常遭到暴民羞辱，但由於他得幹更多體力粗活，生活條件也惡化，他的健康狀況可能更糟了。康生為江青準備了一份要靠邊站的第八屆中央委員名單，胡耀邦也列名單上，但還沒有納入專案調查名單。也就是說，胡耀邦仍是叛徒嫌疑人，毛澤東還沒授權對他進行調查。[47]

軍方代表不斷盤問胡耀邦，調查他的個人歷史，特別是他與其他領導人的關係。到一九六八年年中，許多曾經與他共事的人已淪為專案調查的目標，而胡耀邦也忙著長篇累牘寫「材料」，交代與他們的關係。[48]他寫了好幾百頁證詞。為胡耀邦立傳的人說，胡耀邦沒有汙衊他人，也沒有在這些證詞中亂扣標籤或譴責任何人。他的證詞公正、客觀、而誠實，這讓「造反派」很不高興。此外，胡耀邦的證詞還寫得通順易讀，大體上沒有錯字，沒有刪改或塗抹。[49]

假緩刑？

一九六八年十月十二日，共青團部軍方代表奉命立即將胡耀邦帶到「京西賓館」。京西賓館是解放軍經營的酒店，專為款待高級將領與黨幹而設，常用來舉行大型宴會或軍事會議。十月十二日這天，胡耀邦接到通知，要他上京西接受盤問，但實情是他要上京西出席第八屆中央委員會第十二次全會。就這樣，身著牛棚裝、蓬頭垢面的胡耀邦來到北京最頂級的賓館，而護送他的軍方警衛都不得入內。[50]

胡耀邦之所以能夠離開牛棚，是幾個政治問題的結果。首先，調查劉少奇的中央專案組已經完成調查，毛澤東要求仍然在位的中央委員聽取相關證據，然後投票將劉少奇逐出黨外。其次，當局正在籌備延宕已久的第九屆黨代表大會，新領導班子的遴選作業已經展開。問題是，就若干方式而言，中央專案組的表現有些好得過分：第八屆中央委員會所有九十七名正式委員中只有四十人、所有九十六名候補委員中只有十九人，還能出席這項會議。其餘的委員與候補委員要不是已經死亡，就是已被康生與中央專案組定「罪」。毛澤東要開會，但湊不齊法定人數。[51]

不少候補委員補了這個缺，甚至還有幾名是從牢房中「解放」的代表。毛澤東特別指明，要將胡耀邦納入與會代表名單。據說，毛在籌備會議中說，「胡耀邦貧苦出身，我了解他。他能有什麼問題？讓他進來。」[52]就這樣，胡耀邦成為一九六八年十月十三到十月三十一日舉行的「八大十二中全會」的代表。對胡耀邦來說，這次全會還為他帶來一些更加重要得多的好處：兩年來，他第一次獲准回家探親，他的官銜與薪俸也恢復了。

胡耀邦或許知道他為重獲自由必須付出的代價：他得投票贊同一切提交中央委員會表決的決議。就像之前無數重要的黨工作會議一樣，這次全會也是「擴大」會議，也就是說，毛澤東可以讓原本沒有與會資格的人與會投票。儘管找來十名新候補委員填補已死亡委員的遺缺，出席這次全會的非中央委員人數仍多於中央委員。[53]

這次全會的工作報告，毛澤東、林彪、周恩來等人在會中的講話，以及會中提出的黨綱草案，都明白顯示黨的權力結構已經改變。毛澤東全面掌權，會中每一項文件與講話都極力吹捧他的人格、領導或思想。文化大革命成為大會工作報告盛讚的主要成就。在黨的尊卑結構中，「中央文革組」的地位在國務院與軍委之上，由江青、毛的秘書與親信顧問組成的「文革組」，現在是毛的「核心圈」。[54]

這次全會最重要的工作，就是通過中央專案組有關劉少奇的調查報告。這篇報告極盡誹謗之能事，扭曲劉少奇自一九二〇年代以來在黨內的活動，說他是「叛徒、內奸、工賊，是罪行累累的帝國主義、資本主義和國民黨反動派的走狗」。[55]但與會每個人都知道，在全會最後一天，也就是劉少奇七十歲生日當天，一項「撤銷劉少奇黨內外一切職務，永遠開除黨籍』的決議將在會中提出，屆時他們都得舉手表示支持。胡耀邦舉了手，但坐在他旁邊、一位名叫陳少敏的女代表拒絕舉手，她假裝瞌睡，把手擺在桌上。大會宣布決議全體一致通過，但有人注意到陳少敏的舉動，還問她為什麼不舉手。陳少敏說，「這是我的權利」，讓胡耀邦及其他一些後悔自己不該昧著良心舉手的人佩服不已。

「十二全」結束後，胡耀邦的情勢很詭異。在即將舉行的代表大會中，他可能連選連任成為第九屆中央委員，但首先他得全盤招供並認罪，討得江青歡心才行，而他不願這麼做。他在全會休息期間，刻意避開與康生握手，而且他知道康生對此也心裡有數。胡耀邦或許因為毛主席繼續信任他而感激毛主席，但他不確定自己是否能像過去那樣對毛堅信不疑，毛大搞個人崇拜也讓他感到困擾。現在胡耀邦可以回家與家人住在一起，但軍方代表仍然每天上門，要他寫自我檢討、思想聲明，以及關於其他調查的舉證材料。[56]

但第九屆黨全國代表大會於一九六九年四月一日至二十四日召開，胡耀邦沒有連選進入中央委員會。據說林彪、康生與江青都「阻攔」他的復出。但不為人道的真相是，或許毛澤東決定不讓胡耀邦進入中央委員會。毛澤東這麼做的理由不詳。就像之前的中央委員會會議，第九屆全國代表大會大多數的決定也是毛說了算。毛澤東讓林彪提名自己的親信進入中央委員會與政治局任職，因為文革造成全國動亂，他需要軍方維持秩序。毛澤東也提拔了自己的幾名親信——包括幾名非林系軍區司令員——擔任高官。胡耀邦已經被打殘，共青團也在軍管下。毛澤東不需要他。

胡耀邦的子女談到一九六九年三月胡耀邦寫給毛澤東的一封「萬言書」——不過沒有發表信的

全部內容，只選擇性發表其中幾句話。根據胡德平的說法，胡耀邦在書中談到中國抄襲多年的「斯大林時代計畫經濟」的不妥，特別是這種計畫經濟不能提升農產，也不能有效運用資源。毛澤東若讀了這封「萬言書」（無法確定他是否讀了），一定看得出胡耀邦在此影射的是大躍進。胡耀邦還在「萬言書」裡直接點名毛澤東核心教條之一「不要忘記階級鬥爭」，說他對這個教條反覆研究，「怎麼也無法理解」。[57] 胡耀邦或許知道這樣的表白，可能讓自己無緣中央委員高位，或許還會讓自己丟官、丟了官俸。在這次黨大會期間，他告訴家人，「如果只為一份薪水而出賣靈魂，活著還有什麼意義？……我還能工作，能養活自己。如果我沒了官俸，對我的孩子來說是好事，因為他們會因此自力更生。」[58] 就這樣，胡耀邦以代表身分出席第九屆大會，但他的名字沒有登入中央委員名單。會議結束幾天後，他被送往勞改營，康生正式展開對他的專案調查。

林彪的文化大革命——勝利、失敗與逃亡

欲完整訴說文化大革命的故事，就不能不談林彪的崛起、濫權、失敗和殞落。不過林彪的故事不能根據公開、已知的文革背景來談。林彪事件始末過程仍然深鎖檔案中，或許只要中國共產黨繼續掌權，事件真相永遠不會揭曉。由於有關林彪事件的記錄，滿載各式各樣為詆毀林彪、為毛澤東的文革暴政脫罪而做的裁判、扭曲與謊言，想確定林彪究竟是怎樣的人，想知道他究竟有什麼成就，甚至他究竟怎麼死的，都不可能。林彪就這樣凍結在中共黨史黑暗的一角，成為「為奪取最高權力，搞反革命集團，利用毛澤東同志的錯誤，背著毛澤東進行大量禍國殃民的罪惡活動」的「陰

謀家、反革命份子和罪犯」。[59]

在第九屆黨全國代表大會中，林彪經黨綱明訂為黨的唯一副主席與毛的接班人，擢升職涯巔峰，而胡耀邦見證了這一切。對時年七十七歲的毛主席來說，林彪是當然首選。林彪自一九五九年取代彭德懷以來，一直就是毛在軍中最主要的支持勢力。當劉少奇在一九六二年企圖扭轉毛的災難性經濟政策時，林彪曾出馬為毛辯護。林彪曾在解放軍中大搞毛的個人崇拜，送了千百萬冊毛語錄「小紅書」到全國各地，還保證要讓軍隊成為「研究毛澤東思想的大學校」。林彪因病蟄居多年，鮮少出席政治局常委會，但在一九六六年再次出山為毛撐腰，積極參與推動文化大革命的五月與八月黨會。

到一九六七年初，毛的文革讓全國陷於一片混亂。在毛澤東與文革組呼籲全面「奪權」後，紅衛兵與「革命造反派」之爭演成武鬥。在北京官僚體系與各省，黨與政府領導班子都成為相互交戰的派系，迫使毛澤東與總理周恩來找上唯一還能重建秩序、提供領導的組織：解放軍。到一九六八年底，幾乎所有殘存的中央官僚都被軍事管控組接管，為取代區域性黨委與政府組織而成立的「革命委員會」，大多也為在地解放軍單位的司令員與政委所控制。[60]

主要劃分為十一大軍區的解放軍，本身也是派系、山頭林立，毛澤東有時還稱它們是「獨立王國」。早在國共內戰以前，解放軍高級軍官團就因錯綜複雜的人際關係與地方派系而四分五裂。林彪雖不滿文革組在軍事院校與軍區司令部搞奪權的作法，但仍然運用他與毛澤東的親密關係，迫使幾名與他同樣不滿文革組、參與「二月逆流」的「老元帥」靠邊站。林彪利用專案組來打擊他的頭號對手賀龍，並清除殘留軍中前總參謀長羅瑞卿的勢力。中央軍委常委於一九六七年年中停權，由林彪指派他老婆與幾名親信所組成的「軍委辦事組」取而代之。[61]

從一九六七年中到一九六九年四月第九屆全國代表大會開議，解放軍壟斷了文革的決策與行動，這段期間或許是文革最黑暗且最暴力的階段。解放軍「支左」的首要對象，事實上就是毛澤東所支持的左派份子。近年有關文革的研究得出結論：解放軍軍官的觀點基本保守，主張維護秩序與紀律，他們專門攻擊意圖推翻現狀的人，已造成成千上萬的傷亡。[62]在「三支兩軍」運動於一九六七年初展開以後，兩百八十多萬名解放軍官兵進駐各地方、部會與黨務部門，成立軍管組。他們取代被摧殘殆盡的官僚，在派系分化的單位建立能夠管事的領導組、控制紅衛兵的暴力、支援陷入困境的公安隊伍，並管理遍布全國、數量越來越多的勞改營。他們的工作是在全國各地製造仇恨與憤怒。[63]

在文革期間，當局設計了兩種新的勞改形式來處理文革期間大批失勢、下放的人：一是一九六八年底的「上山下鄉」或「知青下鄉」運動，一是一九六九年初的「五七幹校」運動。在抓捕、運輸、執行一千七百萬知青的流放，以及運送、監管一九六八至一九六九年間十幾萬落馬的黨中央與國務院官員的過程中，解放軍都扮演關鍵性的角色。[64]

為了回應林彪讓解放軍成為「研究毛澤東思想大學校」的計畫，毛澤東在一九六六年五月七日寫了一封信給林彪，關於創建「五七幹校」的指示就源於這封信。毛澤東在信中說，學生除學習毛澤東思想以外，還應該學習政治、軍事與文化，並且附帶建立小型工廠與生產事業。[65]當時大批被整肅的幹部關在各部會的牛棚裡，而造成越來越嚴重的政治與後勤問題，毛澤東這項建議遂被視為解決這些問題的良方。由於毛澤東決定於一九六八年十月精簡黨、政機構，採取決定性行動的壓力也不斷增加。據說毛澤東認為，中央機構的工作人員有百分之八十到九十都是冗員，即使裁掉他們也不會影響效率，而且他們大多是知識份子，做苦工對他們有好處。[66]

當時許多農村鄉野擠滿了失學青年，大多數地方除了建造勞改營的荒地以外，也提不出其他可用的設施。從一九六八年底到一九六九年底，中央在十八個省建了一百零六所「五七幹校」，大多集中在河南、湖北與江西省。估計約有十萬到十三萬五千名官員、包括若干家屬，進入這些幹校。在一九七一年底林彪死後，幹校開始解散，不過解散的過程拖了好幾年。河南省建了二十所「五七幹校」，設施最多，其中八所在信陽市。[67] 當時信陽市甫經「大躍進」蹂躪未久，原本八百萬居民餓死一百多萬，全市各地到處是可供建立勞改營的荒地。

一九六九年四月十五日，共青團中央委員會約兩千名幹部搭火車與卡車出發，前往位於河南信陽市潢川「黃湖農場」的共青團五七幹校。經過兩、三天的旅程，他們抵達彷彿人間地獄的黃湖農場。黃湖農場原是監獄的一處勞動設施，但在一九六九年大體上已經荒廢。農場裡沒有可供這些新到幹部棲身的建築，沒有水井或可以飲用的水，也沒有衛浴設施、醫院診所、道路運輸，甚至也沒有電。潢川位於河南東南，夏季泥濘、蚊蟲為患，冬季又濕又冷，是一處高溫、高濕、多雨、雲霧深鎖、如蒸氣浴室似的地區。[68]

黃湖農場是解放軍轄下的軍事設施，以連和排分組，並實施軍紀管控。農場的軍方副代表張立順對新來的幹部說，五七幹校之所以選在黃湖農場，是因為這裡地處荒郊野外，生活條件奇差，讓新來的人都應知道他們不再是「幹部」，而是「勞改犯」，而且他們這輩子都會留在這裡幹農活。他們甚至不可以「同志」相稱。[69]

胡耀邦在五月中旬來到黃湖農場時，發現他那些同事們不是垂頭喪氣，就是滿腔怒火。但軍代表告訴胡耀邦，他在這裡既不能享有高幹的任何特權，也不能因年長（他當時五十四歲）而有任何優待。胡耀邦在黃湖什麼都不是，而且他要在黃湖接受調查與監禁。也就是說，他得像過去一樣每天寫檢討、交代「材料」。他到黃湖是為了接受再教育。一開始，胡耀邦只能閱讀四冊裝的馬克思與恩格斯、列寧與毛澤東選集。每晚胡耀邦點著煤油燈讀這些書，直到深夜還在勤作筆記。胡耀邦將這些筆記本視若珍寶，甚至不准其他人碰。[70]

胡耀邦在黃湖農場日復一日做著苦工，而且他很認真，從不抱怨。鑽井、築塘、建宿舍、搬石頭、插秧、篩穀、挖灌溉溝渠——所有基本的農活，他都做得無怨無悔。原是湖南農家子弟的他知道怎麼幹活。同伴們甚至推選他為模範勞工，不過軍代表不讓他領獎，因為他是「走資派」。軍代表為迫使他就範，有時會給他額外的工作，或故意扣下一些可以幫他省力的工具。每個月胡耀邦可以領三十元工資（依當年匯率約為十二美元），他用這些錢在食堂用餐，買他永不離手的香菸。[71]

胡耀邦比其他大多數的人犯年長，容易疲累。他曾經幾次因過於勞累或中暑而不支倒地。有時他的勞動組會不顧軍代表的反對，讓他做較輕鬆的工作。但胡耀邦總是自願挑重活幹，因此共青團的同事們對他的印象都很好。胡耀邦的幽默及正向、樂觀的精神更加深了這種好印象。有關他在這段期間的生活記述，充滿他如何逗人開心、化解他人焦慮的軼事趣聞。儘管他無權無位，但這一切都證明他是真正的領導人。

早在文革爆發之初，胡耀邦便知道認罪不能為自己減輕政治壓力，而只能帶來更多的霸凌與新的指控。所以他拒不認罪。他承認，在身為共青團領導人的十七年間，他犯了一些錯。一開始他曾承認自己是走資派、是鄧小平一夥。但在仔細讀完馬克思有關資本主義的解釋後，他否定對他的指控，收回自己早些的認罪聲明。解放軍專案組為他擬妥一份自白書；他只要在上面簽名即可。但他拒絕簽名，還建議不如讓他自己寫一份聲明，以附件形式隨同這份假自白書一起呈交中央裁決。這當然不可能。[72] 拒不認罪，筋疲力盡的重活與非人生活便成為唯一選項，原本體弱的他更加不支。直腸脫垂與出血讓他苦不堪言，負重扛米也讓他肩背劇痛，時而痛到昏厥。多雨與溽暑的天候讓他瘧疾復發、體重銳減。骯髒的生活條件與過度操勞讓他得了肝炎，但黃湖農場附近沒有可以求助的醫療設施。[73] 一九七一年春，胡耀邦終於同意由北京的友人設法把他接回北京治療。讓他回心轉意的，是他的眉心長了一顆發炎、化膿的痣。軍代表一開始拒絕讓他回去看病，但最後還是准了他回鄉探親假。

這趟北京之行只為他帶來短暫的喘息，他見不到孩子，而孩子們各有工作崗位，不能請假來看他。胡耀邦在仲夏重返黃湖農場。[74] 在回黃湖前，他寫了一封信給周恩來的妻子鄧穎超，但未能與她見面。回到黃湖後，鄧穎超打電話給胡耀邦，但軍代表攔下電話，只向胡耀邦轉告鄧穎超的話，鄧穎超會想辦法在胡耀邦下次赴北京時見他。軍代表很生氣，或許還有一點警覺，指控胡耀邦「不守紀律」，想讓高官插手干預他的案子。[75]

我們不知道胡耀邦在這次短暫的北京之行中有何知悉，不過在許多人口中，一九七一年仲夏在中共政治史上是一段非常緊張、詭異的日子。當胡耀邦在河南南方揮汗、受苦受難時，北京的菁英政治圈山雨欲來，緊張得令人窒息。毛澤東與欽定接班人、「親密戰友」林彪之間的關係，已經從一九六九年的脣齒相依演變為一九七〇年的針鋒相對。

第九屆中央委員會第二次全會於一九七〇年八月二十三日到九月六日在廬山——毛澤東曾於一九五九年在這裡羞辱彭德懷——舉行。毛與林彪的關係在會前更惡化了，這次會議也很快成為毛的「中央文革組」與林的「軍委辦事組」之間的權鬥。雙方實質性的爭議在於，是否在下一次代表大會中恢復國家主席（原由劉少奇擔任）一職。儘管國家主席只是沒有實權的名譽職，毛澤東與林彪都無意兼任，但兩人也都不願將這職位讓給他人。這場代理人之戰越演越烈，林彪的將領主張恢復國家主席，而張春橋與他的上海幫反對。[76]

毛澤東在廬山會議中，也因為過度個人崇拜的問題而與林彪、陳伯達決裂。毛澤東顯然已開始感到不斷的阿諛奉承不僅沒有必要，理論上還令人尷尬。但林彪與陳伯達已經擬出一套毛澤東「天縱英才」的新理論，計劃在全會中通過。林彪在廬山會議開幕致詞時提出這項建議，當張春橋表示反對時，林彪的軍委辦事組對張群起而攻擊。這時毛澤東已經察覺軍系勢力過大，隨即匆匆於八月二十五日召開的政治局常委擴大會議中發表長篇大論，斥責已經與文革組決裂、公開支持林彪的陳伯達。[77] 在這次擴大會議中，毛下令陳伯達「停職反省」，林彪的幾名軍委辦事組成員也奉命寫檢討。[78] 遭此重挫與羞辱的林彪帶妻子回到大連老巢，據說他之後在大連整日無精打采，不肯離開總部。[79]

一九七一年八月中旬，毛澤東乘火車離開北京，展開武漢、長沙、南昌等地的秘密「南巡」。他此行目的是會晤政治盟友，以及非林彪嫡系的軍方領導人，警告他們風暴將至，並爭取他們的支持。毛澤東指控林彪與其軍委辦事組，說他們秘密對黨發動攻擊，犯了與劉少奇一樣嚴重的「路線錯誤」。林彪透過自己的網路得知這消息。毛澤東於九月十二日秘密返回北京，顯然擔心自己的安全。[80]

之後發生的事，甚至在半個世紀後仍是一連串的謎。首先在九月十三日晨，中共空軍一架「三叉戟」（Trident）運輸機在蒙古人民共和國城市昂杜康（Öndörkhaan）附近墜毀。當天蒙古政府調查人員趕到墜機現場，確定那是一架中共軍機，在殘骸中找到九具已無法辨認的焦屍，其中幾具焦屍穿著解放軍的制服。蒙古邀請蘇聯大使館官員到現場查看，隨即召見中共大使，抗議一架身分不明的中共軍機擅闖蒙古領空。之後中共官員獲准調查墜機現場，他們拍了照，但沒有移動屍體。如果這架編號二五六的三叉戟運輸機上有俗稱「黑盒子」的飛航資料記錄器，這個記錄器的所在仍是個謎。事件發生後一連幾週，沒有任何相關的新聞報導。[81]

早在這架運輸機於十二時三十分左右從北戴河附近「山海關」機場起飛時，中共黨、政、軍官員正在跟監它的動向。他們甚至在獲悉飛機墜落以前，就開始蒐集各種地面情況的細節，並採取層層保密的手段。他們在事發後調查、逮捕且編了一套隱瞞真相的故事。儘管未對墜機現場或死難者遺骸進行法醫鑑定調查，九月十八日中共中央辦公廳發布名為「中共中央關於林彪叛逃出國的通知」的「中發〔一九七一〕五十七號」極機密文件。文件透露了九月十三日這次事件的若干細節，說一架與事件有關、載有陰謀犯與機密文件的軍用直昇機在北京以北遭擊落，還說林彪的女兒告發她的父親叛國。除此之外，文件中自然還有一些讚揚毛主席、譴責陳伯達等「路線鬥爭」輸家的樣板。[82]

九月中旬，林彪專案組展開調查，有關林彪與其家人的陰謀論逐漸成形。主要證據是林彪之子林立果暗殺毛澤東、結束文化大革命的陰謀。這份林立果撰寫的「五七一工程紀要」，首先於一九七一年十一月在資深黨領導人間傳閱，隨於翌年年初轉發給更多人。林立果在這份「工程紀要」中挖苦毛澤東是B-52，是秦始皇，還說要想辦法殺毛，但「工程紀要」不是有條理的計畫，也沒有任何將它付諸行動的證據。[83]

在林彪死後，當局所提供的說法是否真確根本無關緊要。毛澤東的主要目標是奪回林彪與林系人馬趁著文革時混亂奪取的政治權力。而且很快做成決定。就在林彪搭機出亡的那個上午，整個解放軍空軍全部禁飛，幾名空軍高級將領也被捕。據報，九月二十四日，林彪在中央軍委辦事組的「四大金剛」——黃永勝、吳法憲、李作鵬、邱會作——遭到「停職調查」，很可能隨即入獄。[84]葉劍英奉命主持中央軍委的日常工作，成立「軍委辦公會議」，撤銷林彪的軍委辦事組。[85]

林彪究竟出了什麼事？相關理論與說法很多，但引用的證據無不相互衝突，有些論點是事後回溯、捏造的產物，目的只是在於使林彪看起來更陰狠、毛看起來更有眼光而已。第九屆大會結束後，毛林關係迅速惡化，成為知名史學家高華所謂的「完全是一場權力爭奪」。[86]毛澤東給林彪一個接班人的名銜，但沒給他實權，到一九六九年底，毛開始設法拉林彪下馬。林彪夫婦既怕毛，又瞧不起毛，但似乎準備耗下去，等毛歸西。之後九屆二中全會召開，毛決心整林的計畫已經明顯了，林彪只得退縮，但斷然拒絕毛要他認錯的要求。

病痛纏身、心情沮喪的林彪或許真的決心出亡。但有關林彪生前最後一段時間的官方說法無法讓人信服。根據這個說法，林彪帶著妻、兒與幾名幕僚一行，從北戴河驅車到山海關機場，過程中還與解放軍部隊發生槍戰，趕到機場後匆匆登上一架三叉戟運輸機，但那架飛機油料不足，無法抵達蘇聯境內的目的地，結果在緊急迫降時墜毀於蒙古沙漠。這個說法與蒙古政府的驗證報告內容不符。根據蒙古的報告，墜機事件可能是「飛行員失誤」造成的，因為飛機在觸地時沒有放起落架，引擎全速運轉，時速達六百公里。此外，飛機墜地引發大爆炸，燒了很久，表示飛機當時油料不缺。[87]

邯鋼、王海光、楊繼繩等著名當代中共史學家認為，中共官方有關林彪叛逃事件的說法啟人疑竇之處甚多，真相可能永難揭曉。他們的疑慮言之有理。我們因此認為，毛澤東與周恩來即使沒有直接下令，與林彪之死大概也脫不了關係。幾名史學者與陰謀論者對事件的過程另有說法，但至今都無法佐證。

江青與鄧小平的文革——閱讀障礙的政治

林彪扮演的支持文革的角色在蒙古沙漠中驚悚落幕，作為一場群眾運動的文革本身也就此戛然而止。毛澤東個人崇拜的內容，包括「小紅書」、毛澤東是天才、林標是「親密戰友」與接班人等理論，大多與林彪息息相關。隨著北京政權開始清洗毛與文革，斬斷與林彪所有的牽扯之際，文革狂潮也消退了。有些中國人開始希望中國可以過點正常的生活了：工廠與學校可以重開，政府恢復運作，交通運輸重新運轉，人們可以重拾休閒活動，政治運動也退燒了。[88]

北京當務之急就是訂定復甦計畫，重振搖搖欲墜的經濟，讓黨內四分五裂的派系重新攜手，製造一套言之成理、林彪如何背信棄義的公開說詞。這項艱鉅的任務就落在周恩來身上。周恩來還得處理美國尼克森（Richard M. Nixon）總統一次極其重要的北京之行。周恩來圓滿完成這些任務，但也因此付出巨大的個人代價。首先，他又一次招來毛澤東的注意與猜忌。其次，他在一九七二年五月經確診罹患膀胱癌，醫生認為他的症狀屬於初期，可以治癒。

但政治局領導人的任何醫療報告，甚至在交給本人以前，都得先交由毛澤東「批示」。毛澤東指示醫生，不准把周恩來的病況告訴周本人或周的妻子，不再做進一步的檢驗，而且避免動手術，只是改善營養。[89]

根據毛澤東私人醫生李志綏的說法，一九七一年底，毛澤東本人也病痛纏身。七十八歲的他明顯老邁；他走起路來拖著腳、彎腰勾背。林彪事件過後一連好幾週，毛澤東因肺炎、高血壓與憂鬱症而纏綿病榻。直到一九七二年初，因尼克森即將到訪，毛澤東才開始打點精神，改變他對外交與內政的態度，也開始注意自己的健康。[90]一月初，一九六七年被他逼得靠邊站的「老帥」陳毅病故，毛澤東大張旗鼓出席了陳毅的喪禮。他在喪禮中暗示，應該將內戰期間曾是陳毅戰友的鄧小平無罪開釋。據說周恩來對此表示歡迎。[91]

儘管鄧小平在文革初期被指為繼劉少奇之後「黨內第二號走資派」，但在毛澤東的保護下，他始終沒有受到劉少奇承受的那種人身攻擊。鄧小平也曾遭到公開羞辱，與妻子一起被拖去鬥爭，住家還被紅衛兵入侵。更慘的是，他的一個兒子在一九六八年因逃避紅衛兵拷問，從北大一棟建築的四樓跳窗（或許是被人推到窗外），摔斷脊髓而跛了腿。一九六八年，由於毛澤東出手干預，鄧小平沒有像劉少奇一樣「永遠開除黨籍」。在第九屆黨代表大會結束後，鄧小平被下放江西鄉間勞改，不過他獲得的條件比胡耀邦優渥得多。鄧小平與妻子同住一棟兩層樓四合院，子女可以到訪，而且停留時間不拘。[92]

在聽說林彪的死訊後，鄧小平透過汪東興轉了一封信給毛澤東，吹捧毛澤東揭發林彪叛國的「英明」。他在信中感謝毛主席讓他可以透過勞動與研究「自我改造」的機會，希望今後還有機會「為黨做一點事」。不過，直到鄧小平在八月間又寫了一封更加卑躬屈膝的信，承認自己過去「夥同劉少奇走上反革命反動資產階級路線」，幸而文革「拯救」了他，毛主席才考慮把鄧小平調回北京。[93]

毛澤東嘴裡雖不承認，但他需要鄧小平。一九七一年底與一九七二年初，毛澤東面對多年來最險惡的政治情勢。中國共產黨幾乎只剩一個空殼，吵吵鬧鬧但一事無成。叛國賊林彪已經死了；周恩來老邁、病重且不可信。政治局五名常委有兩人或死或被貶，二十五名候補委員中也有八人被除名。解放軍在葉劍英的主持下，正展開又一場對高級軍官的全面整風，數以百計與林彪案牽連、或在政治立場上與林彪站在一起的高官被捕並被停職。[94]

安全機構也殘破不堪。公安部長謝富治遵照一九六六年文革組的要求，「搗毀」公安部與公檢法系統，將數以千計國級與省級警官逮捕、去職，當時毛澤東還對此表示讚賞，說這事讓他「高興」。[95]軍事控制組於一九六八年進駐，負責各地治安，但公共秩序情勢持續惡化。謝富治在一九七〇年罹癌，不再管事，並於一九七二年初去世，因此公安系統幾次改組。代表政治局常委督導公安機構的康生也在一九七〇年罹癌，不再公開露面。

毛澤東在二中全會將矛頭指向陳伯達，「文革組」也因此形同虛設。他在一九七〇年十月下令成立「中央組織宣傳組」，由康生擔任組長，主要組員有江青、張春橋與姚文元。除了中央組織部殘餘機構以外，所有的重要黨媒都由這個新單位負責監控。由於康生病重，中央組織宣傳組實則由江青監控，換言之就是在毛搖擺不定的指令控制下。[96]

就若干方式來說，林彪死後的政治鬥爭，已經演成一種代表毛主席人格兩面的路線鬥爭：一面是現實派實證主義國家領導人性格，另一面是反傳統、講仇恨、愛報復的革命性格。中國共產黨在毛澤東生命最後五年分裂成兩派，反映的正是這兩種相互衝突的性格：一派是解放軍老幹部與忠誠黨員支持的周恩來與鄧小平，另一派是因文革而受益的一夥人支持的江青與所謂「四人幫」。在一九七〇年代初期，毛澤東或許還能操控這兩派人，保持他們在黨內勢力的平衡，但隨著毛的健康狀況日益惡化，情勢也逐漸失控。

林彪事件過後的中央政治，逐漸淪為影響力不出中南海與釣魚台——高級領導人的主要生活與工作區——的個人鬥爭。政策與政績重大議題，特別是農村情況與經濟議題，在左派對抗右派意識形態鬥爭的喧囂聲中逐漸銷聲匿跡。大致上，這類鬥爭純屬陰毒邪惡、你死我活的權鬥政治，勝負決定權一般操在毛的手裡。林彪事件過後，中央必須發動批判林彪的群眾運動，但如何發動？林彪是左派或右派？這類問題的答案與林彪或他的行動與態度毫不相干，但與他死後的派系路線大有關係，左右兩派的意識形態鬥爭就在這種態勢下出現第一次攤牌。

就在這中央權鬥越演越烈之際，胡耀邦經周恩來的指示悄然回家休養。他在一九七二年十月回到富強胡同六號家中，發現家中幾近全空，只有他年邁臥病的岳母一人獨居。他的妻子已經離開她所屬部會的五七幹校，不過沒住在家裡，三個兒子與一個女兒也散居在不同的學校與軍事單位。胡耀邦住進和平醫院動手術去除那顆化膿的痣，在手術中失去半邊右眉，然後回家。

胡耀邦從幹校「解放」了，但距離自由之身還很遙遠。他仍然在一個中央專案組的掌控中，這個專案組似乎有意為他在寧夏安排一份低階職位，交換條件是他得寫一份檢討，或在他們為他準備的一份檢討上簽字。胡耀邦拒絕簽字，寫了一份自己的檢討附在報告上。停留北京期間，左派牢牢控制下的共青團團部召見他，逼迫他寫檢討。專案組調查員來到他家，要他揭發過去的同事，提供他人的罪證。他拒絕了，還幾次與調查員怒目相向。寧夏的事就此泡湯。

但胡耀邦沒有讓自己閒著。他出門散步，為了避免討嫌，他不願拜訪老友。他也不邀友人來家裡，但當友人不避嫌地登門拜訪時，他歡迎他們，與他們長談政治。[97]在文革前，胡耀邦以愛邀同事來家中用餐聊天而出名，但現在上胡家登門拜訪會啟人疑竇。政治局委員紀登奎就曾找上胡耀邦，並提出警告，上胡家拜訪的人「太多」了。[98]新的共青團領導人還指控胡耀邦在家裡組織「黑社會」，暗示說他陰謀對抗黨中央。[99]

胡耀邦把大部分的時間花在閱讀上。他告訴親友家人，「我的錢大多花在閱讀上，這是我最大的樂趣所在。」[100]不再置身於沒有書本世界的他，盡情優游於馬克思經典、中國歷代史、古今文學、莎士比亞（Shakespeare）與托爾斯泰（Tolstoy）譯作、哲學與倫理、科學與技術之中。他甚至讀起英文。他的喜好不拘一格，但他的求知永無止境，閱讀習慣更加一絲不苟，每天為讀到的每一樣東西寫筆記。[101]他會與在北大唸歷史與文學的胡德平討論他寫的許多筆記。

但胡耀邦經常一人獨坐沙發，一根接一根抽著菸，想著過去一切種種與正在閱讀的東西。儘管他與老友、老友子女的若干談話已經發表，但由於沒有可供參考的日記、筆記、或信件，我們不知道胡耀邦在這段期間的想法或結論。為他立傳的人（其中有些人跟在他身邊多年）說，胡耀邦在這段期間開始認定，他有一天會復出任事。他們的觀察失之主觀，但或許精準。

從一九六二年在湘潭工作起，到一九七二年離開勞改營這段期間，胡耀邦的個人經驗一直是幾乎不曾停歇的政治攻擊與批判的目標。他的工作重心在於恢復生產，改善平民百姓的生活。黨中央一味強調的階級鬥爭與一個接一個的政治運動，既不能改善中國人民的生活，對中國的國際地位也毫無建樹。胡耀邦似乎已經認定這是黨的錯，「黨內鬥爭」與「正常民主生活」的付之闕如，助長了諂媚奉承、個人獨裁，以及目標錯誤、難免失敗的政策。由於正常黨規與程序遭到扭曲，無數黨官被懲罰、下獄，甚至慘遭殺害，家人也妻離子散、流離失所。[102]

就在這段期間，胡耀邦對毛澤東產生一種矛盾的情感。他認為圍繞毛澤東身邊築起的那種個人崇拜令人厭惡而且誤導人，但他仍然對毛崇拜有加，他仍然想見主席。他在一九七二年告訴紀登奎，無論黨要他做什麼，他都會做，但在接受新任務前他要見毛主席。根據胡德平對他父親這項要求的轉述，胡耀邦似乎認為他能與毛澤東講理，勸毛放棄一些造成重創的文革政策。但他也擔心，如果接受一項必須遠離北京的差遣，他可能這輩子再也見不到主席。[103]但無論怎麼說，他還是沒見到毛澤東。或許這是因為紀登奎從中作梗。毛澤東也沒有見胡耀邦的必要。另一方面，鄧小平委靡不振守在那裡，等候毛澤東決定是否讓他復出。一九七三年三月，毛澤東終於批准周恩來的建議，讓鄧小平回來擔任主管外交政策副總理，但沒有恢復鄧的軍職。三月底，鄧小平七年來第一次公開露面，四月他開始接替周恩來接見外國訪客。[104]

由於心臟衰竭，毛澤東開始失去口頭對話的能力。他的醫生還相信他患了「運動神經元疾病」（俗稱「漸凍症」）。[105]但他仍能運用他殘留的權力拼湊一個由他控制的黨領導班子。鄧小平重返北京後那個月，毛澤東在北京開了一次黨中央工作會，通過決議，讓三名支持文革的區域領導人出席政治局會議。這三人分別是：上海「一月風暴」名人王洪文、毛澤東在湖南省的親信華國鋒（也是胡耀邦的舊屬），以及自一九六六年以來一直在北京搞黨務工作的吳德。

對毛澤東與他的左派盟友來說，一九七三年八月第十屆黨全國代表大會是一場重大的勝利。王洪文在這次大會中「直升飛機式」當選中央委員會副主席，成為繼周恩來之後第三號人物。解放軍總政治部部長、北京軍區司令員李德生，與康生、葉劍英、張春橋一起進入政治局常委。毛澤東仍有效控制這時已增至九名成員的政治局常委。在十大第一次全會宣布的黨中央新領導班子名單中，解放軍失去許多原本在「九大」政治局擁有的權位。[106] 鄧小平重返中央委員會，但未能進入政治局。幾名「老幹部」再次成為中央委員，但胡耀邦不在其中。

儘管在政治上斬獲甚豐，左派卻在一九七三到一九七四年間虛擲良機，讓毛怨嘆不已。上海幫出身的三名領導人與江青成天廝混在一起，不與黨或國務院其他領導幹部合作與溝通，不斷與政治局對手爭執，開會隨意離席，還肆意亂搶文件。最讓毛澤東不快的是王洪文。王洪文英俊、健壯，集工、農、兵資歷於一身，但完全不具備履行副主席職權的能力。當周恩來於一九七四年六月生病住院時，毛澤東將「管理黨中央工作」的重任委交王洪文。但王洪文在北京沒有支援網路，對國內外事務一竅不通，對簡報也不理不睬，在外國訪客面前丟人現眼。他完全不是鄧小平的對手。鄧小平與葉劍英經常上醫院探望周恩來，在周恩來的指點下，鄧小平輕鬆接下周恩來的角色。[107]

十二月底，周恩來離開醫院，與王洪文一起飛往長沙，就第四屆全國人民代表大會的政策與人事安排問題，向毛澤東說明他們的看法。兩人與毛澤東會商了兩天，毛的接班計畫與整體政策方向因此再次出現轉折。毛澤東重申贊同由鄧小平出任第一副總理，但更重要的是，毛澤東贊同提拔鄧小平為政治局常委、黨副主席、中央軍委副主席與解放軍總參謀長。[108] 為維持領導班子全面政治勢力的平衡，毛澤東批准任命王洪文為中央軍委常委，提拔張春橋為解放軍總政治部部長兼第二副總理。第十屆黨大會二中全會於一九七五年一月在北京召開（毛澤東未出席），通過所有這些人事案。[109]

一月十七日，延宕已久的第四屆全國人民代表大會在北京召開。周恩來親自發表工作報告，要求在一九八〇年以前「全面改善」中國經濟，並在本世紀結束以前達成工業現代化、農業現代化、國防現代化、科學技術現代化等「四個現代化」。周恩來這項呼籲獲得熱烈響應。會後，周恩來回到醫院，鄧小平接管國務院的工作。二月間，中央軍委常委正式恢復運作，由葉劍英與鄧小平主持軍務。六月，人在長沙的毛澤東批准由鄧小平取代周恩來主持政治局會議，意味鄧小平是中華人民共和國所有三大官僚系統的「第一把手」。[110]

四月，毛澤東回到北京，似乎決心扮演息事寧人的角色。張春橋與姚文元不斷寫文章、發表演說，幾乎毫不掩飾地攻擊鄧小平等老幹部。鄧小平也不甘示弱，要求展開對黨的「整頓」，從每一個單位的領導組下手。就這樣，特別對於文革期間得勢的年輕一代幹部來說，一場全面整肅即將到來。[111]

鄧小平立即展開行動，倡導「四個現代化」，讓國務院與黨中央重新有效運作。不過他得先處理領導組的整頓問題。他在一九七五年五月有關鋼鐵生產的工作會議上說，「要把緊抱派系主義的人調到其他崗位，進行一切必要的批判或鬥爭。」「我們不能拖著，永遠等下去。」[112] 為了對抗來自江青手下宣傳體系的左派攻擊，鄧小平需要理論與知識資本，於是在國務院成立一個六人「政治研究室」。政治研究室由胡喬木主持，胡喬木曾當過毛澤東的秘書，是夙享盛譽的黨文件作者。鄧小平還需要能扛得起政治壓力、精明幹練的行政管理人才。

胡耀邦重返江湖

一九七三年底，毛澤東建議黨中央為新任中央委員、省委與軍方領導人、以及等候工作任命的「解放」老幹部，成立高級「讀書班」。這為期四個月的讀書班由中央黨校與中央組織部（都由康生與江青監控）主持，在一九七三年十月開課，課程包括馬克思經典理論、毛澤東著作選集以及有關當前思想議題的文章。每期讀書班有五十到六十名學生，由中央黨校教師領導較小型的討論組。[113]

胡耀邦接到通知，要他參加一九七五年三月的第四期讀書班，胡耀邦欣然從命。他自離開五七幹校以來就一直在讀馬克思經典。他積極加入討論組，有時還領導討論組，協助一些老幹部了解政治學基本原則。就連年紀較輕的學員也認為他的話有見解、發人深省，還很幽默。當然，所有學員說的話、寫的東西，都有人報上中組部讀書班督導。第四期讀書班結束時，胡耀邦寫了一篇有關讀書班紀要的長文給毛主席與黨中央。[114]他的表現獲得特別嘉獎，他這篇讀書班紀要顯然已轉發給一些資深領導人傳閱，包括葉劍英。

一九七五年七月四日，鄧小平在人民大會堂舉行的第四期讀書班畢業式致詞，出席儀式的還有葉劍英等資深領導人。葉劍英邀胡耀邦坐在前排，讓他能聽和看得更清楚，還對胡耀邦寫的讀書班紀要表示讚賞。畢業式結束後，葉劍英建議鄧小平讓胡耀邦擔任領導工作。鄧小平接受建議，向毛提出胡耀邦進國務院工作的人事案。[115]

七月十七日，胡耀邦被召進中南海見副總理華國鋒。華國鋒要他立即向「中國科學院」報到，奉鄧小平之命，以「中科院黨委負責人與副院長」的身分，在中科院執行一項整頓計畫。胡耀邦接獲的初步指示包括改組黨委，重建中科院各院所正常作業，維護「穩定與團結」，毫不猶豫地打擊派系主義。胡耀邦得在盡可能最短的時間內，向國務院提出一份中科院情勢報告、一項重建計畫與一張新領導班子人員名單。[116]

這項工作非常艱鉅。在文革期間，由於中科院的學術結構、技術專業，以及無數擁有外國大學學位、受過外國訓練、擁有外國友人與關係的學者慘遭蹂躪。自一九四九年以來一直擔任中科院院長的郭沫若，曾遭紅衛兵羞辱，此時仍重病，沒有出面管事。到一九七五年，中科院原一百零六個院所只有四十所仍在營運（大多與解放軍合作營運）。根據若干統計，兩百二十九名中科院研究人員被「迫害致死」。老科學家被迫在院所內做勞工，許多人入獄。「造反派」研究員或學生把持院內一切工作，他們排斥所謂的專家認證，講究革命經驗，倡導以農村為對象的研究實驗室與科研工作的「開放式管理」。[117]

面對如此重責大任，胡耀邦並無勝任的把握。他對中科院部屬說：「我是哪號人物？我只有小學畢業，初中也不過唸了半年。我根本不適任，在自然科學方面全無基礎。」但他說他下定決心，誓言「去除老知識」，讓新科學理念上位。[118]

七月二十二日，胡耀邦帶著他在共青團的舊部李昌來到中科院。他很快又找來幾名前共青團幹部（包括胡克實）加入他的領導組，分派他們任務，讓他空出時間進行體制調查。面對仍然監控中科院大部分工作的「造反派」領導人，胡耀邦知道他必須小心在意。只是個性使然，要他面對這類議題視而不見，很難不發揮「胡式幽默」。他對所謂「開放管理」實驗室的觀念嗤之以鼻，還問道，難不成北京核能與武器生產設施也應該敞開大門管理嗎？在談到以農村模式經營科研院所的構想時，胡耀邦說，「科學院是科學的院所……不是蔬菜或土豆的院所；科學院搞的是科學，是自然科學。」[119]

到八月一日，他已經成立一個五人小組，開始起草對國務院提出的「科學院工作匯報提綱」。五人小組成員都是他的舊部——沒有造反派。他要小組根據他所準備的六點綱要，在一週內完成報告初草。[120]「工作匯報提綱」草案須強調，自一九四九年以來，基本上中科院的工作做得還不錯，大多數的人員也都忠誠。目前兩項主要任務是，重組研究院所的領導組，讓他們撇開思想議題方面的爭議，重新投入科技。草案中強調科研工作靠的是知識份子，也談到為中科院人員提供房舍與服務，幫助他們重聚失散家人等後勤議題。[121]

八月十二日，胡耀邦與鄧小平就這份草案談了一次話。鄧小平說，草案寫得「非常好」，但需要更加著墨如何解決中科院領導問題，特別是派系問題。三天後，在胡耀邦提出修正版草案後，鄧小平將修正版草案發給胡喬木等幾名顧問傳閱。鄧小平說，他要將這篇「工作匯報提綱」草案「打磨一番」，隨即任命胡喬木完成這項工作。[122]

將草案起草的工作交給五人小組後，胡耀邦繼續在中科院各院所進行調研，遇到機會就發表演說，倡言整頓。他強調將科技發展置於政治之先、讓科學家重返工作崗位的緊迫必要性，強調「專」就是「紅」。他說，「如果我們的科技搞不好，不僅是錯誤，還是罪惡。如果我們不能完成『四個現代化』，子孫後代都會罵我們！」[123] 胡耀邦對知識與科學的尊敬與支持發自內心，他從未附和毛澤東所謂知識份子不可信的觀點，也對擁有學位與外國關係就是階級敵人的左派看法更加嗤之以鼻。有了這個為大批知識份子重建信譽的機會，胡耀邦歡欣雀躍，全力以赴。

胡耀邦的這些話惹來爭議，讓鄧小平感到不安。七月二十六日，鄧小平指示胡喬木，要胡喬木警告胡耀邦少說話。胡喬木告誡胡耀邦，要胡耀邦稍安勿躁，等到「工作匯報提綱」草案經過修正，經國務院批准，並送交毛澤東審閱之後，再向群眾發表、聽群眾的意見也不遲。胡喬木鼓勵胡耀邦討論這篇報告的原則，但話鋒不能「太尖銳」。[124] 胡耀邦沒有理會這些建議，當天下午就在中科院「電腦研究所」又發表一篇挑釁意味濃厚的演說。第二天上午，鄧小平把胡耀邦召進辦公室瞪眼怒斥了一番，要胡耀邦「更小心，更穩重一些」，並嚴厲警告，如果想把群眾扯進來，就得先確定能控制情勢。

胡喬木繼續大幅修改工作匯報提綱草案，不僅改了標題，還刪了胡耀邦寫的許多「尖銳」內容。胡喬木顯然認為，如果能加入一些毛澤東的話，草案更可能通過毛這一關。於是他在草案中加了幾句毛澤東的話。又經過兩次修改與多次磋商，「中科院工作匯報提綱」終於完成，可以提交國務院了。鄧小平對這篇報告非常滿意。九月二十六日，國務院開會，胡耀邦首先上場，為與會副總理與部會首長舉行簡報，鄧小平神采奕奕地聽著，還一旁插話表示讚許。簡報過後，鄧小平也發言強調科研重要性，國務院原則上批准了這篇報告。

又經過幾次刪修，納入鄧小平在國務院這次演說的重點，胡喬木完成「工作匯報提綱草案」第五次修訂，送交毛澤東，但胡喬木所提出的這篇報告並沒有用自己或政治研究室的名字，而是用了胡耀邦與兩名部屬的名字。據說，胡耀邦雖因報告終於大功告成而欣喜，但對於草案的一再刪改非常惱火，此外他也認為納入毛澤東的話是多此一舉。[125]事實證明他的預感沒錯。直到十月中旬，鄧小平仍未接到有關報告的回覆，便開始擔心報告可能遭到毛的拒絕。

十月二十四日，鄧小平召見胡喬木，對胡喬木說毛主席要更改報告，胡喬木自然照辦。但就在胡喬木忙著修改報告的這幾天，鄧小平遭到左派全面攻擊，這篇報告也就此胎死腹中。問題似乎出在報告中引用毛說的一句話。報告中寫道，毛澤東一九六三年在批准一篇報告時曾說，「科學與技術是生產力。」鄧小平在工作匯報提綱中強調毛這句話，並在演說中擴大衍繹，說科技工人與科學家也是工人階級一部分，不是無產階級專政的攻擊目標。毛澤東說不記得自己說過這句話，表示不同意這個觀點。[126]

自五月起，鄧小平以飛快的速度，極力將中科院拉出文化大革命災難性的泥沼。他不斷召開政治局與國務院會議，腳步快到讓江青抱怨，說她來不急看文件。[127]鄧小平就四個現代化議題一一發表重要演說。他提出的最重要的一項政綱，就是他歸納毛澤東近年來指示，做成所謂「三項指示」，以此作為全黨與政府的最高政策指導原則。三項指示分別是(1)安定團結（也就是抗拒派系主義），(2)把國民經濟搞上去，(3)學習無產階級專政理論，反修防修。鄧小平用這三項指示，作為他全面整黨的理論基礎。[128]

一九七五年五月鄧小平在政治局會議中見到毛澤東的身體狀況後，他或許認為毛老頭已經精神渙散，無力關注政治局權鬥的細節。時年八十二歲的毛澤東視力、肌肉控制與心肺功能更加惡化了。他不能自己走動，語言能力也因「漸凍症」而重創，只有他的老情婦與看護張玉鳳能判讀他的唇，了解他說什麼。[129] 毛澤東很警覺，很關注領導班子內發生的事，但只有他的醫護人員與以汪東興為首的中央警衛隊可以接近他。

九月底，毛的侄子毛遠新走進舞台，導致毛對鄧小平以及鄧的整頓計畫的態度大轉變。毛遠新是毛澤東弟弟毛澤民之子，一九四二年毛澤民在新疆為土閥殺害。毛遠新於一九四九年來到北京，與毛澤東夫婦住在一起，與兩人很親，還稱江青為「媽媽」。毛澤東待他視若己出，特別是在毛澤東自己的兒子死在韓國之後尤然。毛遠新在文革期間是解放軍造反派的激進份子，在毛澤東的光環照映下迅速攀升，在一九七〇年代初期已經成為瀋陽軍區副政委。毛遠新這次北京行原本計劃小停一下，但毛澤東發現這姪子不僅能聽懂自己說的話，而且頗有政治眼光，於是毛澤東問了他對幾個議題的看法。[130]

毛遠新利用這個機會，讓多年來一直對鄧小平抱有疑慮的老毛，更加對鄧疑神疑鬼。毛遠新對老毛說，他仔細關注鄧小平近來的演說，發現鄧完全沒有讚揚文革或階級鬥爭，也沒有批判劉少奇或修正主義。

毛遠新提出警告，有人擔心舊秩序即將復辟。於是毛澤東再次變了卦。在毛遠新十月十日取道北京、返回瀋陽時，毛澤東已經打點完畢，由政治局批准，正式任命毛遠新為主席與中央最高領導的「聯絡員」。[131]

十月中旬，這時毛澤東對鄧小平的觀點已經轉硬，他指示毛遠新私下會晤鄧小平，對鄧提出批判，「協助」鄧對文革的態度「轉彎」，因此毛遠新扮演的角色變得更加重要。鄧小平駁斥毛遠新的批判，堅持自己遵照毛主席的指示推動政策。[132]

之後毛遠新與幾名政治局委員又開了一次類似的會議，鄧小平同樣拒不認錯，但寫了一封自我批判的檢討，請毛遠新轉交毛澤東。毛澤東不為所動，下令召開政治局全會，並違反慣例，授權毛遠新出席這次會議，代表他發言。這次會議由鄧小平主持，任務為擬定一項有關文革的中央委員會決議。這項決議要強調文革基本正確，只是做得不充分。根據這項決議，文革「好處佔百分之七十，壞處佔百分之三十」。對毛澤東來說，肯定文革是底線，而在鄧小平主持下通過一份肯定文革的黨文件，就是要鄧小平對毛以及毛的功業表忠。但鄧小平不幹。[133]

於是毛澤東將注意力轉向中科院的胡耀邦與李昌、教育部長周榮鑫、政治研究室主任胡喬木等鄧小平的主要幹部。十一月十三日，毛澤東（透過毛遠新）表示，胡耀邦與李昌等人也需要像鄧小平一樣得到「協助」。毛澤東還主張舉行一次特別會，向重回工作崗位的老幹部們「示警」，使他們在了解文革的過程中「不致犯錯」。

第二天，鄧小平召開國務院會議，批判他本人早先倡導的教育和科技方案，遭點名「示警」的老幹部們也參加會議。十一月十五日，鄧小平主持政治局全會，聽取進一步批判。剛從上海返回北京的王洪文等左派，在會中猛烈譴責胡耀邦與其提綱草案，由於批判火力過猛，會議一直開到第二天。在第二天的會議中，胡耀邦等人得到一次「認錯」的機會。於是幾個人上台低頭認罪，但胡耀邦不認。他一上來就說，「我有一些看法。昨晚副主席王洪文說了一些有關我的事，我在此鄭重宣布，我沒有他說的那些問題。我沒說過他說過的那些話，我要求中央確認。」整個會場一片寂靜無聲。原本胡耀邦或許還有一絲機會保有兩週前剛獲得的中科院新職，但此話一出，這些微的機會也泡湯了。[134]

鄧小平的日子也不好過，不過他似乎明白自己在主席面前已經失寵，開始為自己與部屬所可能面對的後果做準備。他寫了一封信給毛，建議由王洪文主持今後的重要黨會，但遭毛拒絕。[135] 鄧小平找上其他黨的元老討教，元老們建議他遵照毛的要求，開會通過決議，給予文革好評。但鄧小平堅決表示這麼做「不妥」。[136] 他又寫了一篇自我檢討的文件交給毛遠新，並與政治局合作擬出一份名單，名單上一百三十六名官員都應邀出席下一次「示警」會議，還擬了一套供會議使用的「說帖」。這次會議於十一月二十四日舉行，所有各省、軍區、部會與黨務部門重要的領導人盡皆與會。但會中沒有人願意說話，鄧小平很生氣，不過在見到毛對「說帖」的修正後，他沉默了。[137]

毛澤東終於決定，鄧小平應該像幾個月來「左派」一直要求的那樣，受到公開批判。毛澤東在聽到毛遠新的報告，說鄧小平開的那次「示警」會議死氣沉沉之後，他授權清華與北大展開批判鄧小平的大規模「大字報」運動。中央針對這項運動的指導原則於十二月初發出，一個月後又重複了一次。[138] 鄧小平奉命主持十二月政治局會議，一動不動，一言不發，在會中接受江青等人批判。鄧小平由胡耀邦、周榮鑫、萬里（負責督導鐵道部）、張愛萍（來自國防科技委）等一般認為他最得力的幾名信徒陪同，出席了會期中幾次會議。與鄧小平不同的是，他這幾名信徒都已經正式遭到停職。

胡耀邦得在中科院接受批判，儘管這類批判壓力很大，又極盡屈辱，但與他早先在文化大革命期間的遭遇相較之下，這些批判還算好的。他不必受到監禁或毆打。雖然指控他的人言語也很犀利，但往往不能引起中科院那些科研人員的興趣。胡耀邦可以住在家裡，有車送他到中科院院所接受單調乏味、例行公事般的盤問、批判與鬥爭。[139] 像過去一樣，他不承認指控，堅持他的一切作為都遵照毛主席的指示。不過，逐漸但明顯地，胡耀邦出現輕度的抑鬱症狀，他的健康又出問題了。

一九七六年——悲劇的最後幾幕

一九七六年一月八日，周恩來在經歷一場漫長而痛苦的對抗轉移性癌症之爭之後辭世。儘管他的死早在預期中，當第二天他的死訊公布，仍然讓全國陷於一片哀痛。除了官方管道以外，民眾不得公開追悼周總理。鄧小平奉命籌備喪禮，在一月十五日舉行正式的追悼式，由鄧小平宣讀悼文。毛澤東沒有出席儀式，為周恩來立傳的高文謙認為，毛澤東之所以不出席，不是因為身體欠安的官方理由，而是因為毛一直以來就對周又嫉又恨。[140] 由於左派壟斷宣傳機構，有關周恩來紀念儀式的電視報導很有限，就連官方攝製的紀念影片也壓了一年後才允許播放。但無論如何，出席公開悼念儀式的民眾仍非常踴躍，當一月十一日周恩來遺體由車隊送往八寶山革命公墓火化時，數以萬計的民眾擠滿北京街頭，夾道向他致哀。[141] 胡耀邦也出席了悼念式。他不曾與周恩來共事，周恩來協助他從五七幹校脫身，他當然感恩，不過兩人之間並無明顯關係。

鄧小平（還有胡耀邦本人）失勢速度之快令胡耀邦震驚。在追悼式結束後不久，政治局層級重新展開對鄧小平的批判，鄧小平透過毛遠新寫給毛的檢討信無法讓毛滿意，毛仍不肯見他。於是，一月二十日鄧小平提出辭去一切職位的辭呈。第二天，在與毛遠新商量後，毛澤東下令任命華國鋒為「代理主席」，鄧小平仍然負責督導外交事務。[142] 二月初，黨喉舌正式宣布華國鋒這項新職，而北京軍區司令員兼副總理陳錫聯取代據說病重的葉劍英，負責中央軍委日常事務。[143]

對中外觀察家來說，華國鋒是名不見經傳的人物，是一個政治妥協的選項。但多年來他一直將毛澤東湖南老家管理得很好，他以穩健的手法處理林彪案的調查，在公安部嚴重的士氣問題解決過程中，他的表現也謹慎小心、不急不躁。毛澤東將這一切都看在眼裡，他應該是毛的欽選。但在一九七六年四月初，面對北京街頭群情鼎沸，他顯然束手無策。當時傳統掃墓、祭祖、緬懷先人的清明時節將近，許多北京人開始將悼念詩文或花圈擺在天安門廣場「人民英雄紀念碑」前。大多數人紀念的對象，都是一月間去世、但未能獲得當局適當尊榮的周恩來。周恩來追悼式過於低調讓民眾不滿，三月間左派媒體刊出的幾篇間接批判周恩來的文章也激起眾怒。鄧小平突然下台，讓許多民眾憤憤不平，有人將怒火發洩在「紅都新女皇」江青身上。[144]

當四月四日華國鋒召開政治局會議決定因應行動時，民怨已經沸騰，數十萬群眾聚集於天安門廣場。葉劍英與李先念沒有出席，但毛遠新出席了會議。江青在會中要求，在天亮前將成千上萬花圈與其他紀念物件全數從廣場清除。華國鋒同意，下令北京書記吳德在天安門廣場清場。四月五日清晨，清場完畢。[145]

那天上午，民眾群情激昂，在天安門廣場聚集，要求歸還他們的花圈與紀念物，人民大會堂附近還發生一些小亂子。來自其他城市的報導顯示，不滿的情緒正在擴散，而且不斷升溫。楊繼繩認為，造成這些現象的原因，除了包括工人、農民、知識份子、學生、幹部、甚至軍人在內，各行各業都感到不滿以外，泛政治化、經濟的欠缺效率與匱乏，以及日常生活的艱辛困苦也是原因。政治局下令，四月五日傍晚起民兵與北京衛戍部隊在天安門清場。儘管奉命清場的軍警刻意拖延，等大部民眾散去只有幾千人還留在廣場以後才展開行動，現場仍發生抗拒，許多人被捕，還有人受傷。[146]

毛遠新告訴毛澤東，這場示威抗議事件是鄧小平支持的一場「反革命叛亂」，江青堅持要毛將鄧小平革除黨籍，但毛不肯。毛隨即要政治局革除鄧的一切職位，但讓鄧保有黨籍「以觀後效」。毛澤東建議由華國鋒出任總理與黨第一副主席。毛遠新在四月七日晨向政治局出示毛澤東這項書面指示，政治局隨即遵命投票，通過華國鋒人事案。毛澤東既未聽過、也未見過這些示威，卻能針對示威性質、意圖與政治立場做出毫無轉圜餘地的裁決。沒有任何領導人或當權者能質疑毛的裁決，即使是經過轉手的裁決也不例外。政治局奉毛的指示行事，又引發一場政治動亂。[147]

鄧小平下台後，胡耀邦的處境更為凶險，在中科院「造反派」新一輪的攻擊下，他的健康狀況也更加惡化。他因胃潰瘍而住進和平醫院，但攻擊他的人不顧醫護人員的反對，把他送到大連，在當地一處中科院所「鬥爭」。這一次，醫護人員的反對與胡耀邦妻子在北京的正式投訴為他掙來一次喘息機會，中科院造反派讓胡耀邦搭火車回到北京。七月二十八日清晨，那列火車剛抵達山海關，附近城市唐山發生芮氏七點六級強烈地震，唐山淪為一片廢墟，超過二十四萬名居民罹難。胡耀邦安然無恙，但鐵路受損，交通中斷，他只得折返大連，幾天之後飛回北京。[148]

雖然胡耀邦的房子沒有因這次地震而受損，北京其他許多地方傳出災情，大地震過後餘震不斷，北京城內氣氛緊張。胡耀邦像許多居民一樣，決定在臥室邊建一個「避震室」。他頗為投入地監督避震室的施工，尤其是因為這讓他可以暫時解放，不必參加中科院那些開不完的鬥爭會。

胡耀邦在中科院進行了四個月整頓，換來幾近一年的政治攻擊。[149] 他在中科院提出的「匯報提綱」連同鄧小平擬定的幾篇報告，被造反派指為「大毒草」。造反派所批判的「題綱」，大致上是胡耀邦自己的作品，胡耀邦之後提出的幾篇「題綱」因為引用毛澤東的話，而有了免遭公開批判的護身符。一九七六年中，為推廣鄧小平的方案，特別是為了與左派用來批判它們的誇張說法做比較，這些「毒草」在全國各地黨組廣為流傳。[150]胡耀邦不再被拖去參加鬥爭大會，但他的家被安全當局監視，他很少在家中會客，很少出門訪友。又一次，他若想取得有關其他失勢領導人的消息與傳言，就得找他的子女。

毛澤東在五月初心肌梗塞發作，到五月底就必須靠餵食管輸氧。[151]他的身體狀況或治療細節未經公開，但他偶而接見外國貴賓的場合，讓國人一窺他的狀況。紐西蘭總理羅伯．穆爾頓（Robert Muldoon）在四月三十日的到訪，就提供了這樣的場合。在穆爾頓結束訪問離開後，華國鋒留了下來，向毛簡報天安門事件與鄧小平下台後的國內情勢。

儘管華國鋒在湖南工作多年，而且經常與毛交談，但這時毛的講話已含糊到連華國鋒也聽不懂，於是毛在紙條上寫下幾句話：「慢慢來，不要著急；照過去方針辦；你辦事，我放心。」這幾句話就成了他最後的指示。[152]到五月底，毛澤東不再見外國訪客，到七月初，他連寫條子、下指令也辦不到了。

八月底與九月初，整個北京城都知道毛主席命在旦夕，唐山地震的凶兆更增添了山雨欲來的惶惑與緊張。儘管時而清醒，但此時的毛呆滯，呼吸也有困難，除了醫護與警衛，身邊沒有他人。九月初，在兩次心臟病發之後，毛澤東於一九七六年九月九日午夜過後十二分死亡，享年八十三歲。

他為維護中國馬克思革命的純淨而發動文化大革命，他在天安門廣場煽動數以百萬計的中國青年，要他們搗毀共產黨官僚與許多中國傳統；他用自己的意志操控中共領導階層，並整肅一個接班人，迫使另一人叛變；他在削弱的共產黨內製造派系，讓他們一再相互火拚；他自己的生活恍若帝王，極盡奢華，卻讓百姓在精神與物質兩缺、備受煎熬中艱辛度日。現在他終於死了。就一種意義而言，文革已經落幕，但就另一種意義而言，果如毛澤東所願，文革仍然繼續。

代價評估

二〇一六年適逢文革發動五十週年。中共提到這件事，但未舉行慶祝、紀念活動。當江青與她的同夥四人幫——在一九七六年十月遭到整肅，文化大革命正式結束。從那以後，有關文革的書籍、文章、批判材料與所謂「傷痕文學」有如潮湧，數不勝數。但中央檔案、甚至許多地方檔案仍然關閉，而經過官方消毒與中央認可的書籍與文章，在談到文革時也總是避重就輕。我在第七章將討論，北京在經過極其艱難的磋商後，終於在一九八一年六月通過一項中央委員會決議。根據這項決議，「毛澤東同志發動和領導」，從一九六六年五月到一九七六年十月的文化大革命，「使黨、國家和人民遭到建國以來最嚴重的挫折和損失。」決議中說，「對於『文化大革命』這一全局性的、長時間的『左』傾嚴重錯誤，毛澤東同志負有主要責任。但是，毛澤東同志的錯誤終究是一個偉大的無產階級革命家所犯的錯誤。」[153]

楊繼繩在他的著作《天地翻覆：中國文化大革命歷史》的前言中，引述了葉劍英在一九八一年七月初一次政治局擴大會議中的講話。葉劍英在這篇講詞中列舉中國人民與中國共產黨在文革十年期間付出的代價如下：

（一）四千三百多次武裝衝突，造成十二萬三千七百人死難。

（二）至少兩百五十萬名黨幹部遭到非法拘禁，三十萬零兩千七百人遭到非法拘禁，超過十一萬五千五百人「不自然死亡」。

（三）在中國都市地區，超過四百八十一萬人被貼上「階級敵人」的標籤，其中六十八萬三千人「不自然死亡」。

（四）在農村地區，超過五百二十萬地主、富農、中農和他們的家屬遭到迫害，其中一百二十萬人「不自然死亡」。

（五）總計超過一億一千三百萬人遭到政治攻擊，其中五十五萬七千人「仍然失蹤」。[154]

楊繼繩承認，其他有關文革死亡數字的評估有的比這些數字高，有的較低。加州洛杉磯歷史學者宋永毅，在二〇一一年發表〈群眾暴力與抵抗研究網路〉（*Mass Violence and Resistance Research Network*）的一篇文章裡寫道，他研究過幾項評估，死亡數字從一百萬到七百七十萬不等，他加以折衷而得出的文革死亡數字為近兩百九十五萬。[155]有關評估研究比這多得多，但大多遭中共噤聲，因為中共不願意文革議題持續延燒。

但故事拉回胡耀邦在毛澤東生命最後一刻的經驗。一九七六年九月十八日，人民大會堂舉行毛澤東正式的弔唁儀式，公開的追悼活動於是結束。與八個月前周恩來的葬禮不同的是，毛的追悼活動享有媒體鋪天蓋地的報導——北京人列隊向他告別，他們嚎啕大哭（或許是假哭），對著他躺在水晶棺裡的遺體（其實是一具蠟製假人）鞠躬，影片畫面上可以看到農村居民在讀到他的悼文時低聲飲泣。仍在軟禁中的鄧小平不得參加毛的任何喪葬活動。但根據他的官方行事錄，九月十八日那天，鄧小平領著家人在一張毛的照片前默哀致意。胡耀邦當時也一樣，不得參加毛的任何喪葬活動，他是不是也帶著家人做了什麼表態不得而知。他的傳記中沒有記錄。

我們無法知道胡耀邦對毛的「真正感覺」——沒有私函，沒有不為人知的低聲告白，沒有日記記載。他知道造反派舉著毛的旗幟打他、羞辱他、罵他、騙他、關他，很可能他也知道這些人的作為經過毛的認可。根據他之後的所作所為，對胡耀邦而言，文革是人生的分水嶺，自文革以後，他不再竭盡全力做毛要做的，開始想方設法撫平毛所製造的傷痕。他不再將毛的話奉為神聖真理，開始以實事求是的態度了解人民真正需求。他不再是毛無怨無悔的忠實信徒，開始謹慎、有些猶豫地成為自成一格的領導人。

第七章
撥亂反正

回顧一九七六年十月出現在北京的政治僵局，這場鬧劇的最後一幕似乎不那麼出人意表。老朽的毛澤東——雖仍大權在握，卻因病魔纏身而無法施展——又一次調撥了他的接班人計畫，然後閉上嘴，但他還活著。政治局內部有三個看起來勢均力敵、但極度分裂、不可能談攏的派系，三派人馬都擔心老毛還有最後一招，於是都一面招兵買馬，一面盯著對手，隨時準備伺機而動，打垮對手。

毛死後，政治局形同無主，陷於癱瘓。政治局有華國鋒、王洪文、張春橋與葉劍英四名常委，儘管華國鋒是名義上負責人，卻沒召集會議。[1] 在一九七三年選出的二十一名政治局委員與四名候補委員中，五人已經作古，四人——都是解放軍將領——不在北京。在十六名住在北京的政治局委員中，一人已不省人事，四人是沒有實權的「群眾代表」。鄧小平在軟禁中，葉劍英與李先念也都「靠邊站」。

政治局內有三大派。首先是「左派」，以毛婆江青為首，有一名黨副主席（王洪文），一名政治局常委（張春橋）與兩名政治局委員（江青與姚文元）。毛的侄子毛遠新不是政治局委員，但與左派結盟、沆瀣一氣。左派似乎認定毛澤東打算由江青接他的班。左派壟斷宣傳機構、文藝官僚以及北京幾所大學的黨委。牢牢控制上海黨委會的左派，據說正在上海籌建民兵，以反制布署在城郊的解放軍單位。[2]

第二大派是「元老派」或「老幹部派」，以葉劍英與李先念為首。他們獲有駐在北京城外的四名軍職政治局委員，以及海軍司令員、政治局候補委員蘇振華的支持。在鄧小平與周恩來失勢之後，葉劍英與李先念也靠邊站。在一九七六年二月，葉劍英仍是中央軍委副主席，但政治局找人頂替了他的中央軍委日常工作。葉劍英沒生病，但不願繼續出席高層會議，忍受永無止境的爭執，於是提出病假請求。[3]他的行動不受限制，可以在總參部門與其他指揮所與解放軍部屬集會。老幹部派不是任何有系統的派系，只是一群文革期間遭到虐待的老幹部，因仇恨江青一夥人而抱團取暖的聚會而已。[4]

第三派是次重量級官員組成的集團，他們都獲得毛澤東的提拔，是文革受益的一群。毛澤東在死前幾個月欽點華國鋒為接班人，或許他認為華國鋒有能力管好黨內其他派系。但只有毛支持華國鋒，元老派並不認識華國鋒，江青也不斷騷擾毛，要他把領導位子交給她。這一派的成員還包括紀登奎、吳德、汪東興、陳錫聯等。毛澤東將紀登奎引進國務院與中央軍委，在一九七二年任命他為北京軍區政委；吳德由毛澤東任命主持北京市委，並擔任北京衛戍區政委；汪東興為毛的私人保鑣，一九六六年奉毛之命出任中央辦公廳主任，一九六九年進入政治局；陳錫聯為前瀋陽軍區司令員與政治局委員，為毛遠新的老長官。他在一九七三年調駐北京軍區，一九七六年初葉劍英退位，他取而代之，成為中央軍委負責人。

毛澤東極度關心個人的安全，無時不刻恐懼遭到外來與內部敵人的攻擊。在處理與解放軍高級領導層的關係時，他尤其小心翼翼。在文革前，他已經展開布署，在黨中央周圍建立三個由不同當局指揮的防衛圈，以足夠的兵力確保黨中央的安全。毛澤東死後，派系鬥爭表面化，這個安全架構仍維持不變。

（一）第一圈是黨中央領導層園區，以及各式辦公室、休憩與住宅設施。它由「中央警衛團」負責保護，中央警衛團隸屬中央辦公廳屬下中央警衛局，由解放軍負責訓練、裝備與指揮。當時人稱八三四一部隊的中央警衛團，是一個非編制單位，由七個大隊與三十六個中隊組成（兵力約八千人）。它不僅負責守衛中南海與其他黨中央設施，還負責為所有的中央高級領導人提供個人安保。一九七六年，汪東興是八三四一部隊政委、中央辦公廳主任與中央警衛局局長。八三四一部隊司令員是張耀祠。[5]

（二）第二層軍事保安圈是北京衛戍區，由兩個師與幾個團組成，總兵力約三萬人，布署在北京市區內。毛澤東與林彪都很注意北京衛戍區，在文革期間曾數度更換衛戍區司令員。在一九七一年林彪事件中，毛澤東與周恩來主要依賴北京衛戍區司令員吳忠與政委吳德抓捕林彪黨羽，並採取其他軍事措施，保護首都安全。[6]

（三）北京軍區是黨的軍事保安工作的第三層。北京軍區是中華人民共和國十一大軍區中最大的軍區，它轄下三個省級軍區與兩個市級衛戍區，（經過中央軍委批准）還擁有布署在蒙古與蘇聯邊界的幾個大集團軍的作戰指揮權。它的三十幾萬大軍主要任務為防範外國入侵，也用來鎮壓國內動亂。北京軍區的司令員與政委分別是政治局委員陳錫聯與紀登奎，說明這些駐防北京周遭兵力的重要性。

毛澤東死後，政治局分裂，這些解放軍部隊的控制與調度權，無疑成為政治情勢如何演化的關鍵要素。上海學者韓鋼曾發表許多文章，詳細討論「四人幫問題決議」的擬定與執行過程。根據韓鋼的分析，葉劍英一直在考慮採取行動對付江青，並曾與其他高級將領討論這件事，但葉沒有發起任何行動。首先發難的是華國鋒。一九七六年九月十日，在毛澤東死後第二天舉行的政治局會議中，江青要求華國鋒將鄧小平開除黨籍，並將毛澤東的文件交由她保管。華國鋒拒絕了這些要求，但顯然已經知道，他與江青的鬥爭不過才剛開始而已。這次會議結束後，華國鋒秘密造訪李先念，要求李先念聯絡葉劍英，請葉劍英出主意對付四人幫。[7]

葉劍英住在北京西方的西山區，李先念小心在意，確保此行沒有遭到跟監。根據一篇報導，葉劍英就連待在自己家裡也擔心有人監聽，於是葉、李兩人就以寫紙條的方式交換意見，之後把紙條燒了滅跡。葉劍英特別向李先念問到北京軍區司令員陳錫聯的可靠性。一九三〇年代曾與陳錫聯在紅軍共事的李先念，於是在回覆的紙條上寫道「完全可靠，不用擔心」。[8]

之後華國鋒、葉劍英與汪東興等人又秘密交換了幾次意見。經常遭到江青屈辱的汪東興認為必須採取「非常措施」。幾人都認為，召開中央委員會全會或政治局會議這類標準官僚手段解決不了問題。[9] 葉劍英與汪東興密會了四次，擬定行動時機，以及各武裝單位之間協同作業的細節。[10]

在九月二十九日一次火藥味十足的政治局會議結束後，行動計畫準備工作加速。在這次會議中，江青要求毛遠新留在北京，協助安排毛主席的文件，王洪文更在會中建議推選江青為黨主席。兩個建議都遭華國鋒拒絕。汪東興於十月二日密會華國鋒，兩人同意最有效的作法就是邀請左派首要領導人前往中南海懷仁堂舉行政治局常委會。然後出動欽選的八三四一部隊官兵逮捕他們，並關進一處地下設施進行「隔離監控」。江青將在個別行動中，在她的中南海住處連同毛遠新一起被捕。[11]

行動計畫還規定抓捕清華大學的左派領導人，對《人民日報》、中央廣播電台與中央電視台等北京城內各大媒體實施軍管。由於八三四一部隊不能在特定黨中央設施以外的地區作業，這類行動需要與北京衛戍區協調，於是行動計畫規定由吳德負責這項協調。動用北京衛戍區部隊對付北京城內非軍事目標，需經中央軍委批准，因此這件事由陳錫聯負責。[12]

又經過兩天會議、修正和簡報，華國鋒下令汪東興在十月六日展開行動。下午三時，華國鋒要中央辦公廳通知政治局常委在晚間八時開會，並送了一份與會邀請書給姚文元。傍晚時分，八三四一部隊總人數約五十人的五個小隊已經就位。北京衛戍區司令員吳忠也在中南海外待命，以便隨時解決任何可能出現的作業授權問題。當葉劍英與華國鋒在七時三十分以前抵達懷仁堂時，汪東興已經帶兵守候在當地。[13]

最後，一切按照計畫順利進行。王洪文、張春橋與姚文元先後來到懷仁堂，華國鋒一一當面宣讀官方聲明，指控他們涉嫌陰謀奪權，必須接受隔離調查，三人都被戴上手銬帶離。八三四一部隊司令員張耀祠率領一小隊官兵，包括一名女兵，在江青的中南海駐所逮捕她。同一組人也在一間鄰室逮捕毛遠新。當時毛遠新雖攜帶武器，但沒有拒捕。到晚間八時三十五分，大事一切底定。當天晚間，之後擔任國防部長的耿飆率領北京衛戍區小隊控制了中央電台與電視台。中華人民共和國第一場軍事政變就此完成。[14]

晚間十時，政治局擴大會議在北京西區葉劍英住處舉行。中央軍委在北京西區有幾棟專供領導人使用的別墅。華國鋒在會中要求葉劍英主持特別會，以便在逮捕行動之後鞏固領導層，但葉劍英拒絕，要華國鋒主持這次會議。兩人談到左派的奪權陰謀，以及不得不以武力拿下江青一夥人的理由，十一名政治局委員與八三四一部隊的幾名領導人在一旁聽著。這次的擴大會議一直開到十月七日上午六時，會中全體一致推選華國鋒為中央委員會主席與中央軍委主席。這項決定需要中央委員會召開全會來批准。[15]

在左派牢控黨委的上海，驚恐又憤怒的領導人判斷北京發生了「反革命政變」，上海需做好與中央當局「決定性一戰」的準備。北京派了一組人到上海，勸他們不要走極端，之後又於十月十日把上海黨委主要領導人召到北京，要他們知道大勢已去。上海黨委領導人投降，兩天後一支新的黨委領導班子抵達上海。[16]

在北京，當務之急是將四人幫被捕的消息告知全黨黨員、社會大眾及全球。北京衛戍區立即對印刷與廣播媒體的領導人動態新聞實施全面管制。同時，十月七日華國鋒與葉劍英在北京舉行中央委員會全會，向黨與軍方幹部說明這場巨變，並要他們將官方說詞轉達週知。

第二天，中央發布「中央關於王洪文、張春橋、江青、姚文元反黨集團的通知」，同時宣布將建築「毛主席紀念堂」，並準備發行《毛澤東選集》第五卷。十月十八日中央發表另一文件，將抓捕四人幫的消息轉發各級黨員，又隔一天發表對全球的公開聲明。[17]

北京的反應歡欣鼓舞。許多黨員早就透過小道消息聽說這件事。有人直接從政治局委員口中得知，將消息傳給家人。以鄧小平為例，他在解放軍總參部門工作的女婿，在聽說消息後立即騎自行車到鄧小平被軟禁的地方。鄧小平一家人都擠在一間臥室裡，聽他說這件事，臥室的水龍頭還開著——目的在製造水聲以防有人竊聽。有人用事先準備的暗語告知友人，以免被控違反黨規。[18]

十月八日上午，葉劍英的兒子葉選寧來到胡耀邦家，送來葉劍英的信：「可惡的左派都關起來了，你要照顧身體，準備接受黨的新工作安排。」信中還要胡耀邦考慮新領導班子應該怎麼做才能恢復秩序、重建中國，並保證會要兒子兩天後再回來聽意見。[19] 胡耀邦小心翼翼擬著他的回覆，或許也發現這位過去幫了他幾次忙的老友，這次又能幫他了。十月十日葉選寧再次來到胡耀邦家，胡耀邦告訴他：「自古以來，有識之士總是說，大亂之後要順從民心，民心為上。根據這個道理，我以為當前有三件事特別重要：一，停止批鄧，人心大順；二，冤案一理，人心大喜；三，生產狠狠抓，人心樂開花。請務必將這些話轉告你父親。」[20]

葉劍英對胡耀邦這番回覆非常欣喜，認定這是解決國家當前緊迫政治、組織與經濟問題的一套全面而精簡的方案。他將胡耀邦這三項建議比為三國時代（西元前二〇七年）諸葛亮對蜀漢先主劉備提出的「隆中三策」。[21]

這項回覆同時也概要說明了胡耀邦對文革結束後黨的情勢的看法。首先，「批鄧、反擊右傾翻案風」是毛澤東批准的一項對鄧小平一九七五年人事改革方案的攻擊。左派的「批鄧」運動讓許多獲得平反的知識份子再次丟官。到一九七六年底，「批鄧」已經後繼乏力，但華國鋒在掌權之初發表的一篇聲明中表示，「批鄧」應該繼續，因為這是經過毛澤東授意的運動。[22] 胡耀邦提出的第二項建議，反映他早自一九五七年已有的覺悟：黨憑藉一些捏造、誤導的思想犯行理由，錯誤懲處了許多黨員。這些錯誤需要平反。他提出的第三項建議，也是他在幾次派赴地方為官時大力推動的方案，也就是每一個地方黨幹都應該以鼓勵農產為首要任務。葉劍英同意胡耀邦的看法，但不確定華國鋒及政治局內其他因文革而受益的委員是否也同意。[23]

葉劍英的重要性

在整肅政治局左派過後，葉劍英成為中共領導班最重要、可能也是權力最大的成員。解放軍在一九五五年建立軍階時，一開始有十人獲得元帥銜，這時其中六人已死，另兩人體弱多病；只有葉劍英還有主持軍事行動的能力。反諷意味十足的是，葉劍英從來沒帶過兵。他一直擔任參謀，是組織、聯繫、談判與解決問題的專家。他聰明，受過良好教育，懂得如何讓人放鬆，然後找出辦法、解決問題與爭議。

也正因為有這些本領，毛澤東、周恩來與鄧小平才會如此倚重他。現在葉劍英幫了華國鋒大忙——研擬政變計畫，務使每個人都了解自己扮演的角色，在不能信任的官員周遭建立「保險」措施，訂定時間表，督導任務完成——華國鋒顯然有感於此，在完成政變行動後，立即建議由葉劍英接任黨主席。但華國鋒口中這位「九億人的元帥」，以自己年事已高（當年葉劍英七十九歲）、不願給人一種軍事接管的印象以及華國鋒是毛欽選接班人為由而婉拒了。[24]

無論如何，葉劍英成了華國鋒的「攝政王」，以他的政治與軍事威望與技巧，協助華國鋒鞏固其身為黨與中央軍委主席的地位。葉劍英或許知道華國鋒不夠強，既沒有位高權重的信徒，沒有值得一提的豐功偉績，也沒有藉藉之名。他因此為華國鋒設計了一套新個人崇拜，稱華國鋒為「聰明的華主席」，幫華國鋒站上毛主席所開創的這個崇高的角色。葉劍英還決心使軍方與黨內元老都支持華國鋒。[25]

但這一切都有一個交換條件。葉劍英要華國鋒將鄧小平恢復原職。這不是一件簡單的工作。鄧小平去職是毛澤東親自下的指令，經過政治局批准。此外，無論基於政治與思想立場，都有人反對鄧小平復職。有些人擔心鄧小平一旦復辟，會全面否定文革，懲罰因文革而得勢的領導人，會讓許多文革期間遭到罷黜、渴望報復的老幹部重新掌權。此外也有人擔心鄧小平重建經濟的決心，會讓毛領導與毛思想的神話黯淡無光。十一月至十二月，是否讓鄧小平復職的問題因鄧小平得了前列腺炎住院而暫時擱置，但問題並未解決。隨著這場宮廷政變結束，剩下兩派人馬之間的政治戰線也開始成形。仍處於失業狀態的胡耀邦也即將加入戰線。

十月底，華國鋒對宣傳部門工作人員發表演說，指示他們對新近落馬的左派進行批判。他提出四點指示：要集中批四人幫，連帶批鄧，批「右傾翻案風」；四人幫犯下的路線錯誤不在「左」，而在「極右」；毛主席講過、點過頭的，都不要批判；要避開不談（一九七六年四月五日的）天安門事件。[26]十一月中旬，汪東興也在北京的宣傳會議中發表講話說，毛主席已經將一九七六年的天安門事件定位為「反革命」事件，毛主席也因鄧小平暗中支持這次事件而決定將鄧去職，而其去職是否公平合理無關緊要；毛澤東已經為這個問題定了案。[27]華國鋒與汪東興這番表態顯然在為新政權以下的關鍵方針定調：「繼續推動無產階級專政下的革命」（毛澤東的文革路線），堅持以「階級鬥爭為綱」，將鄧小平與其他老幹部復職的問題擱在一邊。[28]

唱反調的同志

雖然葉劍英保證胡耀邦很快會重返工作崗位，但直到歲末年初，胡耀邦仍然賦閒在家。他不斷思考，為什麼共產黨會陷入如此可悲的狀態？毛死後的政權應該做些什麼、應該像什麼樣？在與他的共青團舊部、日後為他立傳的嚴如平的新年對話中，他談到自己的一些想法。胡耀邦直接談到問題的核心：毛澤東晚年越來越迷糊、獨裁，「與人民群眾完全脫節，聽不得一點點不同的意見」，而且似乎對林彪和四人幫打造的個人崇拜信以為真。胡耀邦說，他本人自一九五〇年代中期起開始對毛的計畫與決定起疑，大躍進以及隨之而來的高壓令他更疑惑，到文化大革命，他的疑惑更達到頂峰。胡耀邦說，在毛澤東於一九五九年廬山會議辱罵彭德懷以後，「有疑惑也得遵守紀律啊，也得舉手啊，往往不敢多想下去，反而還不斷反省這些疑惑是不是在階級鬥爭面前的動搖呢，是不是對毛主席不忠呢。」[29]

在第二天與嚴如平的交談中，胡耀邦談到如何評估毛澤東的想法與政策作為解決當前問題的指南：

> 我們要舉毛澤東思想這面旗幟，總要和他晚年這些東西區分開來。究竟什麼是毛澤東思想？毛

澤東思想的精髓是什麼？怎樣繼承和捍衛毛澤東思想……將來總要有人來把他晚年的思想、他的言論好好理一理，分清楚哪些是正確的，是毛澤東思想，我們就高舉、就繼承、就發揚；哪些是不正確的，也要弄明白，千萬不能「句句是真理」，「理解的要執行，不理解的也要執行」，那樣會害死人的！

現在的問題是，只要是毛主席說過的、點過頭的、畫過圈的，都要一切照辦，都要「繼承毛主席的遺志」，都要「高舉毛澤東思想偉大紅旗」，繼續「批鄧」，繼續文化大革命……在這種情況下，你要出來工作，就得說違新的話，做違心的事。我才不幹呢：與其去做違心事，不如在家抱兒孫吧！[30]

與胡耀邦一樣對時局表示厭惡的也大有人在。一月初，北大與清華大學校園出現批判毛澤東與毛左信徒的大字報，不斷升溫的「去毛化」情緒首次出現。華國鋒針對這件事提出警告，即使誹謗已經死去的領導人，犯的也是可處以死刑的「反革命活動」重罪。[31]一九七七年二月七日，在《人民日報》頭版發表一篇由新華社轉發全國的社論之後，擁毛與反毛的分裂進一步加劇。這篇題為「學好文件抓住綱」的社論，撰文者是文革期間曾為康生工作、現為汪東興工作的一組「老左派」。

這篇帶有濃厚「文革味」的社論，劃下一條強硬的思想路線。特別是其中一句話尤其令許多讀者側目：「凡是毛主席做出的決策，我們都堅決維護。凡是毛主席的指示，我們都始終不渝地遵循。」名義上仍然主持中央宣傳口的耿飈，接獲這篇汪東興送來的社論稿，稿件上還附了汪東興禁止做任何刪修的指示。耿飈後來抱怨，「如果我們都得遵照這篇社論的要求行事，打擊『四人幫』

的事就白忙了。」這句話很快就成為所謂「兩個凡是」，成為一場有關毛澤東傳承的思想大戰的主題。[32]

二月初，鄧小平出院，葉劍英安排鄧小平與其家人搬進玉泉山一處解放軍別墅。沒多久，鄧小平就開始接待登門拜訪的老同事，包括一場胡耀邦、陳雲、王震等人都到場的春節活動。葉劍英與華國鋒授權鄧小平可以在住處接到黨的文件，而鄧小平也很快跟上腳步，掌握當前議題。但他是否重返工作崗位，還在未定之天。現在「兩個凡是」成為公開議題，華國鋒的處境更加艱難。他早在一九七六年十月同意鄧小平復職，但堅持復職過程的必須漸進，必須先讓黨接受四人幫的整肅，才能讓遭毛澤東下令免職的鄧小平重新掌權。這篇「兩個凡是」的社論使鄧小平的復職之路更加艱難。鄧小平當然也明白這一點。[33]

另一方面，胡耀邦應邀重返工作，這次的任所是在文革初期就關閉的中央黨校。滿妹回憶道，華國鋒在二月親自來到胡耀邦住處，兩人關上門進行密會。滿妹後來獲悉，華國鋒聽了葉劍英的建議登門造訪，邀請胡耀邦復出，但胡耀邦沒有答應，因為和鄧小平一樣，胡耀邦也因為他們在一九七五年的工作，至今仍遭受攻擊。[34] 二月二十六日，胡耀邦被召到中南海與華國鋒、汪東興會面，華國鋒二度邀他出仕。胡耀邦雖再次婉拒，但在翌日往訪葉劍英住處，與葉商量對策。[35] 儘管胡耀邦仍然無意復出，但老元帥表示，其實接受這項任命也有好處。葉劍英也承認，「過於重要的部門」不適合胡耀邦，但中央黨校位於北京西郊，遠離中南海，胡耀邦憑藉其才能、智慧，應能在那裡重建聲望。[36] 於是胡耀邦接受邀約，同意出任黨校主管日常事務的常務副校長。胡耀邦在一九七七年三月三日正式就任這項新職。[37]

中央黨校位於北京西北海淀區，距離夏宮不遠，負責訓練中、高級領導幹部以及全國各地傑出年輕與中年幹部，同時也是一處哲學與社會科學研究設施。中央黨校自一九六六年起停課；當胡耀邦上任時，學校人員編制還在，但沒有運作。

胡耀邦帶著他的機要秘書在三月九日上任。就在同一天，《人民日報》發表中科院理論組的一篇文章，駁斥四人幫批判胡耀邦當年為中科院擬的那份「題綱」。這件事說明胡耀邦在復出前獲得平反，中央委員會隨後也確認了胡耀邦這項任命。[38]

三月十日，華國鋒在北京召開中央委員會工作會議，總結中央自整肅四人幫以來的工作，並討論幾個重要政策議題。其中一個議題是調整一九七七年全國經濟計畫，基本上是重新採用鄧小平在一九七五年的政策。另一個議題是解決一九七六年經毛澤東指為「反革命」的天安門事件，以及鄧小平復職等相關議題。[39]在三月十四日的一次講話中，華國鋒告訴與會人士，所有黨員的首要任務是「堅決捍衛毛主席的偉大旗幟」，而這項任務具有國際與國內政治兩方面的意義。就國際政治而言，就是要避免因赫魯雪夫在蘇共二十屆黨大會發表「秘密演說」、譴責史達林所帶來的困惑。就國內政治而言，既要打擊推翻毛主席對天安門事件判斷的要求，又要處理坊間流傳的批判毛澤東的「政治謠言與反動耳語」。華國鋒堅持，「必須堅決對抗」這類反動的聲浪，「不能任由散播」。[40]

華國鋒含糊其詞地說，一九七五年整頓計畫的相關判決既已翻案，當局也已宣布一九七六年四月天安門廣場示威者「大多」是悼念周恩來的群眾，所有讓鄧小平重返工作的相關實際問題都已解決。[41]但鄧小平的復出必須等到即將於七月舉行的第十屆三中全會，以及隨後舉行的第十一次黨代表大會才能正式定案。華國鋒主張復出的事慢慢來，「水落自然石出，瓜熟自然落地。」[42]黨元老陳雲與王震都在會中發言，大力主張鄧小平立即復出，但華國鋒沒有理會。隨後工作會草草休會，不過對於華國鋒不理會元老建議的這件事，元老們既沒忘卻，中央也不原諒。[43]

儘管胡耀邦還沒回復中央委員的身分，他仍然出席了這項工作會，不過他沒有積極參與，對於會議結果也感到失望。他得處理更加緊迫的中央黨校人事問題。葉劍英再次及時伸出援手，安排胡耀邦的老友與同事馮文彬轉調中央黨校，協助行政管理，還安排解放軍總參人員搬出黨校宿舍。

胡耀邦透過不斷的會議、講話，成立各種委員會，並整頓黨校領導層。但在與黨校「領導組」會面後，他開始更加謹慎。黨校「領導組」的成員都由康生欽定。康生與他的妻子曹軼歐在中央黨校都是呼風喚雨的人物，在文革初期，兩人曾指揮、發動對黨校幾名高幹的政治攻擊，煽動教職員激烈內鬥。康生在一九七五年去世，但曹軼歐仍是校內政治派系要角，黨校的若干員工還自認是「老康的人」。[44] 康生若活得久一點，很可能被控是江青與她的左派一夥，但在一九七七年沒有人願意招惹這個麻煩。

在上任最初幾週，胡耀邦開了無數的會議，一面勸那些被控支持四人幫的人認錯、更正，一面勸那些復職的教職與行政人員放棄報復，一起努力恢復黨校課業。這不是一件簡單的工作。[45] 特別是在華國鋒於一九七六年宣布，四人幫不是「左派」而是「極右派」之後，這工作更加艱鉅。中央黨校內許多「造反派」因此辯稱，他們的行動是為了響應毛主席與「老康」號召，對抗黨校內的右派。[46]

由於作為國家宣傳喉舌的中央媒體都在汪東興與之後所謂「凡是派」牢牢的掌控下，胡耀邦開始擬定一項方案，讓中央黨校扮演一種思想改變劑的角色。他打算運用在江西與延安時期擔任共青團領導人的經驗，發行一本小型期刊，來討論理論問題。在一九七七年五月第一次討論這項計畫時，他已經為這本期刊想好了名稱，叫做「理論動態」，取其基本理論可供探討、演進之意。[47]

對於這份期刊的樣貌與內容，胡耀邦也有主意。這將是一本小型刊物，只有三到五頁，每三、四天發行一期，每期只發表一篇三千到四千字的文章，專門討論特定理論的議題。這份期刊的讀者群鎖定華國鋒主席、葉劍英副主席、政治局委員與其他中央與各省領導人，總發行量為三百到四百份。發行目標是協助領導人了解理論與政策議題，協助中央黨校更能了解及教授馬列主義與毛澤東思想，並為較低階的黨校提供資源材料。胡耀邦要求《理論動態》所發表的文章主要應來自期刊本身的小小撰稿群，偶而可以轉載外界文章。他打趣說，這本刊物會像武器一樣，但不是重砲，只是手榴彈。[48]

六月初，胡耀邦在中央黨校辦公室內組織了一個理論動態委員會。此外他還想辦法讓這份期刊的發行無需經過宣傳部或政治局批准。然後他等待發行這本小刊物的最佳時機、作者與議題。七月中旬，第十屆三中全會即將舉行，胡耀邦聽了中央黨校理論研究室主任吳江的演說。吳江這篇演說的主題是：如何針對即將出版的《毛澤東選集》第五卷，引導相關討論，特別是如何了解毛澤東為將文革合理化而提出的主要論點「繼續革命」。胡耀邦非常欣賞吳江這篇演說，於是要求吳江將講稿寫成一篇文章，在七月十五日（三中全會召開前一天）《理論動態》創刊號上發表。胡耀邦親自校訂吳江這篇名為「探討『繼續革命』議題」的文章，將其付印、發行，還將一份特別拷貝送給鄧小平。[49]

吳江以一種不爭論的方式來檢驗馬克思理論，以了解革命在取得其明定的勝利之後，是否還有繼續下去（即在一九四九年打贏國共內戰之後，還要發動文化大革命）的必要。吳江在他自己的書中指出，這篇文章的傳閱遭到局部封鎖，但許多全會代表都已經讀了，反應不一，有人對文章表示讚賞，有人因為擔心它過於大膽而皺眉。[50] 胡耀邦沒出席這次全會，但接到許多讀過這篇文章的人的回應，對文章引起如此爭議表示欣喜，「吳江這篇文章引起熱烈討論……理論議題需要檢驗與爭論，這是一件好事。」胡耀邦日後表示，他認為吳江這篇文章的發表開啟了「撥亂反正」的理論程序，並修補了文革所造成的損傷。[51]

吳江說，這篇文章將胡耀邦與鄧小平首次引入一場思想議題的討論。[52] 就知識或理論方面來說，鄧小平不是胡耀邦的對手。鄧小平知道《理論動態》這篇有關「繼續革命」的文章，但未必看得出《理論動態》可能帶來的影響力。胡耀邦只花了很短的時間，就結合一群雖人數不多、但極具才幹的作家——包括教授與馬克思主義學者，為這些作家提供平台，讓他們暢所欲言，討論文革期間出了什麼錯、以及應該怎麼做才能撫平這些錯對黨與社會造成的創傷。另一方面，一旦鄧小平就理論議題發表最終宣告，胡耀邦就不是鄧小平的對手了，隨後發生的事反覆證明了這點。

鄧小平不屈不撓的奪權意志

七月十六日，在吳江這篇文章發表的第二天，華國鋒召開第十屆三中全會，持續開了五天。華國鋒在他的政治報告中誓言「高舉毛主席偉大旗幟」，「繼續無產階級專政革命」，「強化無產階級文化大革命勝利成果」。這次會議通過兩個重大人事議題：「關於追認華國鋒同志任中國共產黨中央委員會主席、中國共產黨中央軍事委員會主席的決議」，以及「關於恢復鄧小平同志職務的決議」，鄧小平回復政治局常委、中中共中央副主席、中央軍委副主席、副總理與解放軍總參謀長等所有原職。[53]

鄧小平恢復原職的這項協議經過中間協調、折衷與避免直接接觸的信件往返後終於達成，過程冗長而複雜。關鍵是它既要駁斥對於鄧小平主使一九七六年四月天安門事件的指控，又不能指斥毛澤東開革鄧小平的決定。鄧小平重申己見，認為「兩個凡是」的政策「不行」，認為「我們必須世世代代，用準確的完整的毛澤東思想指導我們全黨、全軍和全國人民」。[54]

緊接著三中全會之後，中國共產黨第十一次全國代表大會在一九七七年八月十二日於北京召開，前後開了六天。儘管會中對鄧小平恢復原職一事大舉慶賀，但鄧小平並非大會主導人物，大會通過的若干決定或許也為鄧小平所不喜。舉例說，葉劍英宣布的新黨綱寫道，「中國共產黨在整個社會主義期間的基本計畫，就是繼續堅持無產階級專政下的革命」。葉劍英並指出，自文化大革命展開以來，三千五百萬黨員中幾近半數黨員投入文革，自第十次全國代表大會以來也有七百萬黨員投身文革，這使得黨欲重建思想團結，找出哪些人是「造反派」，哪些人是「左派」，哪些人在文革期間犯了罪，非常困難。[55]

汪東興在這次代表大會中獲得晉升為黨副主席與政治局常委，或許也會令鄧小平不快。汪東興因為在垮跨四人幫過程中扮演重要的角色而獲得這項晉升。華國鋒支持汪東興晉升，而汪東興也成為這位新主席的重要支持者。此外，汪東興還繼續保有中央辦公廳主任、中央警衛局黨委第一書記與中央專案組首席監察員的職位。他也負責監控黨的主要宣傳機構。二月七日發表的那篇「兩個凡是」的社論就是經過他的授意。最後，在鄧小平失勢期間，汪東興始終對鄧小平嚴詞批判，一再阻撓鄧的復職。[56]

第十一次全國代表大會建立的新中央領導班子，或許多少令鄧小平喜出望外。李先念加入政治局的五人常委（原來有九人），使元老派對文革受益派享有三比二的優勢。政治局二十三名委員中，有八名新委員是老幹部，整個政治局成員有六成以上保有軍職，而鄧小平可以透過他重新取得的中央軍委與總參職權，對這些人施加影響力。[57]

胡耀邦動起來了

經過十年擱置，胡耀邦在第十一次全國代表大會中再次成為中央委員。他繼續整頓中央黨校領導班，準備在十月復課，並發行《理論動態》。為整頓中央黨校，九月初他在黨校發表講話，對抗阻撓領導班改組的康生派殘餘勢力。問題不在已經死去的康生本身，甚至不在他那個當選連任中央委員的遺孀。問題在於康生在官方名譽絲毫未損的情況下去世，在喪禮中被尊為「無產階級革命家」與「對抗修正主義的光榮戰士」。當胡耀邦發表這篇演說時，在場的幹部每個人都知道康生在中央黨校幹盡壞事。但公開指名批判康生的「蓋子還沒掀開」——想掀這蓋子，還需更高的授權。近兩百名在場幹部或許都在猜想，剛獲選為中央委員的胡耀邦是否已經取得這項授權。[58]

胡耀邦並沒有這項授權。要取得這項授權得經政治局常委批准，而在政治局常委這個階層，每個人都知道多年來康生一直是毛的死忠信徒，而毛的地位仍然神聖不可侵犯。但胡耀邦有一種謹慎的勇氣及不惜冒險的意志。他首先找一位曾在康生手下吃盡苦頭的黨校教職人員上台發表演說。這人上台厲斥康生與（康妻）曹軼歐，說兩人在中央黨校犯了迫害、誹謗與煽動暴力等「十條罪狀」。這番嚴詞指控讓整個會場驚得鴉雀無聲。於是胡耀邦用他精心準備的一套說辭開口。「黨員能對當前的領導人，或對過去的領導人提〔批判〕意見嗎？我認為，如果你有意見就可以提。」但他繼續說，不過這些意見必須查有實據，必須在黨的會議、在演說或在書面材料（不是大字報）中提出，而且提出意見的人必須願意將他的意見送交華主席裁決。[59] 又過了三個月，才有人願意冒這風險。

到十二月，對康生的憤怒越演越烈，於是一些黨校教職人員找上胡耀邦，表示他們有意在黨校辦公樓二樓一處外人見不到的地方，張貼批判康生的小字報，想知道胡耀邦的態度。他們說他們願意負起全責，而且不會正式通知校方。胡耀邦透過一個中間人作答，「我們既不主張、也不反對〔這樣的行動〕。」大批小字報在第二天出現。胡耀邦在聽說這件事時，對他的秘書說，「我們去看看！」那秘書答道，「但耀邦同志，你不懂這種事！」胡耀邦笑著回道，「沒錯！沒錯！我不懂！」[60]

不出幾天，辦公樓其他樓層好幾條走廊的牆面也貼滿這些小字報，許多其他單位的人也來讀報、討論它們，一時蔚為奇觀。胡耀邦指示研究人員記下小字報所指控的細節，並準備一份所有曾經遭到康生迫害的黨校、國家級與地方官員的名單。胡耀邦下令將這些細節編纂成書，送交黨中央。書中附上一分六百零三名高級官員的名單，這些官員包括國務院部會首長、黨中央各部領導、省黨委書記、全國人大代表、高級將領、以及其他遭康生誣告的人。所有這些材料都在一九七八年十二月第十一屆中央委員會第三次全會（十一屆三中全會）中提出。這次全會通過議案，撤銷對康生的悼文，把康生的骨灰移出八寶山革命烈士公墓，在他身後開除黨籍。[61]

胡耀邦的第二項任務就是黨校重新開班，在十月初完成開班準備工作。他配合中央黨校註冊開學活動訂定一份中央文件，概述指導原則，並鼓勵省級黨委盡快重開各級黨校。[62]更重要的是，他邀請華國鋒與葉劍英到中央黨校發表重要演說。胡耀邦為葉劍英草擬了講稿，據說葉劍英對這篇講稿很滿意。[63]講稿中提出幾個超越標準黨教育高度的議題，要黨校教職人員考慮幾個一直有爭議的問題。其中意義最重大的是，要中央黨校編寫一套完整而誠實的中國共產黨黨史，即使黨犯下的錯誤也要據實納入。[64]

九月底，胡耀邦奉召到葉劍英住處，討論寫一本供教學用途、具權威性的黨史文件，因為當時還沒有一本這樣的文件。鄧小平也加入討論，他認為黨需要一本權威性黨史，不過他自己不願擔負這項重任。他建議可以由中央黨校理論室負責撰寫這份無疑艱難的文件。胡耀邦建議，以吳江為首的專案研究組負責撰稿，第九、第十、第十一次（以劉少奇、林彪與四人幫為鬥爭對象）「路線鬥爭」可以作為黨史的開場白。[65]

中央黨校《理論動態》小組成員、堅決支持胡耀邦的沈寶祥回憶道，胡耀邦不到幾天就組織了黨史撰稿小組。胡耀邦在將黨史撰稿任務納入葉劍英的講稿中時，就已經知道（套用沈寶祥的話）他會面對一項「複雜而艱鉅的反思和認知過程」，其最後目標是要讓黨正式否定文化大革命，而撰寫黨史只是第一步。[66]當時在黨最高層，文化大革命的功過議題正是最關鍵的鬥爭核心。在八月黨代表大會的報告中，華國鋒宣布文化大革命已經過去，但又說，所以能夠「打垮劉少奇、林彪和『四人幫』等三個資產階級司令部」，文革的出現「絕對必要而且非常及時」。華國鋒主張通過一項建議，研究第九、第十、第十一次路線鬥爭，以強化文革的正確性與毛澤東思想的英明。[67]

在文革問題上，胡耀邦採取一種非傳統立場。一九七七年秋，他告訴《理論動態》小組，文革的「想法非常好，但實踐手段錯了」。他說，要在共產黨裡面「找出這麼多走資派」，實在荒唐之至。這場大規模迫害、處決幹部的悲劇讓他感到遺憾，他也批判文革為中國農業帶來的慘禍。[68]但負責黨史與建黨過程撰稿的研究人員還沒做好準備，無法承擔訂定文革問題教材這項重任。有關文革問題既無權威的史料文件，多年來也沒有人對這個問題做過任何研究。

胡耀邦鼓勵他們建立「三個路線鬥爭研究組」，開始準備提綱材料。他對他們說，不要在乎既有文件或講稿，要自行發掘事件的真相。真正的問題是什麼？問題的根源在哪裡？進行這項研究的守則，就是毛澤東早年說的「通過實踐發現真理」，「實踐是檢驗真理的唯一標準」。胡耀邦要組員問幾個問題：文革如何展開、如何進行、如何導引？他要研究組用一個月時間提出新題綱，題綱必須分段討論每一個路線鬥爭，必須對整個文革提出總結。[69]

題綱的起草作業持續到一九七八年初，儘管奉命出任中央組織部主任的新職，但胡耀邦仍保有在黨校的職位，繼續監督撰稿組進度與《理論動態》的發行。題綱起草作業持續進展，胡耀邦決定將它送交一九七八年四月開班的新學員討論，而不送交黨中央，面對必然產生的反對。

那年四月在中央黨校報到的八百零七名新學員中，有老、中、青三個年齡層的幹部。其中有人剛剛掙脫文革的屈辱，有人是文革動亂中晉升的「模範工人」，有人是思想「解放派」，也有人是黨的教條主義打手。胡耀邦強調必須讓每個人在小組討論中暢所欲言，小組討論不必做總結，也不要求做出一致同意的決定。他根據自己對黨會的看法，訂定嚴厲的團體行為準則，突顯出他對毛派作法的抗拒。基本上，這套行為準則就是一套禁令，禁止過去十五年中幾乎無所不在的「批判與鬥爭大會式」作法。這套準則就是所謂「不抓辮子（不專找對方短處）、不扣帽子（不貼政治標籤）、不打棍子（不用暴力，或不以暴力脅迫）」的「三不主義」。在考慮中央專案組繼續存在的事實後，胡耀邦還加了第四個「不」：「不裝袋子」（不可動不動就把誣陷害人的材料裝進他人的檔案袋）。[70]

一九七八年四月為期十天的討論會氣氛很熱烈，但在特定議題上莫衷一是。無論就文革整體或就特定路線鬥爭而言，都沒有結論。但討論會推出一種檢驗黨史艱難議題的程序與方法，胡耀邦似乎對此很滿意。[71] 沒隔多久，這類議題再次找上門。

改組中央組織部

在一九七七年十月九日中央黨校新班開課兩天前，《人民日報》以頭版整版的篇幅發表中央黨校三名教授的評論文章，文章標題頗為令人費解：「把『四人幫』顛倒了的幹部路線是非糾正過來」。這篇文章於八月間由胡耀邦授意，並由胡耀邦親自定名，他也將文章內容修改了十七次。他與《人民日報》總編輯胡績偉討論這篇文章的篇幅，還選定在整肅四人幫一週年這天發表這篇文章。[72] 文中直接批判中央組織部，指控中組部在處理無數文革期間受懲的前黨官的申訴時推託且磨蹭。

對於如何平反「冤假錯案」的議題，胡耀邦思慮良久。為解決黨在整肅四人幫之後，如何重建領導與威望的問題，他開出幾項處方，其中一項是平反「冤假錯案」。特別是在文革期間，他常眼見、親歷這類現象。仇恨、偏執、嫉妒心切的黨員，可以隨便以一個罪名攻擊另一黨員或非黨員。

只需指控某人的行為或思想異常，或以一個負面標籤為某人「扣一頂帽子」，說某人是「反黨份子」、「右派份子」等，就能陷人於罪。經過草率的審訊，或根本不經審訊，被黨或革命委員會指為罪犯的人就會被打、遭受酷刑折磨、送監或送勞改，甚至就地處決或被迫自殺。許多人甚至在獲得勞改營或監獄釋放以後仍然不得返家，找不到工作，沒有任何政治權益。他們的家人也遭到歧視，並受到懲罰。[73]

在後毛澤東時代，平反「冤假錯案」的議題具有濃濃的政治味。中央組織部處理這個議題的作法已引起政治局的分裂。鄧小平需要為老幹部平反，以加強他的地位。另一方面，因文革期間或文革之前整肅老幹部而獲利的人，包括主席華國鋒在內，對老幹部的復辟自然興趣缺缺。在一九七七年負責數以百萬計黨官職涯管理的中央組織部，由政治局常委汪東興監控。

汪東興同時也負責監管中央辦公廳與宣傳部。中央辦公廳負責處理紙上作業、會議與中央委員會的安全，在宣傳部則是報紙、電視、電影與書本的監管機構。汪東興手握幾個關鍵權柄。雖然他與鄧小平之間的敵意尚未表面化，但在一九七七至一九七八年間，兩人因思想與組織議題而對立的跡象益發明顯，於是一場攤牌迫在眉睫。[74] 特別是對鄧小平而言，想將華國鋒拉下馬就得先整垮汪東興。

若想整垮汪東興，就得先從中組部下手。一九七七年，改組中組部的時機已經成熟。就算在文革期間，中組部的基本人事功能——薪酬與福利、招募與教育、人事選派、調用、升遷、獎懲等等仍須照常運作。也因此，儘管許多中組部的領導在一九六六年夏天過後遭到控罪、下獄，但紅衛兵實際上並沒有接管中組部，而奉派接管中組部的軍管組也沒有真正管控這個部門。一九六七年夏，瀋陽軍區六十四軍團政委郭玉峰奉召進京，為康生工作，擔任中組部內一個行動組組長。[75]他的工作顯然與康生抓叛徒、抓間諜的狂熱有關，同時他也是令各級黨官聞之色變的中央專案組之一員。一九七〇年代初期，康生的健康狀況惡化，郭玉峰轉入汪東興陣營，在一九七五年康生死前，郭玉峰已經官拜中央組織部部長。[76]

到一九七七年，十年文革期間遭禍的前官員（或家屬）如潮湧般湧入中組部負責老幹部與人事申訴的各局。前公安部官員尹曙生估計，中央或省級副部長和副省長以上的官員，約有百分之七十五曾因政治罪名遭到停職。遭到政治罪名誣陷的解放軍軍官約有八萬人，其中一千一百人被殺。一百多萬名教師遭「誣陷」，中國科學院旗下五萬多名科研人員被誣控停職。根據葉劍英在一九八〇年發表的演說，如果加上因階級背景、因直言政治議題而被懲罰，或加上因被指為階級敵人而下獄或遭勞改的人，自「解放」以來，中國無休止的政治運動受害者總數超過一億人。[77]

但中組部內部似乎毫無緊迫意識。到北京上中組部喊冤的人遭到漠視、威脅，甚至被趕出接待區。第十一次全國代表大會結束後，許多工作人員開始暗地抱怨中組部幹部考評政策的實施方式。大字報開始在中組部一些辦公大樓的走廊上出現，批判郭玉峰虐待老幹部，沒有妥善管理相關的程序。[78]

十月七日《人民日報》刊出的這篇文章為這個怒焰添加了柴火。這篇文章儘管沒有指名道姓，但指出中組部對老幹部的作法缺失，並指責中組部不肯重審冤案。文中還寫道，「一些負責幹部工作的同志」誤解更重大的是非議題，未能更正過去那些錯誤的幹部政策。[79]文章發表後，主要是老幹部打來的電報與讀者來信，如雪片般湧入編輯部，中組部內部的不滿情緒也更高漲。員工不僅張貼更多大字報，還開始將相關消息通報給《人民日報》，供《人民日報》將消息納入專供領導閱讀的所謂「內參」。

在對中組部發動的攻擊中，胡耀邦得到一位重要的新盟友：中共首要黨媒《人民日報》的總編輯胡績偉。胡耀邦與胡績偉兩人都因文革期間遭到凌虐、住院，而在院中結識。身為職業記者的胡績偉，在四人幫主控《人民日報》時對這家黨媒徹底失望，一九七六年過後他進入鄧小平成立的一間國務院研究室工作。但華國鋒勸他重回《人民日報》，協助重振這家機構。套用胡績偉的話，當時華國鋒或許不知道「我已經不再是那個言聽計從的胡績偉了」。[80]

在十月七日刊出這篇文章之後，胡績偉引用來自「內參」的消息，讓政治局有關中組部這場辯論的怒火越燒越旺。很快地，葉劍英與鄧小平開始要求撤換中組部部長郭玉峰。據說葉劍英認為，要平反中組部這些積壓已久的沉冤，就得用最有才幹的胡耀邦出掌中組部。[81]

十一月底，「兩胡」（胡耀邦與胡績偉）在《人民日報》再次合作，進一步加碼炒作中組部的議題。這篇以「本報評論員」的名義匿名發表的文章，題為「毛主席的幹部政策必須認真落實」。[82]儘管胡耀邦似乎不願直接與汪東興對槓，但這篇文章毫不掩飾地要求中組部門解決問題，將「顛倒了的幹部路線是非糾正過來，積極解決過去審幹中遺留的問題，使長年沒有分配工作的同志繼續得到妥善安置……照顧已逝者家屬的需求」。文中還引用毛澤東的話與郭玉峰和汪東興的權威抗衡：「毛主席一再教導我們『有反必肅，有錯必糾。真正錯了的必須堅決糾正過來』」。[83]

十二月十日，郭玉峰被華國鋒與汪東興召去開會，當場遭到解職。同一天，胡耀邦正式奉命出任中央組織部部長，他繼續擔任中央黨校常務副校長，同時還留任《理論動態》總編。在他的領導下，《理論動態》就發行量與影響力而言都已經大幅成長。儘管中組部的新職責任繁重，《理論動態》仍是胡耀邦的優先要務。事實上，直到一九八一年他正式成為黨主席，他仍然每隔幾週就利用幾個地方的辦公室，特別是在家裡，與《理論動態》的工作人員開小組會。

不論胡耀邦是否預期自己將奉命出掌中組部，共青團的人事工作經驗以及一九四〇年代在紅軍總政治部的歷練，都讓他成為這項新職的最佳人選。在接獲正式任命後幾天，他到中組部報到，開始積極、有效地展開工作。在上任第一天，他主持全體會議，為即將推動的改革訂定明確的進程。他說，中組部應該「重建優良傳統」，成為每一個「黨員之家，幹部之家」。每位訪客與前來投訴的人，不論資歷、階級或投訴內容，都必須「禮貌相迎」。他保證任何遭到誣害、要求見他的幹部都能見到他，保證任何有他的名字在上面的投訴都會經他過目。他承認，特別是文革時期留下、尚待解決的案件「積案如山」。胡耀邦還告訴與會人員，重審來自一九五〇年代、一九四九年前或自革命初期的冤假錯案，都是他們「不可推卸的責任」。他說，無論這些案件堆得多高，「我們必須有會當凌絕頂的決心」。[84]

就在同一天，胡耀邦會見手下主管，包括遭郭玉峰邊緣化的幾名副部長，並重新安排他們的職責。他下令成立一個大型的「幹審局」，負責幹部的審查工作，由曾被指控為「右派」而落馬的何載擔任局長。胡耀邦另外成立三個非正式的大組，處理即時的議題。由文革期間被關了七年的陳野萍負責「老幹部接待組」，以保證老幹部的冤情都可以申訴，問題得以解決。由中組部副部長曾志負責領導的「安排待分配幹部工作組」，為六千多名從監獄或勞改營釋出的老幹部安排適當的工作。由同樣在文革期間落馬的楊士杰負責「右派工作改正組」，專門為早自一九五〇年代末期以來的「反右」案件翻案，為幹部與家屬在住房、就業與受教權益方面所遭到的歧視平反。85

出掌中組部這一年的表現，為胡耀邦贏得幾乎一致的嘉評。他正直坦率的性格與熱忱奉獻的工作精神日復一日，始終如一，他的組織技巧教育並鼓舞了他的部屬，讓他們也像他一樣賣力投入工作。他每天至少讀二十封申訴信，寫下最佳解決辦法的批示。他與要求與他面見的官員會面，有時會面地點還選在自己家裡。他甚至在自家餐廳擺了一張長桌，讓他可以邊用餐邊聽申訴。他還定期在北京與其他地點，在舉行中組部會議與論壇時發表演說。

胡耀邦領導中組部這一年的成果極為驚人。曾志與何載所提供的記述資料基本上一致。從一九七八到一九八二年間，中組部審查、平反了兩百九十萬人的冤案。五十四萬七千名在一九五〇年代末期被貼上右派標籤的人摘了這個帽子，其中許多人還獲得補償。一百五十八萬餘件知識份子迫害案件，以及一百八十萬件遭文革領導人指控犯行的冤案，也獲得平反。胡耀邦親自審查了約兩千件來自各種階級、背景的申訴信。他出席各種會議，發表數不清的談話，要中組部官員糾正、落實黨的幹部政策，彌補四人幫所造成的錯誤。86

胡耀邦在中組部的整頓遭到相當多的阻力。最棘手的案子往往是那些由毛主席決定、獲批准的案子。所謂「毛澤東年老體衰、為林彪與四人幫所騙、因而做下錯誤決定」的說法有瑕疵，難以讓人信服。有思想與觀察力的黨員，以及數以千萬計、十年來受盡折磨的平民百姓都知道，文革與其他許多造成大難的思想運動，根本就是毛澤東搞出來的。但毛主席的領導一直是支撐黨的傳承的核心，沒有人知道該怎麼做，才能在無損於毛主席聲譽的情況下糾正過去的錯誤。

胡耀邦根據他在中組部的工作經驗而提出一個解方：「實事求是，有錯就翻」。在處理冤案的過程中，他經常聽到一些不願嘗試翻案的官員所提出的藉口：「這個案子經過毛主席批示。」在一開始，胡耀邦在小型辦公室會議中提出這個解方，後來他將這個解方在全國發表。一九七七年十二月，他對中組部高級幹部說，「凡是不實之詞，凡是不正確的結論與處理，不管是什麼時候、什麼情況下搞的，不管是哪一級、什麼人定的、批的，都要實事求是更正過來。」[87]在一九七八年二月到四月討論難辦案件的座談會中，胡耀邦以更明確的方式宣揚這種「兩個不管」的論點。他的韌性、奉獻精神與平易近人的作風，不論是部屬、無數的其他官員或民眾，都對他心懷敬仰。[88]

一場有關真理的「大辯論」？或一場權力鬥爭？

由於鄧小平對「撥亂反正」並不熱衷，胡耀邦在中組部的工作受到相當的阻力。鄧小平以厭惡理論議題著稱，也幾乎不看《理論動態》。[89]當胡耀邦大舉展開行動，為一九五七年間遭到鄧小平督導的行動所迫害的人去除「右派」與「右傾份子」標籤時，鄧小平猶豫了。他堅持反右運動「必要而且正確」，只是「擴展」得太過了。鄧小平本人就是當年毛澤東搞這個集體鎮壓運動的主要統籌人，而胡耀邦對此也知之甚詳。胡績偉在幾年後寫道，鄧小平這個立場使胡耀邦的「撥亂反正」不能大竟全功。不過，「撥亂反正」的意義並沒有因鄧小平這個立場而減損。[90]

胡耀邦繼續推動幹部復職，不斷想方設法顛覆所謂的「毛主席批示」，但進展不大。長久以來一直主張思想解放的胡耀邦，開始將注意力轉向毛澤東的思想權威，設法剷除黨員心中「毛主席的話句句真理，一句頂一萬句」之類站不住腳的論點。在這個戰場上，反對勢力更深、類型也更複雜，但歸根究底仍在於「尊毛」以及毛壟斷思想的議題。在一九七八年，正統毛澤東主義的首席衛士是汪東興，以及汪在宣傳部門那些推出「兩個凡是」論的支持者。

為了打這場思想戰，胡耀邦設計了一套有效的工具，就是他設在中央黨校、不受宣傳部門言論箝制的《理論動態》工作人員與資源。這套工具已經製造平反、申冤的輿論氣氛，並扳倒郭玉峰。現在它們要將矛頭指向一個含糊的思想問題：什麼是真理？社會主義理論家們應如何評估真理？在一九七八年五月發行的第六十期《理論動態》中，胡耀邦針對這個問題提出答案：「實踐是檢驗真理的唯一標準」。這篇文章不僅引發一場黨內的思想大戰，更重要的是，還造成一場導致政權更迭的政治鬥爭。

挑起這場大戰的是兩篇文章。第一篇是南京大學胡福明教授為《光明日報》——以知識份子為對象的黨官方刊物——寫的一篇文章。這篇文章乾澀枯燥，一開始被《光明日報》拒絕。第二篇文章是《理論動態》主筆孫長江的作品，文字精簡，直接抨擊那些以毛澤東「金句」為政策導向來討論思想概念、令人窒息的長篇大論。孫長江在文中說，這種討論思想概念的態度錯了。[91] 胡耀邦為孫長江這篇文章做了最後修飾，並安排《光明日報》總編將其發表。果不其然，這篇文章引發一場激辯。

這場一般被中共史學者描述成思想鬥爭的「真理標準辯論」，其實是鄧小平與汪東興之間，各憑手中權力而進行的一場政治鬥爭。為對抗共同對手，胡耀邦與一小群政治理論學者在關鍵時刻馳援鄧小平，而鄧小平也對他們投桃報李。這是一廠關起門來的無聲鬥爭，但逃不過媒體觀察家敏銳的眼神。

五月十日，第六十期《理論動態》在北京發行，只發表了一篇文章：〈實踐是檢驗真理的唯一標準〉。[92]第二天，《光明日報》也以「特約評論員」的名義在頭版發表這篇文章。那天晚上，汪東興在毛澤東著作出版委員會辦公室的會議中說，這篇文章「將矛頭指向毛主席」。[93]五月十二日，《人民日報》與解放軍喉舌《解放軍報》都全文轉載《光明日報》這篇文章。一名曾經擔任《人民日報》總編輯、現在為汪東興工作的人打電話給胡績偉，指責他不該發表這篇文章。這人提出警告，這篇評論員文章犯了「方向錯誤……要砍倒毛澤東思想這面紅旗……政治惡劣」。胡績偉把這件事轉報胡耀邦。[94]

根據慣例，新華社也在第二天將這篇特約評論員的文章轉發所有地方性報紙與廣播電台。汪東興心腹、共產黨理論雜誌《紅旗》總編輯熊复打電話給新華社社長，說新華社與《人民日報》「犯了一個錯」。[95]五月十三日晚，胡耀邦在家裡會晤胡績偉與《理論動態》幾名工作人員，指責宣傳部領導人不該使用這類威嚇手段，並建議《理論動態》再接再厲發表一篇文章，討論「阻止不了的歷史洪流」。[96]

五月十七日，汪東興召開宣傳部領導人小組會，抨擊這篇「真理標準」的文章「理論上荒謬，思想上反動」，而且反毛。他指示宣傳部進行調查。他說，「我們的黨報不能這麼做。我們必須高舉、捍衛毛澤東思想這面紅旗。」第二天，汪東興召見宣傳部部長張平化與熊复，說《人民日報》「輕率魯莽」，應該接受調查。[97]

五月三十日，鄧小平召見由他指派為中國科學院院長的胡喬木，討論他即將在「解放軍全軍政治工作會議」上發表的演說。華國鋒與葉劍英也將在這次會議上演講。鄧小平告訴胡喬木，他認為有關「真理標準」的這項爭議「莫名其妙」，但有意將這項爭議做為他對解放軍政委這篇演說的關鍵要點。[98]

六月二日，鄧小平在既不提「真理標準」、也不提「兩個凡是」的情況下，尖銳駁斥了汪東興。他說，「一些同志天天講毛澤東思想，卻往往忘記、拋棄、甚至反對毛澤東同志的實事求是、一切從實際出發、理論與實踐相結合的馬克思主義的根本觀點和方法。有些人做得更過火：他們認為堅持實事求是、一切從實際出發、理論與實踐結合是滔天重罪。」[99]第二天《人民日報》評論鄧小平這篇演說，說他「深刻闡述了實事求是在毛澤東思想中的重要性」。六月六日，《人民日報》與《解放軍報》都刊登了鄧小平的演說全文。據說汪東興為此大發雷霆。[100]

六月被，胡耀邦收到《理論動態》負責人吳江的一篇文章，文中嚴厲批判「兩個凡是」，並支持「實踐是檢驗真理標準」的辯論。當時由於胡耀邦遭到汪東興對他及其雜誌的猛烈批判，因此他建議吳江先將稿子壓下，等三個月後再發表。不過胡耀邦將一份稿子的副本送給時任中央軍委秘書長的羅瑞卿。羅瑞卿是胡耀邦老友，文革初期遭到整肅，一九七五年獲毛澤東提拔復出。羅瑞卿曾對五月十日這篇〈實踐是檢驗真理標準〉的文章表示讚揚，親自批示《解放軍報》刊登全文。他對胡耀邦說，如果解放軍的報紙刊登吳江寫的這篇文章，那些學者就算不同意也拿它沒辦法。[101]對於面對來自一名黨副主席的壓力的胡耀邦來說，這是一項重要的防護。

六月中旬，汪東興進一步施壓。在華國鋒主持的一次宣傳部高級領導人會議中大聲咆哮，指名道姓地說胡耀邦與胡績偉犯了「嚴重錯誤」，應該接受調查。華國鋒沒有表態，根據為胡耀邦立傳仁的說法，胡耀邦與胡績偉也沒有因此受到懲處。[102]

六月十九日，胡耀邦為吳江這篇預定六月二十四日在《解放軍報》發表的文章〈馬克思主義最基本的原則〉做了最後的修飾。當時羅瑞卿即將啟程前往西德，接受斷腿復健手術（羅瑞卿在文革初期因自殺未遂而摔斷了腿），他告訴面帶愁容的《解放軍報》的工作人員，「你們必須壯著膽子發表這篇文章。或許有人會反對。我來負責。如果他們要打人，要他們來打我。」[103]不幸的是，羅瑞卿於八月三日死在西德海德堡大學一張手術台上，胡耀邦因此痛失一位他在未來黨爭中的得力盟友。

不過，隨著「真理標準」之爭越演越烈，更多跡象顯示，鄧小平開始了解這項辯論可帶來的機會。七月二十二日，他召見胡耀邦討論首先發表的文章〈實踐是檢驗真理標準〉，以及隨後發表的那篇評論員文章。鄧小平承認原本沒有很注意第一篇文章，但之後發現這篇文章宣揚的正是馬克思主義，所以他支持這場辯論，也支持《理論動態》這支隊伍。鄧小平對胡耀邦說，「《理論動態》的班底很不錯。不要搞散了，這是個好班子！」那天晚上，胡耀邦將《理論動態》班底召到家裡，告知鄧小平支持的好消息。他並且告訴他們，鄧小平已經警告宣傳部在這段期間「不要設立禁區」，而不讓人討論思想議題。[104]

一九七八年夏，在有關老幹部復職的敏感議題上，胡耀邦與汪東興再次交手。「六十一人叛徒集團」是康生為對付劉少奇的知名親信，而在一九六七年捏造的案件。案件起源涉及一九三六年幾名共產黨領導人在國民黨控制區被捕的事件。到一九七七年，儘管幾次有人要求翻案，但「六十一人」案仍然深鎖於中央專案組的檔案裡。鄧小平與陳雲鼓勵胡耀邦與中組部對案件重啟調查，並提出報告。[105]胡耀邦因此要求與汪東興會面。一九七八年六月九日，胡耀邦帶著副部長陳野苹與公安部部長趙蒼璧，拜會汪東興與政治局委員紀登奎、吳德，原以為可以就此取得中央專案組的相關文件。[106]結果他們不但沒有取得文件，還遭到汪東興一頓狠狠教訓。汪東興說，中央專案組不能交出任何原始調查文件，只能給他們判決摘要，因為這些調查與調查結果都經過毛主席批准，不能翻案。汪東興還說，由於涉及「與敵人的矛盾」，這些資料都是機密，不能交給中組部。胡耀邦予以辯駁，但由於官階低人一等，只能在威脅下空手而回。回到中組部後，胡耀邦知道這樣的交涉只是浪費時間，於是決定「另起爐灶」。[107]

不久，胡耀邦時來運轉。根據《鄧小平年譜》的記錄，在六月二十五日這天，鄧小平接到中組部送來的一些有關「六十一人叛徒集團」案的材料。鄧小平在批示中寫道：「這個問題必須正確地處理。這是一個實事求是的問題。」[108]根據胡耀邦私人編年記錄中的簡短記載，七月四日這天，華國鋒邀請胡耀邦到家「閒聊」「六十一人叛徒」案。華國鋒對胡耀邦說，這個案子必須迅速結案，中組部要重新調查，並寫調查報告交給中央。[109]

兩天後，胡耀邦向《理論動態》領導班簡報他與華國鋒的這次談話。據胡耀邦說，兩人從七月四日下午三時一直談到凌晨一時，談話內容主要為經濟重振、保持「團結和安定」，以及平息文革殘留的敵意怒火。根據胡耀邦帶給友人的零星記錄，華國鋒天南地北「談了許多」，但基於禮數與規矩，胡耀邦沒有做筆記。胡耀邦說，華國鋒表示對他深具信心，這使他深感鼓舞。此外，儘管汪東興作梗，華國鋒也兩度向他表示對中組部的信心。[110]

七月十日，胡耀邦把中組部幹部調查局的高管召進辦公室，討論啟動中組部對「六十一人叛徒」案的調查。有鑒於專案組的干預，他告訴他們，由於涉及「我們偉大領導人晚年犯下的錯」，辦這個案子需要勇氣與決心。胡耀邦要陳野萍領導中組部這項調查，並增添人手，派赴全國各地尋找原始文件與證人，預定在九月三十日前完成報告。[111]

胡耀邦的黨史糾錯作法還贏得另一項勝利。九月十七日，中央辦公廳發布一九七八年「總發五十五號文件」。根據這項文件，幾個黨中央和國務院部會首長已經同意展開程序，全面摘除一九五七年以來扣在無數人頭上的「右派帽子」。雖然重啟調查無法讓仍處於申訴過程中超過五十五萬件的「右派」標籤案立即翻案，但被打成右派的人可以完全重新融入社會，有人為他們安排就業，他們的家屬也不再因此遭到汙名化。這是一項極其複雜且極具爭議的過程，涉及數不清的區域性會商與妥協。就連鄧小平對這項過程也有異議。胡耀邦與他在中組部的部屬擬出一項妥協方案：「任何不應被指為右派，但誤被指為右派的人，應該實際可行地獲得更正機會。」[112]

胡耀邦預定在九月二十五日對來自全國各地的人事專家發表有關幹部平反作業的重要演說。根據慣例，他將標題為〈實事求是是實踐幹部政策的關鍵〉的初草講稿，交給汪東興在中央辦公廳的首席副手張耀祠。[113]張耀祠等人不同意胡耀邦在演說中談到胡在一九七七年十二月推出的「兩個不管」論點。他沒有理會，仍然在演說中談到「兩個不管」。會議結束後，張耀祠將會議記錄中有關「兩個不管」的部分刪除，然後付印，因為汪東興曾說這個論點「不妥」。胡耀邦將未經刪文的講稿全文刊載於六月推出的中組部內部《簡報》中。會議結束後，胡耀邦問汪東興為何要刪這段講詞。汪東興答道，「如果是毛主席批的、定的案子，你怎麼辦？」胡耀邦答，「我相信，如果他老人家還健在，也會恢復他一貫倡導的實事求是原則。所以，對他老人家過去批的、定的、被實踐證明了的冤假錯案，我們也應該平反改正。」[114]

中組部奉華國鋒與鄧小平之命，擬定的「六十一人叛徒」案報告初稿，果然根據胡耀邦的計畫於九月底完成，胡耀邦隨即進行將報告提交中央委員會的準備工作。由於遭到專案組刁難，不能接觸原始文件，中組部工作人員為了解案情，不辭艱辛，前往幾個省進行訪查，並審閱數以百計文件，與許多官員訪談。胡耀邦對中組部調查組領導說，下一個要查的是劉少奇的案子。劉少奇是文革期間遭毛澤東直接迫害的最敏感、最具爭議性的犧牲者。[115]

著名的三中全會

無論中外，在有關中共當代史的記述中，一般都將中國共產黨第十一屆中央委員會第三次全會（十一屆三中全會，一九七八年十二月十八日到二十二日）視為一個轉捩點，鄧小平成為最高領導人，他的統治從這一刻展開，中共也開始實施「改革開放」的經濟政策。不過這種說法有一些不成熟之處。首先，三中全會公報中沒有提到「改革開放」一詞。其次，儘管這次全會的決定大幅提升鄧小平在黨內的地位與角色，但鄧小平沒能搞定一切，他仍需要其他領導人——特別是葉劍英與胡耀邦——幫他詮釋、達成他的目標。最後，第十一屆中央委員會在三中全會之前先召開了三十六天的工作會，討論各項決定與爭論，三中全會本身不過是正式批准這些決定與爭論的過場而已。

召開讓華國鋒主席地位重挫的此次中央委員會工作會（一九七八年十一月十日到十二月十五日）是華國鋒的主意，工作會的原始議程也反映了他的關切。六月底，華國鋒聽取出國訪問歸來的黨與國務院代表團的報告，對於中國經濟與社會進步的水平竟如此落後於西方與日本，他感到十分震驚。如同他在七月初對胡耀邦所說，他希望中國能邁出「更大步」加速經濟復甦。[116]

華國鋒建議中央委員會工作會討論的議程，包括檢討兩份有關農業發展（當時已經從文革谷底復甦，但表現仍然不佳）的文件，以及批准一九七九到一九八〇年「國家經濟計畫」。在向工作會全會致開幕詞時，華國鋒建議代表們先花一些時間討論政治局常委會早先討論過的議題：「黨與國家工作重心轉向經濟建設，推動改革，向外界開放」。[117]這是鄧小平提出的議題，之後也成為全會的首要議題，但在全會展開後，與會代表們忙著發牢騷、吐苦水，這個議題便被擱在一邊。

毛澤東喜歡開政治局擴大會議，因為他可以安插支持他的人出席會議。就像政治局擴大會議一樣，中央委員會工作會也可能擠進一堆特別選定的代表，遭人嫌惡的中央委員反倒無緣與會。但與政治局擴大會議不同的是，工作會不能通過決議，也不能為全黨做成人事決定。要通過決議或人事決定，需要舉行中央委員會全會或黨代表大會，但至少在這次工作會一開始，還沒有舉行第三次全會的計畫。[118]以這次工作會來說，政治局或政治局常委決定不邀請所有的中央委員與會（第十一屆代表大會選了兩百零一名中央委員與一百三十二名候補委員），以免群眾組織與文革受益人也能與會並導致情勢失控，而這次卻讓幾名文革期間遭到整肅、不久前才獲得平反的前中央委員與會。這意味在這次工作會中，老黨員與會比例比較大。根據吳偉峰發表在《人民網》有關這次會議的半官方報導，在推薦工作會官方與非官方與會人員名單的過程上，身為中組部長的胡耀邦扮演了重要角色。[119]

工作會共邀請兩百一十九人與會。名單包括所有的政治局委員，以及來自各省與地區軍事組織的重要黨、政、軍幹部——因握有實權而成為中央委員的人。與會代表根據文革初期解散的六個中共中央局——東北、華北、西北、華東、中南與西南局——分成六組。代表們不必須在所屬區內工作或居住。胡耀邦即為西北組一員。事實證明，在這次工作會中，西北組最活躍，也最有影響力。[120]

工作會第一天，與會人敷衍了事地討論了華國鋒的開幕詞。之後，前黨副主席與政治局常委陳雲發表演說，因顛倒了工作會議程而引爆黨內悶燒已久的怒火。早在文革以前就被毛澤東打入冷宮、逐出領導班的陳雲，為人正直，或許也因為膽敢與毛據理力爭，在黨內廣受愛戴。陳雲於十一月十二日在西北組講話，極力支持鄧小平不再傾一黨之力搞階級鬥爭、批判四人幫，全力投入中國經濟現代化的建議。但陳雲也堅持，在專向投入經濟現代化以前，黨中央需要考慮文革殘留的幾個問題。

所謂「六十一人叛徒」案——涉及許多已經獲釋出獄，但仍陷身政治困境的黨員——需要徹底翻案。在文革期間被誣陷為「叛徒」的黨領導人應該獲得平反。以前廣東第一書記陶鑄為例。陶鑄被毛澤東帶進北京，成為文革組的一員。僅僅幾個月後就遭到整肅，一九六九年在軟禁期間因得不到妥善醫護而去世。大躍進期間擔任冶金部長的王鶴壽，在文革期間被捕下獄關了八年，直到一九七八年還未獲釋。陳雲指控中央專案組處理這些案件的失誤。[121] 前國防部長彭德懷在一九五九年廬山會議過後，被指為「反黨集團」的一員而遭整肅。在文革期間，彭德懷遭到毒打、羞辱，一九七四年死於四川獄中，但死訊一直保密，就連葬在哪裡也無人知曉。陳雲說，應將彭德懷遺骸重新安置在八寶山革命公墓。

一九七六年天安門事件是悼念周恩來、譴責四人幫的「偉大群眾運動」，黨中央應該將它定位為「革命」事件，所有因此事件牽連而被捕的人都應獲釋。最後，一九七五年死亡、獲得黨全套哀榮的康生，犯下許多「冤假錯案」與其他罪行，中央當局應該予以身後譴責。[122]

這幾宗案件都有一個共同點：它們都是胡耀邦領導下的中央組織部積極調查的個案。中央組織部有關「六十一人叛徒」案的報告草案已於十一月三日送交政治局常委會。胡耀邦帶著其他案件的材料出席工作會。[123]在十一月十一日這天，至少還有四名老幹部也在其他組發表類似陳雲所發表的講話。[124]胡耀邦也積極鼓勵中央黨校教職人員將他們對康生的控訴寫成文件，就在工作會舉行前夕，他們完成一份中組部與對外聯絡部的聯合報告，指名道姓地列舉幾百件遭康生迫害的案例。這份聯合報告在工作會中廣傳，但未正式轉發。[125]

到十一月十二日，要求黨中央為四月五日天安門事件翻案的聲浪鼎沸不絕，葉劍英警告華國鋒，除非他能採取行動，顯示黨中央支持北京市委已經採取的、推翻一九七六年這項判決的決定，否則他會有被人指為「消極」的風險。[126]十一月十五日，《北京日報》報導，市委會已正式宣布，天安門事件是「徹底的革命行動」。十一月十八日，一本以華國鋒墨寶為封面、紀念天安門事件的詩集發表了，顯示黨中央決定為這次事件翻案。

陳雲與其他老幹部的講話激起工作會與會人士的強烈反響。之後幾天，他們爭相上台講話，要求黨中央為他們在文革期間遭到迫害的同事與親友平反。他們還提出其他許多黨中央所必須先行解決的政治與思想問題。每一個討論組每天都得做成簡報，送交政治局常委會。到工作會結束時，這些簡報總字數已經超過一百五十萬字。[127]

十一月十四日胡耀邦在西北組發表的講話證明，他一直在思考的問題不僅是為老幹部平反而已。他要求與會者更深層思考。「為什麼林彪和四人幫能待在台上十年之久？根本教訓是什麼問題？」他提出答案說，「我們黨內生活長期不正常，存在『黨內有黨，法外有法』的現象。」他隨即引用鄧小平的話，黨「需要大量敢於思考問題、提出問題、解決問題的幹部」。換言之，如果要領導中國邁向經濟現代化，黨需要重新考慮它的結構、作業指導原則和思想基礎。[128]

十一月十四日晚，鄧小平從新加坡返國，直接前往見葉劍英。老元帥與鄧小平談到分組會熱烈討論的狀況，說這讓他很開心。鄧小平聽完這些話的立即反應，是要葉劍英注意華國鋒。鄧小平說，由於黨在文革期間將主席的地位捧得過了頭，華國鋒出的風頭過大。鄧小平堅持，這情況需要立即轉變。[129]

傅高義（Ezra Vogel）與亞歷山大．潘佐夫（Alexander V. Pantsov）在鄧小平的傳記中寫道，十一月十四日鄧小平與葉劍英的會面是一個關鍵轉捩點。傅高義與潘佐夫都認為，葉劍英扮演「造王者」的角色，說服華國鋒將手中最高領導人的權柄交給鄧小平，還讓華、鄧兩人相互尊禮。[130]但在這一刻，葉、華、鄧三人的權勢態勢還在變化中。鄧小平還得冒些風險，才能在一九七九年初成為大獲全勝的贏家。在一九七八年十一月，華國鋒擁有中央委員會主席、中央軍委主席與國務院總理等頭銜，但無法全面施展這些職位的權力。葉劍英之所以支持華國鋒，是因為華國鋒是毛澤東欽定的接班人，而且在文革受益派人數多於文革前掌權的元老派的政治局，華國鋒略具人數優勢。但在更重要的政治局常委會，元老派享有三比二的優勢。黨內各派各自擁有關鍵權力，相互較勁。[131]然而，第十一屆中央委員會工作會與第三次全會改變了這一切。

鄧小平的整體戰略是利用工作會發動猛烈的批判、削弱華國鋒與其支持者，並利用改革的壓力讓自己走在風口浪尖（特別是在外媒之間突顯這一點），讓更多支持自己的人進入黨領導高層，特別是政治局。年輕黨員在工作會期間於「西單民主牆」張貼大字報的事，雖然讓鄧小平感到不安，但這些大字報經常攻擊汪東興、吳德、陳錫聯、紀登奎，有時還攻擊華國鋒的事實，似乎有利於鄧小平的短期目標。

在工作會繼續期間，與會者與民主牆激進派提出越來越多有關文革的爭議性議題，一般不出席工作會分組討論的政治局常委私下集會，打算針對若干議題進行封口。政治局常委會於十一月二十一日集會，聽取有關工作會簡報。[132] 翌日，工作會各組討論了政治局常委關於如何處理工作會農業文件的指示。十一月十六日胡耀邦在西北組的一次講話中，談到農業文件相關問題，說中國農業過於集中穀物生產，還舉出幾個關於農業多元化重要性的構想。[133]

十一月二十五日，在工作會一次全會中，華國鋒做了幾項令人震驚的聲明。根據政治局常委的建議，陳雲等人在會中提出所有的案子，以及文革期間與文革過後的其他冤案，都將在工作會結束後所舉行的中央委員會的全會中翻案。一九七六年天安門事件的原始判決將撇在一邊，中央委員會將這次事件重新定位為「徹底的革命活動」。彭德懷、薄一波、陶鑄、楊尚昆等人都將全面平反。地方黨委將根據黨中央建議，處理地方層級的類似冤假錯案。而且要全面揭發康生與前公安部長謝富治「引起民眾盛怒」，並批判兩人的罪行和錯誤。或許最重要的是，政治局常委會下令汪東興領導的中央專案組停止工作，把一切剩餘的檔案交給中組部。[134]

這是一項石破天驚的大轉折。鄧小平等元老派將自己的人馬調進工作會會場，終於讓華國鋒與汪東興發現大勢已去。陳雲等老幹部打破沉寂，勇吐多年積冤，也讓這些元老派的信眾更加壯膽。

對於一些仍然堅持思想路線與政策必須以對毛個人效忠為本的人來說，這項轉折再次證明，許多黨員不再同意他們的想法了。一些死忠的毛澤東信徒，在過去以不必要的殘酷手段對付其他黨員，如今當年的受害人開始要求平反、展開報復了。

在華國鋒發表這篇演說後，出席工作會的代表開始指名道姓攻擊汪東興。此前代表們也曾間接批判汪東興，但沒有人膽敢與黨副主席兼政治局常委公開叫板，更何況這個人還掌握武裝警衛調度權，並保有龐大的秘密人事檔案。于光遠與另一名同事在分組討論中抨擊汪東興，兩名資深記者也在其他分組討論中發動類似的攻擊。[135] 汪東興被控鎮壓「真理標準」辯論，在幹部住房分配的過程中貪汙受賄，以不當手法操弄中央專案組的證據。[136]

工作會進行到這個階段，華國鋒在政治局的另三名支持者——紀登奎、吳德與陳錫聯——也遭到猛轟，不得不低頭認錯。汪東興仍然抗拒壓力，不肯公開檢討。華國鋒為了平息眾怒，不得不放棄這些昔日盟友。工作會已完全失控，鄧小平也趁機抓住一項他未必早有安排、但非常樂意使用的戰術優勢。

距離京西賓館不遠的西單民主牆，已成為越來越多普通民眾訴苦申冤、批判共產黨且不必擔心報復的公共聚會所。在工作會全力為一九七六年四月天安門事件平反之後，行使憲法保障權益、張貼大字報開始蔚為風潮，因為沒有人膽敢甘冒眾怒、懲罰這種行為。十一月一天天過去，批判當局的大字報越貼越多，吸引大量民眾圍觀，包括一些外國記者。以「探索」、「北京之春」為名的小型政治刊物開始流傳，公開批判共產黨、毛澤東與其他領導人。[137]

鄧小平上台

十二月初，工作會代表將注意力轉移到人事議題，每個組開始考慮向中央委員會全會提交的建議。十二月一日，政治局常委召開各省第一書記與軍區司令員參加的特別會，鄧小平在會中為即將做成的人事決定訂下指導原則。他提醒所有與會者，外媒正緊盯著他們的會議，尋找內部權鬥的跡象，要他們小心行事。鄧小平提出的人事指導原則是「沒有人下，只有上」（有些報導的說法是「只進不出」），而且只增加三或四名新政治局委員。[138] 即使是遭到嚴厲批判的政治局委員也不會下來。誰是政治局委員這個問題，鄧小平講得很清楚：陳雲、鄧穎超（周恩來的妻子）、胡耀邦與鄧小平最死忠的支持者王震。[139]

十二月一日鄧小平的這項宣布，為工作會的結束鋪好了路。第二天，六個組都開始根據鄧小平的指示研擬政策與人事建議。他們建議讓汪東興、紀登奎、吳德與陳錫聯繼續保有中央委員的職銜，但權責大幅縮水。胡耀邦的西北組建議摘去汪東興的中央辦公廳主任與中央警衛局負責人的職銜。他們甚至建議將「八三四一部隊」縮編，置於北京衛戍區轄下。[140] 政治局於十二月十日集會，將這些建議納入考慮。它決定向三中全會建議，陳雲升任黨副主席與政治局常委；鄧穎超、胡耀邦與王震進入政治局；其他九名在文革期間或在文革前遭整肅的老幹部回復中央委員會委員原職。[141]

為彰顯他的權勢，鄧小平得為工作會與三中全會最重要的書面文件——中央委員會的閉幕致詞——做準備。[142] 甚至早在十一月初展開東南亞之行以前，鄧小平已開始準備他在工作會閉幕的致詞，將起草工作交給胡喬木。十二月二日，鄧小平把胡耀邦與于光遠召到家裡，討論胡喬木寫的草案。胡喬木這篇草案用了太多階級鬥爭的詞彙，無法反映鄧小平屬意的現代省思，而且與工作會充滿活力的氣氛格格不入。鄧小平說「這不行」，隨即要胡耀邦與于光遠根據他寫在便條上的綱要從新起草。

鄧小平要的是一種「前瞻」性的講詞，用來「解放思想」、喚起熱忱、掙脫老想法和老習慣的枷鎖，並邁向經濟現代化。[143]在國務院政治研究室的協助與胡耀邦的督導下，于光遠擬出「解放思想，實事求是，團結一致向前看」的講稿，由鄧小平在十二月十三日的中央工作會閉幕式上發表。[144]這篇講稿不僅成為這次工作會、也成為第十一屆中央委員會第三次全會的「主題」文件，還經全國報刊一致公認為黨史的「轉捩點」。

十一屆三中全會的成就，胡耀邦功不可沒，但大體而言他沒有居功。胡耀邦運用《理論動態》的文章，特別是有關「真理標準」（鄧小平終於認識到這個論點的價值）的辯論，為這次工作會的思想架構奠基。他引領中組部為冤假錯案翻案，為陳雲與其他老幹部提供平反的材料。他指出「尊毛」的深刻瑕疵，鼓勵黨員質疑文革思想。

胡耀邦不僅協助鄧小平起草這篇呼籲黨員放棄階級鬥爭的講稿，還幫葉劍英起草工作會的閉幕講詞，在黨的一些改革家心目中，葉的這篇講詞比鄧的更重要。葉劍英很早就請胡耀邦為這篇演說捉刀，於是胡耀邦派遣中央黨校的吳江領導起草小組。但老元帥覺得吳江完成的稿子「秀才氣太重」，最後要自己的女兒與女婿寫成這篇稿件，送交胡耀邦修飾。[145]與鄧小平不同的是，葉劍英這篇講稿仍然以過去犯下的錯為重心，嚴厲斥責四人幫「半封建」與「封建法西斯」的思想與行徑。

葉劍英的這篇演說也要求加強「社會主義法律系統」，深化黨內外的民主。[146]不過，他最令人難忘也最具爭議性的一段話，在之後的講詞內容版本中遭到刪除。在閉幕演說中，葉劍英響應許多與會人士的觀點說，「中央工作會體現了我們黨內民主，西單民主牆體現了社會民主，我們應繼續推動這些民主精神。」但當他的講稿印成文件分發三中全會代表時，這句話已遭刪除。[147]

工作會結束，中國共產黨第十一屆中央委員會第三次全會於一九七八年十二月十八日正式登場（至二十二日）。胡耀邦的責任依舊沉重，奉命在華國鋒、鄧小平與葉劍英的監督下，「督導」三中全會公報的預先起草工作。胡耀邦與胡喬木、于光遠共商完成這項工作。[148]

政治局常委會在十二月初做了一項額外的決定，正式恢復「中央紀律檢查委員會」，由胡耀邦與中組部負責推薦委員名單。中組部推出一張九十九人委員會的建議名單，由陳雲與鄧穎超分別擔任第一與第二書記，另由幾名獲得平反的老幹部擔任書記、常委等職。應陳雲之請，胡耀邦奉派為中紀委第三書記。[149]

最後，在工作會與全會期間，胡耀邦以《理論動態》編輯主任的身分發行了九期《理論動態》，其中幾期特別鎖定會中討論的議題並及時發表，以擴大效果。他預做安排，務使住在京西賓館的代表們都能人手一冊。[150]胡耀邦還為一般黨員備妥重要的研究文件，幫助他們因應即將到來的重大變化。幾名評論員注意到，若不是因為胡耀邦在每個階段的積極參與，三中全會不可能發揮所謂「改革轉捩點」的歷史性政治衝擊。[151]

胡耀邦出人意表的晉升

當三中全會於一九七八年十二月二十二日閉幕時，胡耀邦獲選為政治局委員與中紀委第三書記，他在這次工作會與三中全會的傑出貢獻，無疑是這項晉升的主要原因。中紀委第一與第二書記陳雲（七十三歲）與鄧穎超（七十四歲）年事已高，可想而知相關組織工作都落在胡耀邦身上。三天後，在一次政治局有關人事的會議中，胡耀邦又被賦予更多責任，擔任中央委員會秘書長與中央宣傳部主任。或許大家都認為，胡耀邦將在胡喬木協助下，掃清汪東興留下來的官僚殘餘。

兩年間，胡耀邦從一名失業、軟禁家中的無名小卒，擢升為中國共產黨中央委員會首席執行官、宣傳部主任、中紀委主要決策人及中央黨校代理校長。對於像他這樣背景與經驗出身的人來說，是了不起的大晉升。有關這項晉升過程的文件記錄仍然深鎖在黨的檔案櫃中，想知道真實故事，還需仔細梳理來自他的敵人、友人、仰慕者的說法。

鄧小平的支持當然是胡耀邦成功的重要關鍵，但胡耀邦並不是鄧小平的親信。胡耀邦同時也獲得華國鋒，特別是葉劍英的信任。葉劍英或許堪稱胡耀邦的恩師。根據一些說法，葉劍英之所以支持陳雲重返政治局常委會，是因為他與其他元老對鄧小平的政治本能與權力欲求感到不安，他們認為鄧小平與毛澤東一樣野心勃勃，他們都不是鄧的對手，而陳雲個性倔強，擁有專業的經濟知識，而且在黨內班輩又高，足以壓制鄧小平的獨裁傾向。152

胡耀邦能在一九七七至一九七八年間高升，是因為他督導、完成了複雜的官僚作業，讓成千上萬在文革期間遭整肅的官員與人民獲得平反。他贏得黨內知識份子的支持，引領他們設計可靠的意識形態，取代具有毀滅性、行不通的毛澤東思想。胡耀邦有抓住機會、勇闖長官們不敢闖的未知世界之勇氣。但正因為他的成功，現在的他來到一處與過去大不相同的官僚之地，這裡的問題更多、更難掌握，黨的文化毒性也更能致人於死。

中央委員會秘書長一職並非新設。鄧小平曾在一九五四年擔任這個職位，一些中央書記處主管負責一切黨官僚的日常行政工作。兩年後，鄧小平的職銜改為「總書記」，並且「入常」，當選政治局常委。胡耀邦在一九七八年的情勢不同，當時在文革期間被廢的中央書記處尚未重建，因此胡耀邦手下既沒人，而且中央委員會秘書長的權限也不清處。胡耀邦可以參加政治局常委會議，但只能以觀察員的身分出席。胡耀邦手下有兩名協助他管理日常黨務的副秘書長——胡喬木與姚依林，但一般認為這兩人分別是鄧小平與陳雲的親信，不是胡耀邦選定的副手。胡喬木是鄧小平的筆桿子，負責幫鄧小平寫講稿和文件，是中國社會科學院院長，負責編撰《毛澤東選集》。姚依林曾任商業部長，奉派擔任中央辦公廳主任，取代汪東興。[153]

胡耀邦與胡喬木、姚依林帶著一小組工作人員，接管了汪東興在中南海的部分辦公空間，這些空間主要用來貯存中央專案組的檔案。他們的首要工作是清理辦公室與人員整補。中央專案組檔案在一九七八年十二月正式移交中組部，但有關六百五十多名黨官一萬七千多冊的政治與個人情資的搬遷與分類整理工作，直到一九七九年二月底才完成。[154]汰換汪東興（這時汪東興只是黨的副主席）親信的人員整補工作，在中央辦公廳的協助下進行順利。這時中央辦公廳添了兩名副手——馮文彬與鄧力群。馮文彬是胡耀邦的多年老友與舊部，鄧力群後來成為胡耀邦的死對頭。胡耀邦把大多數黨務協調、行政管理的事務交給姚依林與中央辦公廳的工作人員，自己則全力投入後來成為他職涯轉捩點的中央宣傳部部長職務。

就某些方面來說，胡耀邦是擔任中宣部長的不二人選。從早年在江西蘇區工作到後來為共青團發展媒體產品，對外宣揚黨的資訊一直是他的工作重心。胡耀邦熟讀馬列主義經典，能背誦馬列關鍵教條。一般認為，至少直到一九五〇年代末期，他始終是馬列主義與毛澤東思想的忠實信徒與好學生。但誠如鄧小平所說，胡耀邦「並不盲從」，對毛澤東思想及毛澤東的沒落有自己的一套理念。與中央黨校意識形態思想家的交往，使胡耀邦重返嚴謹的馬克思理論學術研究的世界。而《理論動態》期刊的督導工作，也使他有機會評估意識形態在後毛澤東中共所扮演的角色。

胡耀邦當然知道中央宣傳部已一團糟。早自延安時代起，作為共產黨體制內關鍵權力機構的宣傳部門，毛澤東一直倚為重鎮。但甚至在毛的權勢下挫之後，他的威望仍立於不墜，一些黨員仍然相信毛主席的話「句句是真理」，毛主席的指示「就算我們不了解也要遵行」。在毛死前最後幾年，毛身邊的人並不探討馬列理論的原始概念，只知以毛的話討好毛，或以它迫害黨內對手。

毛澤東死後，汪東興讓一些曾經替毛與四人幫工作的文革死忠派留在中央宣傳部，希望藉以建立對宣傳系統的管控，結果失敗。在胡耀邦的協助下，鄧小平削弱了汪東興，讓自己成為黨的主宰。但鄧小平之所以重視宣傳，是因為這是維護共產黨權威、讓自己地位合法化、推動自己的經濟政策的一種手段。鄧小平早在一九七七年就開始要求「用完整而精確的毛澤東思想指導我們的工作」，但在胡耀邦提出「真理標準」論以後，才對這個問題有了相關概念。[155]

將黨務運作指導方向從繼續階級鬥爭轉到支持四個現代化，究竟代表什麼意義，許多黨員並不清楚。還有一些黨員對貶低毛澤東思想重要性的目的表示擔憂，胡耀邦或許都知道這些事。宣傳工作的核心正在瓦解，但誠如胡耀邦在這段期間對支持者所說的，宣傳工作的誤導和濫用仍是大問題。社會主義社會必定依然流行階級鬥爭的毛派理念，毛澤東本人的地位也彷彿神祇般高高在上。以意識形態為口實、迫害他人的事例俯拾皆是，黨員與一般民眾繼續因「錯誤思想」而遭到懲罰。一些高級宣傳官員甚至開始猜測，這類濫用將導致共產黨社會的「異化」現象。

在西單民主牆，這種「異化」現象仍在全面展示。聚在那裡等候公交車（巴士）的學生、普通工人，都能在這些「民主牆」上看見貼滿了對於抱怨不公待遇、房屋問題、幹部貪腐的控訴。有些人將控訴印製成小冊，以些微價錢賣給過往行人。有些人將控訴以大字報形式張貼在附近牆上，供人閱讀。隨著領導班高層的政治爭議不斷激化，低層民眾渲洩不滿的情緒也持續升溫，在發現指名道姓的攻擊並不會招來報復之後，這種渲洩不滿的作法更蔚為風潮。早期參與「民主牆」的魏京生說，據信葉劍英曾指示警方對一些言論比較尖銳的大字報拍照，將資料發放給十一月工作會與會人士參考。[156]

在一開始，眼見民主牆上出現公開攻擊他的政敵的大字報，鄧小平對這種現象表示歡迎，還告訴一名來訪的日本社會黨領袖，「寫大字報是我國憲法允許的。我們沒有權力否定和批判群眾發揚民主、貼大字報」。[157]但在十二月初，西方媒體口中那名「北京動物園電工」、實為著名將領之子的魏京生，在西單民主牆上貼出一張震驚中外觀察家的大字報。魏京生在這張大字報上說，中國今天的災難來自獨裁專制，不剷除這種獨裁體制，不可能實現「代表一切美好」的四個現代化。這篇大字報對黨的主張和要求極盡挖苦之能事，寫著「人民有權選擇他們自己的代表，按照他們的意願、為他們的利益做事」，如果代表們不能做到人民的託付，人民有權「趕他們下台」，這才是民主，是完成四個現代化的基本先決條件。[158]

幾天後，鄧小平仍然老神在在，不以為意地說，「就算有些不滿現況的人想利用民主惹亂子，也沒什麼好怕的。我們必須妥善因應。」[159]葉劍英在三中全會的演講中稱讚西單民主牆是一項「人民民主的表率」。胡耀邦對民主牆的了解更精闢，要黨媒密切關注民主牆上出現的議題，用內參文件向領導高層提出報告。胡耀邦指出，與文革期間大字報不同的是，出現在西單民主牆上的大字報，目的不在迫害或打擊什麼人，而在展現「人民的心聲，展現一種人民的新覺醒」。[160]

同樣在胡耀邦的指導與支持下，《人民日報》在十二月二十一日發表「特約評論員」文章，大力主張讓中國人民真正享有對領導人的監督權，以防堵四人幫事件。但情勢開始逆轉，胡喬木首先下令將葉劍英講詞中有關民主的部分，從官方發布的講稿中刪除，隨即厲斥胡績偉，說胡績偉不應讓《人民日報》刊出這篇特約評論員的文章。甚至在一九七八年十二月二十九日到中央宣傳部履新以前，胡耀邦重新引導黨宣傳路線的作法已遭到抨擊。[161]

一次鮮為人知的意識形態會議搞砸了鄧—胡關係

胡耀邦以典型的方式展開接管中宣部的作業。首先會晤中宣部高官，說明他的改革計畫，並指出三中全會過後的新挑戰，以及他所認為中宣部工作中存在的一些嚴重缺失。在十二月三十一日召開的上任後第一次重要會議中，胡耀邦說，他原也認為，或許胡喬木憑藉其多年經驗和專業，才是出掌中宣部的最佳人選，但身為黨中央部門負責人需要照顧許多行政瑣事，而這不是胡喬木的長項，政治局常委會選派他、而不選胡喬木出掌中宣部，原因就在此，這有如「騎著驢子找馬」。[162]

胡耀邦隨即詳列他計劃整頓近年來宣傳工作的眾多缺失：包括幹部工作態度、工作習慣、訓練、年齡、教育、理論專業，還有最重要的部門產值和產品。[163]他訓勉中宣部幹部不要用馬克思主義迫害他人，不要搞個人崇拜，要向民主牆學習。他指示他們衝破過去文學和藝術的「限制區」，不設下新的限制。換言之，他要他們拋開眾多沿用了幾十年的宣傳手段，並要他們「解放思想」，不要怕犯錯。[164]由於沒有相關記錄，在場幹部聽了胡耀邦這番話後的反應如何不得而知，不過許多這些幹部仍陷在「兩個凡是」與正統毛派理論的深淵中，他們的反應或許不熱烈。

在如何重建黨宣傳機器的理念上，與那些政治局同僚相較下，胡耀邦可以說遙遙領先，領先鄧小平自然不在話下。鄧小平要黨員「解放思想」、實事求是，但他指的似乎是經濟管理議題及允許外國投資，而不是思想指導的大議題。鄧小平後來明白指出：中國共產黨不能沒有毛澤東思想，「解放思想」需要黨的妥善指導。[165]在十一月的工作會結束後，葉劍英發表講話，主張召開「理論工作務虛會」，但這篇演說有著濃濃的胡耀邦的影子。華國鋒也贊同葉劍英這個構想，但或許並不清楚這個會議的目的究竟是什麼。

「理論工作務虛會」預定一九七九年一月十八日舉行。一月初，就在會議籌備工作進行半途中，胡耀邦與胡喬木在中宣部一次會議中公開發生爭執。胡喬木在會中談到思想領域出現的混亂，情勢岌岌可危。他說，人們在西單民主牆「興風作浪，詆毀黨的領導、社會主義系統和馬─列─毛澤東思想」，情勢和一九五七年「反右運動」（毛澤東在鄧小平大力支持下發動的鬥爭）之前的情勢一樣糟。這時胡耀邦當場打斷胡喬木的話，並引用華主席的話，強調黨的整體情勢良好，需要避免反右詞彙。之後，胡耀邦把胡喬木召進辦公室，對他說，他對當前情勢的定位不正確，有關「三風」（譯按：即整頓學風、黨風、文風）的說法也不妥當。[166]

一月七日，胡耀邦把他有關理論工作務虛會的組織建議與開幕詞草稿送交政治局審批，一月十日他與華國鋒長談。開幕詞草稿在一週後獲准。根據胡耀邦的計畫，這次會議會期前後兩到三個月分為兩階段，中間休會五天過春節（一月二十六日到二月一日）。第一階段由特別邀請的一百五十人到兩百人與會，與會者多為北京的知識份子，與代表各地宣傳單位的宣傳專家。他們分成五組，在中宣部和中國社會科學院督導下集會。與會者要聽取演說，討論有關思想的各種議題，而以三中全會的成果為討論重點。工作人員要將每天的演說與討論製成簡冊，供中央領導人參考，之後在黨內印發。第二階段規模較大，由黨中央在二月中旬召開，與會者為四百到五百名來自全國各地的宣傳領導人，由華主席或葉副主席在會中致詞。胡耀邦表示，希望這次會議能在一九七九年一年內完成七到十篇有關思想的重要論文，為所有一千七百萬黨幹部提供研究的主架構。[167]

在一月十八日的理論工作務虛會開幕演說中，胡耀邦說明這次會議的基本議程與結構，以及他為這次會議所定下的目標。「第一，要總結理論宣傳戰線的基本經驗教訓。總結經驗，我們可以總結兩年，也可以總結十來年、三十年。」「第二，要研究全黨工作重心轉移〔從階級鬥爭轉向現代化〕之後，理論宣傳工作的根本任務。這兩個目標是互相聯繫的。」[168] 胡耀邦這篇用詞謹慎但冗長的演說，為較開放、自由的交換意見敞開大門。他對那些以宣傳迫害他人的人提出警告，要求理論工作者「從嚴厲或半嚴厲的思想狀態，或各式各樣官僚中自我解放，打破所有『禁區』，粉碎一切精神桎梏，全面發揚理論民主……徹底剷除理論專制主義……和理論霸凌工作方式的有害影響力」。[169]

儘管胡耀邦也曾設法讓這次工作務虛會廣納各方理論專家，但在開幕會結束後推舉主持五個小組討論的小組長人時，呼聲最高的似乎都是對過去、對「尊毛」有意見的領導人。[170]小組講話與討論的官方記錄當然不對外公開，但根據一些關鍵與會人士的回憶錄，工作務虛會的討論很快就失控。曾遭毛澤東毒害、將毛視為過去三十年首要「理論惡霸」的人紛紛發言，抨擊毛澤東的理論、他的政策和運動、他的信徒、他的個人習慣和個人崇拜。文化大革命從展開之初到結束的方方面面，都遭到與會人士猛攻。[171]「凡是派」與幾名主張「凡是派」的代表也在會中飽受攻擊。胡耀邦等人顯然認為，打擊「凡是派」之戰並未隨三中全會閉幕而落幕，有關「真理標準」的辯論也沒有令人滿意的結局，因此小組會的幾次發言都以這些議題為核心。[172]

沒隔幾天，胡喬木就找上鄧小平，抱怨代表們在會中發表的那些「不能接受」的講話——那些詆毀社會主義、無產階級專政、共產黨領導、馬—列—毛澤東思想和毛主席本人的講話。胡喬木告訴鄧力群，每天那些簡報材料讓鄧小平「看不下去」。[173]鄧小平在一月二十八日啟程，展開大肆宣揚的美國與日本之行。無論就經濟與戰略而言，這次訪問在鄧小平心中都極具重要性。特別是在訪問華府期間，他準備與美方討論一項重要議題：出兵越南，打一場簡短的戰爭。

在訪問華府期間，鄧小平與美國卡特（Jimmy Carter）總統及其國家安全團隊密會，告訴他們，中共計劃對駐在中越邊界沿線的越南軍進行為期一個月衝進、殺出式的攻擊。卡特勸鄧小平不要採取這項行動，但未公開表態。儘管鄧小平無疑希望美方能給予更公開的支持，但不公開反對也算差強人意。[174]

對鄧小平來說，發動這樣的行動是一場政治冒險，葉劍英、粟裕等幾名軍方資深領導人都認為解放軍準備不足，無力應付久經戰爭的越南軍。華國鋒據說也反對出兵，但身為中央軍委的他卻在軍務方面幾乎沒有影響力。[175]不過鄧小平不能對葉劍英與其他幾名解放軍老將的擔憂充耳不聞。據說陳雲支持鄧小平出兵，表示若能速戰速決，短期內可以不必擔心蘇聯趁機入侵。[176]

二月十七日，廣州與昆明軍區二十幾萬解放軍越過邊界侵入越南，意圖佔領越南北部六省省會，迫使越南從柬埔寨撤軍回防河內。入侵行動並不順利。解放軍部隊訓練不足，領導無方，運輸能力差，偵查不可靠，通信作業也不當；既沒有空中支援，火炮數量也太少。結果是，當中共於三月六日宣布解放軍已完成目標、開始撤兵時，原擬攻佔的六個省會只攻下三個。越南國防軍對撤退中的解放軍窮追猛打，在這場短暫而血腥的邊界戰的最後階段，解放軍傷亡慘重。[177]

這場虎頭蛇尾的戰役的歷史真相仍有待辯論。儘管北京與河內都宣稱獲勝，但都阻撓相關細節的研究。大多數的西方分析家認為越南是這場衝突的贏家，雖遭到較大的經濟損失，但人員傷亡較少，而且還能繼續佔領柬埔寨。有些觀察家認為，鄧小平之所以一定要在這個時機訂下目標、發動這場戰爭，主要目地在於進一步控制軍隊。而在侵越之戰結束後，他的軍事權威確實未再受到重大挑戰。值得一提的是，在侵越之戰結束後不久，其部隊在這場戰役中表現不佳的解放軍「傳奇將軍」、廣州軍區司令員許世友，退入中央顧問委員會。據說楊得志手下的昆明軍區部隊在此役中表現的戰力較強，而楊得志在一九八〇年繼鄧小平之後出任總參謀長。[178]

在侵越之戰期間，胡耀邦暫停了理論工作務虛會的所有會議，依當時情勢，或許這是個謹慎的決定。會中發表的一些講話言論過激，提出嚴厲批判的議題，包括經濟政策等，範圍也過廣，這一切都讓胡耀邦開始擔心。務虛會印發的講稿文件迅速流傳，意味著有負面反應的人比比皆是。胡耀邦本人淪為越來越多攻擊的目標，並不足為奇。北京開始出現大字報，指胡耀邦是「修正主義份子」，指這次會議「惹事生非」。[179]胡耀邦設法控制討論場面，將衝擊減至最小。在二月底舉行的一次報紙工作宣傳會議上，胡耀邦說，「由於發言的人太多，出現一些不很好的意見和觀點在所難免……也因此，我們不應將理論工作務虛會中發表的這些講話視為黨中央的意見或最後結論。」[180]

不過，胡耀邦原計劃於三月中旬召開的務虛會第二階段已陷於疑雲之中。第一階段揭露了太多黨內有關基本議題和原則的分歧，主辦人很難將它們整理出一套一貫議程，供規模較大、更正式的第二階段運用。由於華國鋒與葉劍英——或許基於不同理由——都婉拒在會中發表演說，鄧小平的報告就成了啟動第二階段會議唯一的主要議程。而鄧小平正處於盛怒之中。民主牆的規模越來越大，批判聲浪越來越猛，引來的北京居民與外國記者也越來越多。許多大字報強調中國需要西方式民主、需要法治。有些大字報批判對越南用兵，說解放軍沒做好戰備就貿然出戰，招致傷亡慘重。黨和黨領導人、黨的政策、特別是毛澤東和文革的暴行亂政，都遭到民主牆猛轟。黨的兩大喉舌《人民日報》與《光明日報》也對其中若干議題展開探討。[181]

鄧小平要胡耀邦重建黨媒的秩序與紀律意識，隨即開始訂定計畫，建立經他認可的黨思想路線。在三月十六日「黨中央召開」的會議中，鄧小平首先提出有關侵越之戰的情報報告，隨即在關於國內情勢的報告中指出，「我們必須堅決高舉毛主席大旗。這是維護團結和安定的一個非常重要的議題，對我們的國際影響力也非常重要。我們在寫文章時，一定要注意保護毛主席這面大旗，不能用任何方法傷了這面大旗。否定毛主席就是否定中華人民共和國，就是否定這整段歷史。」鄧小平建議不要過於詳盡地檢驗黨史，將有關文革的問題「暫時擱在一邊」。[182]

胡耀邦也在早些時候改變立場，對中央黨校同事說，務虛會中發表的批判有好有壞，黨媒在發表一些文章時不夠謹慎。[183]在三月十六日鄧小平發表那篇講話後，特別是在有關毛澤東與文革的議題上，胡耀邦更加退縮。他告訴中央黨校人員，「中央已經說了話：我們不能拋開毛主席和毛澤東思想這面大旗。」「沒有毛澤東思想，中國革命能這麼成功嗎？自三中全會以來，我們不就一直在黨內談著毛澤東同志的缺點與錯誤嗎？這樣的話夠多了！」[184]胡耀邦堅決表示，理論工作務虛會進行得很好，需要再接再厲，但他似乎不確定應該怎麼再接再厲。

魏京生就利用這種不確定，加強他對黨及黨領導人的批判。三月二十五日，他在西單民主牆貼出一張題為「我們要民主，還是要新的獨裁？」的大字報，猛轟鄧小平。魏京生引用鄧據說是越戰秘密簡報中說的那些讚揚毛澤東、誓言高舉毛澤東「大旗」的話來猛批鄧小平，駁斥鄧小平對民主和言論自由的承諾，說鄧小平在搞毛澤東式獨裁，中國人民不能容忍。在談到鄧小平的現代化目標時，魏京生說，「只要他的目的是延續毛澤東式獨裁……他也只能走上破壞國民經濟、侵害人民利益的道路。」魏京生說，儘管一九七五年的鄧小平曾經贏得人民信任，但現在的鄧小平不讓人民在選擇領導人、在影響決策的過程中擁有真正的聲音，現在的鄧小平走的正是獨裁的道路。[185]魏京生貼出這張大字報，意在向其他黨元老示警，要他們留意鄧小平的專制本性。魏京生知道自己難逃被捕的命運。果然警察在三月二十九日找上他。[186]

胡耀邦招來的報復比魏京生早了兩天。三月二十七日，鄧小平把胡耀邦、胡喬木與起草小組找到自己家裡，討論他預定在三月三十日務虛會第二階段會議開幕式發表的講詞。胡耀邦的兩名部屬、以起草小組成員身分與會的李洪林與吳江，對當時的會議氣氛描述略同：鄧小平臉色凝重，「倒是表裡如一，真是『鋼鐵公司』，嚴肅沉著，不苟言笑。胡耀邦在他面前都必恭必敬。」[187]在這次會議中，除了鄧小平之外沒有人開口，大家只是小心聽著，聽他厲斥社會上的「極端民主化」與理論工作的「軟弱」。鄧小平說，他要在所有的宣傳與理論工作演說中「堅持四項基本原則」——堅持社會主義道路、堅持無產階級專政、堅持共產黨領導、堅持馬—列—毛澤東思想。[188]胡喬木要負責這「四個堅持」講稿的起草。事實上，最後這篇講稿幾乎完全是胡喬木的作品——根據胡喬木在之前務虛會中對鄧小平提出的抱怨，以及他與鄧小平幾天來的對話寫成。

政治改革的早逝

理論工作務虛會的早先幾次會議都在「友誼賓館」與「京西賓館」舉行，這兩家賓館的禮堂都有足夠空間，讓兩百名與會者舒適入座。但鄧小平做報告的第二階段務虛會開幕式，選在可以容納五千餘人的「人民大會堂」舉行。[189]這次會議在三月三十日下午舉行，由李先念主持。有鑒於鄧小平這篇演說的政治意圖與影響力，它在發表前或許應該先交政治局審批和通過，不過沒有出現這樣的跡象。報告起草過程很短。胡喬木將講稿分成五段，指派五個人各寫一段，而且必須在很短的時間內交稿。李洪林與吳江都相信，他們的意見基本上都被拋在一邊，這篇講稿大致出自胡喬木手筆，由鄧小平本人做最後修飾。[190]據說李先念與陳雲事先看過講稿，並表示同意，但葉劍英沒有表示意見，至於華國鋒或汪東興的意見如何，反正也無關緊要。[191]

鄧小平這篇「堅持四項基本原則」，爭強、好勝、苛刻，是一篇政治挑釁意味濃厚的演說。它帶來大轉彎式的思想教訓，為中國共產黨反民主、反自由化、反政治改革的新立場設下舞台，提供了思想合理化的依據。換言之，它為中共鋪了一條走上「八九六四」（一九八九年六月四日天安門血腥鎮壓事件）的道路。與三中全會要求「解放思想」，與鄧小平自己早先所提、不設「禁區」的說法大不相同的是，這次鄧小平與胡喬木建了一套方便記憶的思想前提，為黨的思想發展設定界線，甚至套上枷鎖。一個構想或計畫，若不能堅持「四項基本原則」，就是禁忌，就得接受黨紀處分。也難怪立即就有一些知識份子稱這「四個堅持」是「四個凡是」。

就這樣，鄧小平明目張膽毀了原先對民主、對自由表達意見的承諾，厲聲批判魏京生這類貼大字報批判黨、黨領導人或黨的原則的人。鄧小平說，「有些同志還沒能從……林彪和四人幫的極左思想中解放。」但遭到他最嚴厲批判的，是反對、懷疑四項基本原則的「廣大社會上一小撮人」。鄧小平說，「個別黨員同志不但不能認清這種想法的危險，還給它們一定程度的直接或間接支持」。胡耀邦等人在務虛會上，全力批判「左派」思想與作法，而鄧小平卻說，他們所面對的最值得擔憂的是「質疑、反對我們四大原則……來自右派的思想潮流」。[192]

鄧小平這篇演說，通篇充斥著胡喬木那些資本主義對比社會主義、階級鬥爭與經濟決定論的馬克斯樣板論調。鄧小平說，「我們會從資本主義國家進口先進科技和其他對我們有用的東西，我們絕不會從資本主義體系本身，或任何腐敗、墮落的東西學習，或將它們進口。」[193] 鄧小平堅持說，「在無產階級專政下繼續革命」這個構想或許不再妥當，但保有一切軍、警、公安、法庭和監獄等專政工具，仍然不可或缺。「在我們的社會主義社會，仍有反革命份子，間諜，罪犯，以及其他各式各樣破壞社會主義公共治安的壞份子，仍有搞貪汙、侵佔、投機倒把的新剝削者……只有用專政才能對付所有這些反社會主義份子，沒有專政，社會主義民主也不可能存在。」[194]

或許最重要的是，鄧小平讓毛主席的鬼魂復甦，禁止之前務虛會中所有一切對毛的個人、政治和思想批判。他說，「在當前國際環境中進行我們的現代化計畫，我們不得不時刻緬懷毛主席同志的貢獻。向任何其他人一樣，毛主席同志也有缺點，也會犯錯。但他這些錯誤又怎能和他為人民帶來的不朽貢獻相提並論？……毛澤東思想過去是中國革命的旗幟，今後將永遠是中國社會主義事業和反霸權主義事業的旗幟。我們將永遠高舉毛澤東思想的旗幟前進。」[195]

鄧小平還對宣傳機構、特別是對中宣部新部長提出警告，「中央委員會認為，我們今天必須反覆強調堅持這四項基本原則的必要性，因為某些人……意圖破壞它們，我們絕不能容忍這類企圖。在這個基本立場上，任何黨員，當然，任何黨的思想或理論工作者，都不能稍有退縮。破壞這四項基本原則，就是破壞中國的整個社會主義運動，整個現代化。」[196]

幾天前胡耀邦才參與了鄧小平這篇講稿的初稿起草會，但對這篇講詞的一些要點仍然感到詫異。看過這篇講稿最後定稿的人只有鄧小平與胡喬木，無論就理論與實際層面而言，這篇演說與三中會和鄧小平本人早先的有關說法都相互衝突。[197] 由於有與會代表對鄧小平這篇演說的內容表示不快，那晚，胡耀邦找了幾名部屬到家裡，討論務虛會是否應該繼續開下去，或怎麼開。根據會議程序，在與會代表針對鄧小平這篇演說進行分組討論之後，胡耀邦要發表一篇主題演說。來到胡家的這幾名部屬議論紛紛，談著應該說些什麼來安撫與會者。胡耀邦在一旁來回踱步、猛抽著菸，然後突然宣布，「會不開了，我也不會發表演說。」[198]

但這麼做太突兀，胡耀邦最後還是在四月三日發表一篇簡短的閉幕演說。他一開始就說，「我們這次會議開得怎麼樣？最安全的辦法就是讓歷史證明它。不是說，實踐是檢驗真理的唯一標準嘛！所以，就讓廣大幹部，讓廣大人民群眾在一段時間過後檢驗它，回顧它吧，就讓歷史檢驗它吧。」胡耀邦感謝鄧小平「代表中央發表的重要演說」，感謝鄧小平提出「我們國家大多數的幹部和黨員，大多數的人民群眾長久以來堅信和支持」的四項基本原則。胡耀邦承認，這次務虛會在一些方面遭到批判，這沒有關係。儘管胡耀邦或許知道，特別是因為胡喬木的施壓，一場新的政治運動可能隨即出現，但他還是告誡與會人員，不要指望一場新反右運動之類的政治變化即將到來。在演說結尾，胡耀邦重申他的「三不主義」：不要只因為你不同意他人的說法就「抓人辮子、扣人帽子、打人棍子」。[199]

顯然在鄧小平與胡喬木聯手打擊下，胡耀邦遭遇個人與政治的挫敗。在之後幾天、幾週，他的言行反映出他的憂慮。他的講話減少了，講話措辭也更加謹慎。在審批《理論動態》稿件時，他的態度更加嚴厲，有時還會要求壓下稿件、不印發。他建議王若水、胡績偉等自由派新聞人，要他們在向黨報投稿時要格外小心。[200] 他積極鼓吹教育，中宣部也開始更加注意四個現代化與提升就業的經濟政策。

但胡耀邦獨立思考與不肯人云亦云的個性依然故我。他私下鼓勵李洪林針對鄧小平提出的四項基本原則撰寫一系列文章。李洪林很技巧地操弄各項詮釋，讓這四項基本原則都支持開放與民主。這些文章有幾篇刊登在《人民日報》上，引來讚賞與批判，但李洪林後來遭到黨紀處分並調職。[201]

奉鄧小平之命，一九七九年四月西單民主牆正式封閉，不過它仍苟延殘喘，直到那年秋天「全國人大」（全國人民代表大會）下達禁令，才終告灰飛湮滅。之後，全國人大廢了憲法保障的貼大字報的權利（這項權利始於一九七五年）。根據《胡績偉選集》的說法，胡耀邦曾短暫支持在北京一處人潮較少的公共街區建一處「民主公園」，不過這個構想一直沒有付諸行動。[202]

魏京生案在一九七九年十月審訊與宣判，不過他的命運在五月或六月的一次政治局會議中定案，而胡耀邦也曾在四月間全國人大會議中討論這個案子。胡耀邦承認，「由於支持違反『四項基本原則』、鼓勵無政府主義的所謂民主化運動」，他遭到嚴厲批判，但他仍然堅持己見。他並建議當局，不要因為人們公開表示意見，就將他們抓捕。胡耀邦警告，「膽敢公然提出這些問題的人未必在乎坐牢。魏京生已經被捕三個多月，一旦死了，他會成為長存在每一個人心中的烈士。」[203]魏京生被判刑十五年，不得減刑。

胡耀邦試圖解放中共的指導思想、掃清毛澤東個人崇拜餘毒，並重振遭毛澤東政策重挫的中國經濟，而這一切都遭到鄧小平無情的鎮壓。但胡、鄧兩人的關係並未因此徹底決裂。兩人共事多年，儘管沒有那種師徒關係，但始終維持一種長官對部屬的關係。胡耀邦默默承認鄧小平的權威，撤出這個讓他在黨內備遭批判的立場。就思想而言，胡耀邦的觀點一直比鄧小平自由，在行動上也比較不專橫跋扈，更能以馬克思理論為根據，也更傾向於知名學者與知識份子的看法。

胡耀邦不僅在文革期間遭到毒打，還被送往勞改營受了兩年折磨，而鄧小平與胡喬木卻在毛的羽翼庇護下過得相對安適——鄧小平住在江西鄉下一處寧靜的軍方設施，胡喬木則匿居北京。鄧小平曾經是毛澤東的秘書長，胡喬木則擔任過毛的私人秘書，由於這層淵源，毛澤東死後，鄧小平與胡喬木都有防止「去毛化」的個人利益。鄧小平甚至阻止胡耀邦，不讓他糾正毛的反右運動，也不讓他為劉少奇等遭毛罷黜的高官平反。[204]

儘管胡耀邦在理論工作務虛會結束後那段時間失去了一些對鄧小平的影響力，鄧小平仍然需要胡耀邦的工作才幹與熱情——需要他卓越的組織技巧、宣傳資源以及廉潔的令名。胡耀邦與共青團一些相對年輕、早在文革之前就為黨工作、經驗豐富的領導人交好，鄧小平或許了解這種人際關係的價值。鄧小平要推動中國農業、工業、科技與軍事現代化，但缺乏能夠擔當如此重責大任的幹才。許多文革期間擢升的較年輕的官員既未受過良好訓練，對鄧小平所提出的政策改革也懷有敵意。更何況，從政治放逐中獲得平反（這類平反作業，直到胡耀邦擔任總書記時仍然持續）的老幹部大多已是六、七十歲的老人，普遍缺乏經濟發展的經驗，特別是在學習外國科技方面，可用之才尤其欠缺。

儘管一些史學者與西方記者說，鄧小平已經成為中國最高領導人，當中共於一九七九年十月慶祝掌權三十週年時，看來鄧小平對中共領導班的結構不甚滿意。華國鋒仍是黨主席，中央軍委主席、國務院總理，而這些職位都可能讓華國鋒問鼎大權。鄧小平身為總參謀長，實際控有解放軍軍權，並藉由對越南用兵而加強了權威。由於「文革調查部」已經撤銷，加上汪東興手下中央專案組濫用政治調查權，黨的安全體系可能仍處於混亂的狀態當中。黨中央的關鍵官僚機構（中組部與中央辦公廳）還未能完全掙脫汪東興殘存勢力的掌控。多年來左派控制下的宣傳體系已經納入胡耀邦與胡喬木手下——兩「胡」雖對鄧小平忠誠，彼此之間卻因思想議題而對立。外交政策牢牢掌握在鄧小平手中，但經濟政策的管控與方向大致上仍以國務院的陳雲與李先念的意見為依歸。

七十五歲的鄧小平面對龐大而複雜的政策議題，而他本身的精力與政治資源卻已經不如往昔。他首先得全力投入政治權力的問題，而胡耀邦是他的領導班的要角。胡耀邦一定也知道自己遭到懲處、遭到削權，但自己仍然擁有影響重要政策的地位。在評價毛澤東的議題上，胡耀邦與鄧小平的歧見已大到足以危及兩人的關係，危及胡耀邦的仕途。無論是否受到胡耀邦的影響，鄧小平的不妥協也使這個議題不斷浮現。想掙脫毛派教條主義與它的壓抑性副效應，就得實施有意義的政治改革，但事實證明，鄧小平的四項堅持是對這項過程難以克服的障礙。

第八章
改革家的問世

毛澤東死後三年，他留下的那套毛思想，以及由於他長期壟斷中國共產黨而帶來的經濟、社會與政治結構的後果，仍讓他的接班人陷於痛苦的掙扎之中。在一九七六年底，中國處於經濟崩潰邊緣。一九七八年二月，華國鋒在全國人大的報告中大聲疾呼，要設法將農業與工業生產拉回文革前的水平。[1]

事實上，大多數高階領導人都有類似的看法，但在如何重建生產的問題上卻莫衷一是。中國以國營企業壟斷重工業的中央計畫經濟，在文革期間凋零。由於工作停頓、交通中斷、工廠派系鬥爭以及都會地區的全面動亂，許多企業無法達到幾年前的生產指標。根據一九七八年的評估，許多產業商品產值比一九五〇年代的產值還不如。生產停滯導致企業虧損，從而拉低國家營收，並造成中央預算短缺。[2]

早自一九六〇年代起，毛澤東就要求工業界「學大慶」。「大慶油田」位於黑龍江省，是中國最大油田，毛澤東認為「大慶」是奮力拚搏、階級鬥爭與克服不利條件完成生產的模範。大慶其實是一處天然大油田，能使中國減緩倚賴外國石油進口的壓力，但中共的工業生產往往受制於缺乏資源，以大慶作為工業生產模範或許並不合適，但這是毛澤東選的，也因此在一九七八年，「工業學大慶」仍是中共掛在嘴邊的口號。

或許是認定重建工業生產主要靠的不過是意志、調整指標與增加資本建設，華國鋒、鄧小平、副總理李先念等人在一九七八年初訂了一項十年經濟計畫，宣布一些誇張程度不輸大躍進期間的生產目標。根據這項計畫，中國要在一九八五年完成「十個新石油基地、十個新鋼鐵基地、八個煤礦基地」。不久，來自國內外推動這項計畫的投資湧入，國家預算開始顯著緊縮，一九七八與一九七九年兩年都出現巨額赤字。[3]

一九七八到一九七九年的農業情勢嚴重得多。儘管強制實施了二十年公社系統，一九七八年的中國農業不但不能達成生產目標，更重要的是，還不能讓廣大的農民吃飽肚子。大饑荒沒有出現，但人均糧食生產與糧食配給都比一九五七年低。超過一億農民營養不良，在一些比較貧困的地區，每年人均糧食消耗低於最低生存水平，許多年收入不到一百元人民幣的農民被迫乞討，或向他們的生產隊借貸。[4]

一九五〇、六〇年代留下來的毛派意識形態遺毒，讓人完全無心改善，更讓問題雪上加霜。大饑荒過後那幾年，「以糧為綱」成為中共當局對農業生產下達的最高指令，迫使農民耗精費神在不適合的土地生產稻、麥等穀物，結果可想而知，造成歉收與缺糧。「農業學大寨」在一九五〇年代展開，甚至在許多人知道它根本是一場騙局之後，這項運動仍然持續。「大寨」是位於山西省一處人民公社，以地處山區不毛之地、必須築水庫才能生產米糧而著名。它同時也成為在農村地區進行階級鬥爭與大規模勞力動員的模範。

一九七三年，毛澤東將人民公社主要負責人陳永貴「直升機式」提拔進入政治局。毛死後，陳永貴擔任國務院主管農業事務副總理。毛澤東曾經堅持，典型「小農生產心態」會造成「封建」奴役，最後導致「資本主義」思想，因此他要所有農村幹部「割資本主義尾巴」。毛澤東這番話為廣大的地方官員帶來濫權的藉口，讓他們肆意剷平農民用來做重要副生產的小型私人耕地，砍果樹，禁止小型手工藝，禁止農民種植菸草、蒜或辣椒在市場販賣，並禁止農民飼養母豬。這類措施在貧困的農村地區廣招民怨。[5]

毛澤東一九七八到一九七九年農業政策所留下的一大餘毒，是官方絕對禁止向個別農戶訂購農產品的所謂「包產到戶」。毛澤東曾說，「包產到戶」是「分田單幹」，甚至在許多人靠「包產到戶」挺過大躍進、存活下來之後，仍然下令禁止。但每個人都知道「人民公社」是一場重挫，一九七八年十一到十二月的中央工作會討論、批判了兩項農業決議並承認這場重挫，卻仍然明令禁止包產到戶。

但到一九七九年初，在新任省委書記萬里的監督下，安徽省兩個地區進行包產到戶實驗，萬里一面等候北京批准，一面小心翼翼，不讓這項實驗風聲外洩。黨內毛教條死忠派反對修改毛的公社系統；其他主張改變農業政策的人，包括胡耀邦，則忙著其他議題，擔心根本改變農村生活與生產樣貌可能帶來的複雜問題。[6]

不過就目前而言，毛澤東為他的接班人所留下的最大困擾是他那個無法運作、凌亂不堪、爭議不斷的政治系統。他的死不僅留下一個思想分裂的政治局，甚至在四人幫遭到整肅兩年後，他的接班人仍然因人事間隙與短缺，而無法取得協議並推動他們的計畫。

基本問題在於正式職位與實際權力之間的差距，這種差距在一九七八年底三中全會結束後便很快突顯。在一九七六年宮廷政變後，華國鋒經政治局全體一致推選為黨與中央軍委主席，但在毛死後兩年、鄧小平回復原職一年後，接班人仍然一事無成。華國鋒一開始小心翼翼、站穩腳步，擴大在黨內的權力基礎。在政治局常委會，他依賴葉劍英的支持。葉劍英稱華國鋒為「英明領袖」，鼓勵華國鋒搞毛式個人崇拜。[7]

李先念身為第一副總理，能提供一些執政續統，但僅此而已。汪東興原本控制黨中央官僚組織，但在三中全會後，儘管名義上仍是黨副主席，但已喪失在黨中央的一切職位。一般認為支持華國鋒的紀登奎、陳錫聯、吳德，雖根據鄧小平（暫時性）對政治局委員「只進不出」的人事原則，沒有遭到正式整肅，但都被迫在工作會期間寫檢討報告，還被撤了職。[8]

在鄧小平的政治鐵拳下，華國鋒遭到敗績，但並非一敗塗地。他仍然擁有黨、政、軍的最高權位，卻由於欠缺擁有關鍵權位的親信，他無力發揮這些權力。身為黨主席與毛澤東欽定接班人的華國鋒，或許還有一個辦法可以抵擋鄧小平奪權的野心——老幹部中不乏對鄧小平提心吊膽、不願鄧小平權勢無限擴張之輩，華國鋒可以爭取他們的支持。這些老幹部中，最重要的首推陳雲。陳雲原是黨副主席，是資深經濟計畫專家，在黨內位階比鄧小平還高，而且擁有其他老幹部的支持。陳雲曾經名列一九七七年八月第十一屆黨大會政治局推薦名單，但由於毛澤東不喜陳雲，因此華國鋒與汪東興拒絕了他。[9]華、汪兩人終因犯下這項錯誤而丟了官。

陳雲與「雙峰政治」

許多有關三中全會的記述，以鄧小平成為黨「最高領導人」、擁有「黨、政最高實權」為重心。[10] 確實，鄧小平開始成為人們口中「第二代」黨集體領導的「核心」。[11] 在這次全會中，原本僅是中央委員的陳雲東山再起，擔任黨副主席、政治局常委與中央紀律檢查委員會第一書記，權力復甦之快，與鄧小平的情況一樣值得注意。不過基於幾個理由，相較於鄧小平，有關陳雲的報導少得多。這段期間的鄧小平因主持北京外交政策，完成與美國的關係正常化，因此在西方觀察家與官員中名氣比陳雲響亮得多。鄧小平充滿自信，行事果斷，知道如何利用西方媒體。相形之下，陳雲較內斂，他避免會見外國人，喜歡隱身幕後，而且常在北京以外的地方工作。陳雲擁有黨內元老派的支持，最重要的是，就算他或許在政治霸權爭奪戰上不是鄧小平的對手，但他願意作為一種對鄧小平的政治反制。[12] 他的「入常」，突然現身於北京最高層決策圈，對之後幾年的權力與政策變化都有重大的影響力，對中國的改革與胡耀邦等改革派的命運也影響甚大。

一九七九年底，政治局常委會有六名常委：華國鋒、葉劍英、李先念、鄧小平、陳雲與汪東興。葉劍英已經八十二歲，年老體衰，但仍然對華國鋒表示支持。李先念與陳雲在經濟議題上合作多年。汪東興處於停權狀態，或許在決策方面不具影響力。鄧小平雖號稱新領導班「核心」，但他若想有效執政，就得搞好與陳雲的關係，就得想辦法趕走他不信任的華國鋒與汪東興，另尋親信取而代之。誠如楊繼繩所說，「鄧小平與陳雲勢均力敵，互相制衡，誰也推不倒誰，誰也離不開誰。一些重大問題，需要兩人都同意才行得通。所以，中國改革年代的政治力量呈雙峰狀態。由於鄧小平是實際上的一把手，這個山峰稍高一些。」[13]

陳雲比鄧小平小一歲（一九〇五年生於上海一個工人階級家庭），但在黨內比鄧資深，早在一九三四年就已經是政治局委員，在「長征」前不久成為政治局常委。一九三七年陳雲從蘇聯留學歸來，抵達延安，重新接手黨務工作，一九四五年成為政治局與中央書記處成員。由於曾在延安期間主持組織部工作多年，陳雲畢生對人事事務特別熱衷。在一九四五年日本投降後，他奉派到東北，主持東北局「財政經濟委員會」，負責重建這個中國主要工業區的基礎建設設施。[14]

中華人民共和國建國後，陳雲擔任中央「財政經濟委員會」主任，成功完成第一個五年計畫。到一九五六年，他已經官拜黨副主席，成為政治局排名第五的常委（當時鄧小平排名第七）以及國務院副總理，達到個人職涯的頂峰。[15] 一九五〇年代，他因經濟政策議題得罪毛澤東而去職。大躍進落幕後，他短暫重回北京，就復甦政策向劉少奇獻策，之後因毛澤東拒絕他的「包產到戶」農業政策的建議，而在杭州一處別墅退隱。

在文革期間，陳雲被下放到江西一處偏鄉，之後獲准住在上海與杭州養病。[16] 在林彪死後，他恢復了一些政治活動，但在一九七三到一九七六年鄧小平重返北京期間，他沒有與鄧小平共事。在毛澤東死亡、四人幫垮台後，陳雲曾力促華國鋒與汪東興讓鄧小平回復原職，但沒有成功。華國鋒與汪東興兩人甚至在一九七七年三月工作會官方記錄中，刪了陳雲在會中的講詞。[17]

但事實證明，在一九七八年十一月的中央委員會工作會中，陳雲的演說是關鍵性的轉捩點。他在這篇演說中提出的建議大膽恢弘，引起其他老幹部共鳴，一致要求陳雲回復政治局常委原職，出任位階高於汪東興的黨副主席。陳雲終於在三中全會復職，會中還批准重設中央紀律檢查委員會，以陳雲為首，負責執行黨紀與打擊貪腐。

應陳雲之請，儘管胡耀邦一開始婉拒，但仍然遵命出任中央紀律檢查委員會第三書記。一些觀察家認為，由於陳雲與第二書記鄧穎超年事已高，胡耀邦將在「中紀委」日常管理工作中扮演重要角色，但事情發展並非如此。陳雲透過中組部提出許多「中紀委」其他成員的建議，政治局也在十二月中旬迅速接受了這些建議。陳雲此舉表達的訊息很清楚——身為政治局常委與「中紀委」第一書記，陳雲將在高階人事議題的決策上扮演關鍵角色。[18]

陳雲之所以能回復原職，主要是因為其黨內資歷、他在老幹部人群中的聲望，以及他對經濟與人事議題的知識，而且幾乎每個人都認為毛澤東與毛手下的左派誣陷了他。根據若干說法，葉劍英之所以支持陳雲重返政治局常委會，是因為他與幾名元老都認為鄧小平很像毛澤東，他們對鄧小平的政治本能與奪權野心不放心，因此希望扶植陳雲以為制衡。陳雲憑藉其倔強個性與黨的資歷，應該能讓鄧小平的獨裁野心知所收斂。[19]

陳雲擁有鄧小平所需要的兩個政治資產：管理社會主義經濟的專業經歷；一群曾在戰時或在一九五〇年代財政經濟官僚期間，為陳雲工作的能幹、忠誠的經濟高官或前高官。而且陳雲有一些久遭人疏忽的政策構想。鄧小平有發展經濟的野心，但沒有發展經濟的正確概念，而且他顯然願意與陳雲合作，發展中國經濟。於是陳雲毫不猶豫地採取行動。

一九七九年初，陳雲在支持鄧的軍事侵越行動，並於三月底對鄧提出的四項堅持表示默許之後，他迅速重返國家經濟計畫領導核心。那年一月，陳雲寫信給政治局每位常委，說已經通過的一九七九到一九八〇年經濟計畫是行不通的——生產指標訂得太高，分配到基礎設施發展的財政資源會造成無所不在的大漏洞。三月間，陳雲與李先念寫聯名信，建議召開工作會，以統一經濟計畫思考，重建國務院財政經濟委員會。[20]

在三月中旬的政治局擴大會議中，陳雲奉命出任財政經濟委員會主任，由李先念擔任副主任，姚依林為秘書長——李與姚顯然都是陳雲屬意的人選。十二人財政經濟委員會的其餘人選，都是曾在財政體系中與陳雲或李先念共事的人。[21] 夾著財政經濟委員會的權勢，陳雲在一九七九年初成為經濟決策圈的頭號人物。

陳雲也是一九七九年四月五日到二十八日中央委員會工作會的核心——以計畫與經濟議題為主的工作會，為中國整體經濟政策訂出一套與陳雲的原則、作法基本上吻合的新方向：「調整、改革、整頓、前進」。陳雲堅持，關鍵在於調整，而要做到調整，就得重建工業與農業之間、政府收支之間、外資與債務之間的總體經濟平衡。他曾極力反對一九七七到一九七八年間通過的，靠進口外國科技，以貸款、補償貿易、或延期付款等方式，來推動中國經濟現代化的計畫。由於當時中國本身的外匯儲備只有約十五億美元，政治局建議大幅增加原油、有色金屬與其他加工品的出口。但最終因迫於需求，而接受借外債資助經濟計畫的作法。[22]

在一九七八年十月訪問日本期間，鄧小平簽訂一項協議，由日本鋼鐵公司在上海北方、接近長江口的寶山建設一座現代化鋼鐵廠。根據協議，中國將大慶油田生產的原油賣給日本，以償付建設這座高科技鋼廠的裝備、建築施工與管理專業成本。但到了一九七九年初，原本預期的石油增產顯然沒有出現，中國可能因無法出口原油到日本而毀約，讓鄧小平大丟面子。於是陳雲以財政經濟委員會主任的身分出手，改寫與日本的協議，讓中國可以延後交付原油的時間，償還期也加長了。[23]

陳雲親自出馬，與上海黨委、幾名國務院部長、中國幾家銀行一起工作，在與日本公司高管間接的合作下，於一九七九年七月中旬擬出一項令人滿意的協議。但不斷的會議、談判、簡報，以及往返北京與上海之間的旅途勞頓，讓陳雲老邁的身軀難以負荷。他在六月間因肺炎住院。十月一日，他短暫出院，出席建國三十週年慶典；但他告訴同事，「我身體不行了……一天只能工作約兩個小時，而且到了晚上，我的右眼看不見東西。」[24] 四天後，陳雲經診斷患了結腸癌，住進北京一家醫院並且動了手術，這讓他有幾個月時間不能視事。[25]

當陳雲身體康復、重返烏煙瘴氣的政壇時，鄧小平已在權力結構上做了重大變動，取代了原本由陳雲主持的兩大要職：財政經濟委員會主任與政治局監督政法事務的常委。在一九七九年九月二十五到二十八日舉行的第十一屆四中全會中，鄧小平已經做了取代陳雲的人事安排。在這次會議中，彭真與趙紫陽進入政治局，讓鄧小平的勢力更加鞏固。[26]

彭真比鄧小平年長，也比鄧小平早一步踏入政治局，不過鄧小平在一九五六年的第八次黨代表大會中大放光芒，蓋過彭真。內戰期間，彭真曾在東北與陳雲共事，並因此引發兩人間一場持續數十年的尖銳對立。[27] 在一九五〇年代的中央書記處，彭真也曾是鄧小平的首席代表。彭真貧嘴、倔強，曾在一九五〇年代主持中央政法委員會。他因為與毛澤東決裂，在文革期間遭毛整肅，在秦城監獄單獨關了八年。毛死後，彭真的復甦困難重重。胡耀邦在一九七八年底親自出手為彭真平反，直到一九七九年一月彭真出任全國人代常委會副主席，才終於大功告成。[28]

在晉升政治局委員後不久年滿六十的趙紫陽，是黨元老們在文革結束後極力物色的接班人選。他一表人才，能言善道，行事謹慎，和藹可親。趙紫陽沒能趕上長征與國共內戰，他最先在廣東入黨，獲得周恩來的賞識。文革期間曾遭短期下放，之後回到廣州，在一九七三年晉升第十屆中央委員。一九七五年，他奉鄧小平之命調往四川後，重建四川農業產能，以管理有創意而聞名。當時民間流傳一首小曲「要吃糧，找紫陽」，將他的名聲傳入北京。應鄧小平之請，趙紫陽入選一九七七年政治局候補委員，因此他在權力階梯上更上一級並不出人意外。趙紫陽同時也當選為國務院副總理。[29]

五中全會與領導班改組

中央領導班的人事改組緩慢，但毫無懸念地進行著。陳雲的癌症手術進展成功，於是他又一次成為人事調整的一個因素。他與鄧小平就若干最重要的議題全面達成協議。首先，政治局，特別是政治局常委會——五名常委中有四人已經年過七十五歲——需要新血。其次，一九五〇年代曾在鄧小平管理下的中央書記處需要重建。第三，華國鋒一人身兼黨主席、中央軍委主席與國務院總理三大要職並「不妥」。最後，需要正式為毛對黨、黨運作慣例與黨史的殘餘影響力重新定位。[30]這項「再架構」過程在一九八〇年初展開，黨、政當局開了一連串會議，對領導班做了重大程序與人事調整。

一月四日至十七日，胡耀邦主持中央紀律檢查委員會的一次全會，通過一項十二點草案：「關於黨內政治生活的十二條準則」。這項措辭謹慎、顯然在起草過程中遭到削弱的準則，是重建文革期間蕩然無存的黨內行為規範的第一步。準則內容包括「根絕派性」、「反對個人專斷」、「正確對待不同意見」、「嚴格遵守黨紀」等。[31] 這次會議還通過「關於劉少奇和瞿秋白同志重啟調查和復職的報告」（瞿秋白是一九二〇年代中國共產黨的總書記），提交下一次黨大會討論。[32]

一月二十四日，中央委員會宣布重設「中央政法委員會」，負責監督各級公、檢、法部門，指導人代會執行黨在這些領域的政策。文革期間，紅衛兵奉毛澤東之命大肆破壞中共安全機構，而「中央政法委」奉命重建這些機構。彭真為政法委書記，由八名來自公安部與法院體系的高官擔任他的副手。[33]

一月二十九日，中央黨史委員會成立，委員包括五名政治局現任常委，外加解放軍元帥聶榮臻、鄧穎超與胡耀邦。胡耀邦在主持中央黨校期間就曾積極鼓吹撰寫文件，對一九四九年後的黨史進行全面評估。但在黨領導班內，撰寫黨史的構想是敏感議題。胡耀邦鼓勵一種結構性的討論，讓受到文革迫害的黨員檢驗誰是文革的發動者，為何文革能持續十年，又何以林彪與四人幫能搞出這麼大的禍害。

每個人都知道，這些問題的答案直指毛澤東，以及那些為毛做事的人。他們在一九七九年理論工作務虛會上見證到黨內知識份子幾近炸鍋的怒火，鄧小平還因此發表「四項堅持」的演說。但經鄧小平批准，而葉劍英在他的十月一日建國週年演說中也納入了黨史。在四中全會會期間，政治局常委會批准，中央委員會須在一九八一年前完成「關於建國以來黨的若干歷史問題的決議」。一月二十九日的這項宣布，內容還包括成立黨史編審委員會與一個以胡喬木為首的歷史研究室。鄧小平已經授意，由胡喬木擔任這項歷史決議的主要撰稿人。[34]

第十一屆中央委員會第五次全會於二月二十三到二十九日在北京舉行，主要工作是「加強和改善黨的領導」。[35] 在中共史上，這次會議的聲勢雖不及一九七八年的三中全會響亮，但就政治意義而言，十一屆五中全會的重要性尤有過之。最重要的是，它通過擢升胡耀邦與趙紫陽進入政治局常委會。胡、趙兩人都比大多數的常委年輕、健康，也都是一般人心目中鄧小平的親信。

胡耀邦獲選出任剛恢復的十一人中央委員會書記處總書記。據說陳雲與李先念對這項人事安排感到不快，但也無可奈何。[36] 除了胡耀邦以外，中央書記處其他十名書記似乎由陳雲與鄧小平的支持者平分秋色。重建書記處的宗旨在於，在政治局與政治局常委的指導下，作為行政「第一線」，監督黨務的日常運作，讓老一代決策人可以專心處理更大的政策議題。[37] 但實際上，書記處很快就淪為陳雲與鄧小平兩派人馬權鬥、操控的競技場，並衍生許多實質與人事的爭議。

五中全會還批准四名政治局委員辭去一切黨與國務院職位的請求。這四名政治局委員分別是汪東興、陳錫聯、紀登奎與吳德，都是華國鋒在剷除四人幫後的主要支持者。少了這四個人，即使華國鋒只是想留在最高領導班子，也得不到任何政治支持，更別說影響實質決策了。但堅忍、頑強的華國鋒繼續戀棧，或許認為自己是毛澤東欽定的接班人，理所當然可繼續擔任主席，而且鄧小平應該也不願對他下手，而造成又一場「宮廷政變」的印象。

除了批准「中紀委」的「關於黨內政治生活的十二條準則」報告，五中全會還修訂黨綱，准許一些結構性的改變，它並且通過「徹底為劉少奇同志平反」的政治局決議草案，廢止一九六八年中央委員會「將劉少奇永遠開除出黨」的決議。[38]

還有一件同樣具有象徵意義的事，既說明鄧小平已經牢牢掌控政局，也說明他不相信民眾參政：五中全會通過決議，正式向人代會提出建議，要求廢除憲法第四十五條有關「人民群眾有運用大鳴、大放、大辯論、大字報」表達政治意見的權利。這個簡稱「四大」的條款在一九七五年納入憲法，是毛澤東的最愛，也是文化革命政治動亂時代的重要產物，直到一九七八年，還有許多人將「四大」視為基本公民權。但由於成為外國記者矚目焦點，西單民主牆的大字報將民眾批判怒火直接燒向鄧小平，於是鄧小平下令在一九七九年封閉民主牆，並廢除憲法的這項保證。[39] 鄧小平此舉未能澆熄學生與知識份子對民主理念、結構系統的興趣，但它明白表示，北京政權不能容忍民眾表達這種興趣。

對鄧小平而言，一九八〇年初期的領導班樣貌亦喜亦憂。他恢復了中央書記處，將胡耀邦推上總書記的高位，但他或許也擔心胡耀邦的改革議程與他不同。鄧小平當然很清楚，一些重返北京領導班的老同志，對於選用能言善道的胡耀邦出任總書記這件事不太有信心。

最後，曾經在毛主席底下工作的鄧小平，基於本身的經驗，很了解總書記是主席的部屬，而這時的主席是華國鋒。趙紫陽雖身為黨「財政經濟領導組」組長，但仍是國務院總理華國鋒的部屬，而大多數的經濟工作都由國務院系統執行。此外，就技術面而言，鄧小平本人也是中央軍委主席華國鋒的部屬，當然華國鋒很清楚這項權威不用也罷。總之，據說鄧小平與陳雲達成協議，底線是華國鋒必須下台。

胡耀邦與中央書記處

經過幾次組織性會議，確立每位書記的實際權責之後，三月二十七日中央書記處宣布胡耀邦擔負中央書記處的工作全責。但胡耀邦並不主持它的組成。從一開始，胡耀邦就對書記處的人事選用毫無影響力。中央書記處的十名書記中有幾名曾與鄧小平共事，分別是主持農業的萬里、監督科技的方毅、新任組織部部長宋任窮、解放軍代表楊得志與鄧小平倚重多年的「筆桿子」胡喬木。其他幾名書記，包括主持宣傳的王任重、黨中央辦公廳主任兼國務院計畫委員會主任姚依林、負責貿易和之後負責經濟特區的谷牧，以及政法委系統的彭真，則與陳雲更有淵源。余秋里與鄧小平有軍事上的關係，但也是陳雲與李先念在計畫委員會的同事。在之後幾年，這些書記中有人從鄧小平陣營轉投陳雲陣營，也有人從陳雲陣營轉投鄧小平陣營，或嘗試在鄧、陳兩人之間居中斡旋。

從三月初起，胡耀邦與中央書記處書記每兩三天就在新重建的「勤政殿」舉行例會。勤政殿過去是中南海接待與辦公樓，毛澤東曾在這裡接待外賓。對於通常睡在辦公室、只在週末才回家與家人共進團圓餐的工作狂胡耀邦來說，以「勤政殿」為工作場所真是再洽當不過了。[40] 胡耀邦喜歡已生活多年的富強胡同六號老宅那種舒適宜人的氛圍，而不願舉家遷入中南海。一九八四年，鄧小平與陳雲聯合施壓，要他搬家到工作地點附近，於是胡耀邦搬進中南海東牆邊的一棟房子。中央辦公廳在這棟房子邊建了一道直通官員大院的門，讓胡耀邦大約花十分鐘時間就可從家裡走到辦公室。[41]

胡耀邦的工作擔子繁重。根據前幕僚發表的幾篇憶述，在擔任總書記的第一個月，胡耀邦必須處理的工作包括監督政治局常委會會議、書記處論壇與有關西藏政策的全國性黨會、宣傳、組織與科技、在廣東與福建籌建經濟特區、劉少奇的平反與四人幫審判、共青團紀念活動、中央黨校活動、主持平反黨領導人的喪禮、各種期刊文章的審批，以及會見外賓等。儘管如此，胡耀邦還能抽空繼續指導一九七七年在中央黨校創辦的《理論動態》的編務。[42]

胡耀邦管理會議的風格講究輕鬆和包容，並鼓勵討論、讓人發表異議，而書記處那些多半是老幹部的書記們有的是異議。[43]外界研究人員無法取得書記處的會議記錄，但有太多例子顯示他不得不同意書記處做出他不喜歡的決定，這一切都足以證明，胡耀邦既不願也無法將書記處變成「一個人說了算的一言堂」。

舉例來說，他在出任總書記之後最早碰上的難題就是改善西藏情勢。藏人因一九五九年中國軍事入侵與佔領而對中國不滿且充滿敵意，這種仇怨在文革期間因紅衛兵的倒行逆施而更加劇了。三月中旬，胡耀邦召開書記處全員會議，批准一連串旨在改善西藏地區經濟、政治、種族和宗教情況的政策。中央根據這項會議報告在四月中旬下達指示，要求大幅放寬對藏人的農業管控，農業稅緩徵兩年，還建議以兩年為期，將藏人在駐藏幹部人數的佔比提高到三分之二。根據這些新政策，北京代表還在香港會晤西藏精神領袖達賴喇嘛的哥哥，談判讓達賴重返中國的條件。[44]

胡耀邦與書記處書記萬里在一九八〇年五月底訪問拉薩，與藏族和漢人幹部開了一週的會議，解釋中央的改革政策，以爭取支持。胡耀邦在一次大型集會上發表演說，說明當前有「六件大事」待辦，大致上這六件大事就是為藏人幹部與農民提供更大彈性、直接的財政支援與獎勵，並減少駐藏漢人幹部人數。胡耀邦坦承，許多駐藏的漢人幹部不具備在西藏自治區工作的能力，應該調回內地。[45]

胡耀邦與萬里此行獲得藏人熱烈的歡迎，但漢人幹部反應冷淡，也未採取任何行動來響應兩人所提出的建議。[46]部分問題在於，漢人幹部認為應該以強硬路線對付少數民族，並堅持集體農耕是毛主席的政策，這不能碰也不能改。三年後，中央書記處為西藏再次實施稅務緩徵，承認自胡、萬訪藏三年來，事情毫無進展。[47] 西藏問題因雙方都缺乏彈性而特別棘手，胡耀邦與萬里兩人在當年因此徒勞無功，至今，問題仍然無解。

胡耀邦與萬里也聯手引導農業政策朝正向發展。不久前才在安徽局部實施「承包責任制」（即「包產到戶」）的萬里，希望爭取中央批准，讓敢嘗試這種方法的農民不會因增產而受罰。但由於與毛澤東創造的、一再受到辯護的農業集體化系統直接綁在一起，這個議題始終爭議不休。毛澤東曾經大罵「小農經濟」，說這是直通「資本主義」的道路，儘管事實一再證明承包責任制比公社農業更具生產力，大多數幹部因為害怕被貼上「姓資」標籤，而不敢實施承包責任制。

事實上，在萬里調回北京後，繼他之後擔任安徽第一書記的人，還試著在已經實施承包責任制的幾個縣限制這種作法。[48] 在一九八〇年年中，政治局常委似乎也不知道是否應該支持、如何支持承包責任制。華國鋒反對這種作法，認為這是對毛澤東不忠。而李先念猶豫不決，在知道鄧小平與陳雲的想法之前從不明確表態。陳雲曾告訴萬里，他一如一九六〇年代一樣支持承包責任制，但陳雲從未對這個議題公開表態。胡耀邦則大力支持承包責任制，而趙紫陽表示謹慎支持。[49]

一般認為，鄧小平的觀點最重要。在這個議題上，鄧小平似乎有些模稜兩可。他知道實施包產到戶的地方都大幅增加了農產，但他也怕因此遭到毛派攻擊。鄧小平曾被指為「不知悔改的走資派」而遭整肅，對他來說，這樣的標籤令人難以釋懷。一九八〇年五月三十一日，鄧小平在談話中較直接地談到這個議題，但用詞謹慎而簡短。[50] 在這次談話中，鄧小平重點討論安徽的正面成果，並向「一些人」保證這不會影響集體經濟。他說，集體經濟仍是農業生產主體。[51]

鄧小平這番話雖多少表達了對承包責任制的支持，但沒有解決這個意識型態的爭議。最極力反對承包責任制的聲浪，是來自華中幾省公社制實施較成功的書記。六月間，趙紫陽寫信給胡耀邦與萬里，建議雙方妥協。較貧窮、偏遠的地區可以實施包產到戶，較發達的地區可以繼續推動「三級」（公社／生產大隊／生產隊）系統。各地可以實行包產到戶的實驗，也可與「專家組」合作栽種特殊作物或養殖動物，其成果交由中央仔細研究。[52]

胡耀邦採取較直接的作法，深入思想的問題核心並予以糾正，希望能藉以改善幾億農民的生活。一九八〇年七月十二日，他在北京舉行的全國宣傳工作會議中發表演說，提出一段馬克思理論為包產到戶辯護。他說，黨不僅需要仔細觀察毛主席的貢獻，也要注意他所犯下的「嚴重錯誤」。胡耀邦說，「中央不反對搞包產到戶。我們不要把包產到戶同單幹混為一談，即使是單幹，也不能把它同資本主義等同起來……說單幹就等於走資本主義道路，這在理論上是錯誤的……它不能發展到資本主義。不要自己嚇自己。」[53]

儘管胡耀邦與萬里在一九八〇年使盡全力，但包產到戶制的推動仍然毫無進展。在九月間又一次全國農業工作會議結束後，兩人不得不妥協，通過一項複雜而令人困惑的政策。這項政策不明言禁止包產到戶制，容許在不同地區實施不同的生產責任制。[54]這樣的結果讓萬里喪氣不已，但胡耀邦保證會繼續給予支持，步步為營、往前推動。[55]

胡耀邦沒有食言，在之後每一年，農業都成為書記處的主要議題，胡耀邦遍訪全國各地農村，推動包產到戶的實驗。事實上，高層有關的爭議與猶豫，反而促成農村地區的實驗，讓地方領導人無力反對在地實驗。人們開始認為，包產到戶是源自農民的構想——事實也是如此——隨著農業生產不斷成長及多樣化，支持包產到戶的人也逐年增加。[56]

當「中央一號文件（一九八四年）」發布時，人民公社與其附屬集體組織已經解體。農村地區開始成立村、鎮，以取代公社系統，維護共產黨權威，並提供公共服務。更重要的是，億萬中國農民終於可以回歸毛澤東搞集體化、讓他們餓肚子前的那段日子，像他們世世代代先人一樣耕田種地了。

一九八〇年代初期，中共當局集中火力，糾正毛澤東所犯的錯，讓廣大百姓大獲其利，農村改革也成為中共全面改革的展示櫥窗。像一九五〇年代為學者與知識份子去除政治標籤、為數以萬計文革時期遭整肅的黨幹部平反一樣，胡耀邦的農村改革建議也以糾正黨的錯誤、「撥亂反正」為主軸。之後，大家都將中國農村改革的成就歸功於鄧小平，稱鄧小平為「改革總設計師」。但無論就政治或意識形態而言，這項改革最艱鉅的工作都是由胡耀邦與萬里完成的。[57] 面對來自陳雲與華國鋒的潛在挑戰，鄧小平似乎更關心如何鞏固他個人的權力。

一項有爭議的歷史決議

在一九七九年九月底第十一屆中央委員會第四次全會中，政治局常委會通過建議，準備起草一份名為「關於建國以來黨的若干歷史問題」的正式決議。[58] 決議使用的這個名字並非偶然。在一九四三到一九四五年間，毛澤東也曾精心策劃一項幾乎同名的決議，在第七次全國代表大會前加強他在思想與人事議題上的壟斷地位。曾以毛澤東秘書身分主持之前那項決議的研究、起草、編輯工作的胡喬木，奉命擔任這項新決議的主要起草人，也並非事出偶然。

早在一九七九年十月，胡喬木就召集一個小組討論新決議起草的準備事宜，並開始草擬草案大綱。他告訴小組成員，他們需要答覆兩個特定問題：文化大革命為什麼發生？毛澤東思想的本質是什麼？[59] 鄧小平原本一直不願搞歷史決議，但或許發現可以藉這樣的決議擦亮自己的思想招牌，進而壓制對毛與文革的疑慮與憤怒，讓黨團結一致，邁向經濟現代化。或許同樣重要的是，鄧小平可以用這樣的決議削弱華國鋒。鄧小平在一九七九年底的談話顯示，他認為新決議可以在一九八〇年底完成。[60] 鄧小平的預期太樂觀。新決議花了二十個月，經過起草工作人員所謂「無數次」的起草才終於完成。[61] 鄧小平本人經常約見起草小組或小組領導人，還曾就這項歷史決議發表十六次「重要」的講話。[62]

胡耀邦也是這項歷史決議案起草計畫的領導人之一。他既有工作熱忱，也有投入這份工作的充分準備。他在文革期間備受暴力、恐嚇、困苦與強制勞工折磨，親身體驗了文革對黨所造成的傷害。他對這項決議的態度相對率直，也反映了他對改革整體的態度：「如果犯了錯，就要承認錯誤，加以改正。」他在一九七八年說，至於文化大革命和對毛澤東的「全面評估」，「即使我們或許想躲，但也躲不了。」[63] 雖然鄧小平在一九七九年初的理論工作務虛會中已經鎮壓對毛的批判，但胡耀邦似乎下定決心堅持到底。

一九八〇年二月底，起草小組向鄧小平與胡耀邦提出第一份草案大綱。草案分成五部分，一部分討論文革，一部分討論毛澤東。三月十九日鄧小平把胡耀邦、胡喬木等人召進辦公室，討論這份大綱。他提出三個必須納入決議的「原則」：

（一）確立毛澤東同志的歷史地位，堅持和發展毛澤東思想。

（二）對中華人民共和國建國三十年來的重大事件進行務實的分析，決定哪些做得正確，哪些做錯了，對領導人的功過做公平的評估。

（三）對待歷史問題，要採取「宜粗不宜細」的總原則，使黨能夠團結一致向前看，並統一思想，平息歷史爭議。[64]

對胡喬木而言，鄧小平這些原則或許有道理，因為胡喬木一直想方設法維護毛澤東，不肯重揭舊瘡疤。不過六月底提出的第一份草案令鄧小平非常生氣，由於草案過於強調毛澤東晚年所犯下的錯，沒有遵從鄧的指示，而且內容乏味，於是將草案打了回票。[65]因此胡喬木在中央書記處七月初的會議中做了自我批判。之後胡喬木親自動筆，針對文革與毛澤東晚年犯錯的部分起草。胡喬木為此設計了一套新說詞，說毛澤東之所以發動文革，並做了那些錯誤的決定，是因為毛澤東「偏離了毛澤東思想的『科學體系』」。[66]

一九八〇年夏，在考慮鄧小平與書記處書記的意見之後，這項歷史決議做了更多修正，北京開始出現傳言，說這項決議將被刪除，全面去毛化運動也隨後展開。鄧小平召來胡耀邦討論這個議題，決定在八月底接受義大利記者奧莉雅娜・法拉奇（Oriana Fallaci）的採訪，藉以放出風聲，平息這些傳言。[67]為避開笨拙、冗長的正式宣傳管道，鄧小平不時會以接受外國記者訪問的方式，透過新華社每天發表的外媒精選，表達他的看法。這一次，鄧小平不但故技重施，還加了一些料，在訪問結束後將訪問記錄交給中央警衛局的幹部和戰士共享，以聽取他們的意見，中央警衛局的人都表達贊同之意。[68]在這次訪問中，法拉奇問道，毛的肖像是不是很快就會從天安門下架，鄧小平語氣堅定地回道，毛像會「永遠」掛在那裡。他說，「毛主席終究是中國共產黨、中華人民共和國的主要締造者……他為中國人民做的事情是不能抹殺的。」[69]

九月中旬，各省第一書記在北京論壇中討論了這項決議草案，事情似乎按照鄧小平與胡喬木的計畫進行著。沒隔多久，政治局在十月決定，新草案將送交由四千名高級黨、政幹部、解放軍軍官與省領導人組成的大會進行討論。這次大會要像一九七八年十一月的「中央工作會」、及一九七九年一月到三月的「理論工作務虛會」一樣——自由討論，容許對個人與政策提出批判。最後，共有五千六百名官員參加了這次大會，包括中央黨校一整班學員。

就在會議舉行前不久，胡喬木擬了一段加註稿，評估黨在四人幫垮台後四年期間的記錄；也就是評估華國鋒擔任主席的政績。這篇加註稿件在十月初送交政治局常委會審批時遭到華國鋒的反對，於是胡耀邦將這篇加註稿壓了下來，直到這次四千人討論會結束。最後，主辦方在送交討論的材料中加了一段有關這篇加註稿的簡述，詢問與會者針對是否應該詳述的問題表達意見。[70]

有關討論從十月中旬持續到十一月底。黨、國務院與軍方官員，每三十到四十人一組進行分組討論，每個組都要將摘錄討論內容做成簡報送交中央。[71] 會議氣氛很熱鬧，許多人對會議的「民主」氛圍表示歡迎。一千多份簡報就這樣送往北京。有些與會者還發表回憶錄，回憶會場上熱烈討論、對決議草案嚴厲批判的情景。以郭道暉為例，他在文中說，與會人士對草案中有關一九四九年後第一個七年的論述極為不滿，說它用字太過謹慎，對毛過於偏袒。草案中說，大躍進「造成我們國家和人民的重大損失」，這種輕描淡寫的說法在會中遭到痛批，有人就說，大躍進「其實是一場大饑荒，死了幾千萬人」。[72] 胡喬木提出、將毛澤東思想從「毛澤東的思考」分開的說法遭人冷嘲熱諷，還有人建議改寫草案，全面清算毛澤東所犯下的「左派錯誤」。[73]

但鄧小平不能接受大改變。胡喬募寫了一封長信給鄧小平，檢視各式各樣的批判，兩人決定一一記下這些爭議，但仍力推這項草案。鄧小平堅持只能有限批判毛澤東的立場。十月二十五日，甚至在幹部們還來不及完成對草案檢視之前，他就對胡耀邦與胡喬木說，「毛澤東思想這面旗幟丟不得。丟掉了這面旗幟，實際上就是否定了我們黨的光輝歷史……對於毛澤東同志的錯誤，不能寫過頭。寫過頭，給毛澤東同志抹黑，也就是給我們黨、我們國家抹黑。這是違背歷史事實的。」但鄧小平決定要將有關批判華國鋒的部分寫進決議。「許多討論組要求草案中闢一段專章，討論整肅四人幫過後那段時期。看來我們應該寫一個。」[74]

華國鋒黯然下台

儘管鄧小平或許原本想讓這項歷史決議成為他一步步削弱華國鋒行動的最高點，但持續不斷的爭議迫使他採取進一步行動。在二月的五中全會過後，華國鋒已緩緩走上銷聲匿跡之路。那年夏天，一些官媒開始批判領導班的一些作為，如「個人崇拜」等，這些批判可能指毛澤東，也可能指華國鋒。在八月中旬為期三天的政治局常委會中，鄧小平發表一篇措辭強硬的講話，強調黨與中央領導班必須改革。後來若干黨內人士將這篇講稿視為鄧小平極力主張政治改革的證據，但當時這篇講稿並未引來任何注意。胡耀邦可能根本未與會。[75]為降低其重要性，胡喬木甚至限制這篇講稿的傳閱。[76]

鄧小平在這篇講稿中反對讓權力集中在個人手中，要求剷除領導人在不同官僚體系擁有多個現職的作法。他並主張分割黨與國務院官僚，建議更重視接班人的問題。[77] 鄧力群與胡喬木一同起草這篇講話，他在的自傳中寫道，鄧小平提議發表這篇講話，還寫了講稿大綱，其主旨就在「向華國鋒施壓」，要華國鋒辭去總理職。[78]

沒隔多久，全國人民代表大會召開全體會議。華國鋒以國務院總理身分提出工作報告，之後在十天的會期中「遵照黨中央的建議」辭去總理職，由鄧小平欽選接班人的趙紫陽繼任。為遵行領導人不應身兼黨與國務員要職的原則，並倡導老一輩應讓位給年輕官員，在此全國人大大會中，鄧小平、陳雲、李先念、王震與另三名黨元老辭去國務院副總理職。[79]

四千資深幹部會議結束，與會人士對歷史決議草案與草案有關毛澤東評價的部分有重大分歧，但他們顯然贊成加註內容，評價華國鋒擔任主席四年來的表現。當區域性資深幹部會議或許還在進行時，前後九次、「連續不斷」的政治局擴大會議在北京舉行，而且討論的主題只有一個：華國鋒是否應該繼續擔任黨主席與中央軍委主席。當時這些會議相關消息並未公開。[80] 北京在一個月之後發布「通告」，還附上一則要所有黨員守密的警告。華國鋒下台，他的黨主席與中央軍委主席職位分別由胡耀邦與鄧小平取代的消息，直到一九八一年六月才正式公布。

保密工作一直持續。直到四十幾年以後，有關這些會議的許多關鍵性細節仍未公開或相互矛盾。這些政治局擴大會議在一九八〇年十一月十日展開，經過十一月十一、十三、十四、十七、十八、十九、二十九日幾次集會，在十二月五日達成最終協議。總計二十二名政治局委員或候補委員與七名中央書記處書記至少參加了其中幾次會議。[81] 十一月十日，華國鋒顯然做了一次檢討，還針對他被控的以下主要罪名提出說明：過度自我膨脹；繼續一九七六到一九七七年間對鄧小平的批判，阻撓鄧小平復職；推遲為文革期間被整肅老幹部平反的工作；支持「兩個凡是」和其他左派思想陳腔濫調，不肯檢討毛澤東思想；在一九七七至一九七八年間倡導不切實際的經濟成長政策。[82]

有關十一月十日那次會議的大多數記述，忽略了一個重要的事實：華國鋒要求政治局接受他辭去這兩個職位的請求。[83]但就像一九五九年毛澤東鬥彭德懷，以及一九六六年毛澤東鬥羅瑞卿一樣，這是一種必須走下去的政治驅魔的過場。政治鬥爭中的輸家就得飽受羞辱。贏家要一本正經、嚴詞指控，與會的二流幹部得仔細聆聽，並發表批判輸家的講話，向贏家輸誠表忠。所有二十九名出席這些政治局會議的人都講了話，但只有寥寥幾份有關的講話記錄流出。

在十一月十一日會議第二天，李先念、陳雲、趙紫陽與鄧小平都講了話。這些講話不用開口就有了結論：他們不支持華國鋒。陳雲提出三個要點。首先，華國鋒組織行動，逮捕四人幫，這件事做得好，而黨也論功行賞，給了他應有的獎勵，但他在之後四年的表現令黨失望。其次，華國鋒「不宜」繼續擔任主席，他應該了解戀棧越久，名聲可能越臭。第三，這項決定不應再拖，不能等到第十二次全國代表大會（一九八二年）再解決。[84]

根據一些相關說法，陳雲還針對鄧小平與胡耀邦說了一些話。「許多人希望小平同志擔任〔黨〕主席。不過我相信，小平同志不願接這工作，還用盡全力，促請耀邦同志接這工作，而我說這很好，耀邦同志可以接這工作。」「這個胡耀邦同志，你〔鄧小平〕說他沒有缺點，我認為這很難說，我們是老友，但我們仍信得過他不會貪贓枉法。」鄧小平在簡短的發言中將他的火爆脾氣表露無遺。他說，儘管他不會接受，但華國鋒早該在一九七七年一月找他當總理。趙紫陽也開口對華國鋒說，政治局七名常委中已有四人反對華留任。[85]

胡耀邦在這場鬧劇中的角色，就是向與會政治局委員和書記處書記舉證，說明華國鋒應該去職的理由。胡耀邦在十一月十九日的會議中做了這些舉證。海外幾個線上網站以「十一軍」署名刊出的《胡耀邦思想年譜》，收錄了他在會中的講話。胡耀邦首先以直白的方式為華國鋒講話，說華國鋒並非如一些指控所說的是文革期間的「叛徒」。但接下來，胡耀邦詳細說明黨自一九七六年以來所犯下的各種決策錯誤，而華國鋒要為這些錯誤負最大責任。他指出華國鋒主要有五大錯誤：華國鋒誇大他本人在整肅四人幫的過程中所扮演的角色；推遲為鄧小平復職；抗拒為老幹部平反；繼續向毛澤東錯誤的理念效忠，抗拒新思維；搞個人崇拜。[86]

中共史學者日後的分析顯示，在九次政治局會議與之後中央委員會的報告中，所提出的那些指控華國鋒犯錯的證據並不準確。[87]但這不是陪審團審判，華國鋒也不可能脫罪。這是政治整肅，是鄧小平精心策劃、組織，與其他資深領導人串通的權鬥。胡耀邦得扮演他的角色，而且演得很好。在這場身為新領導班關鍵人物的首秀中，他向在場領導人明確表示他了解他的責任：

我認為辭職對〔華〕國鋒同志本人是件好事……我同意〔趙〕紫陽同志的說法，這樣對黨、對國鋒同志本人都是件好事……我認為只有小平同志擔任中央軍委才妥當。軍隊是我們國家的棟樑，這個棟樑處理得不好，一定行不通……無論誰主持，只要幾位老同志還活著，特別是小平同志，他們都是我們黨領導核心的核心……就這一點而言，我建議我們應該以一份正式文件昭告全黨，讓今後擔任黨主席的人都能清楚自己的角色。小平同志主持大計，其他資深同志也都是領導核心。[88]

胡耀邦的兒子胡德平等人說道，胡耀邦與華國鋒的關係相當友好，胡耀邦並不想取代華國鋒，也不想自己當主席。胡德平引用趙紫陽的話說，胡耀邦很怕由自己取代華國鋒。胡耀邦希望政治局能考慮一種輪值主席制或主席團制，每名政治局常委——包括華國鋒——任期六個月。[89] 政治局常委會討論了這項建議，但未採納。

十一月二十九日的政治局會議頗富戲劇性，但顯然進展順利。根據非官方說法，自逮捕四人幫以來一直大力支持華國鋒的葉劍英終於表明立場。在一篇冗長的自我批判中，八十三歲的葉劍英老淚縱橫地告訴那些政治局同事，毛死前曾託付他，要他成功輔佐華國鋒，他原以為自己不負所託。現在他承認他將華國鋒捧得過高，而且沒能有華國鋒糾正一些錯誤決定。葉劍英說，「這是盲從愚忠」，他應該為華國鋒所犯的錯負責。葉劍英隨即請辭，並要求退休。[90]

眼見沒有任何人支持自己，華國鋒於是再次請辭，並建議由葉劍英接班擔任黨主席，但立即遭葉劍英拒絕。葉劍英隨即建議由鄧小平出任黨主席，但鄧小平不肯，說他只願意擔任中央軍委主席。於是鄧小平建議由胡耀邦取代華國鋒出任黨主席，為免胡耀邦推託，還建議胡耀邦應該「當仁不讓」。[91] 據胡耀邦的女兒說，之前她父親已經不下十次婉拒了出任黨主席的建議，但鄧小平這次說這是黨的決定，胡耀邦只能遵命。[92]

在一九八〇年十二月五日，九次政治局會議最後一次集會時，最後一幕上演了。根據中共黨章規定，只有經中央委員會全會通過才能讓黨主席下台，十二月五日這次政治局擴大會議決定建議召開第十一屆中央委員會第六次全會（暫定一九八一年六月舉行），以批准華國鋒辭去黨主席與中央軍委主席的辭呈。擴大會議還建議，在六中全會推選胡耀邦為黨主席、鄧小平為中央軍委主席。會

在一九八〇年底將華國鋒從黨與中央軍委主席職位趕下台之後不久，鄧小平與胡耀邦在一九八一年舉行閱兵。鄧小平身著解放軍軍裝，胡耀邦穿便服。（圖片來源：Wikimedia Commons）

中並決定，在六中全會舉行以前，胡耀邦「暫時主持政治局與中央常務委員會的工作，鄧小平主持中央軍事委員會的工作，都不使用正式職銜」。[93]

擴大會議中表示，希望華國鋒繼續以主席名義出席儀式性活動，或與外賓的會議；會中沒有處理葉劍英辭職的要求。但華國鋒除了中央委員會大會外，至死都不肯參加其他任何會議（他在二〇〇八年去世）。葉劍英回到廣東老家休養，很少返回北京。胡耀邦決定不出席十二月五日舉行的第九次、也是最後一次政治局擴大會議，或許因為不願在眾目睽睽之下，自己投票選自己當黨主席，又或許因為他對這些會議進行的方式感到不快。十二月三日他離開北京，在湖南與江西停留十天，視察農村地區，思考農業與政治改革的需求。他抨擊十年來政治局內的政治生活，說它「極不正常」，尤其欠缺「真正的集體領導」與「正常的批判和自我批判」。[94]

鄧小平與陳雲的角逐持續進行

在一九八〇年年中，鄧小平所面對的七席政治局常委（華國鋒、葉劍英、鄧本人、李先念、陳雲、胡耀邦、趙紫陽）當中，只有胡耀邦與趙紫陽兩人算得上是鄧小平的人，會支持鄧小平罷黜華國鋒，而葉劍英堅決反對這麼做。李先念與陳雲都曾在一九七七年初支持鄧小平復職，並支持鄧小平為削弱華國鋒所採取的行動。但在逼迫華國鋒下台的最後階段，事實上並非水到渠成那般順利。爭取支持的幕後談判內容如何，我們也只能想像。不過到十一月，李先念與陳雲兩人都同意，華國鋒繼續擔任主席「並不適當」。

如果兩派之間有什麼交換條件，應該就是有關經濟政策與領導層方面的條件。在十一月二十八日的政治局擴大會議中，陳雲與姚依林提出經濟有過熱風險的警告。陳雲的多年盟友、主管國家計畫委員會的姚依林，提出一項放緩經濟整體成長腳步的計畫。儘管中央已經在一九七九年要求「調整」，但地方仍不斷加碼投資基本建設設施，中央計畫當局表示，經濟「退」得不夠。姚依林建議將整體成長率降到百分之三點七，並將基建設施開支減少百分之四十。[95] 鄧小平與胡耀邦在七月間與地方官員會談，討論在二〇〇〇年前將中國工業與農業產值「翻四翻」——要達到這個目標，整體經濟年成長率必須略超過百分之七。[96] 但在陳雲協助、將華國鋒趕下台，鄧小平似乎急著呼應陳雲的撙節計畫。他建議召開一次簡短的中央工作會，由陳雲在會中發表主題演說，強調經濟「退夠」的必要。[97]

在這段期間，經濟學——特別是如何將更多市場機制導入中共過度管控系統的研究——成為北京各大學和學院的顯學。趙紫陽聘了一批進步派經濟學者，就完成經濟現代化進程所需的結構與政策性改變向他獻策。陳雲與李先念主張考慮小型市場實驗，但只作為對計畫經濟的「補充」，而且只能在控制好經濟平衡之後，才能進行這種實驗。

一九八〇年十二月十六日在北京舉行的黨工作會上，這種作法成為主要議題。胡耀邦是工作會的主持人，但這是陳雲的工作會，而且陳雲在會議第一天就發表一篇十四點演說，強調國家計畫、國家干預、紀律、平衡和以經濟改革進行「調節」的重要性。陳雲為今後兩年的經濟工作開出的處方是：「壓制需求，穩定物價；放棄開發，爭取穩定；延後改革，強調調節；多一點中央化，少一點去中央化。」[98]

趙紫陽與李先念支持陳雲的建議，鄧小平也在十二月二十五日的工作會閉幕講話中盛讚這些建議，「我完全同意陳雲同志這篇演說。他正確總結了……三十一年來我們在經濟工作上的實驗，以及我們得到的教訓。他的主張將成為我們今後很長一段時間在這個領域的指導方針……我們要以調節為主，以改革為調節之輔，改革的目的在於推動調節，不是阻礙調節。改革的腳步應該稍緩一緩，但不表示改變方向。」[99]

胡耀邦在這次工作會的任務只有一件，就是督導會議按照計畫進行。他沒有在會中發表公開講話，但他確實講了一些大體上對他自己不利的話。在對早先幾篇演說所進行的分組討論中，胡耀邦說他同意在經濟嚴重失衡時進行調節有其必要。但他指出，無論怎麼說，也不能為了調節而將改革、發展放在一邊。他說，這種「冷風」可能造成非常壞的影響。胡耀邦並警告，不能讓成長率跌到百分之四以下。他做成結論，「我們不能抓緊老把戲、老規矩不放。」[100] 後來胡耀邦告訴一名親信，他「一時惱火」說了這番話，而陳雲對他這些話很不快，認為這些話是衝著陳雲來的。[101]

這番話可能真惹惱了陳雲。儘管鄧小平骨子裡有所保留，但為酬庸陳雲在整肅華國鋒行動中的合作，他對陳雲提出的領導班人事與經濟政策，仍然給予支持。胡耀邦可能不願就這樣將經濟政策的主導權讓給陳雲。一九八〇年三月一日，在與老友羅瑞卿的秘書王仲方的私下談話中，胡耀邦解釋他何以做事膽子大，而且缺乏耐性。胡耀邦說，「你如果想有所成就，就得敢闖。我有什麼本領？我就是敢闖。小平同志了解我。我這一次出來工作，至少有三點想法：首先，我雖然沒有他（鄧小平）的戰略眼光，當他提出一個構想時，我可以了解、跟進；其次，我可以用各種組織工作落實他的戰略安排；第三，他知道我清廉，我絕不幹任何不名譽的事。」[102]

情況似乎是，從一九八一年起，代主席胡耀邦已決定往前闖，並採取主動，對抗「左派」思想的復辟。在一月間的「全軍政治工作會」上，他發表兩篇講話，猛烈抨擊多年來普遍存在於經濟和軍事政治工作中的「左派」思想。[103]三月間，胡耀邦在中央書記處的會議中談到必須加緊農業改革，必須全面允許包產到戶，讓農民自行選擇要生產的作物。[104]一週後，他在書記處發表長篇大論，談到必須改變外交政策，特別是對蘇聯的政策。他主張不要在把蘇聯說成「社會帝國主義」，不要再「聯美抗蘇」。時任總理的趙紫陽說，胡耀邦這些主張「過於大膽」，建議不採納。[105]

如果說胡耀邦有什麼特別值得一提的爭議性言論，或許是他曾要求改寫毛澤東當年所提出的一些不很成功的構想與政策。一九八一年二月十一日，由於胡喬木心力交瘁，而由鄧力群領導「歷史決議」起草小組，在融入四千人會議的一些建議後提出新草案。胡耀邦捲入了這件事。他在二月十七日召集起草小組開會，要他們重新起頭，另訂決議名稱，將更多重心擺在當前、未來的任務和責任上。胡耀邦甚至備妥一份新題綱，不過內容不詳。[106]

胡耀邦曾在中央黨校的演說中談到這項決議，而且他在主要議題上的立場，與鄧小平一再表明的那些立場似無無根本差異。但問題關鍵主要不在於特定議題，而在於權力。為了這項歷史決議，鄧小平已經花費太多心力，他得控制好這項決議的撰寫過程。一九八一年三月七日，鄧小平把鄧力群召到家裡，要鄧力群不必理會胡耀邦所說重新起草的構想。三月九日，鄧小平再次召見鄧力群，指出起草小組最新提出的版本對毛澤東批判過多，而且對毛澤東為革命做出的貢獻讚美過少。

鄧小平在三月十八日與鄧力群的會面中，再次要求讓決議按照他的意見起草。[107]不過，在如何評價毛澤東自一九四九年以來對黨的貢獻的問題上，起草小組內部與黨高層領導人之間仍有重大分歧。鄧小平急著找出解決辦法，於是在三月二十四日到醫院探望陳雲，求教如何在評估毛澤東功過問題上取得平衡之道。陳雲建議將決議的歷史規模回溯到一九二一年創黨之時，以納入毛澤東在三〇、四〇年代領導共產黨、以及對共產黨思想基礎的貢獻。這些貢獻足以抵銷毛在一九四九年後的負面作為。[108]鄧小平贊同這項建議，隨後於三月二十六日邀鄧力群等人到家裡，說他喜歡陳雲的這個辦法，要起草小組將這項建議納入新草案。而胡耀邦顯然不在場。[109]

三月三十日，胡耀邦主持中央書記處討論歷史決議的會議。他在會中認輸，承認胡喬木才是起草小組領導人，並指示胡喬木在四月中旬以前向政治局提出修正版草案。鄧小平早先曾經同意胡耀邦的建議，將草案交給約四十名老幹部討論。[110]但就在胡耀邦準備審查歷史決議新草案前不久，決議案起草領銜人換成他的對手，他被擋在他所主導的這項決議案門外。這是胡耀邦的重挫。但更糟的事接踵而至。

一個多月後，胡耀邦在山東省透漏一件事，說他在三月底奉政治局常委會之命「強迫休假」一個月。據說這項命令是政治局常委會的「決定」，換言之，這是政治局常委投票的結果，但若結果已經預知，是不是真的經過票決沒有人說得準。由於一九八一年初，華國鋒、葉劍英與陳雲等幾名政治局常委不再參與決策，胡耀邦或許知道自己多說無益。他原本想在北京休養，但事與願違，於是他在四月十二日啟程前往浙江與山東，還在山東登上著名的泰山，最後在五月中旬返回北京。[111]基本上鄧小平已經把胡耀邦踢出歷史決議起草小組。

四月中旬，就在胡耀邦離開北京的這段期間，胡喬木與鄧力群繼續研擬歷史決議，並與陳雲、鄧小平磋商。胡喬木抱病出院，以十天時間編寫第七版歷史決議草案。由於陳雲的建議，草案增加了一篇冗長的前文，討論一九四九年之前二十八年的事蹟。鄧小平接納胡耀邦的建議，先將草案交給約四十名老幹部討論，做進一步修改，然後做成定案交付第六次全會表決。雖然鄧小平已預先在這次老幹部會議中「安插」許多親信，會議還是爭議不斷，許多老幹部發言指控毛澤東，堅持草案必須進行大幅修改。鄧小平拒絕大多數的批判建議，但仍將決議草案送回刪修，並下令起草小組必須遵照他在一年前給他們的指示進行修改。鄧小平說，他的目標是「不要再鬧」，團結一致向前看。[112]

胡耀邦於五月中旬返回北京後，在鄧小平家中與幾名協助胡喬木撰寫最新版草案的老理論家會面，討論這項決議。胡耀邦對現有版本提出十項反對意見，但接受鄧小平的建議，召開政治局常委擴大會議來解決這些爭議。[113]這項擴大會議於五月十九日舉行，有七十四人與會，但胡耀邦沒有出席。鄧小平發表措辭強硬的演說，強調這是一項好決議，不能再拖延。鄧小平還在演說結尾時說，毛澤東或許犯了錯，「但終究那是偉大革命家、偉大馬克思主義者犯的錯。」[114]鄧小平的雄辯之詞顯然未能說服與會代表，之後八天，他們仍然不斷要求修改決議文。

胡耀邦沒有參與這一波行動。直到六月十三日，他才終於重新參與工作，主持政治局擴大會議，「原則上」通過最新版決議草案，送交第六次全會討論。第六次全會的籌備會於六月十五日展開，進行十天。一千多人出席了籌備會，包括中央委員、退休老幹部、甚至還有一些非黨員領導人。鄧小平在六月二十二日再次發表重要講話，堅持「這項決議是個好決議」，因為它是「根據我在一開始就提出的三項基本原則寫成的」。他為決議中納入對華國鋒的批判辯護，「華國鋒同志的名字必須納入決議，因為這才符合現實。不提他的名字，就沒有改變他的職位的顯著理由。」[115]

在鄧小平這次講話過後，除了一些修飾變化，決議草案沒有再做討論，就直接提交一九八一年六月二十五日到二十七日舉行的第十一屆中央委員會第六次全體會議。六中全會一致通過「關於建國以來黨的若干歷史問題的決議」。[116]會中也一致通過六月二十七日所做成的人事異動案，不過胡耀邦等許多中央委員對此很有保留。[117]但最後還是鄧小平說了算，而且他排除了一切反對意見。這整件事其實與歷史無關，甚至與毛澤東無關。這一些都是權力。這項決議在一九八一年七月一日中國共產黨建黨六十週年當天，由《人民日報》公布。

胡耀邦在六中全會閉幕式的致詞簡短、低調且率直。他表明自己並不想「當選」主席，也不認為自己會在這個位子上做很久。他提出三個要點。首先，共產黨何其有幸，能有鄧小平、葉劍英、李先念、陳雲這樣的人提供領導和指示，特別是鄧小平，更是領導的「核心」，是主要設計者和「總設計師」。其次，胡耀邦以自嘲的方式說他的職務雖上升，但他的「水平並沒有變」，他會在老一代幹部指導下努力落實政策和集體領導。第三，他告訴與會代表，為了解決艱難的歷史議題，他們已經花了許多時間和精力，他也相信大多數黨員會歡迎這項決議。但撥亂反正的工作還得花三、五年。應該集中力量進行經濟現代化，建立一種「社會主義精神文明」。[118]

儘管鄧小平等人說這項歷史決議是一項偉大的成就及團結的要素，但對胡耀邦來說，這項決議在研擬過程中沒有採納他的建議，決議內容又與真正的史實不符，要他美言很難。這項決議是鄧小平與陳雲兩人之間一種妥協的象徵，也是一份宣傳文件——內容是否準確並不重要，重要的是它是一份官方、最終定案的文件。日後歷史學者曾對決議中簡短提到的一些議題——例如大躍進、一九五七年反右運動與文化革命——仔細研究。他們認為，決議對這些議題，特別對文革，探討的深度不夠。[119]就連鄧小平本人也在一九九三年向政治局承認，決議中所舉出的一些事實「不準」，其他老幹部對毛的嚴詞批判說得對。他建議，或許另立決議會做得好些。[120]

鄧小平希望藉由這項決議來解決黨內有關毛澤東評價的爭議，以毛澤東思想為意識形態的基礎，以推動他本身的實事求是政策，結束黨內思想紛爭。但這一招並不真正有效。儘管鄧小平顯然因此成為黨內最有權勢的人物，但他並非沒碰上挑戰，在政策議程上更是未取得主控。他不斷找陳雲磋商，讓陳雲與其手下那些反改革派擁有一個經濟政策的平台——這個平台倒退、傳統，在形式與內容上就像一九五二年通過的第一個五年計畫一樣。鄧小平對華國鋒下狠手，也得罪了華國鋒的老「友」與支持者葉劍英，迫使葉劍英離開北京。[121]有些觀察家甚至說，特別是在支持胡耀邦的議題上，由於胡喬木、鄧力群與王震倒向陳雲，這段期間的鄧小平更加形孤影單。[122]

鄧—胡—趙體系

儘管胡耀邦在歷史決議起草過程中最後幾個月遭到鄧小平粗暴的鎮壓，但兩人關係沒有明顯受創的跡象，胡耀邦仍然以中央委員會主席和書記處總書記身分行使黨的名義上最高職位。鄧小平對胡耀邦在六中全會閉幕式的致詞表示讚揚，說它證明了中央委員會選他擔任主席「選對了人」。[123]

主要由於鄧小平與陳雲在政策、人事議題方面的爭執，又隔了十四個月，第十二次黨全國代表大會才終於開成。當然，這兩名元老不會私下密會解決彼此間的分歧，也不會出席胡耀邦所召開的政治局常委會議。據信，他們的作法是透過王震、薄一波這類的中間人，以及他們的秘書，以書信及官方的「批示」文書處理流程進行溝通。

第十二次黨全國代表大會（一九八二年九月一日至十一日）的重頭戲是胡耀邦的政治報告。這份報告不但要宣揚黨在過去五年的成就，更重要的是，它要訂定黨對今後幾年的抱負。胡耀邦負責發表這份政治報告，而且早自一九八二年一月起就與起草小組開會。不幸的是，報告的主要起草人是鄧小平與陳雲指定的胡喬木，而胡耀邦與胡喬木之間的思想爭議與個人嫌怨已越來越深。[124]在報告中若干重要思想、甚至經濟政策議題上，兩人都有爭議。報告最後送交政治局常委會定奪，但常委會沒有考慮胡耀邦的異議，也未試著解決它們。就這樣，長期觀察中共的勞達一神父（Laszlo LaDany）指出，「這次黨大會是鄧小平的勝利，但幾乎在每一個點上，鄧小平都向對手讓了步。胡耀邦在大會報告中說明的經濟政策，不是三中全會的鄧小平的政策；那是李先念和陳雲的經濟政策……和經濟方案。」[125]

經過歷史決議對毛澤東一番嚴厲評價之後，或許人們認為，這次黨大會多少會出現一些去毛化的宣示，但會中對毛依舊高歌頌讚。胡耀邦在大會報告中二十多次提到毛澤東。報告中還說，全黨必須「在共產主義指導下，繼續建設社會主義精神文明的偉大任務」。[126]這些文字都出自胡喬木與鄧力群之手，代表一種胡耀邦所不贊同的立場。直到一九八六年，胡耀邦才將它們更正。[127]

在人事戰線上，胡耀邦與鄧小平做得好些。新的中央委員會選出一個二十五人政治局，這次政治局成員大多是第十一次黨大會選出的原班人馬，但略增加幾名新手。政治局常委仍然維持六人不變，官方排名依序為胡耀邦、葉劍英、鄧小平、趙紫陽、李先念與陳雲，不過若按照實際權力排名，順位或許應該是鄧小平、陳雲、葉劍英、李先念、胡耀邦、趙紫陽。

從胡耀邦的觀點來看，最重要的人事變革在於中央書記處改組，添加六名新人，其中幾人與鄧小平、甚至與胡耀邦有更深的淵源。與胡耀邦同一代的習仲勛、楊勇（胡耀邦的表兄）與陳丕顯（胡耀邦的老友）進入書記處，取代一些已經退休、或晉升政治局的老書記。進入書記處的年輕一代書記中，包括共青團出身的胡啟立（擔任中央辦公廳主任）與喬石（組織部）。為了制衡，陳雲自然也安插了自己的人，包括鄧力群（組織部）與姚依林（副總理，主管財經）進入中央書記處。

第十二次黨全國代表大會通過修正後的黨章，取消黨主席與副主席職位，正式成立「中央顧問委員會」。「中顧委」由一百七十二名已退休幹部組成，其中許多是不久前剛從文革下放中獲得平反的人，有些人已經不能執行例行公務，成立「中顧委」的主要用意是為這些老幹部提供一條榮退之道。鄧小平獲選為中顧委主席。中顧委某些常委享有出席政治局與書記處會議的特權，有權在會中發言，但不能投票。儘管中顧委委員根據規定，不得干預中央或任何黨或政府機構的運作，但有些委員不守規定，為胡耀邦帶來不幸的後果。

第十二次黨大會開啟了鄧小平所謂的「胡—趙體系」：日後觀察家更精確地稱之為「鄧—胡—趙體系」。[128]前《人民日報》總編輯、胡耀邦心腹胡績偉將一九七九到一九八九年這十年稱為「胡—趙新政」，史學者高皋則將一九八二到一九八七年這段時間稱為「三頭馬車」時代。[129]回顧起來，大家都同意，由於涉及政治與人事議題，特別是因為鄧小平與陳雲之間的政策爭議與權鬥，無論鄧—胡—趙體系或三頭馬車的結構都不穩固。隨著分裂加深，胡耀邦與趙紫陽淪為陳雲一派攻擊的主要目標。

在一九八二年九月第十二次黨全國代表大會中，胡－趙體系似乎順利上路。（圖片來源：Wikimedia Commons）

全面改革演說

一九八三年一月二十日，胡耀邦出席「全國職工思想政治工作會」，發表「四化建設和改革問題」演說。這是他發表的最重要的一次演說，幾乎也是他最後一次重要演說。儘管旨在向全國企業幹部「傳遞第十二次黨大會精神」，但這次會議並非標準的宣傳樣板。胡耀邦選在這個場合提出一個經過精心籌畫、極具爭議性的議題：如何將鄧小平的經濟成長目標轉化為行動。第十二次黨大會在胡喬木與陳雲的顯然反對下，通過鄧小平的這項目標，要在一九八〇到二〇〇〇年間，將中國工、農產值（基本上就是將全國生產毛額）「翻一翻，再翻兩番」。[130]這當然是一個涉及年成長率與生產指標的問題，但它有更重要的意義：它要喚起幹部的注意，要他們努力投入複雜的改革大業，改革效率奇缺的國家計畫和生產機制。第一項任務就是訂定一套政策，讓都會工業區也能像農村地區在實施農業改革後一樣，出現迅速的成長和進步。[131]

胡耀邦格外謹慎地準備這份講稿，擬了一份九千字的大綱，與中央書記處七名書記討論，更重要的是，他到鄧小平住處與鄧小平討論。他甚至還將一份大綱副本送給當時在雲南養病的胡喬木。每個人或多或少都對這篇講稿表示滿意，尤其是鄧小平。[132]這是胡耀邦以總書記身分在廣眾面前發表的第一篇政策演說。

胡耀邦說，能走到今天，靠的是艱苦奮鬥、好不容易贏來的思想改革。他強調，十二次黨大會的精神就是透過改革「建造具有中國特色的社會主義」。除非全黨全民擁抱「全面改革」的需求，四個現代化（農業、工業、科技和國防）不會成功。而所謂全面改革，胡耀邦指的是在思想、組織態度、程序、經濟目標和管理、政治領導、教育、外交政策、政法工作等方面的改革。他提出警告，儘管改革的需求緊迫，改革工作必須仔細籌劃，逐步實施。改革過程必將充滿爭議與歧見，只有黨才能領導這項進程。

胡耀邦說，評價政策的好壞，要看政策成果「是否有助於生產力，全方位國力，以及能否改善人民生活水平」而定。他堅持，為完成四個現代化，「必須落實一連串改革，改革應該在四個現代化全面推動……所有戰線，所有地區，所有部門，所有單位都有改革的責任。我們必須拋開阻礙我們發展的老框框，老套套，老作風」。[133] 胡耀邦也曾用「老框框，老套套，老作風」來描述黨在一九五〇年代（陳雲主持）的經濟政策。[134]

這次的精彩表現為胡耀邦贏得熱烈的迴響與掌聲。翌日《人民日報》也在頭版刊出這篇演說，並於二月初在三個場合發表社論表示支持，以這個議題突破黨內簡報的框架，成為一種民眾輿論。《人民日報》的發行量有幾百萬份，新華社也在全國各地不斷轉載、廣播它的社論。以鄧力群為首、在政治局委員胡喬木監督下的宣傳部發現事情不妙。

二月十七日，胡喬木召見《人民日報》編輯秦川與秦川的一名副手，予以斥責。他拐彎抹角地說，「特定領導人在某個會議中做了某一演說，但不要急著將它發表。那不是宣傳的核心。」秦川等兩人表示不解，胡喬木於是明說，「耀邦同志在全國職工思想政治工作會上發表的演說和第十二次黨大會的精神無關，而且和大會精神不符。」這番話讓秦川聽了大驚失色。一名普通政治局委員批判總書記違紀、違規。秦川於是推測，胡耀邦有麻煩了。[136]

二月初，胡耀邦走訪廣東、海南、湖南與湖北，進行十八天的視察。在廣東黨委領導人的陪同下，他第一次訪問了深圳經濟特區。當時深圳面臨許多問題，包括走私、土地管理、開發貸款、以及北京各部會不願充分合作等。北京的經濟保守派以財政與思想為由，不斷攻擊這項經濟特區實驗，令深圳領導人擔心受怕。陳雲與李先念都以反對發展經濟特區著名，認為這些特區與革命以前的「外國租借」只有一步之隔。但經濟特區讓胡耀邦留下深刻的印象，並對它的創意與實驗表示支持與鼓勵。胡耀邦甚至下令北京有關部會為深圳提供更多的電信裝備。[137]

在這次視察之旅中，胡耀邦並且鼓勵地方黨委，加快經濟發展的腳步，以支持鄧小平「再翻兩番」的目標。他同時指示，容許農村地區開辦小規模採礦企業，於是這些小企業要求中央補助。胡耀邦的這些指示或許超越了他身為總書記的權限，但有人將他的行動視為創造「壓力」。三月初，國家計畫委員會主任姚依林寫了一封信給鄧小平與政治局常委，詳述胡耀邦犯的錯誤。胡耀邦將農村地區包產到戶、提高生產的作法用在都市工廠的主張，也令趙紫陽擔心，這麼做會帶來太多改革壓力，造成政府開支浮濫。[138]

三月中旬，鄧小平在家裡開了兩次會，首先見了陳雲，之後見了胡耀邦、趙紫陽與胡喬木。隨後，他在三月十七日召開政治局與中央書記處聯席會議，聽取國家計畫委員會與黨財政經濟小組有關經濟問題的報告。[139] 會議進行到一半，陳雲以事先準備好的講詞發表講話，而且越講火氣越大。陳雲這篇講話把矛頭直指胡耀邦，以及他所認為是胡耀邦親信的胡啟立。陳雲指控胡耀邦，對經濟一竅不通，誤解政策，破壞有秩序的計畫經濟。當陳雲提出這十點長篇大論，聽在一些人耳裡，實際上它的矛頭是指向鄧小平的經濟政策與鄧小平本人，怪鄧小平不該提拔、支持胡耀邦。這種話鋒轉向令鄧小平不快，鄧小平終於開口制止：「至此為止」。胡耀邦只能戰戰兢兢坐在一邊，顯然無力為自己辯護。[140]

胡喬木立即建議，將陳雲的重要講稿發送給全黨黨員傳閱，但鄧小平不同意。不過出席這次聯席會議的鄧力群，在新華社當天舉行的職工會中轉述了聯席會議討論的內容。鄧力群的話經新華社管道廣泛報導，有關高層爭議的流言很快就傳遍全國，讓鄧小平十分懊惱。因此鄧小平召開這次聯席會議，顯然志在澄清經濟決策官僚的責任，要中央書記處退出決策鏈，將責任交給趙紫陽的黨中央經濟財政小組與國務院計畫委員會。[141]

根據一些說法，胡喬木要求召開中央委員會工作會，討論是否應該解除胡耀邦的總書記職位、由鄧力群取代的議題。[142] 胡喬木告訴鄧小平，他認為胡耀邦對社會主義的信念「搖擺不定」，鄧小平聽了惱火不已。胡喬木甚至造訪胡耀邦住處，淚流滿面地懇請胡耀邦下台。胡耀邦後來告訴李銳，「喬木突然哭著過來對我說，『你如果不當總書記，還可以做其他的事。我們的友誼可以長存。』我當時驚得不知怎麼答腔；我不懂他的道理。之後他破啼為笑，談了其他的事。」[143] 同時，鄧力群開始蒐集「材料」，決定了胡耀邦的命運。

特別會在三月十九日召開，聽取中央書記處針對下級有關領導層分裂的傳言所提出的報告。《胡耀邦思想年譜》寫道，葉劍英與鄧小平出席了這次會議，但沒有說明其他與會者姓名。鄧小平下令，所有在擬議中的工作會召開前送出去的材料都要回收、封藏。他明白告訴與會者：「胡─趙格局不能變！」[144] 胡耀邦後來在一九八九年告訴李銳，「在一九八三年那次會議，他們準備換馬，是鄧小平保護了我。」[145] 首次對胡耀邦總書記身分的挑戰就此平息。但這不是最後一次。

「精神汙染」與其後果

雖然三月十七日這場政治對抗不了了之，但在之後幾週，政治角逐轉趨劇烈。鄧小平與陳雲之間就經濟發展腳步問題而出現的爭議更加公開，胡耀邦與胡喬木之間的思想分歧也擴大了，有關人事安排之爭開始造成流血事件。下一場對抗已拉開序幕。

為紀念馬克思去世一百週年，中共領導班在一九九三年三月八日舉行兩次紀念會。一次是在「人民大會堂」舉行的正式典禮，由胡耀邦發表長文報告：「馬克思主義偉大真理之光照亮我們前進之路」。由於一月二十日那篇講話引起的風波仍然餘波盪漾，胡耀邦這次講話似乎用了中央宣傳部準備的講稿，做了一次共產黨的八股樣板演說。另一次紀念會是中宣部與中央黨校主持的學術論壇，由前文化部副部長、文革期間曾遭整肅下獄的周揚發表「馬克思主義理論議題」報告。報告中討論共產黨國家的社會主義「人道」與「異化」議題，頗獲與會知識份子與作家們好評。

問題主要不在於理論本身，而在於權力：周揚沒有事先將報告講稿送交中宣部審批，對於胡喬木事後的抱怨也未加理會。《人民日報》在三月十六日全文刊登這篇報告，也顯然未曾事先送交中宣部長鄧力群審批。[146]在總編輯胡績偉的領導下，《人民日報》大力聲援胡耀邦，往往不透過中宣部管道，以顯著地位刊登胡耀邦所支持的言論。如何從胡耀邦手中奪回《人民日報》，就成為反胡耀邦一派人馬的主要目標。

三月二十日，胡喬木下令鄧力群為中央書記處準備一份報告，針對發表周揚這篇報告的事進行懲處評估。鄧力群這份報告建議周揚做檢討，責任副總編王若水去職。第二天，胡喬木召開會議，將中宣部這份報告交給周揚。兩人發生激烈的口角，周揚隨即把事情告訴胡耀邦。胡耀邦要《人民日報》修訂周揚這篇報告，讓事情平息。[147]周揚之後被迫反覆自我認錯，而毀了健康，直到一九八九年抑鬱以終。知名自由派作家、極力批判胡喬木的王若水去職，最後離開中國。

在贏得思想議題上又一回合的勝利後，胡喬木與鄧力群加緊施壓。胡喬木在四月到五月的宣傳會議上，以一個新角度審視近來流行的異化理論，與探討文革亂象的「傷痕文學」。他強調，鄧小平的四項基本原則是思想基礎，而傷痕文學與異化理論已經偏離這四項基本原則。在那年夏天與鄧小平的幾次會議中，胡喬木與鄧力群一再強調這種偏離現象，讓鄧小平越聽越氣，特別是對胡耀邦越不滿，因為鄧小平認為胡耀邦應該為文學和藝術問題負責。[148]六月，鄧力群為這種現象取了一個容易記的名字，叫做「精神汙染」，鼓勵中宣部廣為宣揚。[149]

根據計畫，黨二中全會將在十月舉行，討論一項「整黨決議」，鄧小平與陳雲都得在會中發表講話。早在會前三個月，鄧小平已選派鄧力群主持他的講稿的起草小組。起草小組開了幾次會，聚焦於兩點：擬議中的這項「整黨計畫」不能只搞半吊子；還有「在思想戰線上工作的人絕不能精神汙染」。在鄧力群的鼓舞下，鄧小平選擇在講話中強調精神汙染的議題，由陳雲討論整頓。[150]

陳雲一直很注意人事議題，特別關心黨的基礎加固方案。鑒於年輕一代幹部隊伍許多發跡於文革時期，他堅持這項整黨行動必須以「清除三種人」為主要目標：絕不能提拔文革時期造反派起家的人；幫派思想仍然嚴重的人；以及曾經犯行、迄未受懲的打、砸、搶份子。儘管文革最暴力的那段時間是十五年前的舊事，各級調查工作也已揪出許多壞份子，但陳雲的講詞依然火爆：「必須堅決把這三種人從領導班子清理出去，一個也不能提拔。已經提拔了的，必須堅決把他們撤下來。」[151]

鄧小平在一九八三年十二月十二日的二中全會中講話，討論整黨與精神汙染兩個問題。由鄧力群起草的這篇講稿，從保守派（左派）論點處理這兩個問題。胡耀邦在二中全會開幕前不久的書記處會議中，與胡喬木、鄧力群發生衝突。胡耀邦認為，整黨行動的重心應該是反制文革殘留的左派思想。自稱代表鄧小平的胡喬木則說，必須同樣注意反制右派思想。中央書記處本身也意見分歧，胡耀邦獲得萬里、胡啟立、陳丕顯與習仲勛的支持。[152] 鄧小平最後出面，解決這場左、右之爭，斥責「少數同志只關心打擊左派錯誤，不理會右派的錯……近年來大家有些過於容忍、猶豫、心腸也軟了，喜歡粉飾太平，得過且過，避免事端。結果造成黨紀鬆散，壞份子也能受到庇護」。[153] 胡耀邦顯然不關心整黨議題。他知道黨要以他為首，成立一個「中央整黨工作指導委員會」，委員會成員由鄧小平與陳雲兩派人馬平分秋色。[154] 胡耀邦過去在組織部也幹過類似的活，或許也相信自己可以控制這個委員會。

讓胡耀邦比較擔心的或許是鄧小平那篇由鄧力群起草、關於精神汙染的講話。鄧小平在講話中說，「我們的理論家、作家、藝術家存在嚴重混亂」，不但不能發揮「靈魂設計師」的作用，反而帶來「精神汙染」，「精神汙染的實質是散布形形色色的資產階級和其他剝削階級腐朽沒落的思想，散布對社會主義、共產主義事業和對於共產黨領導的不信任情緒。」[155] 鄧小平這番話不僅令人想起文革期間無所不在的階級鬥爭論調，也為中央宣傳部開啟一扇門，讓它可以用思想當武器，攻擊任何階層的對手。大禍將至，只是時間遲早的問題罷了。

在二中全會結束後不久舉行的中央書記處會議中，胡耀邦呼籲謹慎處理鄧小平與陳雲在全會中的講話，反對地方黨委未經中央批准，或在不能認清精神汙染議題「疆界」的情況下，自行散播這些講稿。他斥責胡喬木，他不能下令某些有爭議的作者寫自白，承認他們犯下的精神汙染錯誤。[156]胡耀邦也強調，黨決不能走回文革老路，只因人們聽、唱流行歌曲，穿有顏色的衣服，或梳什麼髮型，就隨意貼標籤、公然侮辱、懲罰他們。[157]

但胡耀邦千叮萬囑不能發生的事一一成真。外國理念、流行、音樂、時裝迅速滲入，使許多較低階幹部倍感屈辱，有了鄧小平這篇措辭嚴厲的演說撐腰，這些幹部開始動手，對付主要是年輕人的精神汙染「罪犯」。鄧小平在講話中說的是，文學、藝術界的黨員不應「搞」精神汙染，但鄧力群對中宣部與地方黨委下的命令是「清除」精神汙染。清除精神汙染就這樣成為「不是運動的運動」，各階層所謂的左派份子都磨刀霍霍。穿喇叭褲上工的年輕工人，得在眾多工人面前剪掉喇叭褲管，才能進入工廠，趕時髦、做了捲髮的少婦必須剪掉捲髮，跳舞被禁止，解放軍士兵必須將女友照片交給上級，因為這些照片有色情之嫌。[158]

很快地，胡耀邦在書記處的同事開始要求自己的責任區不受「精神汙染」管制。萬里堅持農村改革並無精神汙染，方毅說科技業沒有清除精神汙染的必要，趙紫陽也終於發聲，不能因為清除精神汙染而斷了都市經濟改革進程。趙紫陽還說，這個議題已經在外國領導人之間造成惡劣的印象，他們因此認為中國人正走回文革式運動的老路。[159]

十一月二十一日，胡耀邦再次召開書記處會議討論精神汙染。他下令中宣部，立即向地方黨委下達指示，說明精神汙染的定義，為精神汙染設限，並指示他們不得以精神汙染為名，對民眾的生活方式或經濟政策的實施進行干預。胡耀邦還下令省委書記與《人民日報》，在他即將展開的訪日行程（十一月二十三到二十八日）期間，不得採取進一步清除精神汙染的措施。[160]經過胡耀邦這番努力，「清汙」亂象終告平息。胡耀邦等人稱二中全會會後到十一月二十一日書記處會議這段期間為「二十八天小文革」，也慶幸他們的行動阻止了這股歪風。[161]但（對鄧小平而言）更大、更突出的「資產階級自由化」議題仍徘徊不去，終於又回頭找上了他們。更嚴重的是，在一場主要是人事問題的術語之戰中，胡耀邦痛失得力盟友胡績偉與王若水。兩人都在十月遭《人民日報》革職。鄧力群原本還想用中宣部的兩名理論家取代這兩人在《人民日報》的工作，但經胡耀邦抗拒才未能如願。[162]

鄧小平對鄧力群與胡耀邦兩人惱火不已，但雙方都用他本人在二中全會的講詞為行動依據，讓他無可奈何。[163]鄧小平斥責鄧力群，怪鄧力群不斷把黨拉向左方，但對於胡耀邦，他的火氣似乎更大。趙紫陽在回憶錄中寫道，「我覺得，胡耀邦處理這件事的方式大幅加劇了兩人之間的衝突。兩人的最後決裂，這件事扮演關鍵角色。」[164]胡耀邦在鄧小平底下工作三十多年，無疑對鄧小平處理思想議題時反覆無常的作法，對鄧小平的獨裁、凡事都要擁有最後決定權的個性習以為常。胡耀邦曾經在毛澤東身上見證大權在握、體弱多病老人的通病：困惑、固執、嫉妒、記憶力衰退。他可能也已在鄧小平與陳雲身上看到這些問題。

在為文革期間被整肅老幹部平反這件事上，胡耀邦下的工夫比其他領導人都多，但胡耀邦同時也要求老幹部讓位給年輕、幹練的領導人。他曾經帶頭工作，去除「終身制」，為黨幹部建立退休的指導原則。鄧小平與陳雲都在口頭上支持這種概念，但兩人都不肯退休，已逐漸成為不爭的事實。胡耀邦在一九八三年一月的全面改革講話中指出：「我們老同志，特別是六十五歲以上的老同志必須了解，想一直工作到九十幾歲很難。所以老同志必須誠懇支持年輕人上位，而且更重要的是，應該將放手視為他們最重要的歷史任務，讓他們可以發展自己的才幹和智能。」[165]

三頭馬車向前衝？

一九八四年初，鄧小平第一次訪問廣東省深圳經濟特區，像一年前的胡耀邦那樣，黨在一九七九年通過這項經濟特區實驗一派欣欣向榮的景象，也讓鄧小平印象深刻。他下令胡耀邦，要他準備一份「指導思想」文件，以推動進一步改革開放，修訂中國經濟政策中「一些老舊的概念」。由於當時鄧小平與陳雲正就中國經濟與現代化政策的問題爭執不下，胡耀邦這項任務的難度極高。

那年五月，鄧小平與陳雲已成立起草小組，準備將一項經濟結構改革的決議送交秋天舉行的三中全會討論。起草小組由胡耀邦、趙紫陽、胡啟立、胡喬木、姚依林與田紀雲組成。胡耀邦很快地取得主導，向起草小組發表講話，甚至還為決議準備了一份八點綱要。趙紫陽似乎自有定見，邀請新近成立「國家體改委」的知名經濟專家就決議內容提供意見。[166]

胡耀邦與趙紫陽似乎都有同一目標：改變陳雲、李先念、胡喬木為經濟發展設下的「計畫經濟為主，市場調解為輔」的理論前提。一九八四年決定的這項前提，是一種「在公有制基礎上建立的計畫商品經濟」，當時陳雲等人仍然堅持「計畫經濟」與「商品經濟」在理論上互不相融，「計畫經濟為主，市場調解為輔」就是在這種氛圍下小心翼翼提出的前提。[167] 鄧力群在他的自傳中寫道，胡喬木未獲准參與起草，而鄧力群本人也只能偶而參與工作。

儘管少了胡喬木、鄧力群，起草工作仍然爭議不斷，費神耗力，前後提出八次草案，才在十月初提交政治局與書記處做進一步修訂。儘管胡耀邦在七月間將他的秘書鄭必堅等幾名經濟「自由派」納入起草小組，但就內容而言，草案主要反映的是趙紫陽與他的經濟專家的觀點。[169]

八月底，胡耀邦為起草小組打氣，還特別要求大家應該在經濟政策的議題上聽取趙紫陽的意見。趙紫陽在九月初寫了一封非常詳盡的長信，這封信似乎至少暫時緩解了陳雲與李先念的反對，並贏得鄧小平的強力支持。[170] 儘管對這個「三頭馬車」而言，一九八四年十月二十日通過的「黨中央委員會關於經濟體制改革的決定」只是一場局部勝利，但它已經為改革增添動力，讓中央得以在重要人事的議題上有所進展。最重要的是，這項決定是（繼窒息「精神汙染」運動之後）胡耀邦與趙紫陽在重要政策行動上的第二次成功合作。

第九章
鄧小平的憤怒與胡耀邦的下台

回顧一九八〇年代中期政局，以及中共高層領導人之間複雜的互動，往往使人相對而言疏忽了總書記胡耀邦與總理趙紫陽之間的關係。如果當年兩人能夠聯手對抗鄧小平，對抗保守左派與固執元老，政治情勢可能改觀。但胡耀邦與趙紫陽沒有這麼做，或許基於結構、政治與個人因素，他們也沒辦法這麼做。

胡耀邦與趙紫陽兩人的年齡相差四歲。兩人出生的省份不同，說不同的方言，在抗日與國共內戰期間的經驗也完全不同。與趙紫陽相比，胡耀邦在文革期間碰上的政治困境嚴重得多，在勞改營的時間也長得多。兩人都在一九七〇年代中期替鄧小平工作，不過趙紫陽當時在四川省工作，胡耀邦則處在左、右兩派之爭核心的北京。像鄧小平一樣，胡耀邦也注意到趙紫陽在四川成功管理的經濟復甦、特別是農業復甦的成就。一九八〇年，當胡耀邦與趙紫陽一起進入政治局常委會時，胡耀邦或許了解他們兩人的任務就是一起工作，支持鄧小平的現代化中國經濟政策。兩人都了解鄧力群與胡喬木這類左派殘餘勢力對他們充滿敵意。趙紫陽甚至曾對胡耀邦在共青團的一名親信說，一九八四年的他與胡耀邦「都在一條船上」，這話讓胡耀邦非常鼓舞。[1] 但趙紫陽在遭到罷黜後，在自己的書中與接受其他歷史學者訪問時，表達的並非那般大公無私，而且前後並不一致。

胡耀邦展示肌肉

一九八五年初，政治局委員胡喬木的兒子胡石英犯了刑案，引起胡耀邦的注意。地方警察認為胡石英涉嫌貪汙，在中南海住處藏匿巨額贓款。胡耀邦批准此項計畫，趁胡喬木開會時護送警官進入胡石英的住處搜索，如果發現充分的證據就當場逮捕。[2] 胡石英被捕，之後受審，經判詐欺罪定讞，判了短期徒刑，但隨即獲得減刑，獲釋回家。[3] 這個案子在中南海內引起不小騷動，不過一直壓了幾年，沒有人報導，就連流亡海外的華人圈也沒有相關訊息。它對領導班動向也造成影響：胡喬木對胡耀邦的仇怨因此更深，但他對鄧小平的影響力也減少了。此外，黨元老對胡耀邦的不滿與警覺也與日俱增：胡耀邦似乎過度熱衷說服甚至強迫他們，要他們退休。

六月，鄧力群突然向胡耀邦與胡啟立（時任書記處執行書記）提出要求，請准辭去中宣部長。鄧力群沒有說明請辭的理由，但仍保有書記處書記、以及書記處研究室主任的職位。不到一個月，不知是否事先與鄧小平或與陳雲商量，中央組織部選了一名接班人，即曾任貴州黨委書記的朱厚澤。鄧力群說，胡耀邦意圖在書記處書記習仲勛與喬石的協助下，控制宣傳工作。胡耀邦罕見地邀請朱厚澤造訪領導層夏日避暑的北戴河，並與朱厚澤密會，建議他如何處理宣傳部的工作。[4]

同樣在一九八五年，胡耀邦同意接受香港政治新聞編輯人陸鏗的私下訪問。陸鏗辦的《百姓》

雜誌在香港頗受歡迎，但沒有在中國發行。曾為國民黨報紙總編的陸鏗，在一九五七年因右派份子的罪名被捕，在牢裡關了二十幾年，經胡耀邦批准於一九七八年獲釋，先移居台灣，之後搬到美國。這次難得的訪問是在（對陸鏗的改革開放言論表示支持的）中共駐港官員的協助下，透過統戰管道，經過將近一年安排才有的成果。這次訪問在五月十日舉行，儘管訪問稿也透過管道送交胡耀邦的人編改和修正，但發回香港的時間過遲，沒趕上一九八五年六月一日的雜誌上發表。[5]

這次訪問的內容十分勁爆，充滿各種沒有人敢對鄧小平提問的問題。在陸鏗親切但窮追猛打式的追問下，欠缺應付外媒經驗的胡耀邦有些招架不住。面對許多陸鏗提出的有關中共內政與人事的問題，胡耀邦有時傻笑以對，有時用一些牽強的理由否認。陸鏗問到對台政策與中央軍委，以及陳雲與鄧小平之間的關係，甚至提出鄧小平何時退休的問題。胡耀邦的一些回答影射元老與年輕一代接班人之間的摩擦。這篇訪問絕對能吸引讀者，但對胡耀邦來說並非好事。

由於《百姓》在中國大陸沒多少讀者，這篇訪問未立即引發爭議。但鄧力群把訪問拷貝交給鄧小平，讓鄧很不悅。據說甚至一年後，有一次楊尚昆提到這次訪問，鄧小平仍怒氣沖沖說道，「陸鏗表面在吹捧耀邦，實際在攻擊我們！如果過去幾年我犯了什麼錯，就是我看錯了胡耀邦。」[6]

一九八五年九月，胡耀邦主持了中央委員會三個個別的人事議題會議，其中一次是夾在「四中」與「五中全會」之間的全國代表會議。過去中共只出現一次類似的中央委員會會議：一九五八年五月，毛澤東為實施集體化計畫開了這樣的會，進行全面政策與人事的改組。

一九八五年的這次會議早在很長一段時間之前就已獲得黨領導層同意，因此召開這項會議是因為一項共識：後文革時代的黨領導班子年齡過老，教育水平或專業技巧也不足，而且解放軍與「群眾組織」的代表佔比過高，知識份子的代表佔比過低。想匡正這種情勢，就得不避艱辛地清除不適任的領導人，協助文革期間遭到誣陷的幹部復職，徵收、訓練年輕的領導人，並安排老幹部有序退位。胡耀邦在這項過程的每個階段都扮演主導角色，而且事先都經鄧小平、葉劍英、陳雲明示批准。

九月中旬舉行的四中全會批准擬議的改革案，準備送交全國代表會議批准。十名政治局委員與五十四名中央委員、中央候補委員將卸任。三十七名中央顧問委員會委員與三十名中央紀律檢查委員會委員也將應請退休。中央委員會的退休名單包括葉劍英、鄧穎超、王震與許多解放軍在中央委員會的代表。[7]

全國代表會議在一九八五年九月十八至二十三日舉行。胡耀邦主持會議，並發表開幕賀詞，趙紫陽也在會上解說第七個五年計畫（草案）。鄧小平與陳雲都在會中發表簡短談話，由李先念致閉幕詞。與會所做表批准四中全會作成的決定，並對葉劍英等老幹部的貢獻及率先下台的風範表示讚譽。隨後，代表們通過五十六名中央委員、三十五名中央候補委員加入中央委員會，五十六名新委員加入中央顧問委員會，以及三十一名新委員加入中央紀律檢查委員會的人事案。[8]

九月二十四日，第十二屆中央委員會第五次全會集會，批准政治局與中央書記處的局部「調整」。政治局添增六名委員：田紀雲、喬石、李鵬、吳學謙、胡啟立與姚依林，其中四人是一般所謂的「改革派」，三人曾在共青團工作。胡啟立、田紀雲、喬石與王兆國（共青團出身）也加入書記處，胡啟立為執行書記。後來許多人因此指控胡耀邦在搞「團派」，胡耀邦也駁斥這些說法，但這樣的人事安排，啟人如此疑慮似乎不足為奇。五中全會過後，胡耀邦或許以為他能與中央書記處十名書記中的七名有效共事。

胡耀邦這個想法很快破滅了。根據《胡耀邦思想年譜》記述，在全會結束後第二天，胡耀邦主持了書記處會議，在會中建議，為了落實「年輕化」，新當選的書記王兆國應該取代鄧力群，出任書記處研究室主任。長久以來，在鄧力群與胡喬木的主導下，書記處研究室不斷撰文批判改革，始終是與改革唱反調的獨立山頭。鄧力群向書記處提出報告，胡耀邦沒有與他討論這件事，他對這件人事案有一些看法。[9] 鄧力群寫了一封信給政治局常委會表示不滿，並為自己辯護。當書記處貼出這項人事異動的正式公告時，陳雲下令立即撤回有關公告的所有拷貝。[10]

一九八六年——積怨更深

在一九八五年五中全會通過書記處重要的人事改組案後，胡耀邦便全力投入「建設社會主義精神文明決議」的起草工作，以便交付中央委員會通過。自一九八三年清除「精神汙染」運動流產之後，甚至自第十二次全國代表大會強調「共產主義」的目標以來，「建設社會主義精神文明」一直是懸而未決、晦澀難解的思想議題。十二月，胡耀邦任命起草小組，成員包括鄭必堅與另幾名改革派支持者，但鄧力群沒有上榜。在隨後幾個月，他與起草小組開了幾次會，當八月間資深領導人集結北戴河時，決議已經贏得廣泛支持，甚至包括幾名元老的支持。[11]

就一部分來說，這項決議是黨的思想工作人員不知如何因應「改革開放」與「四項基本原則」相互矛盾的副作用，而形成的產品。黨元老們很難接受毛澤東統治時代遭到妖魔化的市場、物質誘因、生產合約等「資本主義」的作法。而黨內殘餘左派思想論者以「資產階級自由化」標籤，攻擊偏向西方理念與態度的作家與藝術家，也是問題。但胡耀邦與鄭必堅小心翼翼地控制起草進程，不斷與黨領導們磋商，來抵擋來自胡喬木與鄧力群的思想戰攻擊。

最嚴重的挑戰，來自那年九月鄧力群寫給政治局常委會的一封信。他在信中設法轉移焦點，強調「資本主義復辟」對中國共產黨可能造成的危害。陳雲與李先念似乎同意鄧力群的看法，但鄧小平不同意，還指控鄧力群是在擴大他與陳雲之間的歧見。胡耀邦與趙紫陽寫了一封聯名信，為這項決議辯護。信中特別談到「共產主義是不是社會主義精神文明核心」——說這個問題仍然造成黨內分歧，不能以強制的手段解決。鄧小平告訴胡耀邦與趙紫陽，要兩人不必理會鄧力群。[12]

有了鄧小平的支持，這項「精神文明」決議在九月二十八日第六次全會中輕鬆過關。但在閉幕會上，胡耀邦意見時，最早一批文革受害者、前宣傳部長陸定一說，他認為應該將「資產階級自由化」一詞從決議中刪除，因為四人幫曾經用它迫害許多老同志，他本人就是受害者之一。陸定一這番話贏得熱烈掌聲，但在接下來的「表態」，與會領導人對「資產階級自由化」的攻擊仍然不斷。鄧小平的脫稿講話更讓問題雪上加霜：

反對資產階級自由化，我講得最多，而且我最堅持。為什麼？第一，現在在群眾中，在年輕人中，有一種思潮，這種思潮就是自由化。第二，……如一些香港的議論，台灣的議論……主張我們把資本主義一套制度都拿過來，似乎這樣才算真正搞現代化了。自由化是一種什麼東西？實際上就是要把我們中國現行政策引導到走資本主義道路……自由化本身就是對我們現行政策、現行制度的對抗，或者叫反對，或者叫修改。實際情況是，搞自由化就是要把我們引導到資本主義道路上去……管什麼這裡用過、那裡用過，無關重要，現實政治要求我們在決議中寫這個。我主張用。[13]

所有的「八老」——鄧小平、陳雲、李先念、楊尚昆、薄一波、彭真、王震與鄧穎超都在表態中發言，主張在決議中保留「資產階級自由化」。[14]在年輕一代的領導人中，只有萬里發言支持陸定一的主張。趙紫陽與所有的中央書記處書記——包括胡耀邦——都和大多數人一樣，支持保留作法。

儘管投票支持保留，胡耀邦對陸定一的立場表示理解，並表示他擔心這個名詞會淪為有心人用來妖魔化異己及扣政治「帽子」的工具。事實很快證明胡耀邦的擔心確實有理。此外，胡耀邦批准將這項精神文明決議在黨內傳閱，卻禁止傳閱載有鄧小平脫稿講話內容的辯論記錄——這種作法也可能使情勢更加惡化。王震與薄一波都對此表示反對，不過鄧小平似乎並不關心。[15]

沒多久以後，趙紫陽才察覺，儘管鄧小平在六中全會上沒有指名道姓，但罵的對象是胡耀邦，趙紫陽因此相信鄧小平已決心「把耀邦拉下來」。矛盾的是，趙紫陽認為，儘管越來越多的證據顯示鄧小平不悅，鄧和胡的關係仍然很好。[16]

很難判斷在一九八六年秋，究竟是什麼使鄧小平下定決心，除去眾人眼中的接班人，也是他的老部屬胡耀邦。官方說法是，胡耀邦不重視「資產階級自由化」的議題，這使他過於同情不滿現實、揚言推翻政權的知識份子與學生。可信度較高的解釋是，胡耀邦的下台主要是個人權鬥的結果——主要原因包括鄧小平的野心、陳雲的阻礙干擾、潛在接班人之間的競爭，以及「老人政治」。

社會怨聲在一九八六年開始攀高，黨似乎束手無策。每個層級都有太多不肯下台、不肯讓位給年輕人的復職老幹部。儘管相關規定、文件不斷累積，但事情毫無進展。晉升牛步化，貪汙腐敗的現象無所不在。民眾開始加強施壓，要求政治改革。接觸外國產品、投資與理念的人越來越多，對共產黨及其作法不滿的人也與日俱增。方勵之與劉賓雁等知識份子鼓吹更多民主，要求研究西方治理形式，他們的演說成為大學生最愛的論壇。[17] 鄧小平怪罪胡耀邦，認為胡耀邦沒有控制情勢，益將這些異議份子驅逐出黨。

一九八六年初，鄧小平與胡耀邦的關係進一步惡化。那年上半年，胡耀邦多半時間都在遠離北京的偏鄉地區視察。他是最勤於下鄉的中共高層領導人，在一九八〇到一九八七年間，全國兩千兩百多個縣有一千六百個都出現他的足跡，全國三百三十一個地級行政區中，他訪遍了三百二十一個。年事已高的陳雲與李先念大部分時間都待在他們豪華的官邸裡，不喜下鄉，但胡耀邦樂此不疲。他對農民有種天生感情，是真正的「人民領袖」。他倡導「多種經營」與「鄉村工業」等農村政策，為造福農民不遺餘力。

遠離北京官場所帶來的那種相對自由，似乎也讓胡耀邦十分受用，因為他可以偶而暢所欲言，討論他想解決的問題。以一九八六年五月二十二日他在四川的一次講話為例。他呼籲預定一九八七年召開的第十三屆全國代表大會，將所有剩餘的老幹部汰換三分之一，以一百多名三、四十歲的年輕黨員取而代之。胡耀邦補充說，「我現在已經年近七十，即將退休。那些八十幾歲的老幹部應該下台。我們需要一種整體形勢概念，反映這個議題。」[18]

《鄧小平年譜》指出，在胡耀邦返回北京後，中南海懷仁堂開了一次談話會，與會者有胡耀邦、趙紫陽、陳雲與李先念。葉劍英因病重無法出席，這次集會雖叫做「談話會」，基本上是一次政治局常委會會議，議程也始終沒有公開。[19] 早先在五月間，胡耀邦在中央書記處的主要副手胡啟立，取代王震出任中央黨校校長的人事案，遭到陳雲否決。[20]

楊繼繩所說的「雙峰」現象——事實證明，對胡耀邦與趙紫陽而言，這終究是一個難以克服的問題——持續惡化。就許多方式來說，鄧小平—陳雲的關係是一種間接溝通與默認的對話。兩人似乎都知道自己該遵守的分寸與規矩。鄧小平說，他與陳雲不能經由對談達成協議，所以鄧小平拒絕召開政治局常委會。[21] 兩人都曾公開表示老一輩幹部需要讓位，但兩人似乎都不願率先讓位，生怕對手的門徒會取得黨的主導權。其他元老似乎也了解，一旦鄧小平與陳雲讓位，他們也只能照辦，別無其他選擇。胡耀邦經常表示，希望鄧小平與陳雲能率先讓位。但由於他與陳雲的關係很僵，胡耀邦沒辦法對陳雲開這個口。不少人士曾表示，胡耀邦確實與鄧小平討論這個議題，但相關討論細節有各種版本。[22]

胡耀邦受辱

鄧小平曾在公開與私下場合談到有意退休，至於退休安排的相關細節卻刻意含糊其詞。一九八六年九月初，鄧小平在接受哥倫比亞廣播公司（CBS）《六十分鐘》（*60 Minutes*）電視節目主持人華里斯（Mike Wallace）的訪問時，他說，「個人來說，我希望早一點退休。不過這是個難題。我很難說服黨員大眾和中國人民接受……我需要努力說服大家……坦白說，我正試著說服大家讓我在明年第十三次全國代表大會上退休。不過直到目前為止，我聽到的來自各方的聲音都不贊成。」[23]

儘管鄧小平沒有明說，但最反對他退休的，極可能就是最支持他的那些老幹部——那些胡耀邦費盡心力、協助他們在一九七〇年代末期復職的老幹部。這些老幹部大多已經退出黨、政職務的第一線，但他們仍以中央顧問委員會代表的身分出席會議，針對各種爭議性的議題發言，不但彼此之間爭長鬥短，還抗拒一切改革，特別是政治改革，因此他們仍是一股不容小覷的政治勢力。眼見胡耀邦極力推動改革——不僅要改革黨的人事作法、規則與程序，還要推動問責、思想與工作風格的革新——這一切都讓老幹部越來越不信任胡耀邦。

在鄧小平接受華里斯訪問後不久，在六中全會舉行之前，胡耀邦接受《華盛頓郵報》（*Washington Post*）老闆葛拉漢（Katharine Graham）的訪問。葛拉漢提出鄧小平與接班問題。胡耀邦的回答——在有關這次訪問的美版報導中，沒有納入這項回答——引起北京注意。胡耀邦告訴葛拉漢：

第一，我們已經明文規定廢止終身領導制，沒有人有權一輩子把持領導位子。第二，為避免一人獨攬大權，我們對黨的集體領導體制也有很清楚的規定。第三，我們黨不久以前取得協議，要在一年內訂定一套政治體制改革方案。根據以上三點，我相信在明年我們黨召開第十三次全國代表大會時，黨和國家領導人的接班問題可以更全面的解決。[24]

一九八六年十月，黨領導層在退休和接班議題上攤牌。有關這次事件的說法有幾個不盡相同的版本。根據大多數的說法，事件發生在一次政治局會議上，但時間不詳，只知道在十月間。胡耀邦的發言直接而坦率：

如果你們過去說，我在這個議題上有些錯亂，含混不清，容易引人誤解，我今天要明確、坦白地說。我贊成小平同志率先引退，建一個非常好的榜樣。只要小平同志退休，其他老同志的交班工作也能順利完成。我的總書記任期也到尾聲，我也會下台，全面為年輕同志讓位。[25]

根據一個比較有爭議性的版本，鄧小平在會中表示有意退休，但遭到與會政治局委員幾近全體一致的反對。只有一個人贊成，就是胡耀邦。胡耀邦說，「我舉雙手贊成。」胡耀邦與趙紫陽後來都否認「雙手贊成」這個說法，不過對召開這次會議的事實或會議的結果，兩人都沒有否認。[26] 十月二十一日，在深圳特區發行、思想管控較鬆的《深圳青年報》，引用胡耀邦「我舉雙手贊成」的說法，在首頁發表一篇題為〈我贊成小平同志退休〉的評論文章。這篇文章引起強烈反響，新華社也在每天發表的全國各地要聞簡訊中談到這篇文章。[27]

十月二十二日，葉劍英在北京去世，享年八十九歲。他的死訊並不突然，他因神經疾病與肺氣腫而纏綿病榻多年。胡耀邦早已下令成立一支醫護隊，常駐葉劍英在西山的住處照料葉劍英，並且預作了官方公布與喪禮等安排。[28] 葉劍英的去世對黨的領導運作並無直接的影響，因為他在一九八五年九月正式宣布退休之前幾年就已經退出政治，但它在中共高層以人為主的「老人政治」造成重大的變化。

葉劍英之死，對胡耀邦的影響尤大。葉劍英是胡耀邦五十多年的老友與恩師，曾經幾次在緊要關頭出手營救胡耀邦，最近一次是在一九八三年。現在這位常伴身邊的幫手走了。十月二十九日胡耀邦以總書記的身分在喪禮上宣讀悼文，推崇葉一生的功績。這篇由一個委員會撰寫、早已預先通過的悼文，隻字未提胡耀邦與「葉帥」半個多世紀的情誼。公開記錄中找不到胡耀邦個人對這位老友的頌詞，只知道胡耀邦說了一句話：如果葉劍英能活得久一點，「許多事情或許不會變得這麼糟。」[29]

葉劍英喪禮當天，所有黨、政、軍大老齊聚人民大會堂，鄧小平向陳雲與李先念建議在第二天聚會。陳雲原以為聚會地點一定是在鄧小平家裡，但鄧小平堅持他要移駕到陳雲家裡，或許這表示鄧小平有什麼事要拜託陳雲。第二天早上，三人聚在陳雲家裡，在合影拍了一些照片之後，包括秘書與警衛等所有幕僚人員都奉命離開，在沒有人做筆錄的情況下留下三人密商。[30]雖然三人可能都在會後向自己的機要秘書透漏了這次密會的內容，但三人都未將密會內容納入公開記錄。

由於這次會議的氛圍非比尋常——它開了一個半小時，幕僚人員全數離場，據說李先念與陳雲還刻意張羅，務使鄧小平有足夠的煙可以抽——有人認為這是一次決定胡耀邦命運的「密謀」。根據官方說法，三人聊的是一起退休。有鑑於會議結束後，胡耀邦的禍事接踵而至，會中究竟談了什麼，自然讓人有充分想像空間。

十一月初，在《深圳青年報》這篇文章的消息傳到北京後，其他大老擁踴發言，聲援鄧小平，迫使胡耀邦處於守勢。十一月十一日，在與第十三次全國代表大會政治報告起草小組開會時，小組成員吳稼祥發現胡耀邦似乎有些陰鬱，認為沒有人賞識一九八二年以來自己所立下的眾多成就。或許胡耀邦還有自己權位不保的預感。胡耀邦或許知道，他與趙紫陽要在大會上發表重要報告，趙紫陽的報告談的是「發展」——比他的政治工作報告重要。[32]胡耀邦也知道，鄧小平已經下令成立一個以趙紫陽為首的五人小組，研究政治體制改革。[33]但無論如何，胡耀邦還是要他的起草小組，務必在他的報告中強調鄧小平的政治改革。之後胡耀邦向組員重申他的建議，黨元老應該在「十三大」下台：

我們必須堅決廢除終身制，討論大批老革命家率先下台⋯⋯的重要意義⋯⋯我們必須特別重點說明小平同志和陳雲同志率先退休的意義，只寫一兩百個字還不夠清楚，不能讓《深圳青年報》大發議論，搶盡功勞。[34]

在發表這些言論之後不久，有人開始稱胡耀邦為「主退派」，元老們對他的怨恨更深了。薄一波要求查封《深圳青年報》（這家報紙後來被迫關門）。王震也在中央黨校大發雷霆，「小平同志是我們的最高權威，他不能退休，誰要小平下台，我就反對誰。」[35]

學生暴亂因素

根據官方說法，造成胡耀邦突然下台最直接的導火線，出現在安徽省「中國科技大學」。一九八六年十二月一日，「中科大」的學生與教職員開始考慮用自己的方式解釋共產黨所提出的「政治體制改革」。中科大副校長、天體物理學者方勵之曾針對黨領導人、權力與程序，在國內、外發表批判性言論。在一九五七年被扣上「右派份子」帽子的方勵之，這時已經恢復黨籍，但他對教育、科技、治理與領導有自己的見解。

方勵之鼓吹「西化」與民主，在安徽中科大與其他大學都夙負盛譽，他有關當代議題的演說每次都吸引大批熱情的群眾。但黨的高層領導人對他不喜，尤其是鄧小平對他深惡痛絕。十二月一日，中國精英大學之一的安徽中科大的學生對校方的住宿與飲食條件早已不滿，趁著地方選舉議題張貼大字報，呼籲民眾「為真正的民主鬥爭」，以解決問題。三天後，在學校禮堂舉行的大型公開集會中，方勵之說，「民主不是天上掉下來的禮物，是靠我們自己奮鬥爭來的。」[36]

之後幾天，來自當地幾所大學約四千名學生走上合肥街頭，在市黨部與《安徽日報》前示威，要求更大的民主、民權，並結束「封建專制」。示威活動也擴散到上海、武漢、南京、長沙、西安與杭州等華中各大教育重鎮。到十二月十日，北京幾所大學的學生也考慮響應，但受困於寒冬嚴峻的天候，而無法展開行動。[37]

十二月八日，胡耀邦主持書記處會議，討論這場不斷升溫的騷動。現有關於這次會議的記錄顯示，書記處同意以「冷處理」方式應對，認為「對話」是避免抗議活動演成暴亂的最佳途徑。胡耀邦說，中國今天的整體情勢是一九四九年以來最好的。但他提出警告，方勵之、劉賓雁等人正在嘗試煽動學生，造成更大問題。劉賓雁原是共青團記者，一九五七年被打成「右派」而遭革職。十一月他與方勵之一起現身於上海大學，宣揚西方民主與多黨制的優越。這類言論令鄧小平更加惱火。[38]

到十二月中旬，學生示威活動已經擴及更多城市——最後有二十九個城市出現動亂，但規模仍然相對較小，而且大多數活動只在校園內進行。活動主講人與張貼的大字報要求大學改善生活與研究條件，要求更多的民主、言論自由以及對政府的問責。十二月十八日，上海成為全國矚目的焦點。上海市市長江澤民進入「交通大學」（江的母校），勸學生放棄預定第二天舉行的大示威。江澤民遭學生粗暴對待，不過他仍繼續耐著性子與學生領導人攀談，傾聽他們訴說。

第二天，來自各大學、成千上萬的學生聚集在上海市主街南京路，以及黃浦江邊人稱「外灘」的地區，要求懲處貪腐官員與更大的新聞自由。在江澤民力勸他們返回校園未果後，警方出動強制驅離學生，造成一些財物的損失。較小型的示威又持續了幾天。[39] 涉及這些事件的市政府或大學都未向北京求援。

北京中央的分裂開始加劇。陳雲與鄧小平兩派人馬仍繼續相持不下，鄧力群與朱厚澤在中宣部的派系之爭，以及復職老幹部與年輕領導人之間的明爭暗鬥，造成政治運作停擺。吳稼祥發現，沒有人給他任何關於如何起草「十三大政治報告」的指示。起草小組奉命繼續起草，不要捲入政治紛爭。他們眼見胡耀邦受困，卻幫不了他任何忙。[40]

北京城內有關外省示威的傳言漫天飛舞，鄧小平那些老親信趁機加油添醋，煽動他對胡耀邦的怒火，及對群眾暴力的擔心。在十二月八日與二十二日的書記處會議中，胡耀邦仍然堅持認為這場學生騷亂「沒啥大不了」，只需透過官媒，給予指導就能解決問題。但宣傳系統已經癱瘓。而且無論怎麼說，學生也不肯聽勸了。[41]

十二月十九日，上海示威局勢越演越烈，二十幾所上海學校的「好幾萬」名學生走上街頭，當局動用兩萬餘名警力。江澤民與他的副手仍然使用老招，會見學生領袖，勸他們返回校園，然後出動公安部隊，用卡車強押學生回學校。上海當局抓捕了一些人，有人受傷，但學生沒有獲得民眾大力的支持。上海事件結束後，武漢、杭州、南京、成都、西安、天津與長沙也傳出「規模大小不一的學生示威」，不過上海仍然相對平靜。[42]

一九八六年十二月這股學潮究竟造成什麼衝擊，很難判斷，但可以斷言的是，它們讓一群憤怒的老人鐵了心，剷除一名做得很成功、頗負民望的總書記。胡耀邦的中央書記處至少開了三次會，專門討論如何處理這些學生的問題。十二月二十七日，胡耀邦主持全國各區黨書記會議，討論一項中央指導方案，以因應不斷升溫的示威與公共批判的浪潮。像所有類似的會議一樣，在這次會議中，胡耀邦仍然主張「冷處理」，忍耐，勸說，反對以暴力對付示威群眾。

根據盛平與陳利明未經證實的報導，當天晚上鄧小平邀了幾名罵胡耀邦罵得最凶的人到家裡，緊急會商因應學潮之道，以及誰應該為這次事件負責。與會人包括彭真、薄一波、楊尚昆、王震，或許還有其他人（名單不一）。根據盛平的說法，這次會議很低調，會中分析了「學生示威的嚴重性質，全體一致同意這是胡耀邦過於妥協與領導軟弱的結果，認為胡應為當前情勢負責」。[43]陳雲與李先念應該是因為健康原因而沒有出席，不過鄧小平可能早在十月底與他們的密會時已達成協議。

帶來政治死亡的黨「生活會」

有了老幹部的支持，十二月三十日鄧小平在家裡又開了一次黨領導人會議，與會者包括胡耀邦、趙紫陽、萬里、胡啟立、李鵬與教育部長何東昌。這些人一度都是鄧小平欽選的接班世代，鄧小平的意旨似乎是要他們對違法的示威者採取激進行動，甚至使用暴力。儘管鄧小平沒有指名道姓，但他舉的例子令人一望而知，他指的是胡耀邦：

> 上海有傳言，說中央委員會在我們是否應該堅守四個基本原則、反對自由化的立場上有分歧，也因此出現一層保護……最初，在第六次全會開會時……我就覺得我得干預……得強調對抗資本主義自由化的必要。顯然我在會中說的那些話沒什麼影響。我知道那些話一直沒有在黨內轉發。[44]

在有關鄧小平這番話的第三手報導中，吳稼祥寫道，鄧小平當時說，如果有學生膽敢闖入天安門廣場，就要用一切必要手段逮捕，絕不通融。「來一個抓一個，來一千個抓一千個。」「不要怕流血。」趙紫陽表示同意，許多觀察家因此相信，趙紫陽不僅知道鄧小平拉胡耀邦下馬的計畫，也參與了這項計畫。[45]

根據盛平在《胡耀邦思想年譜》裡的附註，鄧小平如此盛怒令胡耀邦大驚。這項附註未直接引用胡耀邦的話：

> 胡耀邦反覆思考，發現他過去從未想到〔與鄧小平的〕差異竟有這麼大：把社會主義民主視為「資產階級自由化」，他們對學生示威、對思想與知識份子的觀點與政策竟如此天差地遠。現在，如果有人必須出來……用獨裁手段〔對付〕這些學生，「反對資產階級自由化」，無論怎麼說，他不能做這些事。想到學生運動將被鎮壓，大批知識份子與優秀幹部將受波及，讓他輾轉難眠。但……就算他要求討論這件事，結果也只是讓自己在會議中遭到圍剿而已，沒有任何幫助。所以他決定把一

切責任攬在自己身上，顧全大局，請辭下台，讓一切安靜下來。[46]

一九八七年那天下著冰雨與雪，但幾百名北大與其他大學學生仍不畏嚴寒，在中午前離開校園，往天安門廣場進發。但當他們抵達時，發現廣場中央「烈士紀念碑」附近地區已經整整齊齊、佔了幾千名「少先隊」（少年先鋒隊，譯按：中共兒童組織）與共青團成員，編隊周圍還圍了幾百名著制服的警員。他們一大早就在這裡編隊集結，奉命不得讓示威者進入烈士紀念碑地區。

不能進入廣場的大學生，只得在廣場北緣、「國家歷史博物館」附近集結，被警方與大學官員輕鬆驅散。示威學生喊了一些口號，做了一些推擠、但被捕的不到一百人。到下午三點，廣場已經幾乎清空，學生都回到宿舍。接下來幾天，校園裡零星出現一些小型示威，但大型示威已無以為繼，不到一週後，所有示威活動都銷聲匿跡。[47]

有些觀察家認為，這樣的結果得歸功於胡耀邦，因為胡耀邦事先已經與公安部長、曾為共青團舊屬的阮崇武打了招呼，要求讓學生們「軟著陸」。阮崇武是胡耀邦的「智囊」、中央黨校研究員、強硬改革派阮銘的弟弟，剛於一九八五年接任公安部長。胡耀邦下台後，或許因為他讓鄧小平「來一千個抓一千個」的豪語未能成真，或許因為他是胡耀邦的親信，阮崇武也調職，擔任一個閒差。[48]

一月二日，胡耀邦寫了一封題為「向小平同志交心」的私函，直接向鄧小平提出辭呈。在送出以前，胡耀邦與趙紫陽通話，趙紫陽勸他找鄧小平會面，解決兩人的歧見，並做檢討，承認自己犯下的錯。[49]之後事情的進展變得相當混淆。胡耀邦的命運為鄧—胡—趙「三頭馬車」時代畫下句點，而對這段過程的日期與細節的記述，也因記述者屬於鄧、胡或趙派而不同。

陳利明在早先的傳記中談到胡耀邦寫的這封信。據陳利明說，胡耀邦在信中承認他犯了幾個錯誤，包括未能妥善處理黨、國事務，造成信譽受損。此外，誠如鄧小平所說，他沒能充分抗拒「資產階級自由化」，讓一些壞份子引領年輕人走上岔路，損及國家的「團結和安定」。這些都是嚴重的錯誤，說明他沒有擔任總書記的能力。為何胡耀邦會犯下這樣的錯誤？因為他沒能善用時間，把太多時間花在經濟政策、特別是改革開放的議題上，沒時間「抓政治」。而「抓政治」才是黨書記的正職。

胡耀邦也承認，沒有深入解決改革與「四項基本原則」之間產生的「矛盾」。最後，他沒能妥善自我評估，也沒能認清他的侷限、克制他的自信。此外，他否認有關他搞「小圈圈」的指控，還要鄧小平檢驗他的人事任命，以證明他的說法。胡耀邦在信的結尾中寫道，由於犯下這許多嚴重錯誤，他請求下台，以澄清他自己的思緒，「對黨負責」。[50]

鄧小平接到這封信後，做了幾項不在他權限內、但可能只有他才敢做的決定——那種只有認定「我說了算」的人才敢做的決定。一月四日上午，鄧小平在家裡召開官方《鄧小平年譜》中所謂的「政治局常委會議」。[51]趙紫陽在他的回憶錄中只說這是一次「會議」，因為只有總書記才有權召開政治局常委會議。而胡耀邦不但沒有召開，甚至沒有出席這次會議。除鄧小平外，出席會議的常委只有陳雲一人。一天前，鄧小平派中央軍委祕書長楊尚昆到上海接李先念回北京，但李先念基於不明原因不肯回來。[52]其他與會者似乎都是重要的黨、政組織代表，包括薄一波（中顧委）、楊尚昆（中央軍委）、彭真（政法委），還有似乎只是以鄧小平與陳雲親信身分出席的王震。所有與會者都討厭胡耀邦，恨不得立即讓胡耀邦下台。鄧小平向他們出示胡耀邦的信，建議他們同意他辭職。沒有人有異議。[53]

鄧小平隨即做了一項驚人的決定，而且這項決定顯然未經討論，就在沒有異議的情況下通過。他建議，在第十三次黨大會於十月召開以前，由一個五人小組接管黨最高決策機構——政治局常委會——的工作。這個小組以趙紫陽為首，取代胡耀邦為總書記，其餘四人為薄一波、楊尚昆、萬里與胡啟立。會中是否討論這些決定可能造成的政治衝擊，或是否應該根據黨章另跑一次程序不詳。陳雲在會中發表長篇大論，主張有關胡耀邦辭職的宣傳工作應該強調這件事的「合法性」。趙紫陽日後猜測，當時陳雲與鄧小平都擔心胡耀邦下台可能引起民眾的負面反應。[54]

鄧小平接著談到胡耀邦下台一事的細節安排。他說，這件事應該「軟處理」，要讓胡耀邦保有政治局常委會（鄧小平剛主張要暫停這個常委會的運作）的職位，以免在海內外造成一種北京發生政變的感覺——但事實上，這正是一場政變。鄧小平主張黨委立刻為胡耀邦召開「生活會」，批判胡耀邦的錯誤，幫胡耀邦糾正。鄧小平建議由中央顧問委員會（儘管胡耀邦不是中顧會成員）召開這次生活會。鄧小平當然知道，老人眾多的中顧會充滿胡耀邦的敵人，而且會議要由陳雲主持。[55]

所謂「民主生活會」的作法，可以回溯至延安時期與一九四〇年代初期的黨整風運動。儘管這類會議的用意，在於以特批判與自我批判為紀律手段正常化，從而提升個別黨組內部的「黨內民主」，但它們的實作成效一直不佳，特別是在黨領導高層。在人際競爭與思想分歧助長奪權鬥爭的情況下，這類會議往往淪為攻擊對手、讓對手當眾受辱的工具。「檢討」、「自我批判」也成為一種特別惹人嫌惡的作法。

鄧小平事先精心排妥這套程序。「生活會」結束後，要舉行一次政治局「擴大」會議以批准決議，而擴大會議後要以一種可控的方式，向黨員大眾釋出支持胡耀邦下台的相關訊息。最後一步是召開第十三次黨大會，通過決議，批准胡耀邦免職，並正式推出繼任人選。

一月六日，胡耀邦終於在鄧小平家裡與他「聊」了一次。兩本《胡耀邦思想年譜》都有這次會議的相關記錄，但《鄧小平年譜》沒提這件事。兩本《胡耀邦思想年譜》都未詳述兩人交談的實際內容。鄧小平似乎是將胡耀邦的「錯誤」重複了一遍，要胡準備出席即將到來的「生活會」，但未說明生活會的細節安排。胡耀邦則針對他所遭指控的不實之處做了一些說明。之後，鄧小平對生活會可能出現對胡的批判設下限制：不談「路線問題」（即不能像文革期間那樣謾罵，攻擊胡耀邦是思想叛徒）；不談胡耀邦的個性或品德；不提「團派」議題；不談有「派系」性質的問題。鄧小平顯然沒有讓胡耀邦明白他即將受到什麼樣的待遇。[56]

一月七日，五人小組集會，討論生活會的問題。生活會將於一月十日上午在中南海的懷仁堂舉行，與會邀請函送交政治局與書記處包括候補委員在內的所有成員、中顧委十七名委員以及中央紀律檢查委員會兩名委員。薄一波將主持會議，並與楊尚昆負責安排余秋里、鄧力群、胡喬木、姚依林、王賀壽等人在會中發言。這些人當中，有胡耀邦心目中的對手，也有他心目中的友人。趙紫陽負責通知胡耀邦會議的時間與地點，但直到開會前一天、十月九日傍晚，趙紫陽才來到胡耀邦家裡通知開會，並建議胡耀邦在檢討中談些什麼。[57]

接下來發生的事有幾個版本，不過沒有可公開取得的官方記錄。趙紫陽與鄧力群在各自回憶錄中的說法，多少都有為自己開脫之嫌。其他說法出現在二手或第三手轉述當中，這些說法大多出自胡耀邦的友人或支持者，大多認為胡耀邦是鄧小平與陳雲操弄的一次「宮廷政變」的受害者。劇作家沙葉新甚至在與胡耀邦之子胡德華交談後，於二〇一五年寫了一齣劇，據說劇本忠實描述政治局這次「生活會」的對話。[58] 歷史學者陳小雅按照時間排序，敘述這次從一月十日至一月十五日、歷時五天（其實是五天半）的生活會過程，以及與會者對胡耀邦的攻擊。

一月十日上午十時，胡耀邦走進懷仁堂會議室就位，當時會議室裡坐了五十幾人。胡耀邦或許立即察覺鄧小平、陳雲、李先念都不在場，顯然這幾名元老一定知道這不是什麼好會，而不願參加。主持這次生活會的是薄一波，薄一波是中央顧問委員會副主席，但不是政治局委員，由一名非政治局委員主持胡耀邦這種等級人物的生活會顯然不正確。胡耀邦在一九七八年大舉為「冤、假、錯案」平反，薄一波是最早獲得平反的受益人。不過薄一波主持這次會議的目地，就是為陳雲與其他長老羞辱胡耀邦。他以幾近野蠻的粗暴態度令胡耀邦開始檢討。[60]

或許胡耀邦認為，承認一部分罪名、但不全面認罪，可以讓這個會議早點結束。他認為，只要「背著良知」認錯，請求這些不友善但位尊權貴的元老們憐憫，他可以讓他們相信他用心良善，讓他們不再拖延，迅速接受他的辭呈。胡耀邦完全看錯了涉入這次事件的人物，也誤判了這次事件的性質。但胡耀邦幾乎完全承認對他的控罪，他無意駁斥指控，只想為自己的行動做解釋：

未能遵守鄧小平的「四項基本原則」：「我確實說了一些，也做了一些，但沒有抓緊這些基本原則。」

「資產階級自由化」：「我沒有認真想過這個問題。我以為只要我做好我的工作，這個問題能自然解決。」

「精神汙染」：「在小平同志說到這個問題以後，我沒能及時採取糾正措施，止住一些錯誤言行。」

幹部訓練和接班人問題：「黨中央，特別是幾位老革命家，一再要我訓練好的接班人，大力提拔既有政治忠誠度又有經驗的同志。我堅決支持這麼做。我從未以自己為中心，考量如何提升和指派幹部的問題。我總是在群體中討論這類事情，從未因私人關係提拔過任何人，也從不支持小圈圈。但我也犯了一些錯。」

外交事務活動：「負責接待外賓的部門要我會見陸鏗。我沒有拒絕。這是一個錯誤。在和他交談時，我沒有堅決否認他的一些聲明。」

他犯錯的「思想來源」：「……在文革過後，我一直想在思想鬥爭上維持安定，我擔心亂套。我把主要精力花在防範左派，沒顧到防範右派……在辦公室待久了，聽到其他人的意見讓我太激動，難受。」

「對下級提供太多保證」：「我從未超越我的權限批准任何事。」

最後，胡耀邦重複他請辭總書記的請求。[61]

胡耀邦這些話都成為仇家們攻擊的口實。他們在第二天開始對他展開猛轟。首先發難的是副總理余秋里。胡耀邦原本一直將余秋里視為友人，經常在書記處徵求余秋里對經濟議題的意見。但余秋里蒐集了胡耀邦在經濟議題方面一些公開聲明，厲聲責問胡耀邦為什麼說這些話。

接下來是死對頭鄧力群。鄧力群應楊尚昆與薄一波之邀，代表胡喬木針對胡耀邦所犯下的一長串思想錯誤發動攻擊。鄧力群在會議中足足罵了六個多小時，由於一月十二日會議時間已經用完，他不得不在十三日上午的會議中繼續開罵。他的攻擊重點是一九八三年的「精神汙染」運動與「資產階級自由化」問題，而這些都是他多次用來攻擊胡耀邦的議題。[62]

之後一連三天，批判炮火依然猛烈。每個人都要說一些或寫一些什麼，內容是否公正甚至是否屬實都無關緊要。與會老人一再違反鄧小平「不得針對主觀問題」發動批判的限制，不斷指控胡耀邦搞派系、濫權、思想扭曲與個人野心。他們假造、扭曲資訊，以薄一波為例，他把胡耀邦在偏遠、貧窮農村的視察說成是「遊山玩水」。書記處一些接近胡耀邦的書記說，胡耀邦對於鄧小平或陳雲的警告和指導漠不關心。[63]就連胡耀邦在延安時期結交、拜把的老友王鶴壽都落井下石，把胡耀邦私下對他吐露有關這次生活會的感覺，先陳報給陳雲，之後又在會中向眾人公告周知。[64]

但或許在這整個過程中，對胡耀邦最重的一擊，是來自趙紫陽在最後一個整天發表的談話。儘管一般認為胡耀邦與趙紫陽兩人並不親密，但兩人曾經以三頭馬車組成份子的身分合作，成功推動了經濟改革，不久前還聯手推動政治改革。一九八三年，當胡耀邦遭到陳雲與鄧力群猛攻時，趙紫陽曾對胡耀邦說兩人「同在一條船上」。[65]但趙紫陽也曾在一九八四年五月寫私函給鄧小平與陳雲，要求兩名老領導「為我們黨制定必要領導體制，並親自督導落實」。[66]趙紫陽在這次生活會中的話鋒更直接，並提到早先寫給鄧小平的這封信：

當時我就已經感覺到胡耀邦不遵守紀律，等到格局一變，小平、陳雲不在了，黨內老人不在了，我們兩個無法共事下去，那時〔我〕就要辭職了……現在他還不能完全自由行動，對小平、陳雲，主要是小平同志這裡不能不有所考慮。一旦情況變了，可以自由行動，他可以不受任何約束。[67]

那天下午，霸凌行動繼續。姚依林就經濟議題攻擊胡耀邦，薄一波侮蔑他的農村視察，楊尚昆則說胡耀邦有意「搶班奪權」，取代鄧小平掌控中央軍委。[68] 王震、彭真、宋任窮等老領導也根據預定計畫，輪番上陣猛轟。最後，習仲勛終於看不下去，從座椅上一躍而起，對那些老同事大聲吼道，「你們這是幹什麼？這不是重演『逼宮』〔一齣經典京劇〕嗎？不能在黨生活會用文革式手段逼總書記下台，這不正常。這有違黨紀，我堅決反對這種作法……」但胡耀邦站起身來，不讓習仲勛繼續講下去。「仲勛同志，我已經仔細想過了。〔他們〕不讓我做，所以我會辭職。」[69] 生活會休會後，胡耀邦走到會議室外走廊，跌坐台階上放聲大哭。萬里與田紀雲站在一旁安慰他，但胡耀邦已經心碎。生活會的目的已經達到。

第二天，一月十六日上午，鄧小平在同一間會議室召開、主持政治局擴大會議，與會者幾乎全是生活會原班人馬。陳雲也出席了，李先念雖說人在上海，但之後說了許多貶低胡耀邦的話，表示他不反對胡耀邦下台。鄧小平首先上台為這次會議定調。「耀邦不適合主持今天的會議，所以由我來主持。這次會議要通過這項公報，其他一概不談。顧問委員會的同志可以舉手〔投票——在一般情況下，非政治局委員的與會者不可以投票〕。」[70]

薄一波以極刻薄的用詞在會中發言，批判胡耀邦，這段批判最後做成文件在全黨傳閱。接下來由陳雲講話，堅持罷黜胡耀邦的程序完全依法依規。他指責中央書記處在胡耀邦的領導下胡作非為，也指責胡耀邦處理會議的方式。據一名與會者說，陳雲在發言時，鄧小平始終兩眼直盯前方，彷彿刻意擺出不予理會的模樣。當陳雲講完話，薄一波還用兩手在鄧小平眼前比劃了一下，之後鄧小平要大家舉手表決，宣布通過決議，然後休會。[71] 根據這項當晚播出的決議，與會者一致通過胡耀邦辭職之請；一致通過趙紫陽當選總書記；同意將這兩項人事案交由下一次中全會討論；同意胡耀邦保有政治局與常委的身分。

胡耀邦還奉命做另一次自我批判，這一篇批判也極其卑躬屈膝，幸好很簡短，名為「我的表態」。「表態」是中國共產黨的一種效忠儀式，所有的黨員都得在儀式中當眾同意尊奉上級交下的職位或決定。談到胡耀邦這項「表態」，每個人都知道這是他「違心」之論，但迫於政治或情緒立場，他也別無其他選擇。最後，胡耀邦回到他在中南海「勤政殿」的辦公室，要秘書帶話給家人，不准家人來看他。身心俱疲的胡耀邦在辦公室停留了兩週，最後在一個淒風苦雨的寒冷冬夜，拎著幾本書與文件獨自走回家。[72]

一月十九日，黨中央發布「中央三號文件」（一九八七年），指示薄一波在胡喬木的協助下，根據鄧力群的筆記對這次生活會做成「簡明」的簡報，向全黨發布。毫不意外，這項文件強調負面，將胡耀邦的政績批判得體無完膚。鄧力群寫道，文件發布後，各層級黨員都出現反撲聲浪，對罷黜程序的合法性、罷黜理由的正確性提出質疑。鄧力群準備的「補充材料」充滿貶抑詆毀，一派文革式鬥爭的作風。為詆毀這位仍獲黨員大眾愛戴的領導人，他不擇手段造謠抹黑，犯下一些嚴重的錯誤。[73]

副作用與附帶損傷

甚至在生活會展開以前，一場大規模的黨內鬥爭已經成形。儘管表面上這場鬥爭討伐的是「資產階級自由化」，但真的目標是胡耀邦仇家們必欲去之而後快的人物。頭號、最容易下手的，當然是鄧小平本人選定的目標。方勵之於一月十二日被解除中國科技大學副校長的職位，校長管惟炎也同時去職。方勵之在一週後被開除黨籍。上海作家王若望於一月十九日被逐出上海黨委，前記者劉賓雁於一月二十五日被逐出黨。胡耀邦的密友——沈寶祥、阮銘、李洪林等著名學者、作家也都上了黑名單，遭到不同懲罰與官方調查。

鄧小平早在一月初就明白表示，要趙紫陽整理一份名單，列出最積極散播「資產階級自由化」者，以便當局檢查與懲處。為維護支持「改革開放」者的士氣，及避免又一次整風運動讓中外觀察家擔心文革再現，趙紫陽將這份名單的人數盡量壓低。鄧力群主持的政治研究室起草了一份十二人初步名單，包括中國科學院馬列主義研究所所長于光遠與另幾名領導人。趙紫陽透過祕書鮑彤將這份名單送給鄧小平、陳雲等元老，建議將于光遠的名字去除。鄧小平表示同意，其他元老自然附和。一些名單上的人接受勸告，自動退黨，以免被逐出黨或被迫出席生活會而遭到批鬥。[75]

據說陳雲等人想對趙紫陽、田紀雲、胡啟立、王兆國等人下手，但趙紫陽施展手段，讓這些年輕一代的改革派領導人託付在鄧小平的保護下。胡啟立的地位尤其重要，因為他是中央書記處執行書記。一月底，儘管遭到薄一波與鄧力群的壓力，中央書記處的同意保護經濟與科技工作，以免於思想因素的報復。一月二十八日，黨中央發布「中央四號文件」（一九八七年），將「資產階級自由化」的相關調查限制在黨內宣傳、藝術與思想的工作領域。[76]

一如往常，人事議題的份量總是比政策文件更重。被稱為「保守派」的活動，既表現為撰寫文章，也表現為攻擊「改革派」的具體成員，而「改革派」則被等同於「資產階級自由化派」特定份子。就在中央四號文件發布當天，鄧力群親自把胡耀邦的中宣部部長朱厚澤帶到大型幹部集會會場，當眾宣布朱厚澤下台，由王忍之取代。[77]

鄧力群與他的政治研究室開始準備材料，以便對胡耀邦的部屬與支持者、以及一些趙紫陽的部屬（例如陳一諮與鮑彤）採取行動。根據傳言，在三月十日的政治局常委（鄧小平在一月初成立的五人小組）會議上，鄧力群指控趙紫陽的部屬陳一諮「推動資產階級自由化」，但遭陳一諮否認。之後，鄧力群不斷讓親信進駐中宣部要職：陳雲的心腹宋平出掌組織部，姚依林（非正式）取代趙紫陽，扮演總理角色，趙紫陽面臨形同「擺設」的危機。[78]

在逼胡耀邦下台不到兩個月，鄧小平似乎在政策與人事兩個戰線的政治戰場上都呈現敗績。鄧小平仍是中央軍委主席，但這時主要負責日常軍務的執行副主席楊尚昆開始打自己的算盤。陳雲已經加強對中組部與中宣部的管控，在鄧小平為推動「十三大人事工作」而設的七人小組裡也擁有幾名盟友。[79] 誠如政治評論員李劼在二〇二〇年所說，「透過類似宮廷政變的獨特手段，陳雲掌握的權力一步步加強。每一場政變都以鄧小平敗北、陳雲得利收場。」[80]

復元的掙扎

就在一九八七年農曆春節前不久，胡耀邦沮喪至極地返回家中。他夙來敬重甚至視為友人的一群人羅織罪名，對他的個性、品格與工作表現發動六天無情的攻擊。當局還將這六天的批判過程做成記錄，發給全國各地每個黨委會。在他傷口撒鹽的是，身為政治局常委的他還得做一些儀式性的工作，例如在春節期間上長官家拜年等。一月二十九日過後，在傳統親友拜年期間，胡耀邦與李昭禮貌性拜訪了鄧小平一家。當時鄧小平對胡耀邦說他仍有可能回來工作，但隨即又對他在整肅華國鋒期間的態度埋怨了幾句。胡耀邦沒有回答，大約坐了十五分鐘他後離去。[81]

三月間在鄧力群將最初三批有關胡耀邦的黑材料發布後，胡耀邦要他的一名秘書將他存放在私人辦公室與中央辦公廳檔案裡的個人材料，包括講稿、文章、報導、談話與過去十年來的批示，總計幾百萬字，全部收集起來。然後胡耀邦要長子胡德平協助他，在這些記錄裡尋找可以佐證他的罪名的蛛絲馬跡。兩人在六月間完成搜尋，但沒找到任何足以佐證他被控罪名的證據，而此時他的罪名已經向全黨公告周知。[82]

胡耀邦開心地對前部屬、後來為他立傳的張黎群說「我無愧於黨與人民的信賴」。[83]但胡耀邦或許也很清楚，要讓黨領導人相信他的清白很難，於是他為自己訂下一個任務：讀完馬克思與恩格斯所有的著作，以檢驗自己的言行是否與馬列經典作品一致。他早在文革以前就熟讀馬列理論，在文革即將結束時也做過類似的檢驗。這一次他詳做筆記。[84]根據記錄，他花這麼多時間、精力投入馬列、史達林或毛澤東著作的研究堪稱絕無僅有。這工作太耗神，雖然胡耀邦仍保持運動、閱讀以及與友人會面的習慣，但他的健康狀況越來越差。

胡耀邦或許知道他那次生活會是黨內高層爭議的焦點。他的下台非但沒有緩和這場權力鬥爭，反而使它更加激烈。群三月鄧力間公布的最初三批有關胡耀邦的黑材料中，第一批的內容是胡耀邦的思想錯誤——而所有相關指控都直接從鄧力群本人在生活會的講話中抄襲而來。第二批談的是胡耀邦在外交事務方面犯下的錯，第三批則節錄自一九八五年五月胡耀邦與陸鏗的訪談。[85]

但或許因為想在五月中旬趕出第四批黑材料，鄧力群的政治研究室工作人員將一些日期與文件搞混了，以致一些對胡耀邦的指控根本令人無法相信。中央辦公廳的文書處理人員發現這些錯誤，於六月二日向胡啟立提出報告，胡啟立立即將報告送交趙紫陽，當天趙紫陽便下令調查。[86]第五批黑材料——內容包括胡耀邦寫給鄧小平的辭職信，胡耀邦在生活會中作的檢討，以及他在一月十六日政治局會議中的表態——也發現有時空錯亂之處。有關這些錯誤的消息走漏到香港媒體，香港各大報紙隨即以顯著的標題刊出報導，說鄧力群「假造」胡耀邦的罪狀。[87]鄧力群否認自己有錯，但也只能負起責任，然後抱怨他在事後才知道有人在對這些錯誤進行調查。[88]

趙紫陽立即將胡啟立在七月二日所提出的報告交給鄧小平、陳雲與李先念，建議鄧力群不應該繼續負責督導宣傳工作。趙紫陽還在報告中附了一封李銳的信。當時仍是中組部副部長的李銳，在這封信中揭發鄧力群在延安時期的貪腐勾當。鄧小平不顧陳雲與李先念的反對，立即下令暫停鄧力群的宣傳工作主導權。由於第十三次黨全國代表大會的重要權、位談判仍在進行，陳雲與李先念都不願開罪鄧小平，因此不敢再為鄧力群護航。

七月七日，鄧小平召開政治局常委五人小組會議，下令書記處研究室解散，並將研究室的工作人員調往其他單位。丟差的研究室工作人員包括陳雲與宋平的妻子，及另幾名重要元老的子女。胡啟立奉命以中央書記處執行書記的身分督導宣傳事務。[89]

趙紫陽在八月間採取進一步行動，將長久以來一直是左派思想重鎮的《紅旗》停刊，還將《紅旗》的總編輯降職。這些行動暫時平息了「改革派」與「保守派」之間幾乎已經公開的思想之爭，但鄧小平與陳雲之間更重要的鬥爭沒有因此打住。在書記處研究室解散後，陳雲把趙紫陽召去聊天，建議趙紫陽別忘了成千上萬黨員因共產運動而喪生，還說胡耀邦就忘了這教訓。趙紫陽大概聽得出弦外之音的威脅。[90]

在七月七日的會議中，鄧小平打破慣例，宣布許多「十三大」關鍵人事案，包括由鄧小平指派兩人（趙紫陽與胡啟立），以及由陳雲指派兩人（李鵬與姚依林），再加上鄧、陳兩人顯然都表滿意的喬石，組成政治局常委會。鄧小平同時宣布由楊尚昆出任國家主席、由李鵬取代趙紫陽出任國務院總理，並由萬里出任全國人大常委會主席。趙紫陽在有關這次會議的記述中寫道，鄧小平原本打算設一個七人政治局常委會，將改革派的萬里與田紀雲也納入名單，但姚依林（代表陳雲發言）表示反對，於是鄧小平立即將兩人從名單上刪除。[91] 換言之，他對陳雲做了妥協。趙紫陽日後向楊繼繩抱怨說，「前台的人（即總書記）在領導高層人事事務方面沒有發言權。真正擁有發言權的是那兩個老人（鄧小平與陳雲）。第三個老人（李先念）雖然有影響力，但沒有決定性效果。只要這兩個老人達成協議，事情就定了。」[92]

第十三次全國代表大會（一九八七年十月二十五日到十一月一日）號稱「改革大會」，而且確實也推出幾項改革。趙紫陽與他的政治改革研究小組在積極探討許多理念後，提出兩大改革方案。

第一個方案是中央委員「差額選舉」，意即候選人人數比應選出委員名額多。「十三大」的中央委員就根據這種新作法產生：由一百八十五名候選人角逐一百七十五個中央委員的席次。儘管會前鄧力群可望選入政治局，但一千九百三十六名與會代表投給他的票太少，他連中央委員都沒選上，更別說政治局了。[93]

第二項重大「改革」是將黨、政分家。這是「十三大」提出的最有爭議、也最全面的改革方案。趙紫陽與政治改革辦公室提出一連串黨體制調整案，包括刪除各級政府辦公室的「黨組」，精簡黨委並限制其決策權。許多中、老年幹部極力抗拒這項改革，認為這會削減他們的權力，減少可供他們運用的職位。大會休會後，有關實施改革的爭議幾乎立即出現。經過大幅刪修與一再磋商，「十三大」輕易通過最後報告。[94] 在之後兩年中，會中通過的大多數「改革」紛紛廢止。

如往常一樣，無論就短期或長期而言，人事改革的關係最重大。這波改革之所以失敗，主要也是因為人事改革的失敗。而人事改革之所以失敗，第一個也是最重要的原因是，全面掌控政治局常委會的三個老人雖從政治局常委會「退休」，但都沒有放棄影響力，仍是「國家級」領導人。鄧小平由大會「推選」繼續擔任中央軍委主席，儘管放棄中央顧問委員會主席的職位，他卻只算「半退休」。陳雲放棄中央紀律檢查委員會主席的職位，繼鄧小平之後擔任「中顧委」主任。自一九八三年以來擔任國家主席的李先念，辭去沒有實權的國家主席的職位，出任「中國人民政治協商會議」主席——又一個沒有實權，但極具聲望的職位。李先念小心翼翼，保持與鄧小平、陳雲的正確關係，但據說他因為非常不快，經常找趙紫陽的碴洩憤。[95]

除保有中央軍委控制權以外，鄧小平經常引以為傲的另一權力是「對重大議題的最後決策權」，七月七日的會議也為這件事定了案。根據趙紫陽的說法，在一九八七年十一月一日舉行的「十三大一中全會」中，趙紫陽秘密告訴新選出的政治局與政治局常委，所有重要的議題都必須上報鄧小平，聽候鄧的指示與決定。[96]據說鄧小平曾傳話給陳雲與李先念，政治局常委會「只能有一個婆婆」。[97]不過這項安排沒有公開。趙紫陽曾因在一九八九年四月將此事透漏給來訪的蘇聯總書記戈巴契夫（Mikhail Gorbachev），而遭到違反黨安全規範的嚴厲批判。不過，這道潛規便得趙紫陽面對與胡耀邦如出一轍的情勢。趙紫陽沒有真正決策的權威。在日後一次與楊繼繩的訪談中，趙紫陽稱自己「只是一個大管家」，一個有兩個主子的僕人。[98]

但在「十二大」開了最後一次歷時六天的全會，通過胡耀邦辭職，由趙紫陽繼任總書記。第十三次全國代表大會於十月二十五日開會時，趙紫陽容光煥發、自信滿滿。「十三大」進行得相當順利，趙紫陽發表「在中國特色的社會主義道路繼續前進」的報告，並根據鄧小平旨意提出「一個中心〔經濟發展〕與兩個基本點〔四項基本原則與改革開放政策〕」的施政方針。外國記者注意到，「十三大」新領導班子都穿上西服，舉著酒杯歡迎外媒。置身鎂光燈下的趙紫陽似乎特別舒暢，散發著一種樂觀、開放的氣息。[99]

十一月一日宣布成立的新領導班子規模較小，年齡也較輕。十七名政治局委員中有九名新人，而大幅精簡、只有六名成員的中央書記處則有三名新人。由於政治局常委成員較為年輕，也較為健康，趙紫陽可以更頻繁地開會——有時一週開兩次會——國務院與全國人民代表大會等其他重要官僚也可無需透過書記處，直接把議題提交常委會。[100]新政治局委員之一的江澤民，因一九八六年處理學生示威事件得宜而晉升上海市黨委書記。一般認為他與陳雲和李先念親近，陳、李兩人經常前往杭州和上海養病或暫時離開。政治局另一位鄧小平的地方支持者，是鄧小平屬意的李瑞環。

胡耀邦也被選入「十三大」政治局，但他並不希望這樣。他曾要求趙紫陽不要把他的名字列在候選人名單上，因為他已七十二歲，年事過高，他佔一個名額會讓較年輕的人少一個機會，會讓那些「不能退休的人」（即鄧小平、陳雲、李先念）吸引太多目光。此外，胡耀邦還說，就算當選，由於沒有監督權責，他除了開會、點頭以外，什麼也不能做。趙紫陽說，雖然他不會有任何特定工作義務，但可以「支持黨的團結」。[101] 十三大選出的一百七十三名中央委員，有一百六十六人投票贊成胡耀邦進入政治局。

在十一月十四日第一次組織性政治局會議後，胡耀邦在翌年間僅出席了幾次官式會議。他會在老友與黨領導人的喪禮上露面，但大多數時間都只是待在家裡。「十三大」休會後不久，鄧小平開始邀胡耀邦在晚間打場橋牌。兩人早自一九五〇年代初期起就在打橋牌，在鄧小平一九八六年底整肅胡耀邦前僅僅幾天，兩人還曾連袂參加過一場橋牌賽。胡耀邦一開始以健康為由，婉拒了打牌邀請，但到一九八七年十二月三十日那天，胡耀邦終於軟下心腸，同意到鄧府上打牌。根據幾篇簡短的記述，對胡耀邦而言，這是一次很尷尬的經驗，或許他之所以答應與鄧打牌，只因為鄧小平有一套牌桌上不談政治、工作或家庭的老規矩。胡耀邦之後再也沒上鄧家打牌。[102]

滿妹在談到父親的情況時，字裡行間充滿憂鬱。花了八個月時間檢討他的工作記錄與馬克思經典作品過後，胡耀邦大多數時間只是一言不發待地在家裡，很少接待訪客，就連與孫輩戲耍也難得一見。滿妹說，「沉默不是他的本性，但在這一刻，它成了一種必然……一種別無選擇的存在方式……我知道……沉默是他對黨的表忠，他對整體情勢的考量，他對安定與團結的貢獻。」滿妹指出，「他不能向人民解說這些事，也不能向親人告白。他必須用紀律與意志關閉他的心，有時甚至必須將他自己完全關閉。」[103]

一九八八年二月，胡耀邦因肺炎或許還有抑鬱症而住進北京解放軍三〇五醫院。據探病的人說，他焦慮，怨恨，恐懼，憤怒，悲哀，自責，不斷對他受到的待遇吐苦水。探訪他的人大多是他過去的秘書、講稿作者與部屬；二十年後，有人將當年探病時的印象與心裡掛慮的事。記錄中，他那些政治局同事都未探望過他，或探問他的病情。胡耀邦小心謹慎，總是告訴訪客，他的首要態度是「服從黨的決定，維護黨的團結」。他或許知道，安全人員會找上他的訪客，要他們報告他的情緒與計畫，所以他總是向訪客們保證他不是威脅：「我不會製造麻煩。我有離不開的妻子兒女，而且我從未幹過壞事，或鬧過醜聞。」他告訴他們，別說討論時政，就連他自己的問題都不能隨便講。他還對他們說，與一般民眾周旋會讓他不自在，他不準備寫回憶錄。[104]

一九八八年五月中旬，一年多以來胡耀邦首次離開北京，前往位於北京西南約一百三十公里外的河北宜新。在宜新期間，他視察了幾處整合畜牧與森林的農村工業開發新實驗。五月底他來到天津，與時任政治局委員的天津第一書記李瑞環會面。當胡耀邦表示，他可以就這次訪問見聞寫一篇報告給政治局時，李瑞環毫不客氣地告訴胡耀邦，他的政治效用已經沒了，應該少說話：「小問題不值得談，大題目就算你說，也未必有人會聽。」李瑞環勸胡耀邦應該把注意力擺在「精神養分」上，恢復健康比較要緊。胡耀邦便意興闌珊地返回北京。[105]

在胡耀邦離京期間，鄧小平利用他身為黨「核心」領導人的特權，推動一項有爭議的計畫，「整理商品價格」以啟動改革進程。根據計畫經濟，多年來工資與物價一直處於嚴控狀態，導致種種不公、不滿的亂象，以及無所不在的貪腐。鄧小平與趙紫陽的同意，事態緊急，必須展現決心與計畫。鄧小平搬出《三國演義》中一段風馬牛不相干的典故說道，黨要用中國戰神「關公」「過五關斬六將」的精神完成工資與物價改革。[106]

五月三十一日，趙紫陽召開為期兩天、胡耀邦也出席的政治局會議，討論怎麼做才能不造成不必要的經濟或政治紊亂，並實現物價改革。會中通過進行進一步研究，從一九八九年起，在五年內完成這項計畫。陳小雅將這項改革行動稱為「趙紫陽的滑鐵盧」。[107]但沒有跡象顯示胡耀邦在這過程中扮演任何角色；再怎麼說，胡耀邦已經決定「修身養性，安度餘年」。[108]

八月間，當黨領導人齊聚北戴河，議定工資物價調整方案的細節時，胡耀邦來到山東濱海的休憩勝地煙台，與友人吟詩作對、揮毫寫字，及閱讀國共內戰期間領導人的回憶錄。就在李鵬與姚依林等經濟保守派在物價改革計畫過程中佔盡上風、趙紫陽只能苦苦支撐之際，胡耀邦卻能悠游訪友。民眾對物價工資改革計畫的不信任，已經導致囤積與恐慌性的搶購，甚至在八月間還出現銀行擠兌潮，胡耀邦無疑對這一切瞭若指掌。[109]九月，當政治局舉行中央工作會，決定如何「管理經濟環境，加強經濟秩序和深化改革」時，胡耀邦二度攀登山東泰山。[110]

胡耀邦一生熱愛詩文，寫了無數古詩和新詩，內容從專供農民兵閱讀的打油詩到寫給友人、歌詠山川美景的詩句。幾十年手不釋卷使他對語言文字情有獨鍾，也使他的作品有一份特有的優雅與深度。他的文學天賦也展現在他的書法上。友人珍愛他的作品，不僅因為它們獨具一格，也因為他的詩文與書法頗能反映他活潑的性格。但在一九八八年，胡耀邦將自己的作品與歷代著名詩人學者的作品做了比較，發現自己相形見絀，於是放棄了詩文寫作。

九月底他回到北京，出席「十三大三中全會」，無疑注意到政治情勢已惡化。領導層分裂的現象絲毫未見改善，而黨、政分家的作法使問題更加嚴重。身為總書記的趙紫陽對經濟政策的主導能力，比過去身為總理的他還不如。主導經濟議題的重要官僚機構現多在李鵬與國務院控制下。[111]民眾對整個政治結構的信心越來越差，親民主的情緒與反政府的怒火在大學校園內逐漸鼎沸。鄧小平似乎已下定決心，不顧反對，不計後果，一定要實施工資物價改革。胡耀邦告訴同事，他對三中全會中用來鼓吹經濟與政治改革的標語不以為然，趙紫陽提出的工作報告也乏善可陳。[112]

鄧小平同意陳雲與李先念的建議，讓李鵬與姚依林進入政治局常委會，還讓李、姚兩人負責國務院重大經濟政策的決策——看來鄧小平為取得他的「核心」地位，所付出的代價不菲。李、姚兩人嚴重阻礙了趙紫陽對經濟政策、特別是對結構性改革等關鍵性議題的管理。趙紫陽在回憶錄中明白表示對李、姚兩人的不喜與不信任，但趙紫陽對他與鄧小平、領導層中其他改革派的關係頗具信心，於是繼續推動他雄心萬丈的改革。三中全會過後，李先念、王震、胡喬木、鄧力群等元老對趙紫陽的反感已公開化，趙紫陽成為他們口中的「胡耀邦第二」。[113]

「胡耀邦第一」覺得是再次離開北京的時候了。十一月初，他告訴友人，有人勸他少說話，而且說了也沒人會聽，所以他準備往南方走走，探訪湖南老家。這一次行程幾乎是說走就走，就連他的妻子與警衛員都沒來得及隨行。胡耀邦明白表示，他這次走訪湖南不要有官員隨行，不要人接待，不要宣傳或新聞採訪，不舉行宴會，尤其不舉行正式簡報，也不接受發表意見的請求。[114]他的主要目標只是旅遊，並研究家族史。

他帶著五十五歲的侄女與一名代班警衛員，搭專列從北京出發，在一九八八年十一月十一日抵達長沙。經過一天休息後，搭夜車來到新開發、以石英與石灰岩地形聞名的旅遊景點「張家界」。胡耀邦曾在早先一次視察行程中到過張家界，對當地奇特的地理景觀留下深刻的印象。這一次舊地重遊，他用了兩天時間在張家界的森林、岩洞與山區湖泊與小溪邊徒步遊覽。

當時在國家森林公園遊覽的人潮眾多，許多遊客立即認出這位前總書記。他們簇擁著他，要求與他合照留影，興高采烈地與這位他們心目中的「人民領袖」閒話家常。保安人員試圖驅趕民眾，但遭胡耀邦制止。他對保安說，「民眾不會殺我。」後來他告訴侄女，他這輩子有兩件事讓他感到意外：第一件，他沒想到自己竟會晉升到如此高位；第二件，他下台以後，平民百姓仍待他如此好。[116] 無怪北京那些疑心病重的人都對他在地方上的民望如此關心。

接下來兩個月，胡耀邦住在長沙附近，會見親戚（還與他歷經多年磨難的哥哥修好）與老友，並遊覽觀光景區與公園。在與訪客聊天時，他會技巧躲開時政話題，必要時也只會發表一些政治中性的意見。在談到毛澤東、「老人政治」與他自己的下台時，他的話鋒就比較大膽。但就在他努力迴避北京政治時，北京政客們開始找上他。十一月底，長沙舉行座談會，討論劉少奇思想。于光遠、胡績偉等幾名胡耀邦舊屬前來看他。兩人在之前幾年的政治鬥爭中都遭到凌虐，不過還能自由旅行，於是在胡耀邦住處外與他短暫會面。[117]

隨後鄧力群在座談會上現身，還透過秘書求見胡耀邦。這次會面的細節不詳，但胡耀邦的兩名立傳作者與鄧力群本人都在幾年後談到這件事。根據盛平的《胡耀邦思想年譜》的記錄，鄧力群在十一月底來到胡耀邦下榻的省賓館，兩人談了三個多小時。鄧力群建議兩人「聯手對抗趙紫陽，遭到胡耀邦峻拒」。[118] 鄧力群本人有關這次會議的記述內容詳盡得多，其中特別否認他曾建議與胡聯手對付趙紫陽，還說他根本沒有動過這樣的念頭。文中說，鄧力群發現，胡耀邦對於鄧力群幫著把他趕下台一事「並不在意」，還說在這次會議中，大多是胡耀邦在講話。[119]

在鄧力群離開後，胡耀邦的情緒混亂，脹紅著臉，在屋內焦慮不堪地來回踱步，就連妻子要他進晚餐也遭他拒絕。最後他告訴秘書，鄧力群建議與他聯手「把趙拉下來」，秘書表示贊同，認為當時趙紫陽落井下石，現在他這樣做也算報了一箭之仇。胡耀邦聽完立即嚴斥秘書：「你跟我跟了這許多年，想法竟還是這麼狹隘！我們不能只因為我遭了冤枉就對另一人懷恨。趙紫陽是中央委員會任命的，我們必須支持他，擁護他，不是推翻他。如果我們繼續這樣反覆下去，我們的黨與國家不會有希望！」[120]他似乎更加焦慮，健康也每下愈況。他沒有胃口、牙齒疼痛、體重銳減。

十二月中旬，他感到胸痛，長沙的醫生認為是心臟病發的跡象，但胡耀邦說那不過是感冒罷了。他住院一個多星期。[121]在他以前的政治祕書劉崇文的協助下，胡耀邦梳理了幾個不斷困擾他的議題。但始終無解的難題是，如果說或寫得太直接，他會再次遭到批判，但另一方面他也擔心，如果繼續保持沉默，事情的真相將永無重見天日之時。

最重要的是，胡耀邦要求當局重審一九八七年對他的「判決」，但問題是趕他下台的主謀都仍然在位，不會承認他們的行動有錯。他有時間，也有寫回憶錄的動機，但他不願冒犯任何人。劉崇文寫道，胡耀邦似乎很抑鬱、很害怕，擔心住處遭到忠於鄧小平與陳雲的人竊聽。胡耀邦沒有直接明白表示害怕遭到竊聽，但在提到鄧小平或陳雲時不說名字，而是用手指耳朵的手勢代替。胡耀邦還曾轉述一個知名故事：葉劍英當年如何擔心自家遭到電子竊聽。[122]

一九八九年一月初，胡耀邦搬到廣西南寧，表面上是躲避湖南寒冬，但很可能為的是更加遠離北京是非。他住在「西園國賓館」。西園賓館建於一九二〇年代，一九四九年為中共佔有，是一家占地很廣的豪華賓館。二月底，劉崇文從北京返回南寧，與胡耀邦針對胡的情勢與計畫再次長談。劉崇文發現胡耀邦比之前更加徬徨、焦慮，健康狀況也更差了。胡耀邦一方面對自己的處境極度不安，認為自己在一九八七年遭到不公平的待遇，卻找不到任何人為自己伸張正義。另一方面，他從新華社給他的「內參」報告中知道北京的政治情勢惡化了，還在考慮他是否能伸出援手。[123]

領導班內的政治權鬥仍火熱——李鵬與姚依林在一月初辦了一場生活會，針對價格改革的亂象批判趙紫陽，但由於鄧小平不支持，結果草草收場。其他幾名元老，包括李先念與王震等，也告訴鄧小平，趙紫陽並不適任，應該下台。知識份子與大學生非常活躍，不斷批判幹部貪腐、黨政策與思想議題，經濟情勢也「相當嚴峻」。[124]劉崇文告訴胡耀邦，如果要回北京，他得先做好準備，因為趙紫陽會就這些問題徵求他的意見。胡耀邦內心交戰良久，最後決定他應該「向陳雲同志學習，什麼話也不說」。[125]

三月中旬，胡耀邦離開安靜、溫暖的南寧返回北京，出席全國人民代表大會與一次討論教育問題的政治局會議。胡耀邦一直非常重視教育，認為當局應該把教育問題擺在第一位。但他告訴劉崇文，談教育不會引起爭議，若要重拾政治局政治，這是個適當的切入點。不過他不想長留北京，談到其他一些可去的地方，然後開始整理文件。[126]

三月二十日胡耀邦出席人民大會堂召開的第七屆全國人民代表大會，形容「極其削瘦」。他與趙紫陽等幾名領導人相互問候，但沒有在會中實質發言。[127]一週後他會晤張黎群，討論教育議題。胡耀邦知道學生的不滿情緒高漲，主張當局忍耐、寬容以對：「就算年輕人上街，說些奇怪的話，也不必大驚小怪。我們必須長於指導和教育，決不能壓制、關押他們……毛主席說鎮壓學生不會有好下場……我們黨要進步，決不能把青年視為我們的敵人。」[128]為胡耀邦立傳者指出，在去世前最後幾週，胡耀邦說了幾句警世之言，而這幾句有關青年的肺腑之言，聽來尤其令人心酸。

那年四月，胡耀邦在北京期間最重要的訪客，是曾任高官的政治史作者、膽敢批判中共與中共領導人的李銳。李銳在過去五年曾經兩次訪問胡耀邦，自認是胡耀邦的信徒、與胡耀邦一樣的改革派。後來第一本胡耀邦論文選集在香港發表，選集前言的執筆人就是李銳。李銳也曾在《炎黃春秋》與其他知識性雜誌與網站撰文，讚揚胡耀邦。他在四月五日與胡耀邦做了最後一次長談，談了七小時。直到二〇〇一年，這次長談的內容才正式發表。

李銳在這篇訪談中寫道，胡耀邦精神很好、很清醒，並沒有倦容疲態，還享用了一頓豐盛的晚餐。這次談話有許多主題，而胡耀邦的口吻語氣不像是在與老友談話，倒像是在做歷史記錄。胡耀邦強調，從處置華國鋒與審判四人幫，到精神汙染、經濟政策、外交政策及「資產階級自由化」，他與鄧小平在十個問題上有歧見，而他認為其中導致他下台的最關鍵的一個議題是「資產階級自由化」。[129]在這次長談尾聲，胡耀邦的話鋒更透著哲學意涵：「有苦惱，但不是個人問題，是歷史不公平。應當還歷史本來面目。希望有個符合事實本來面目的新結論，沒有，也不能強求。去見馬克思〔中共黨員對死亡的委婉說法〕也是安然的。我已無所謂。」他又說，「再出來工作已不可能。老夫耄矣。再工作兩三年，又能做些什麼？老人政治不行。」[130]

四月七日晚，胡耀邦開始覺得胸口與肩膀有些疼痛，妻子勸他不要參加第二天上午的政治局會議。但胡耀邦已簽了開會通知，表示會出席。由於住處距離懷仁堂會議地點很近，走路只需幾分鐘，四月八日早上，胡耀邦可能一如既往，走到懷仁堂。他在上午九時開會前不久走進會議室，坐在後排田紀雲與秦基偉旁邊。由趙紫陽主持的這次會議，首先宣讀一項改善教育問題的決議草案，宣讀過程中，胡耀邦似乎疼痛加劇。突然間他不支倒地，要求離席，但搖搖晃晃又站起身來，由人攙扶著坐回座位上。胡啟立要工作人員急召醫護，醫護在十分鐘左右趕到。

北京醫院急救醫護人員隨即趕到，在會議室裡架起急救裝備。他們守著胡耀邦進行觀察，直到大約下午三時，才將胡送往醫院，住進加護病房。醫療隊主任甚至下令醫院停止正在進行的一項施工，以免施工噪音干擾胡耀邦休息。但六天後，似乎正逐漸康復中的胡耀邦再次心臟病突發，於四月十五日上午猝逝，當時只有一名值班醫生與他的三子胡德華在他身邊。[131]

第十章 胡耀邦與改革的命運

胡耀邦的女兒滿妹寫道，在她父親於一九九〇年安葬後，每年都有幾十萬民眾前往墓地悼念。[1]但就黨這方面來說，胡耀邦不是一號人物。「六四」天安門慘案過後的政治氛圍，不允許人們歌頌胡耀邦，他的名字也從媒體中完全消失。「胡耀邦」三個字沒有遭到查禁，但在一九八九年那些事件過後，它是一個遭到官媒「封口」的禁忌話題。[2]更何況，只要鄧小平與其他那些整垮胡耀邦的元老不死，要恢復胡耀邦的名聲就不能不解釋當初何以逼他下台。所有要求檢討天安門事件的呼聲，都遭到前上海市長、在一九八九年取代趙紫陽成為總書記的江澤民拒絕。

平反之路

一九九一年七月，在一些已退休、但仍有影響力的軍官的政治支持下，幾名資深知識份子辦了一份歷史分析雜誌，名為《炎黃春秋》，發表一些揭發爭議議題真相的文章。[3]儘管沒有官方的資助，這份雜誌逐漸在知識份子與海外華人讀者群中崛起，開始吸引知名學者投稿。就政治角度而言，《炎黃春秋》的前景可能由於公開支持鄧小平的經濟改革而有所改善。[4]

《炎黃春秋》還有幾項優勢。它的資金來源是一個名為「中華炎黃文化研究會」的私人基金會，而且它的發行不到五萬份，大致上靠訂戶訂閱。它擁有一支在新華社資深編輯人杜導正與史學家楊繼繩領導下，規模小但高度專精的工作團隊。而且最重要的是，它有一個強大的靠山：前解放軍高級將領蕭克。蕭克在一九五五年晉升上將，五〇年代中期因開罪毛澤東與彭德懷而獲罪，免除一切軍職，直到七〇年代早期才重返解放軍。蕭克是著名書法家，編過多卷通史，也寫過無數短篇與一本得獎的小說。他曾在紅軍與胡耀邦共事，據說胡耀邦被迫下台及一九八九年武力鎮壓示威的事件都令他不快。蕭克堅持，在《炎黃春秋》，歷史真相必須高於理論或政治。[5]

一九九四年，在胡耀邦去世五週年前夕，杜導正決定在四月份《炎黃春秋》的封面裡刊登一張胡耀邦的照片，附上一首紀念他的短詩。杜導正沒有事先通知新聞檢查當局請准，因為他要為胡耀邦發聲，他認為胡耀邦對改革有偉大貢獻，對這樣的人「噤聲」是一種「不科學」的態度。不過，他知道自己得謹慎將事。[6]

這一期《炎黃春秋》獲得讀者熱烈的迴響，但惹怒了新聞檢查當局——他們立即要求將所有拷貝全部摧毀。在獲悉官方對雜誌刊出胡耀邦照片一事不快之後，杜導正告訴雜誌工作人員，「不要慌……就說那是蕭克的主意。把我的電話號碼給他們，要他們打電話給我。」[7]高層官員決定不追究這件事，胡耀邦名號不得公開現身的禁令就此有效解禁。

杜導正計劃發表更多文章，討論胡耀邦在中央組織部的工作——由於一九七八年胡耀邦在中組部大刀闊斧的行動，數以十萬計政治運動受害人得以從監獄獲釋——但中組部負責人不讓雜誌社人員取用中組部的檔案。於是杜導正勸說曾是胡耀邦部屬的戴煌，寫一本回顧當年經驗的書。戴煌這本書在一九九八年十一月發表，胡耀邦的名聲也逐漸重振。杜導正在二〇〇一年撰文指出，他們已經「積極而且有系統地組織一系列討論胡耀邦政績的文章」，支持黨對胡耀邦的成就做出公平評價。[8]

儘管迫於北京的政治阻力，戴煌這本書只能在香港發行，但這本書的成功鼓舞了其他曾與胡耀邦親近的人，讓他們也紛紛動筆，發表回憶錄。一九七七年曾在中央黨校與胡耀邦共事的吳江，在一九九五年發表《十年的路：與胡耀邦相處的日子》。一九七八年在組織部與胡耀邦共事的曾志，在一九九七年發表《紅牆外的胡耀邦》。一九七〇年代末期《人民日報》副總編輯王若水也在同年發表《胡耀邦下台的背景》。一九九八年，知名經濟學家與哲人、曾為胡耀邦與鄧小平的改革政策擔任重要策劃人的于光遠寫了《一九七八年歷史大轉折：第十一屆三中全會幕後》，由北京「中央編譯社」發行。

胡耀邦的平反時間表，部分取決於那些霸凌他的人何時退出政壇。從一九九二年到進入二十一世紀這段期間，當年「生活會」與會者，以及一九八七年一月迫使胡耀邦辭職的那些人大多老死、退休。一九八六年底最積極參與整肅胡耀邦陰謀的幾個人——包括胡喬木、李先念、王震、陳雲、鄧小平、彭真、楊尚昆與余秋里——到一九九九年都已作古。江澤民終於在二〇〇四年卸下一切職位下台，重新考慮胡耀邦在黨內地位的阻力似乎又減輕了。

此外，到二〇〇五年，知識份子與共產黨內「改革派」支持為胡耀邦平反的人也不斷增加。有關胡耀邦的重要研究，在胡耀邦去世後於中國與香港展開。五名胡耀邦在共青團與中央黨校的前部屬，早自一九八九年夏已經開始蒐集胡耀邦的講話與出版品，他們隨後組成一個研究組，遍訪全國各地蒐集有關材料。經過十年努力，他們在香港發行《懷念耀邦》，內容除了文章以外，還包括一百多名作者對胡耀邦的追思。[9]

《懷念耀邦》的五名主要作者張黎群、張定、嚴如平、唐非與李公天，繼續與「中央黨史研究室」溝通（所有關於中共黨史的出版品都須經該研究室批准）。這時他們已經完成的作品有將近一百萬字，但他們不知道審查當局會不會准許他們出版。到二〇〇四年底，他們漸漸失望了。[10] 投入六年時間研究為父親立傳的滿妹，同樣陷入困境——她一再向當局要求發表她的著作，但沒有任何人能代表官方立場給她回覆。[11] 發表胡耀邦的相關作品仍具高度政治敏感，須經政治局批准。

繼江澤民之後在二〇〇二年接任總書記的胡錦濤，由於江澤民在之後兩年繼續保有最重要的實權職位——中央軍委主席——一開始走得相當坎坷。鄧小平在一九八九年後同意的「隔代」接班遭到挑戰。儘管江澤民終於在二〇〇四年同意退位，但胡錦濤仍得應付一個九人政治局常委會——其中至少四名常委一般視為江派，還有另兩人反對政治改革。[12]

當江澤民終於放棄中央軍委主席權柄時，在政法委、中宣部、中央辦公廳、中組部等四大黨權機構中，胡錦濤僅能控制四分之一，其餘四分之三都在前江澤民時代政治局常委的控制下。[13] 胡錦濤曾是胡耀邦門生，經胡耀邦提拔出任共青團高官。但胡錦濤之所以能在一九九二年晉升政治局常委，可能因為他在一九八九年西藏抗議事件中對藏人採取強硬鎮壓的措施，而贏得鄧小平的讚賞。胡錦濤在二〇〇五年決定局部為胡耀邦平反，或許他對胡耀邦當年的支持心存感激也是原因之一。

二〇〇五年一月，趙紫陽去世——由於堅持不肯承認他在「六四」事件爆發前犯下的錯並道歉，而被軟禁了近十六年，這為重審胡耀邦案帶來額外的壓力。一名著名中國問題觀察家在《中國簡報》上寫道，胡錦濤希望透過為胡耀邦平反，爭取黨內改革派與知識份子的支持，並對抗前江派人馬說他建構「團派」的指控。據說，重審胡耀邦案可能造成的動盪不安，也令保安專家們憂心忡忡。[14]

胡耀邦的家人與親友仍要求為胡耀邦正式平反——要求廢除一九八七年一月的中央文件。他們並要求依照「規格」舉行平反儀式，反映其總書記身分。由於鄧小平或陳雲，或兩人都反對，一九八九年發表的胡耀邦悼文中沒有稱他為「偉大的馬克思主義者」，也使許多人不滿。[15]

政治局與胡耀邦家人間的談判，一直持續到二〇〇五年十一月二十日胡耀邦誕辰九十前夕。最後決定由中央委員會開會紀念胡耀邦誕辰，黨媒有關胡耀邦名號、事蹟的禁忌就此解禁，但除此之外，這樣的結局是一項有利於黨的妥協。這項紀念胡耀邦誕辰的會議在人民大會堂舉行，會中盛讚胡耀邦的貢獻。但紀念儀式的規模比家屬要求的小，而且主持儀式的官員不是胡錦濤，而是一名政治局常委。與一九八九年趙紫陽宣讀的那篇悼文相比，這次宣讀的悼文較長、較詳盡，但悼文中對胡耀邦的稱號沒有變，胡耀邦仍然只是「馬克思主義者」，而不是「偉大的馬克思主義者」。[16]悼文中沒有關於胡耀邦下台的隻字片語，也沒有對一九八七年那項判決做任何翻轉。[17]

四名仍在世的《懷念耀邦》主要作者（張黎群已於二〇〇三年去世）獲得授權出版《懷念耀邦》第一卷，從胡耀邦一九一五年出生談到一九七六年文化大革命結束。但第二卷與第三卷雖已完成，但遭黨當局扣留進行「修正」。幾名作者都接到警告，不得嘗試在香港發表任何內容。黨官員對他們說，「你的言論有自由，你的出版品得受紀律管束。」[18]由黨「文學研究所」正式出版《胡耀邦選集》的討論也被叫停。

一波思念與希望

二〇〇五年十一月出版的《炎黃春秋》刊出兩篇有關胡耀邦的社評，堪稱與胡耀邦誕辰九十週年紀念儀式同樣重要的大事。儘管《炎黃春秋》自一九九四年以來發表過多篇有關胡耀邦的文章，但這一期的兩篇社評遠遠超越北京精心設定的尺度，對胡耀邦的頌讚，用字遣詞就像胡耀邦一九八九年去世時學生與激進份子的一樣。這兩篇社評的作者都是曾與胡耀邦共事的黨、政高官，他們向胡耀邦的高風亮節致敬，也藉此為胡耀邦叫屈平反。

郝懷明寫的第一篇社評記述胡耀邦領導起草中央文件，談到胡耀邦如何小心翼翼、指導起草一九八六年中央委員會「精神文明」決議的過程。[19]文中描述胡耀邦如何整理有關「資產階級自由化」的各種意見，擬出一份黨六中全會通過的重要文件。另一篇以〈我們心中的胡耀邦〉為題的社評更加令人興嘆。這篇社評是前副總理田紀雲與其他十三名曾與胡耀邦共事的改革派高官所撰寫的短篇集，其中幾名撰稿人在胡耀邦下台後也遭牽連落馬。[20]田紀雲稱讚胡耀邦是「中國共產黨人的良心」：「無私無畏、光明磊落、誠實、豐功偉績、千古流芳，是人民公僕，是真正的共產黨人。」[21]所有十四名撰稿人都向胡耀邦表達無限的崇敬，都認為胡耀邦沒有得到應得的尊榮。而且同樣重要的是，他們都讚成胡耀邦所倡導的全面（政治、法律與經濟）改革。

十一月號《炎黃春秋》出版後不久，在胡耀邦誕辰九十週年官方儀式舉行前，《炎黃春秋》編輯們接到中央宣傳部的電話，以「違規」為由，令他們停止發行期刊。編輯們答稱，五萬份印好的十一月號《炎黃春秋》大多已郵寄給訂戶或已售出，於是當局下令將餘下的拷貝封存。編輯們沒有理會，因為官方紀念儀式即將於幾天後舉行，這樣的命令根本沒有意義。[22]在十二月號《炎黃春秋》中，前共青團領導人、中央書記處書記、胡耀邦的門生胡啟立又發表一篇文章，頌讚胡耀邦獨特的領導風格。[23]

接下來幾個月，幾乎每一期《炎黃春秋》都至少有一篇有關胡耀邦事蹟的文章。不過在其他刊物上，有關他的文章不多。萌芽中的網際網路新聞評論網站必須「志願」做「自我紀律保證」，以保證網際網路站「不會散播可能危及國家安全的資訊，迅速清除有害資訊」。在這段期間，無數網站遭當局封殺，膽敢試探禁忌是否已解除的網站寥寥無幾。

但在二〇〇六年五月，胡德平通知香港《大公報》，說當局已經批准一個紀念他父親的網站，這個網站現已成立運作。這個由私人出資管理的「胡耀邦史料資訊網」在創辦之初規模很小，幾乎沒有引起中國媒體的注意，處理史料的作法也非常謹慎。網站上有幾張胡耀邦的照片，有幾封來自前部屬、友人及一般心儀讀者的信件，但網站工作人員說他們還在蒐集材料。[24]隨著時間漸逝，網站的內容也越來越豐富，添加了胡耀邦早年的年表、他寫的一些詩與幾幅書法、照片、其他領導人的傳記、多采多姿的歷史材料專頁，以及其他許多令一般讀者與歷史研究人員嚮往的題材。[25]

更多有關胡耀邦一生的書籍與文章出版，有的在香港出版，例如陳利明的長篇鉅作《胡耀邦傳》；有的在北京出版，包括胡耀邦四個子女中三個所寫的書，以及胡耀邦在共青團、中央黨校、中宣部的幕僚與部屬和一些著名黨史學者寫的書。隨著頌揚胡耀邦的文章越積越多，人們矚目的焦點也逐漸從他的誠正不阿，轉向他身為改革創始人、甚至是全面改革先驅的角色。胡耀邦逐漸成為政治改革的偶像，代表一種重要的國家象徵，之後的中共領導人至少得在嘴上喊著改革。

二〇〇七年的第十七次黨全國代表大會，似乎加深了胡錦濤與其「團派」，以及江澤民、曾慶紅的「上海幫」之間的派系鬥爭。全黨由上而下、無所不在的貪腐，導致「左派」情緒的復辟、政治改革的聲浪再起。有關經濟改革方向和速度，以及政治改革需求的老爭議持續發燒，疲於奔命的當局無力大刀闊斧推動改革。回顧胡耀邦當年的種種，他的容忍、正直、對平民百姓的關懷令人不勝唏噓，而這些特質似乎都是他的接班人所欠缺的。

二〇〇九年，胡德平發表一本有關他父親生平的書，書中有珍藏的回憶，也有學得的教訓。胡德平在書中指出，他的父親早在一九八〇年代初期就率先倡導經濟改革，主張廢除公社，推動農業生產包產到戶，及接納實施西方經濟管理手段的經濟特區。胡德平還在書中討論胡耀邦對思想改革、民主權利擴大以及法治需求的觀點。[26]

二〇〇九年三月號的《炎黃春秋》，讓人們對胡耀邦的感知更上一層樓。馮蘭瑞所發表的這篇文章，讚揚胡耀邦在一九八六年領導完成「精神文明」的決議。馮蘭瑞說，決議中強調的「民主、自由、公平與博愛」都是「人類與現代政治的先進文化遺產」。馮蘭瑞讚揚胡耀邦，說胡耀邦強調經濟改革、政治改革與社會主義價值的耕耘，但共產黨卻「只是緊抓經濟改革，忽視了其他層面的改革」。馮蘭瑞還指責共產黨，說它在通過「精神文明」決議後「強逼胡耀邦辭職」。[27]

在接下來一期《炎黃春秋》，九十高齡的李銳發文回憶胡耀邦。他在這篇文章一開始寫道，胡耀邦有天將成為中國共產黨最得人心的領導人。李銳讚揚胡耀邦，說他尊重知識與知識份子，尊重鼓吹人權、民主與自由的人。李銳指名道姓說當年阻撓胡耀邦改革的人——特別是胡喬木與鄧力群，以及支持胡喬木與鄧力群對付胡耀邦的趙紫陽。李銳在文中沒提到「六四」，但對胡耀邦去世後挺身悼念胡耀邦的人表示讚譽，說他們不僅在「追悼一位親密老友」，也在支持「全面改革」。李銳在結論中寫道，「希望政體改革能夠實現……民主化、法治與國家現代化能早日成真。」[28]

《炎黃春秋》能夠發表一些這類文章，顯然經過中央授意。有人說，胡錦濤利用胡耀邦的令名，作為提拔自己的共青團舊部、晉升黨中央與各省高位的正當理由。共青團是中國第二大與第二重要的黨組織，自然成為年輕領導人晉升高位的跳板。畢竟，早在革命初期創建共青團時，為黨培育領導人就是共青團的目標。在二〇〇七與二〇一二年間，提拔了至少九名前共青團領導人進入政治局，其中幾人可望在二〇一七年第十九次全國代表大會「入常」。[29]

太子黨崛起

北京的權鬥遊戲總是不斷圍繞著個人打轉。隨著胡錦濤任期將屆，他的名聲與權威也今非昔比。造成胡錦濤權力削弱的因素之一，是一項所謂「隔代接班」的非正式機制。鄧小平在「六四」事件後訂了這個辦法，以避免長久以來始終陰魂不散的接班危機。而中共現在面對一項最嚴重的接班挑戰。鄧小平沒選江澤民接自己的班，他只是指定胡錦濤接江澤民的班。[30]江澤民不能選自己的接班人，但顯然可以（在親密伙伴曾慶紅的協助下）選習近平為胡錦濤的接班人，一方面將自己的人馬安插在胡錦濤左右，以免胡錦濤不聽使喚，破壞他的計畫。傳言胡錦濤在二〇一二年有意延長自己的中央軍委主席任期，像之前的江澤民也幹十年軍委主席，但事實證明這些傳言不實。[31]

二〇一二年初，一般預期將在第十八大「入常」的政治局委員、重慶市委第一書記薄熙來在北京被捕。之後幾週，薄熙來被除去所有職位、開除黨籍，以貪腐與濫權罪受審，被判終身監禁。薄熙來的妻子也以共犯受審，那年夏天被判在重慶謀殺一名與她進行非法交易的英國商人。[32]

薄熙來是薄一波的兒子，薄一波是中共一九五〇年代最重要的經濟官員，曾在一九八七年霸凌胡錦濤。薄熙來因為在重慶領導毛式動員運動、高唱文革歌曲，並嚴厲鎮壓重慶黑幫而聲名大噪，成為二十一世紀初期崛起中共政壇所謂「紅二代」或「太子黨」的代表人物。這些中共第一代、特別是曾經領導解放軍的革命元老的子女，他們出生在抗日與國共內戰期間艱困年代，但在一九四九年過後，他們成為天之驕子，生活在專用奢豪住宅，進入只有他們能讀的貴族學校，這群自認天選之人的精英，開始拉幫結派，形成小圈圈。文革打斷了他們的教育途徑，但他們投入這場革命，成為第一批紅衛兵，第一批集體下鄉、之後第一批返回城市的青年。其中許多人利用他們的特殊地位，在一九七〇年代末進入重開復課的大學。

進入職場後，他們發現憑藉那張傲人的家譜，就能無往不利。如果進入黨政官場，在父母親大名的庇蔭下，他們總能飛黃騰達。如果選擇在中國迅速起飛的商界發展，他們也可憑藉著他們可想而知的影響力而坐擁高薪。當二〇二〇年代開展時，在中國貪腐氾濫的經濟體、嚴重官僚化的政體、老人網路支配一切的解放軍，紅二代的影響力已達於頂峰。

二〇一二年底繼任黨總書記的習近平就是太子黨。他的父親習仲勛在中共革命之初就在老家陝西加入革命，當毛澤東帶著長征隊伍於一九三五年來到延安時，習仲勛在延安已經非常活躍。在整個內戰期間，習仲勛一直留在中國西北。一九五二年他遷往北京，當了副總理，但遭毛澤東政治的毒手，不僅失勢，還在牢裡待了多年。直到毛澤東死後，習仲勛才復出，在廣東擔任要職，一九八二年成為政治局委員，而後於一九八八年七十五歲那年退休。二〇〇二年，就在習近平成為浙江省委書記、當選中央委員、在全國性政壇崛起時，習仲勛去世了。若以父親權位作為太子黨位階高下的基礎（這是許多中共問題觀察家愛玩的消遣），習近平的排名其實相當低。有人認為，習近平之所以能飛速晉升，在二〇〇七年進入政治局常委會，主要是因為他與江澤民的關係。還有人認為，這是因為習近平為了在中共權力結構內組建自己的班底而拉攏太子黨。[33]

涉及胡耀邦的一次家族關係與「太子黨」淵源的結合，也為二〇一二年政治情勢造成漣漪。在一九七七到七八年間，胡耀邦以中組部部長的身分，為習近平的父親習仲勛與薄熙來的父親薄一波「平反了判決」。習仲勛與薄一波兩人都在文革期間入獄。一九八七年，奉鄧小平之命主持黨生活會、羞辱胡耀邦的正是薄一波。當時只有習仲勛挺身而出，為胡耀邦辯護，指斥這場生活會根本是「宮廷政變」。習仲勛也因此付出沉重的代價，無緣進一步仕途進取。

二〇一二年七月，習近平在等候晉升總書記時，把胡德平約到家裡談了兩小時。習近平比胡德平小十一歲，儘管兩人在一九六〇年代初於北京時已經相識，但兩人之間並無互動。在中共官僚體系裡，胡德平的成就只算一般。他是謙謙學者，曾在中共「統一戰線工作部」當過副部長，是第十屆全國人大代表與其法律事務委員會委員。他同時也是中國人民政治協商會議常委，與其經濟委員會副主席。胡德平極力鼓吹憲法改革、黨的民主與民營企業，但他在中央層級不具影響力。

在中共的紅二代改革派中，胡德平——向以比較敢言著稱，這或許是習近平對他感興趣的原因。習近平在黨內鬥爭激烈、黨的聲望每下愈況之際出任總書記，而且身邊沒有自己的親信。[34]習近平或許需要讓人相信自己擁有黨內改革派的支持，而與胡耀邦之子的家族淵源可滿足這個需求。中國媒體一開始沒提到習近平與胡德平的這次會議，直到兩個月後，雙方開始向海外媒體放出一些相關風聲，中共問題觀察家才注意到它的重要性。

一些觀察家認為，這次會議是一種先兆，顯示早先考慮過的一些改革理念與政策——例如擴大國有企業競爭，甚至還包括政治體制改革——即將重現。就習近平來說，他或許還希望胡德平支持他對付薄熙來，支持他整肅黨內貪腐。據說，兩人同意用黨內紀律與法制系統處理薄熙來案。[35]據說習近平在會中向胡德平暗示，將平反黨對胡耀邦的正式判決。[36]

但在二〇一二年十一月「十八大」過後，習近平與前中宣部部長劉雲山晉升政治局常委，兩人立即展現鐵腕作風，不容忍任何涉及擴大新聞自由的政制改革。二〇一三年一月，《炎黃春秋》發表一篇名為〈憲法是政治體制改革的共識〉的社評，《炎黃春秋》再次淪為政治改革之爭的戰場。這篇社評針對的，可能是習近平在十二月初慶祝中國憲法三十週年時所發表的措詞強硬的講話。習近平在這次講話中強調黨對一切法律問題的主控地位，還提醒民眾，他們有責任了解他們的義務與權利。[37]

《炎黃春秋》這篇社評以直白與挖苦的語言指出，三十年來政治改革一直遠遠落在經濟改革之後，成果令人不滿。文中建議北京政權與其另立政治改革新結構，不如確切落實既有憲法條款——例如落實既有憲法中保障財產權、人權、言論與新聞自由、以及獨立司法審判的特定條款。文中指出，「政治體制改革就是要建立一套對權力制衡的制度體系，就是要切實保證公民權利。《憲法》中有很豐富的保障人權、限制國家權力的內容。將《憲法》和現實對照，就會發現現行的制度、政策、法令和很多政府行為，和憲法的差距十分遙遠。我們的憲法基本上被虛置。」[38]

北京政權的反應很快。十二月三十一日，甚至這篇社評還沒有出現在雜誌上，《炎黃春秋》編輯部與網站已經奉工業資訊部之令關閉。[39]《炎黃春秋》在一段時間過後恢復正常運作，但枷鎖已逐漸套緊。

反彈與倒退

習近平的反擊，或許反映他對黨的整體情況一種深度的不滿，也反映他認為中國不應該朝著西方價值與作法的目標繼續前進。中國應該重建嚴格的紀律與毛澤東時代的思想正統。習近平採取的最猛、吹噓得也最響的措施，就是以「中央紀律檢查委員會」之名嚴厲整治貪腐的所謂「打虎」行動。最初階段打虎行動確實扳倒一些「虎」，抓了幾名前政治局委員與解放軍高階將領，一般認為成功。但它很快就淪為一種權力操控的工具。夏初，網路盛傳胡耀邦所有的子女都因財務行為不當而遭到調查。在乃父嚴訓下，胡耀邦所有的四個子女都在財務問題上特別小心翼翼，絕不啟人瓜田李下之嫌，網路上這些傳言也很快就煙消雲散，但它們顯然是一項警告：習近平不喜歡別人反對他。[40]

隨後，習近平運用他身為總書記的權力，加強宣傳部門與黨的官僚管控機制，以樹立個人權威，打擊胡德平這類昔日的黨「改革派」。二〇一三年四月中旬，中央辦公廳開始向地方黨組印發一項名為「關於當前意識形態領域情況的通報」的文件。由中央辦公廳出馬印發這項文件，說明各級黨委必須「抓緊」意識形態工作，這比文件本身的內容更重要。通報中指出，大學課堂、公民營刊物、網際網路和社交媒體刻正出現許多有關西方價值和作法，對中國有害的討論，要求各級黨委必須加強管控這類討論。它說，「我們必須嚴明政治紀律……同以習近平同志為總書記的黨中央保持高度一致，不允許散布違背黨的理論和路線方針政策的意見，不允許公開發表違背中央決定的言論，不允許製造傳播政治謠言及醜化黨和國家形象的言論。」[41]

為避免它落入外國記者手中，黨中央辦公廳想方設法，讓這份日後人稱「九號文件」的通報前後幾個月無法在線上流傳。最後有關通報部分內容終於為外媒取得。通報中說，憲政民主、普世價值、公民社會、新自由主義、西方新聞觀、歷史虛無主義、以及質疑改革開放和中國特色社會主義等七項特定話題，由於損及黨和國家利益，不得公開討論——外媒因此立即為它取名「七不講」。[42]

面對習近平不斷擴張的權力與壓力，胡德平決定據理力爭。[43]二〇一三年八月八日，胡德平以評論托克維爾（Alexis de Tocqueville）的經典之作《舊制度與大革命》（*L'Ancien Régime et la Révolution*）為名，在《經濟觀察家》（北京一家「獨立」新聞雜誌）刊出一篇文章，明白指出中國共產黨需要落實憲法治理，否則難逃法國舊政權遭革命推翻的命運。文中說，「共產黨的權力來自人民付託。共產黨掌握政權並非一勞永逸。今天掌權並不等於永久掌權。」[44]

八月十九日到二十一日，中宣部在北京舉行全國宣傳和思想工作會議。習近平在會中發表講話，加碼強調「九號文件」，用輕蔑、排外、挑釁意味十足的文字訓令全國宣傳工作人員，要了解「西方國家將中國的發展和成長，視為對西方價值觀和體制的挑戰，敵對勢力正加強對中國的思想和文化滲透……全力傳播所謂『普世價值』……目的是與我們爭立場、爭人民、爭群眾，最後推翻中國共產黨的領導和中國社會主義系統」。習近平堅持，所有黨工人員必須「堅決保持和黨中央的高度一致，堅決維護黨中央的權威」。他強調，互聯網「已經成為輿論鬥爭主戰場……西方反華勢力一直妄圖利用互聯網『扳倒中國』……在這個戰場上，我們能頂得住、打得贏，直接關係我國意識形態安全和政權安全」。[45]

在習近平下令黨機器嚴控宣傳議題之後，《炎黃春秋》曲終人散的最終命運看來已成為定局。從黨的守舊派元老到宣傳官僚、「毛左」網站，一直就對這家雜誌仇視不已。在蕭克將軍於二〇〇八年去世之後，能夠庇蔭這家雜誌的大人物凋零殆盡，它的生存只能依靠它的聲望以及杜導正聰明圓滑的運作。雜誌編輯與宣傳當局談判條件，同意不刊登有關天安門事件、當今領導人家屬、權力分割等敏感議題的文章。但《炎黃春秋》仍然每一期都「違規」，當局不斷找藉口進行整肅，清除它的編輯，揚言將它關閉。

國家廣播電影電視總局在二〇一四年通知杜導正，《炎黃春秋》需要一個比「中華炎黃文化研究會」更完善的監督機構，以確保出版內容符合規定。廣電總局指派隸屬文化部的中國美術學院負責這項監督任務。杜導正知道，想迴避監督就必須找一個有政治影響力的靠山。他在十月間找上胡德平，請胡德平接任雜誌的名義發行人。胡德平顯然感到不安，有些遲疑不決。[46]楊繼繩隨即接任總編，《炎黃春秋》還聘了知名人權律師向當局提出申訴。廣電總局拒絕了這項申訴，楊繼繩請丁東擔任執行編輯。二〇一五年二月，中國美術學院兩名代表開始出席《炎黃春秋》的編輯會議。[47]

自二〇一〇年起，面對當局不斷施加的壓力，《炎黃春秋》顯然已無力招架。它送往當局預審的稿件中，遭到回絕或就此音信全無的比例，從二〇一〇年的百分之九十。二〇一五年四月，廣電總局發布警告，《炎黃春秋》開年以來頭四期發表的八十七篇文章中，有三十六篇的內容「違規」，要求《炎黃春秋》將預定下一期發表的所有稿件全部送審。《炎黃春秋》編輯台猶豫不決。[48]

二〇一五年初，胡德華出任《炎黃春秋》副總編。楊繼繩被迫退休，否則會喪失其新華社的養老金。二〇一六年五月號《炎黃春秋》原本計劃刊出五篇文章，紀念文化大革命五十週年，但遭中國美術學院嚴拒，當局還以關閉印刷廠為要脅。杜導正與胡德華只得同意撤下五篇中的四篇，並大幅修改剩下的一篇文章，《炎黃春秋》終於在遲了兩週之後出刊。[49]

最後結局嘎然而至。二〇一六年七月十三日，不明的保全人員帶著床墊與毛毯突然闖入《炎黃春秋》辦公室，趕走工作人員，換了門鎖與電腦密碼，使原來的職工無法工作。中國美術學院隨即宣布，將正在醫院休養的總編輯杜導正革職，編輯部其他人員辭職。[50]七月十七日，杜導正發表「停刊通知」，指控中國美術學院違反它與炎黃春秋出版公司的協議，違反中華人民共和國保障出版自由的憲法。杜導正並且宣布，不再承認中國美術學院為炎黃春秋雜誌的監督單位，任何使用「炎黃春秋」之名繼續出版的刊物，都未經合法授權。[51]八月，《炎黃春秋》編輯部所有四十八名工作人員與顧問簽署公開文件，支持杜導正的聲明，並揚言採取法律動。但之後無疾而終。

他們的法律挑戰未獲地方法院受理，《炎黃春秋》的新編輯依照原來的名號、規格繼續出版，甚至連網站都沒有變。但現在《炎黃春秋》發表的不再是那些挑戰黨正統史觀的文章，而是為北京政權效力的宣傳八股。觀察家指出，應邀為這家「新」雜誌供稿的作者，都是黨內殘存「改革派」

深惡痛絕的「毛左」。[52]

中外一些觀察家認為，總體而言，《炎黃春秋》的關門為改革敲響了喪鐘。沒隔多久，其他幾個支持改革理念的網站與刊物也遭當局查封。但「胡耀邦史料信息網」仍然開放，可以在它的檔案裡找到遭其他網站刪文的爭議性文章。不過它貼出的新文章，大致聚焦在一些較不敏感的話題。過去貼出一些有關爭議性人物或議題的特稿開始逐漸下架。

黨要收回它的主控權

在《炎黃春秋》大亂鬥上演以前，在黨的二〇一五年胡耀邦誕辰一百週年官方紀念儀式上，胡耀邦家族再次遇挫。根據慣例，位階超過一定程度的高官百歲冥誕，黨中央委員會都要舉行紀念儀式。這類儀式都是官式、不帶人味的場合，舉行地點、規模、由什麼人出席、儀式中發表什麼講話，都根據逝者的官階與政治熱度而嚴格控制。[53]

胡耀邦的誕辰一百週年官方紀念儀式預定在二〇一五年十一月二十日舉行，雖然一般預期它會按規行事，但早先幾次紀念儀式都留下幾個未解之謎：這次會不會平反那項官方「判決」？胡耀邦的稱號會不會加上「偉大的馬克思主義者」字樣？《懷念耀邦》剩下的兩卷會不會發表？《胡耀邦選集》能否問世？

四月間，胡德平與胡德華談到對這項紀念式的指望時說法不同。胡德平對《中國青年報》的記者說，他認為黨中央會「竭誠籌備」這項紀念式，根據官方的指導原則，屆時會有「主要領導同志」

到場發表講話。[54]而胡德華則有不同說法。他說，「對決定紀念我爸誕辰一百週年，全家都表示非常感謝。再者，中央有文件，說他犯了組織上、思想、什麼政治上的嚴重錯誤，但是具體什麼錯誤說得並不清楚，一直到後來也沒有說清楚。希望有個結論，但這個結論一直含含糊糊。」胡耀邦的改革成就被鄧小平「張冠李戴」，胡德華對此表示不滿。[55]

隨著一百週年誕辰紀念日的接近，海內外媒體更加關注胡耀邦與他的名譽。中央黨校史學者、《炎黃春秋》編輯委員王海光發現，中國與中國共產黨已進入一個充滿無數矛盾的新紀元，濫權與「難以想像的貪腐」都創下新高。王海光嘆道，社會「已經喪失改革共識」，但希望透過對胡耀邦一生事蹟理性而嚴肅的研究，人們能夠「重拾改革初衷，重建改革共識」。[56]

紀念儀式舉行兩天前，《人民日報》主辦發行的綜合型報紙《環球時報》，在社評中發表一名「消息靈通、但非官方人士」的看法。社評中承認，有關胡耀邦在一九八七年犯錯的爭議「隨著時間流逝，不斷受到官方淡化」。並說，這類爭議不過是一些「花招」，用意是將胡耀邦神化，或將他汙名化。社評認為，即將舉行的官方紀念儀式將使胡耀邦「輝煌的成就和偉大的人格」成為「全黨、全社會的動力」。胡耀邦「畢生的忠誠，將發揮積極作用，促成全社會的共識」。[57]但頗具反諷意味且也不足為奇的是，即使是這樣小小一根橄欖枝，也很快遭到當局從《環球時報》網站上下架。

約有兩百到兩百五十人出席了這次百歲誕辰官方的紀念儀式，所有政治局常委會七名常委全數到場。在官方拍攝的紀念儀式影片中，胡耀邦的四名子女都坐在會場中央，身邊還伴著胡耀邦的幾名秘書與工作人員。胡耀邦的妻子李昭由於年邁多病沒有出席。[58]習近平在儀式中發表講話，講話時間比曾慶紅在二〇〇五年那篇長。在談到胡耀邦的生涯時，習近平使用的詞彙與之前兩次紀念儀式的用詞幾乎完全一樣。胡耀邦仍然沒有得到「偉大馬克思主義者」的稱號。在這篇講畫中，習近平要全體黨員學習胡耀邦「實事求是、勇於開拓的探索精神」，學習他忠於人民……他「求真務實，在實踐中認識真理」……以及他「公道正派、廉潔自律的崇高風範」。習近平在結論中說，為了讓黨精進，「我們要團結一心，銳意進取，努力創造無愧於時代、無愧於人民、無愧於先輩的新業績。這是我們我們對老一輩革命家的最好紀念。」[59]

有關胡耀邦誕辰一百週年的其他紀念活動，還包括在中央黨校與胡耀邦老家舉行的座談會，兩場座談會都有胡耀邦家屬與會。《胡耀邦選集》發表了，內容有他的一些演講與著作。國家電視台也播出一套分為五部的胡耀邦紀錄片。《懷念耀邦》最後兩卷終於發表。五名原作者中又有三人離世，所以在敘事過程中——特別是「卷三」——出現那些明顯漏洞，似乎只有一個解釋，就是它們遭到審查當局大舉刪文。就黨的觀點來說，現在二〇一五年精心打造的胡耀邦，比一九八七年那個胡耀邦更重要。

誰是真正的胡耀邦？

就這樣，胡耀邦重回共產黨懷抱。在他去世二十六年後，當年整肅他、羞辱他的黨，現在將他奉為模範。經過「安排」與重編，現在他那些多彩多姿的散文包裝成冊，成為忠實黨員研讀的教材。他的事蹟——並非全部——現在出現在銀幕上，幫助人們記住。黨要他們記住的過去。他的傳承也經宣傳機構刪減與修整。

但對追隨他、崇拜他的人來說，他們記憶中的胡耀邦又是如何？在他有生之年與在他去世之後，他那激勵人心，代表「民主精神」、「傑出人道主義者」、「中國共產黨人的良知」、「偉大解放者」、「改革先驅」的胡耀邦又如何？他有什麼特殊才能，他怎能在一個如此專注個人政治權勢、卻又如此要求部屬絕對臣服的黨裡攀登頂峰？他與毛澤東、鄧小平及其他「偉大」中共領導人的關係如何？胡耀邦對黨的濫權與錯誤有什麼看法？這位「黨的良知」是在什麼時候發現他的良知？他的改革程序如何？他的目標是什麼，政策是什麼？他為什麼失敗？

一九八九年，仰慕他、尊敬他的平民百姓，利用他的葬禮渲洩他們對貪腐、獨裁共產黨政權的憤怒，導致這個政權以胡耀邦本人絕對想不出、辦不到的手段對這些百姓血腥鎮壓。這個信譽早已破產，只剩下空洞的意識形態，只知道用壓倒性警察權維護統治的政黨，現在重新拼湊他的事蹟，仔細盤點出一些他可資運用的名聲，以進一步加強管控。不過，甚至直到胡耀邦去世三十年後的今天，這個黨似乎仍然不了解胡耀邦之所以如此為人愛戴、崇敬的真正原因。

毛澤東死後的中國共產黨內鬥不斷加劇，民眾的支持度也每下愈況。這不禁讓人想到，面對這種情勢，如果換成胡耀邦，會比鄧小平與趙紫陽做得更成功嗎？當然這樣的猜測並無意義。鄧小平先後在一九八六與一九八九年兩次叮囑手下，在應付抗議群眾時不要避免流血，胡耀邦則不一樣。胡耀邦主張保持耐心，採取容忍的態度。事實上，他向鄧小平提出辭呈的部分原因，似乎正是希望藉以避免警察與學生之間的一場暴力對抗。而在一九八七年一月初，為了讓那些尋亂滋事的示威者「軟著陸」，他採取了行動。

但值得探討的是，胡耀邦那系統化改革的理念能不能起振衰起敝之效。有人說，與鄧小平和趙紫陽拖延拖延許久所採取、接著又放棄的改革計畫相形之下，胡耀邦的「全面改革」好多了。但胡耀邦一直沒有機會真正著手推動他的計畫。在一九八三年他發表「全面改革」的講話之後不到兩個月，他的計畫遭到封殺。在陳雲主持的一次高層會議中，胡耀邦遭到斥責，當時陳雲還計劃召開中央委員會工作會，譴責胡耀邦，將胡去職。這項計畫顯然因鄧小平與葉劍英的干預而沒有成功，但「清除精神汙染」運動的壓力始終陰魂不散。胡耀邦終於被反對勢力拉下馬。

胡耀邦何以成功

胡耀邦並不能給人一種天生領導人的印象。長得瘦弱矮小的他，無疑常遭同儕欺負、霸凌、取笑。雖然鄧小平也是矮個子，但他長得結實粗壯，還透著一股不屈不撓的狠勁。相形之下，胡耀邦總是親善和睦，散發著一種略顯神經質的活力。胡耀邦也有堅忍的韌性。幼年時代的他曾經為了上學每天來回走二十公里。他參加長征，歷經各種病魔的折磨，在文革期間遭到毆打，還進了勞改營，但他挺了下來。

「耀邦同志」──他喜歡別人這樣叫他──誠懇清廉。他從不擺「官威」，也從不指望自己享有特權或待遇。他絕不為自肥或為家人而濫權。他以公正自豪，而這也是他與他的許多同事不同之處。就算批判他最兇的人也承認，無論在私生活或專業領域，「耀邦同志」都是非常正直之士。

他擁有驚人的智慧與將它發展到極致的決心，這是他最突出的特點。他在十四歲那年輟學，但他從未放棄對教育、對育人的重視。胡耀邦手邊總是擺著書，一有閒暇就會翻閱。他成為知識份子，也喜歡與知識份子為伍。他的官僚行政技巧嫻熟，並隨著新職位調動，不斷精進。他做事有組織，工作勤奮，使命必達，經常晝夜工作，晚間睡在辦公室。胡耀邦了解他的上級，也了解他的部屬，對指揮鏈瞭若指掌。他懂得如何整頓部屬，讓大家都知道他的做法，以及他這麼做的原因，而且知道他對他們的期許。每在進入新的官僚機構，他會立即召開大型會議，務實地說明他的任務，鼓舞部屬共襄盛舉。

在官僚「韁繩」鬆綁、讓他擁有較多的自主權時，胡耀邦做出的成績也更亮麗。誠如鄧小平所說，胡耀邦不「盲從」。一九七七至一九七九年間，由華國鋒與葉劍英掌握決策權的那兩年，是胡耀邦表現得最好的一段時期。當鄧小平與陳雲於一九七八年底展開權力角逐時，胡耀邦夾在兩人不斷變化的意見之間，動輒得咎，而且遭到陳雲派系火力越來越猛的攻擊。

儘管沒受過多少正規教育，胡耀邦有極其高明的寫作技巧，特別是在任職共青團期間，他積極投入，建立共青團日報與週刊，更將他的文筆技巧嶄露無遺。他經常自己撰寫講稿，不用黨派下的撰稿人。在處理中央委員會決議這類重要文件時，他與指定的起草小組密切合作，幫忙審稿，也對最後草案進行修飾。在管理中央黨校思想刊物《理論動態》時，胡耀邦會指定主題、社評，還會安排它們在全國媒體發表。

中共政治完全由人際關係壟斷。直到此時，胡耀邦最重要的關係就是他與毛澤東、葉劍英與鄧小平的關係。在長征結束的那段日子，毛澤東眼裡的胡耀邦是才華洋溢的湖南同鄉，也是延安「抗大」的好學生。毛澤東把胡耀邦安插在極具敏感性的紅軍人事單位，但後來由於胡耀邦不肯順從毛與康生的指示、清除軍情部的「間諜」，毛澤東似乎對胡耀邦感到不快。一九四九年胡耀邦奉派前往川北，一九五二年進入共青團，背後都有毛澤東的影子。胡耀邦在一九六二年派駐湖南湘潭，之後於一九六四至一九六五年進出陝西，都經過毛澤東授意。毛澤東在文革初期，放任紅衛兵毒打胡耀邦，之後又讓胡耀邦出席中央委員會，要他支持將劉少奇開除黨籍。但胡耀邦並未能因此重獲毛澤東的寵信，還被送往勞改營受了三年罪。一九七五年，在毛澤東授意下，胡耀邦短暫復出，協助肅清中國科學院，但僅僅幹了一百二十天又因毛的授意而被逐下台。一九七六年，毛澤東終於死亡，胡耀邦依然故我，他從未積極支持「去毛」，也不壓制這項運動。

葉劍英在延安時期是胡耀邦在軍委的上司，也就在這段期間他與這位客家鄉親結下不解之緣。在國共內戰期間，胡耀邦大部分時間在華北工作。其間，胡耀邦或因病、或因遭迫害險些喪生，都由葉劍英救助脫險。葉劍英在一九七五年向華國鋒與鄧小平舉薦胡耀邦，在四人幫於一九七六年垮台以後再次舉薦。華國鋒登基靠的是葉劍英勢力的支持，但鄧小平使盡全力在一九八〇年拉華國鋒下馬，讓這位老元帥面上無光。儘管葉劍英全力支持胡耀邦晉升主席和總書記，而且仍是政治局常委排名第二的領導人，但在胡耀邦在位期間，葉劍英大部分時間都住在醫院或在廣州休養。陳雲、鄧小平、李先念能夠發動計畫，迫使胡耀邦辭去總書記職位，葉劍英在一九八六年去世應該是一大原因。

與鄧小平的關係對胡耀邦影響最大、也最複雜。中外中共問題觀察家對兩人關係存有若干誤解。首先，胡耀邦是鄧小平的部屬，但不是鄧提拔的門生。其次，兩人對於中共需要什麼改革與如何改革等問題看法不一。第三，胡耀邦所以下台，並非如鄧小平所說，是因為胡耀邦無法解決「資產階級自由化」問題。事實上，胡耀邦之所以下台，是因為鄧小平未能支持胡耀邦對抗來自黨內老人的攻擊。

一九五〇年二月，鄧小平在中共中央西南局總部重慶召開省委書記、行政官僚與司令員的會議，這是胡耀邦與鄧小平第一次的專業邂逅。鄧小平以鐵腕統治西南，用血淋淋的代價取得剿匪、肅貪與土地改革的成功。來自北京與重慶的高壓政策讓胡耀邦心驚膽戰，但他從未不服從或怠忽職守，他的工作成果讓毛澤東與鄧小平都感到滿意。

在一九五二年鄧小平與胡耀邦兩人調進北京後，鄧小平加入中央書記處，胡耀邦出掌由書記處督導的共青團，兩人都在毛澤東的羽翼之下。鄧小平成為厲行毛澤東反右政令的酷吏，還在一九五七年把共青團人員送往勞改，讓胡耀邦束手縛腳，無法推動工作。之後，毛的經濟與社會計畫在鄉間引發動亂，鄧小平開始在政治上向劉少奇靠攏，胡耀邦則為了逃離北京政壇，在湖南與陝西出了兩次臨時性任務。在陝西期間，胡耀邦遭到鄧小平書記處的同夥迫害，幾乎一病不起。毛澤東派遣葉劍英救出胡耀邦，而鄧小平卻只是袖手旁觀。當毛澤東在一九六六年發動文革時，胡耀邦仍在北京養病。

對胡耀邦來說，文化大革命——長達十年的痛苦、屈辱、孤立與疏遠——是轉捩點。面對殘酷無情的體罰與情緒折磨，他使盡全力頑抗，他似乎成功了——他沒有因此崩潰、求饒，沒有因此認罪、出賣朋友，也沒有交出不利於鄧小平的證據。一九六八年，毛澤東給了他一次「將功贖罪」的機會，但最後他因為沒有向毛卑躬屈膝，未能在一九六九年進入第九屆中央委員會，還因為否定毛的文革而被送往河南偏鄉「五七幹校」，做了三年苦工。一九七二年，林彪事件打亂了文革進程，胡耀邦終於獲准返家休養，但還不是自由之身。在軟禁在家的三年間，他大部分時間一人獨處，當局仍然不斷派人登門造訪，進行盤查逼供。他知道中共當時的窘況——雖然毛澤東病到不能講話，但仍能讓領導班子談虎色變。

一九七五年，毛澤東將鄧小平與胡耀邦帶回中央，要他們設法癒合文革所造成的體制性創傷。但派系內鬥與毛的健康情況惡化，毛再次將鄧小平打入冷宮，胡耀邦也連帶遭殃。一九七六年，毛澤東死亡、四人幫垮台之後，胡耀邦由於與華國鋒、葉劍英的關係，比鄧小平先一步復出。

之後兩年，胡耀邦憑藉工作熱忱與組織技巧表現亮眼。他以中央黨校常務副校長的身分重新開班復課，創辦一個有影響力的理論雜誌，展開為被整肅教職員的平反工作。他以黨中央組織部長的身分大舉行動，為一九五〇年代以來數以十萬計幹部與平民百姓的「冤、假、錯案」平反，甚至包括一些曾獲鄧小平批准的案件。他的工作贏得廣大的支持，也為鄧小平開了一條一九七八年底重返黨中央領導高位的途徑。胡耀邦也因此晉升政治局，負責問題繁多的宣傳部。之後成為總書記（鄧小平曾在一九五〇年代初期擔任總書記）。

胡耀邦何以失敗

胡耀邦迅速晉升黨內關鍵要職，鄧小平以「改革總設計師」的身分成為領導「核心」，以及陳雲始料未及地重掌大權，而導致一連串進程與人事異動，最後造成胡耀邦下台。

胡耀邦從一九七七年「政治失業」到一九七九年成為黨的名義上最高領導人，是一段精彩的故事。而毛澤東的死亡造成了政治接班系統斷裂，以及華國鋒、葉劍英、鄧小平與陳雲之間那種不正常、不穩定的關係，正是譜成這段故事的關鍵因素。胡耀邦曾與華國鋒、葉劍英、鄧小平、以及陳雲等四人中的三人共事，他們對胡耀邦都不陌生。胡耀邦擁有過人的官僚能力，善於「從混亂中建立秩序」，並曾經在幕後促成第十一屆三中全會的成功，這是元老們都支持他的原因。

但從幾方面來說，他本身的成功，以及他在一九七八年十一月中央委員會工作會贏得的熱誠支持，卻埋下他失敗的種子。他在三中全會當選中央委員會總書記、中央宣傳部部長、中央紀律檢查委員會第三書記，同時還保有中央黨校常務副校長職位。雖然他當上總書記，卻只有一間臨時辦公室，而且除了兩名無精打采的副手，他的總書記辦公室幾乎沒有幕僚與工作人員。此外，雖然他對中宣部的工作瞭若指掌，但當時的中宣部四分五裂，盡是一些拿著思想當武器、相互爭戰不休的官僚。

胡耀邦一定認為，憑藉他在中央黨校的工作，特別是他經營《理論動態》的經驗，相較於職責模糊的總書記新職，他更能勝任愉快中宣部的工作。所以他一開始便全力投入中宣部工作。一九七九年初，他在葉劍英的支持下，決定召開「理論工作務虛會」，希望澄清有關毛澤東與文革的議題，以統一黨的路線，或許這項決定操之過急。數百名知識份子出席這項歷時三個月的會議，在會中放言高論，批判毛澤東、毛思想，尺度超越胡耀邦的預期，更讓鄧小平等黨內大老無法容忍。雪上加霜的是，民眾在西單民主牆對鄧小平發動的攻擊不斷升溫，而且解放軍入侵越南之戰又沒有討到好處。處在這種情況下，工作會與會人士所提出的「去毛化」建議自然令鄧小平不快。於是鄧小平在三月三十日發表措辭嚴厲的「堅持四項基本原則」講話，點名批判「理論工作務虛會」。胡耀邦不得以叫停了務虛會後半段，重新投入官僚組建工作，設法完成黨史決議，以重設黨的指導理念。此時他得直接面對兩個經驗老到、技巧純熟的「大師」：鄧小平與陳雲。

講究務實的鄧小平，基本上關心的是中共的經濟表現與國際威望，主張以一套「富強」作法推動現代化。在鄧小平看來，所謂改革就是願意將中共閉鎖的貿易與投資結構開一個窗口，放鬆共產黨對一切經濟決定的壟斷，以加速復甦腳步，掙脫數十年內亂所造成的困境。與毛澤東與其他許多中共老人一樣，鄧小平也瞧不起西方文化與價值，強調中共絕對要「反對資產階級自由化」，但我們也可以將他的心態解讀為「恐外症」。一九八〇年代初期，鄧小平在「改革開放」與「堅持四項基本原則」兩大政策之間搖擺不定。「改革開放」倡導創新與西方作法，而「堅持四項基本原則」卻要求鎮壓逐漸升溫的西方式自由民主概念。知識份子擁護「改革開放」，中共老幹部與殘餘「左派份子」則主張「堅持四項基本原則」。

在兩度遭毛澤東解除一切職位，終於再次復出之後，鄧小平仗著他老到的政治技巧與職涯經歷，行為舉止就像他是中共命定的「核心」領導人一樣。而事實上，毛澤東也曾在一九五〇年代對鄧小平說過這樣的話。此外，前文革政治結構崩壞，眾多同代政治「明星」因文革殞落，也對鄧小平有利。在鄧小平看來，華國鋒是不夠格的暴發戶，只有將華趕下政治舞台，才能推動重振經濟與黨譽的大業。鄧小平信心滿滿，霸氣十足，擅長權力運作與發號施令。他對無上政治權威的欲求永不停歇。他躊躇滿志地接受改革「開放的總設計師」封號，不過他在一開始似乎不太了解這個封號的真正意義。

陳雲靠邊站了多年，但一直沒有遭到解職或下放。一九七七年，儘管身體狀況不佳，但他迅速崛起，成為重要領導人。他的資歷（他在鄧小平之先成為政治局委員）、對人事議題的知識、以及管理計畫經濟的經驗，使他成為後毛澤東政治局常委會的重要人物。一開始，陳雲在權力官僚組織（軍隊、安全部門、中央政府與宣傳機構）內並沒有支持者，但他向鄧小平等人釋出善意，為自己換來經濟決策與關鍵人事任命的主導權。自視甚高的陳雲瞧不起胡耀邦與華國鋒，認為兩人根本不懂經濟。陳雲絕大多數時間在上海與杭州的豪華別墅裡養病。他篤信蘇聯式經濟計畫，對市場經濟及開放外資參與中國經濟發展的作法極度不信任。

胡耀邦對改革的作法則不同。他的作法既反映他更具草根性，也說明他與毛澤東大相逕庭。在胡耀邦看來，改革就是發現事情出了差錯，需要修正。對他來說，改革的意義不僅僅是經濟表現與競爭力而已。他發現，中國共產黨在毛澤東錯誤的領導下，對中國人民造成巨大的創傷。在一九八〇年的六名政治局常委中，曾經歷最嚴重的身體與精神折磨的人是胡耀邦——他像數以百萬計的平民一樣，在文革期間受盡凌虐。他知道要撫平這樣的創傷，就必須坦承錯誤，調查錯誤的源頭，並下定決心糾正。如果問題來自不正確或遭到誤用的思想，無論發起或倡導這個思想的人是誰，黨都應該進行調查，並加以更正。胡耀邦進入中央黨校初期，就根據這項原則推動對思想調查的去敏感化，以打破毛澤東個人崇拜所樹立的藩籬。

胡耀邦在一九八〇年當上總書記，有了人員充裕的中央書記處之後，他便與萬里聯手推動鄉村地區去集體化，改善了億萬農民的生活與生產力。經過幾年不斷地檢討，修改農業體系相關政策，胡耀邦與萬里終於重建家庭農耕，解除眾多農民所痛恨、毫無效率可言的公社制。這項改革歷時四年，一直進行到一九八四年。農業改革帶來的巨變造福了億萬中國人民，也為推動其他的經濟改革措施帶來誘因。

在評價毛澤東與中國共產黨黨史相關議題上，胡耀邦與鄧小平的看法也不相同。黨史決議起草過程於一九七九年十月展開，一直進行到一九八一年中。鄧小平要運用他的「核心」權力，指定黨史決議起草條件與參與人選，親自控制黨史訂定過程與其成果。胡耀邦主張聽取更多批判之聲，組織大型資深黨官會議，在不同的階段對決議草案進行討論。在與會人員對毛澤東功過之爭越演越烈時，鄧小平下令胡耀邦休假，由胡喬木與鄧力群接手完成決議起草。就這樣，最後通過的歷史決議粉飾了毛澤東所犯下的錯，對文革成因與文革所造成的慘痛代價也避重就輕，蒙混過關。

在華國鋒與華國鋒於後毛時代領導角色的問題上，胡耀邦與鄧小平的看法也大相逕庭。鄧小平認定由華國鋒繼續擔任黨主席、中央軍委主席、國務院總理「不適當」，並施壓政治局常委會剷除華國鋒。胡耀邦主張建立一種輪值機制，由政治局常委輪值主席，但鄧小平認為胡耀邦這種作法礙手礙腳，於是一口回絕。胡耀邦只能認命，在一九八〇年底主導行動，列舉華國鋒的錯誤，將華國鋒拉下馬。這是鄧小平發動的三場「宮廷政變」的第一場，這場政變也讓葉劍英受辱，實質上迫使葉劍英退休。

在黨內的政治問題上，特別是有關政治鬥爭的處理作法上，胡耀邦的作法也悖離中共政治文化的慣例，而獨樹一格。中共早自革命開始以來，暴力迫害就是其認可的政治文化常態，甚至在革命成功以後，情況依然不變。「敵我矛盾」、「鎮壓反革命」、「你死我活」、「強迫逼供」、「除四舊」、「勞動改造」、「嚴打」犯罪、以及不勝枚舉的黨活動，無不強調一種來自最高層的暴力文化。只因階級背景不同，或想法不同，或擁有一定職位就相互毆打、殺戮的情況，在文革期間臻於鼎沸，而胡耀邦就是文革早期的受害者。文革結束後，胡耀邦在黨內推動「四不主義」來化解這些矛盾：「不抓辮子」(不揪人短處)、「不戴帽子」(不亂扣政治標籤)、「不打棍子」(不用暴力)、還有「不裝袋子」(不用黑材料誣陷他人)。那些冷血無情、以暴力鬥爭對付華國鋒與胡耀邦本人的黨內老人，自然對胡耀邦這套做法不屑一顧。

在高級領導人「終身制」的問題上，鄧小平與胡耀邦的觀點也相去甚遠。兩人都認為，文化大革命期間，毛澤東與林彪搞的那套對毛主席的個人崇拜不能重演。「終身制」議題與毛澤東息息相關，當年毛澤東若沒有取得一輩子當主席的保證，就不會出現個人崇拜。但在後毛澤東時代，由於太多文革期間被整肅的七十高齡老人復職，他們無不希望多幹幾年，享受老幹部的福利，下台以後還能為家人取得相當好處。結果是老幹部充斥，需要經驗作為晉升之階的年輕官員仕途受阻。這種現象讓胡耀邦陷於掙扎，因為他是在一九七八至一九八〇年間，協助眾多老幹部復職最主要的推手。沒隔多久，胡耀邦就開始設立適當的程序，幫助老幹部退休。

在第十二次黨大會後，鄧小平與陳雲的關係幾乎立即惡化，進而影響胡耀邦與鄧小平的關係。鄧與陳幾乎從不直接對話，而鄧小平也不讓胡耀邦召開政治局常委會，因為胡與陳「談不攏」。在有關中國經濟的基本定義，或一九八〇年批准設立的經濟特區是否值得保留這類重大議題上，無論是胡耀邦或趙紫陽都沒辦法說服這兩個老人面對面直接商量。正如著名史家楊繼繩所言：

> 這種領導體制，有名義權力的人沒有實際權力。有實際權力的人沒有名義權力，而且第一線和第二線難免發生矛盾。一旦第一線和第二線發生矛盾，勢必是有實權的第二線壓倒沒有實權的第一線。再加上第二線的鄧小平和陳雲「談不攏」，在第一線工作的領導人就更難了。所以「鄧胡趙體制」

是一種不能長期穩定的體制。[60]

在鄧小平、陳雲、李先念、楊尚昆、薄一波、彭真、王震與鄧穎超等「中共八老」，在中央顧問委員會庇蔭下出現之後，這個問題更加嚴重。[61] 由於鄧小平、陳雲都會找這些老人商量，尋求支持，久而久之這些老人也就非正式參與關鍵決策議題。胡耀邦與陳雲的關係充其量只能算是「疏遠」而已。兩人在職涯旅途中並無交集，陳看扁胡的經濟知識，還曾利用這個題目批判鄧小平。胡也看不起陳的經濟構想，稱它們為「那個老套」。胡耀邦與其他老人的關係也好不到哪裡去，老人因此喜歡散播不利他的流言，讓他在宣傳機構、國務院與解放軍等重要官僚系統的名譽受損。

一九八五至一九八六年間，胡耀邦對工作更具信心。在一九八五年九月的「全國代表會議」與兩次中央全會中，他在人事上斬獲頗豐，所有代表性機構的老人都減少了。在一九八六年的第六次全會中，他展現絕佳的文件處理技巧，完成「精神文明決議」。一九八六年八月十九日，在青海一次與解放軍幹部的會議中，胡耀邦說明他的政治改革計畫。這項計畫規模之大，一定讓許多人聽得瞠目結舌。他的計畫包括：黨、政分家；廢除終身制；調整「整個幹部班子」讓幹部更年輕、更有知識、更專業和體制化；加強政、法機構；重建農村；精簡軍事單位；減少關於個別人的宣傳；「發展社會主義民主」；澄清地方立法機構角色；務使貪腐的黨、政官員「接受人民監督」。[62]

一九八六年十月三十日，陳雲與鄧小平、李先念共同舉行了一次會議。或許就此展開了導致胡耀邦於一九八七年初辭職的過程。不過發起這項行動的人是鄧小平。十二月二十七日那天，鄧小平把「八老」中的幾名老人召到家中，宣布胡耀邦不能有效採取行動，對付學生示威，要他們表態支持他迫使胡耀邦辭去總書記。接受胡耀邦辭呈的人是鄧小平，召開生活會、要胡耀邦在會中備受屈辱的人也是他。這項生活會的各種細節，包括主辦當局（中央顧問委員會），都經過鄧小平授意，或許在會中講話的人也經過鄧小平批准。鄧小平要求讓胡耀邦「軟著陸」，包括讓胡耀邦保有政治局常委頭銜，而且不得在生活會中隨意批判——例如不得攻擊胡耀邦搞派系。但與會老人罵聲四起，大多將這些限制拋在腦後。一九八七年一月初，鄧小平廢了政治局常委會，成立「五人小組」處理直到第十三次全國代表大會前的黨務。在胡耀邦早已預定的判決於一月中旬宣布後，鄧小平再次篡奪中央委員會的權限，比預定計畫提前數月，在七月間宣布第十三次全國代表大會成果。

但因罷黜胡耀邦而獲利最多的是陳雲一夥，他們不僅重掌組織部、宣傳部，還掌握了國務院經濟計畫官僚的控制權。根據趙紫陽的說法，在他繼胡耀邦出任總書記之後，陳雲一派人馬利用這些權位削弱他，讓他完全無力推動任何改革。在將胡耀邦逼下台後不到兩年，鄧小平又與陳雲、李先念合謀，打算趕走趙紫陽。[63]

鄧小平或許不樂意這麼做，但他原本就對趙紫陽有意見，胡耀邦去世後，群眾示威改變了每個人的政治盤算，鄧小平更加不能容忍趙紫陽。有人說，在一九八九年四月面對大規模示威的中共領導班，大多是由鄧小平與陳雲挑選的人組成的，這說法並不為過。在一九七九到一九八九年這段期間，鄧小平與陳雲透過對人事選拔進程的壟斷相互制衡。在面對壓力時，他們選定的接班人不能相互協調、找出對策，只能相互指控、卸責。

一九八九年四月到五月，四分五裂的政治領導班子無力應付天安門群眾大示威的挑戰，於是陳雲與李先念對鄧小平伸出援手。他們建議由時任上海黨委書記的江澤民取代趙紫陽，繼任總書記。

「隔代」接班的架構在一九八九年這一刻正式登場。鄧小平選定的接班人胡錦濤，甚至在一九九七年鄧小平死後才接了江澤民的班，而江澤民為胡錦濤選定的接班人是習近平。習近平阻止胡錦濤選定接班人，並決定不指定接班人。

天安門事件過後，中共領導層走回老路。在六月九日為解放軍慶功的集會中，在幾名名列「八老」的老人簇擁下，鄧小平讚揚那些向他伸出援手的「老同志」。之後，軍方將鎮壓示威群眾的權限交給公安，共產黨於六月二十三到二十四日召開全會，將趙紫陽與胡啟立從常委會除名。趙紫陽堅持不肯認錯，被軟禁在家直到去世。一般視為胡耀邦主要支持者的胡啟立，被除去政治局常委會與中央書記處職位，但在一九九一年獲得有限度的平反，擔任一個遠較之前不起眼的職位。隨著江澤民、李瑞環與宋平「入常」，這時的政治局常委會更加偏向陳雲一派，經濟改革就此止步，政治改革作業也全面叫停。

「六四」事件結束後兩年之間，由於外國聯手制裁，中國經濟因此凋零。陳雲、李先念、李鵬一夥集中全力搞「調整」，對經濟特區的前途表示關切。鄧小平終於收回政治與經濟政策的主導權，於一九九二年初大張旗鼓訪問深圳。這次所謂「南巡」的深圳之旅，是鄧小平的「天鵝之歌」（swan song，譯按：死前的最後發聲）。鄧小平利用這次「南巡」向江澤民提出一項直接的威脅：必須支持經濟特區，否則辭去總書記職下台。[64]

李先念與陳雲在之後兩年相繼去世，鄧小平因此贏了這場「長壽競賽」。鄧小平一直活到一九九七年，生前確立胡錦濤為江澤民的接班人。胡錦濤曾在一九八〇年代擔任共青團第一書記，經常被控提拔團派人馬與江澤民進行政治鬥爭。江澤民與胡錦濤之間的權鬥激烈異常且深藏幕後，而且個人色彩甚濃，最後的勝利者是江澤民、江的代理人曾慶紅，以及他們選定的接班人習近平。65

胡耀邦誤了共產黨，還是共產黨誤了胡耀邦？

事實證明，讓中國人民受盡折磨、吃盡苦難的中國共產黨無力自我改革，想要讓中國人從海外推動它的改革也是緣木求魚。我在這本書一開始就指出，胡耀邦作為一位改革家，任務是失敗了。但我們要問為什麼？回顧起來，問這樣的問題多少有些不公。儘管身為中共史上同時保有黨主席與黨總書記頭銜的唯一一人，但胡耀邦從來不具備足以讓他指揮政治、思想、經濟或外交事務的黨、政大權。他的影響力來自他的說服力，想改變現狀，他就得說服在他上面、握有實權的老人採納他的構想。鄧小平在一九七七年的復出與陳雲在一九七八年的晉升，造成領導高層權力競爭，也讓胡耀邦更難做事——他得服侍兩個主人。

在中央委員會—政治局—常委會的中國共產黨建制內，最高層領導人想角逐權力，就得有本領將自己的部屬或代理人安插在最重要的黨、政官僚機構的要職，這類機構包括軍隊、民警保安機構、共產黨行政管理與人事中心、宣傳組織及經濟計畫系統。在鄧小平與陳雲壓制下，胡耀邦的人事任免權相當有限。他在總書記任內取得的成功，部分歸功於他擁有一個龐大、幹練的中央書記處（配置十一名書記）。胡耀邦下台後，儘管趙紫陽領導的書記處對中央委員會日常管理工作仍然重要，但規模已大幅縮水，書記人數始終只有六、七人。到一九九二年，第一、第二線領導結構與中央顧問委員會都廢棄了。

在中國共產黨內，無論談思想、結構、關係或獨裁統治理念，一切都講究政治權力，領導人展現的這種權力欲求也從不遮掩。對最高領導班子與有意躋身這個班子的領導人而言，競爭一直是人際關係的重要因素。只有政治鬥爭的勝利者才有權寫歷史，一般來說，只有權鬥勝利者才能取得「核心」領導人稱號。所謂「核心」是有其積極內涵。在一九四九年後擔任過主席或總書記的中共領導人中，毛澤東、鄧小平、江澤民與習近平都被稱為「核心」領導人。華國鋒、胡耀邦、趙紫陽與胡錦濤沒有這個稱號。後面四人中有三人遭到罷黜，而剩下的胡錦濤在一般人心目中是一名軟弱、無效的領導人。換言之，中國共產黨體系口口聲聲強調「集體領導」，但更加重視個人獨裁。

二〇一四年，胡耀邦小兒子、最敢言的胡德華，與一名香港記者談到一九八〇年代改革「失去的機會」：

當時〔一九八〇年代〕出現一扇改革之窗，但我們錯過了，我不知道下一次機會什麼時候才能到來。當你沒有法律保護這些權利時，一切都操控在官員手中……今天，官員貪腐已經無法無天，道德危機非常嚴重……我們雖然有保障言論與集會自由的憲法……事實是根本沒有自由。我們無權監督〔政府〕。[66]

二〇一三年四月，香港反共雜誌《前哨月刊》發表它所取得的一篇習近平的私下講話。習近平在這篇講話中明白表示，政治改革不在他的工作議程當中。二〇一二年底習近平在一次顯然是精英的集會中發表這篇講話，抱怨黨內既得利益太多，地方與國際問題也太多，他只是一個想辦法讓大家都滿意的「大經理」而已：

政治體制改革，一旦放開一個口子就很難回頭路，很難控制了。到時候，我這個總書記是不是能做，黨的領導地位是不是還能保持，就都很難講了。所以，不是我們不改，而是確實不能改，不敢輕易地改。誰敢擔這個責任呢？鄧小平時代，試圖改，結果都出了大問題。[67]

自習近平當政後許多年來，他與中國共產黨已頭也不回地悖離政治改革及全面改革之路。甚至一些原本名為經濟改革的計畫，也在黨的管控要求下一一沉淪。胡耀邦在一九八〇年代中期推動或考慮推動的改革大多已經放棄，有些甚至還背道而馳。就意識形態而言，中國共產黨已經將馬列主義打成一長串毫無任何道德內容的標語口號，儘管長篇大論、口沫橫飛，主要的訊息卻只有一個：不聽話就要被罰。習近平一夥不但沒有設法將黨、政分家，反而不斷加強黨對幾乎一切社會、政治活動的控制。毛澤東當年搞無產階級專政，目標就在於建立一個有效運作的警察國家，在「習近平新時代中國特色社會主義思想」的控制下，中國距離這個目標更近了。

習近平推動集權、黨—政關係、終身制（至少為他自己），甚至建立個人崇拜，在各方面與胡耀邦的改革理念背道而馳。而且，儘管中國過去四十年來經濟生產的成績傲人，在許多領域讓中國躋身世界先進國家之林，但胡耀邦讓人民先過好日子的抱負一直沒有實現。根據二〇二〇年總理李克強所發表的數字，中國十四億人口中，超過六億人——大多生活在貧苦鄉間——每個月的生活費不到一千人民幣（約一百五十四美元）。[68]

胡耀邦下台後，同意讓老友與部屬偶而造訪，不過或許因恐遭人懷疑他有意復出，他沒有經常接受這類訪問。一九八九年三月十九日，在他去世前不到一個月，他見了已故友人羅瑞卿的秘書王仲芳。羅瑞卿是中央軍委總書記，在一九七八年去世，胡耀邦也因此失去一名重要的軍中盟友。胡耀邦在這次會面中，興高采烈地談到職涯中兩件讓他始料未及的欣喜。首先，他沒想到自己竟能晉升如此高位，他認為這不是因為自己有多大本領，而是「獨特的歷史環境」使然。其次，即使下台後，他在民間的聲望依然崇高，沒有受損。當時王仲芳答道，因一九八七年胡耀邦下台事件而受創最劇的，不是胡耀邦本人，而是胡耀邦在文革過後努力重建的黨的形象與名譽。王仲芳說，「黨內不正常政治生活的陰影似乎已經重現。」[69]一個月後，胡耀邦去世，中國共產黨的「不正常」政治生活也成為永久結構。

胡耀邦的故事終於以悲劇收場。他是一位悲劇英雄，因為努力做正確的事而走上自我覆亡之路。他的下台與死亡引發的事件，使他曾經力圖改革的中國共產黨走回暴力、獨裁、貪腐的老路。當年胡耀邦勉為其難地接受總書記一職，而習近平卻對這個職位垂涎不已。在當上總書記之後，習近平展開結構性與人事改變，全力鼓吹胡耀邦生所前極力反對的集權、個人崇拜與終身制。如今習近平比許多人想像中更有效地控制了關鍵權柄，只不過他似乎並非沒有敵手、全無顧忌。領導人從過去鄧—胡—趙三頭馬車演成今天的習近平「一把手」的進展，對許多中國人來說也是悲劇。許多人將一九八〇年代中期視為「中共政治最民主的時代」，眼見公民權利與憲法規定的自由在習近平統治下不斷遭到腐蝕，這些人自然特別傷感，但他們似乎也越來越無能為力了。

致謝

這本書是長達九年研究、起草、再起草過程的結晶，遠比我原先預期的長很多，但絕對是一次讓人滿意的學習經驗。我非常感激人生中幾位特定導師給予的協助：勞倫斯大學（Lawrence University）榮譽退休教授河鐘道（Chong-Do Hah）引領我進入亞洲政治領域，建議我學習中文。麥克・奧森伯格（Michel Oksenberg）帶著我見識到研究中國內政的重要性。哈佛大學（Harvard University）的馬若德（Roderick MacFarquhar）與傅高義（Ezra Vogel）鼓勵我用中文來源為胡耀邦寫傳。

有關這些中文來源，我有幾句話要說。雖然我曾在美國情報界工作，身為「國家安全會議」（National Security Council）中國問題專家，我發現能夠取用的檔案、刊物、能夠接觸到的中華人民共和國人物都很有限，甚至不得其門而入。在前往中國大陸與香港進行研究訪問時，我沒有找胡耀邦的家人、親友或部屬訪談，因為我相信，這些人會因為與我會面而遭到中國安當局不友善的審查，甚至騷擾。我靠書刊、雜誌，最重要的是，靠充斥中國境內的網際網路訊息取得第一手資訊、回憶錄、以及當代歷史議題的深度分析。幸運的是，我碰到幾位有勇氣的史學者，我的研究時間段又適逢幾個網站出現難得一見的開放。這幾位歷史學者的作品在線上廣為流傳，為我提供許多與我的研究相關的軼事、事實真相、以及有爭議的分析。之後，從二〇一六年起，《炎黃春秋》雜誌與其他改革派網站與刊物相繼關閉，這些來源開始乾涸。我發現大量我在研究初期引用過的線上文章已經下架。

二〇一九年對香港民主運動的鎮壓，也同樣造成幾家獨立出版社關門，而這些出版社都曾是我在較不受中共官方的干預下，取得歷史數據的重要來源。多年來一直是中國當代社會學研究重要來源的香港中文大學及其附屬的大學服務中心正在進行「改組」，許多人擔心今後外來學者想取閱中文材料會更難了。

「史密斯・理查森基金會」（Smith Richardson Foundation）的宋亞蘭（Allan Song，譯音）批准我的研究項目，還耐心耐煩地為我延長期限。我的書商彼得・伯恩斯坦（Peter Bernstein）協助我整理出書案，尋找適當出版商。「哈佛大學出版社」（Harvard University Press）的凱絲琳・麥德摩（Kathleen McDermott）、艾隆・維斯塔（Aaron Wistar）與史蒂芬妮・維斯（Stephanie Vyce）熟練地引領我，穿越如何將手稿轉換為出版物的陌生地區。馬麗・里比斯基（Mary Ribesky）將我的書稿修飾成它的最後形式：我都要一一申謝。

幾位人士審閱了我的部分手稿，還提供了如何改善、使它更切題的珍貴建議。其中針對特定內容提出建議的有：保羅・孟克（Paul Monk）、李少民、史蒂芬・李文（Steven I. Levine）、大衛・夏鮑（David Shambaugh）、理查・麥格里格（Richard MacGregor）與渥克・史坦吉（Volker Stanzel）。還有許多人與我討論一般性中共精英政治，特別是有關胡耀邦的事，這類人士包括：魏京生、黃慈萍、詹姆斯・穆維能（James Mulvenon）、彼得・麥提斯（Peter Mattis）、傑夫瑞・巴德（Jeffrey Bader）、林合立、程翔、克里斯多佛・布克里（Christopher Buckley）、賈米爾・安德里尼（Jamil Anderlini）、迪米屈・席維斯特普洛（Demetri Sevastopulo）、麥克・佛西斯（Mike Forsythe）、丹尼斯・沃克（Dennis Kwok）、安德魯・納森（Andrew Nathan）、約瑟夫・費史密斯（Joseph Fewsmith）、余茂春、愛麗絲・米勒（Alice Miller）、吳國光與裴敏欣（Minxin Pei）。

儘管承蒙許多協助，我知道這本書仍有各式各樣的錯誤，主要是翻譯與分析上的錯誤，這一切錯誤唯我是問，我歡迎指正與批判。身為美國政府前僱員，我可以拍胸脯做以下保證：「本書所有關於事實、意見或分析的陳述，都是作者的陳述，不反映美國政府的官方立場或看法。本書所有的內容都不應視為代表美國政府對作者情資的認證，或對作者觀點的支持。」

自始至終，有一個人對這項計畫的支持非比尋常。我以感恩的心，將這本書獻給廖大文（Dimon Liu）——她是我的繆思女神、我的好幫手、批判人、協調員、通譯、朋友、是我忠誠奉獻的伴侶、旅伴與了不起的主廚。沒有她就沒有這本書。

檔案來源

這本書的研究工作，大部分是使用中華人民共和國境內的網際網路服務，在線上進行的。一直能在傳記資訊與其他歷史內容上幫我許多忙的網站，是 http://hybsl.cn. 的「胡耀邦史料信息網」。像中華人民共和國境內所有的網站一樣，這個網站也得接受官方監督，有時還會遭下架。在二〇二三年底，http://hybsl.cn. 就在沒有任何解釋的情況下下線。幾週以後，它恢復上線，還附了一個告示，說網站之前因技術問題而下線，但網站上所有文章的URLs（網址）都變了。這本書使用的大多數材料都能在新網址上找到。但在二〇二四年三月，這個網站再次下線，本書許多文章出處的新網址已找不到了。我所引用發表於 http://hybsl.cn 網絡上的文章，這些文章都可在作者的個人網站 https://www.robertsuettinger/footnotes 上找到，該網站是安全的，在這個網站，可以按章節和註釋編號找到這些文章。本書引用的所有的文章作者都保有硬拷貝，可以提供有興趣的讀者參考。

註釋

※ 提醒讀者：由於中共已關閉《胡耀邦史料信息網》（hybsl.cn），本書所引用來自該網站的文獻資料目前已無法線上查閱。惟本書作者皆有完整保存相關資料，讀者可前往作者個人網站（www.robertsuettinger.com）查閱原始文獻。

中文版序

1. 原文見2016年11月23日微信公眾號「胡德華：說說胡耀邦1965的「早春行」available at https://www.difangwenge.org/forum.php?mod=viewthread&tid=19009, accessed April 15, 2025.
2. 中文版見 https://weijingsheng.org/doc/cn/46.htm, accessed May 26, 2019.
3. 高瑜 2025年4月7日貼文 on X.com, https://x.com/gaoyu200812/status/1909278337085874522?s=12.

前言

1. 想進一步了解天安門事件，請參閱：Geremie Barme and Linda Jaivin, eds., *New Ghosts, Old Dreams* (Crown, 1992)；陳小雅，《八九民運史》（風雲社，2019）；Eddie Cheng, *Standoff at Tiananmen* (Sensys, 2009); Lee Feigon, China Rising:*The Meaning of Tiananmen* (Dee, 1990); Julian Gewirtz, *Never Turn Back:China and the Forbidden History of the 1980s* (Belknap Press of Harvard University Press, 2022); Adi Ignatius, *Prisoner of the State:The Secret Journal of Premier Zhao Ziyang* (Simon and Schuster, 2009); Louisa Lim, *The People's Republic of Amnesia:Tiananmen Revisited* (Oxford University Press, 2014); Richard Madsen, *China and the American Dream:A Moral Inquiry* (University of California Press, 1995); Tony Saich, *The Chinese People's Movement:Perspectives on Spring 1989* (M. E. Sharpe 1990); Scott Savitt, *Crashing the Party:An American Reporter in China* (Soft Skull, 2015); Robert L. Suettinger, *Beyond Tiananmen:The Politics of US-China Relations, 1989-2000* (Brookings Institution, 2003); Zhang Liang張 良, comp., *The Tiananmen Papers* 天安門文件, ed. Andrew J. Nathan and Perry Link (Public Affairs, 2001).
2. 滿妹，《思念依然無盡：回憶父親胡耀邦》（北京出版社，2005），18-21。滿妹是胡耀邦的女兒。

3. Zhang Liang, *The Tiananmen Papers,* 19-23。這本書的真實性雖有爭議，但其中對事實與事件的大致時間脈絡看來是可靠的。
4. 張良，《中國六四真相》（明鏡出版社，2001），本書為*The Tiananmen Papers*的中文版，網路版請見http://beijingspring.com/big5bjs/bjs/ls/4.txt。
5. 田紀雲，《我們心中的胡耀邦》，《炎黃春秋》，November 2005。
6. 楊繼繩，《中國改革年代的政治鬥爭》（天地圖書，2010），7-8。
7. 前《人民日報》總編輯胡績偉在《胡趙新政啟示錄》提出這個觀點，參見《胡趙新政啟示錄》（香港新世紀出版社，2012），104-108。
8. 匿名，《中共中央政治局擴大會議公報》，January 16, 1987, http://www.reformdata.org/1987/0116/2918.shtml。
9. 李銳，〈耀邦去世前的談話〉，摘自《懷念耀邦》第四輯（香港亞太國際出版有限公司，2001），刊於2014年7月13日，https://www.aisixiang.com/data/20900.html。

第一章

1. 滿妹，《思念依然無盡：回憶父親胡耀邦》，37；張黎群、張定、嚴如平、唐非、李松天，《胡耀邦傳》，1:1915-1976（人民出版社，2005），3；錢江，〈胡耀邦的家世和童年〉，《南方周末》，November 18, 2005, www.aisixiang.com/data/8973.html。
2. Mary S. Erbaugh, "The Secret History of the Hakkas:The Chinese Revolution as a Hakka Enterprise," *China Quarterly* 132 (December 1992):937-968. 另見，〈瀏陽市胡耀邦故里〉，《客家網》，March 18, 2012, http://www.hakkaonline.com/thread-87341-1-1.html。
3. Yang Zhongmei楊中美, *Hu Yaobang:A Chinese Biography*胡耀邦傳, trans. William A. Wycoff (M. E. Sharpe, 1988), 162-163；另見楊宗錚，〈胡耀邦的客家身世和客家精神〉，《客家網》，July 13, 2009, http://www.hakkaonline.com/article-3118-1.html。
4. Erbaugh, "Secret History." 本文指出，要追溯孫中山與鄧小平的客家血統相當困難，因為兩人並未明確承認這一點；相較之下，胡耀邦家族則始終以客家出身為榮，並引以為傲。
5. 毛澤東，〈湖南農民運動考察報告〉，收錄於《毛澤東選集》第一卷（外文出版社，1971）。英文版可參見：https://www.marxists.org/reference/archive/mao/selected-works。
6. 張等，《胡耀邦傳》，1:5。
7. Yang Zhongmei, Hu *Yaobang:A Chinese Biography,* 5.
8. 錢江，〈胡耀邦的家世和童年〉
9. 錢江，〈胡耀邦的家世和童年〉；陳利明，《胡耀邦：從小紅鬼到總書記》，第一卷（人民日報出版社，2014），6-8。

10. 陳利明，《胡耀邦：從小紅鬼到總書記》，1:9。
11. 錢江，〈胡耀邦的家世和童年〉。
12. 余振魁，《胡耀邦和他的老師們》，*Hunan Tide*, September 2012, http://www.xzbu.com/1/view-3614267.htm；張等，《胡耀邦傳》，1:8-9。
13. Yang Zhongmei, *Hu Yaobang:A Chinese Biography*, 12.
14. 張等，《胡耀邦傳》，1:10-11。
15. Xiaobing Li 李小兵, ed., *China at War:An Encyclopedia* (ABC Clio, 2012), 308-309.
16. Xiaobing Li, ed., *China at War:An Encyclopedia*, 492-493；張等，《胡耀邦傳》，1:11。
17. Xiaobing Li, ed., *China at War:An Encyclopedia*, 296-297.
18. 陳利明，《胡耀邦：從小紅鬼到總書記》，1:11；張等，《胡耀邦傳》，1:12-14。
19. Yang Zhongmei, *Hu Yaobang:A Chinese Biography*, 12-14.
20. 陳利明，《胡耀邦：從小紅鬼到總書記》，1:18-19；滿妹，《思念依然無盡：回憶父親胡耀邦》，44-45。
21. Yang Zhongmei, *Hu Yaobang:A Chinese Biography*, 17.
22. 中文詞語「蘇維埃」為俄文soviet的音譯，意為「委員會」，指的是一種由共產黨控制、具準代議性質的政權機構，成員通常包括農民、工人與紅軍士兵。這些委員會負責防務、治安、社會服務、銀行與貨幣管理、貿易政策以及土地改革等事務。
23. 鄭仲兵編，《胡耀邦年譜資料長編》（時代國際出版社，2005），1930-1932年各條目。
24. Yang Zhongmei, *Hu Yaobang:A Chinese Biography*, 21.
25. 張等，《胡耀邦傳》，1:21-22。
26. Yang Zhongmei, *Hu Yaobang:A Chinese Biography*, 25；張等，《胡耀邦傳》，1:24。
27. 毛澤東，〈星星之火，可以燎原〉，致中央委員會書信，1930年1月5日，收錄於《毛澤東軍事文選》（外文出版社，1964）。
28. 張等，《胡耀邦傳》，1:29。
29. 戴向青，〈論AB團和富田事變〉，《胡耀邦史料信息網》（以下簡稱為HYBSL），January 6, 2014, http://w.hybsl.cn/article/13/44100。戴向青的說法雖非毫無爭議，但六十多年過去，關於富田事件及其後續仍然存在諸多疑點與懷疑。另見Joseph Fewsmith, *Forging Leninism in China:Mao and the Remaking of the Chinese Communist Party, 1927-1934* (Cambridge University Press, 2022), 131-134.
30. 戴向青，〈論AB團和富田事變〉；另見李維民，〈從共產國際檔案看反AB團鬥爭〉，《炎黃春秋》，July 2009。
31. 李維民，〈從共產國際檔案看反AB團鬥爭〉。

32. 高華，〈肅AB團事件的歷史考察〉，HYBSL, July 2, 2007, http://w.hybsl.cn/article/13/38316。
33. 戴向青，〈論AB團和富田事變〉。
34. 戴向青，〈論AB團和富田事變〉。
35. Fewsmith, *Forging Leninism*, 134.
36. 姚監復，〈徐向前回憶30年代的蘇區「大肅反」〉，HYBSL, September 26, 2007, http://w.hybsl.cn/article/13/3798。
37. 楊奎松，〈毛澤東談肅反〉，收錄於楊著《「中間地帶」的革命》（廣西師範大學出版社，2010），HYBSL, June 5, 2015, http://w.hybsl.cn/article/13/52602。
38. 陳利明，《胡耀邦：從小紅鬼到總書記》，1:37。
39. 譚啟龍，〈莫逆之交六十春〉，HYBSL, April 2, 2009, http://w.hybsl.cn/article/10/104/13366。
40. 張等，《胡耀邦傳》，1:28-30。
41. 譚啟龍，〈莫逆之交六十春〉；水新營，〈張愛萍兩救胡耀邦〉，HYBSL, December 29, 2016, http://w.hybsl.cn/article/11/109/63928。
42. 匿名，〈胡耀邦與蘇區青年團的工作〉，HYBSL, March 18, 2007, http://w.hybsl.cn/article/11/110/851。
43. 鄭仲兵編，《胡耀邦年譜資料長編》，「1934年初春」條目。
44. Suyun Sun, *The Long March: The True History of Communist China's Founding Myth* (Knopf Doubleday, 2010), 16-17.
45. Sun, *The Long March*, 33.
46. 陳鐵健，〈紅軍撤離中央蘇區原因新探〉，HYBSL, April 15, 2015, http://w.hybsl.cn/article/13/51712。
47. Sun, *The Long March*, 27；匿名，〈紅軍歷史上罕見的敗仗：廣昌保衛戰〉，*Party History World*, October 28, 2014, https://m.sohu.com/n/473962166/。
48. 湯靜濤，〈共產國際與紅軍長征決策〉，HYBSL, December 16, 2014, http://w.hybsl.cn/article/13/49920。
49. 愛德加·史諾的《紅星照耀中國》（1937）以及艾格妮絲·史密德利（Agnes Smedley）的新聞報導，是最早將長征神話化的作品之一；但早在此之前，毛澤東就已決定蒐集長征老兵的故事並加以出版，以發揮其宣傳價值。另見于繼增，〈原始文獻《紅軍長征記》揭秘了什麼?〉，HYBSL, January 29, 2015, http://w.hybsl.cn/article/13/50623。
50. 張等，《胡耀邦傳》，1:39；唐伯藩，〈胡耀邦在長征途中〉，HYBSL, August 14, 2012, http://w.hybsl.cn/article/11/109/30543。
51. 張等，《胡耀邦傳》，1:39。

52. Sun, *The Long March*, 65-66.
53. Sun, *The Long March*, 78.
54. 張等，《胡耀邦傳》，1:44-45。
55. 匿名，〈中央紅軍長征落腳點的七次變化〉，《解放軍報》，April 3, 2015, http://dangshi.people.com.cn/n/2015/0401/c85037-26784595.html。
56. 李宇博，〈長征中確立鞏固毛澤東領導地位〉，《人民網》，March 10, 2015, http://dangshi.people.com.cn/n/2015/0309/c85037-26660677.html。
57. 唐伯藩，〈胡耀邦在長征途中〉。
58. 水新營，〈張愛萍兩救胡耀邦〉；鄭仲兵編，《胡耀邦年譜資料長編》，1935年2月27日條目。
59. 唐伯藩，〈胡耀邦在長征途中〉。
60. 張等，《胡耀邦傳》，1:57, 60。
61. 鄭仲兵，〈胡耀邦長征記略〉，HYBSL, March 16, 2007, http://w.hybsl.cn/article/10/104/570。

第二章

1. 毛澤東，〈論反對日本帝國主義的策略〉，1935年12月27日，收錄於《毛澤東選集》第一卷（外文出版社，1951）。
2. Xiaobing Li, ed., *China at War:An Encyclopedia*, 183. 另見楊奎松，《西安事變新探》（江蘇出版社，2006），第二章。
3. 楊奎松，〈西安事變是中國歷史的轉捩點〉，HYBSL, December 29, 2014, http://w.hybsl.cn/article/13/50140。
4. 楊奎松，〈西安事變是中國歷史的轉捩點〉。
5. 鄭仲兵編，《胡耀邦年譜資料長編》，1936年1月31日條目。另見李杜，〈東征路上搶救胡耀邦〉，《江南都市報》，HYBSL, April 12, 2013, http://w.hybsl.cn/article/11/109/36094（以下簡稱為：李杜，〈東征路上搶救胡耀邦〉）。
6. 張等，《胡耀邦傳》，1:65-66。
7. 李杜，〈東征路上搶救胡耀邦〉。
8. 楊奎松，《西安事變新探》，82-83。
9. 張等，《胡耀邦傳》，1:68。
10. 楊奎松，〈西安事變是中國歷史的轉捩點〉；張友坤，〈張學良在物資、財政上對陝北紅軍的援助〉，《炎黃春秋》，June 2011。
11. 楊奎松，《西安事變新探》，235。

12. 楊奎松，《西安事變新探》，282。另見Steve Tsang, "Chiang Kai-shek's 'Secret Deal' at Xian and the Start of the Sino-Japanese War," *Palgrave Communications 1*, no. 1 (January 20, 2015): Article 14003.
13. 楊奎松，《西安事變新探》，282; Tsang, "Chiang Kai-shek's 'Secret Deal.'"
14. 楊奎松，《西安事變新探》，288-289。
15. 占善欽，〈從審判到保蔣〉，HYBSL, October 27, 2010, http://w.hybsl.cn/article/13/23144。
16. 楊奎松，《西安事變新探》，322-323。
17. 占善欽，〈從審判到保蔣〉。
18. 楊奎松，《西安事變新探》，333; Tsang, "Chiang Kai-shek's 'Secret Deal.'"
19. 占善欽，〈從審判到保蔣〉。
20. 楊奎松，《西安事變新探》，358-360, 366; Tsang, "Chiang Kai-shek's 'Secret Deal.'"
21. 楊奎松，《西安事變新探》，371-373。
22. 馬雙有，〈張學良和楊虎城的結局為何不同?〉，HYBSL, October 21, 2015, http://w.hybsl.cn/article/13/54920。
23. 馬雙有，〈對「逼蔣抗日說」的質疑〉，HYBSL, September 8, 2015, http://w.hybsl.cn/article/13/54202。
24. Tsang, "Chiang Kai-shek's 'Secret Deal.'"
25. Yang Zhongmei, *Hu Yaobang: A Chinese Biography*, 40.
26. 張等，《胡耀邦傳》，1:71-72；鄭仲兵編，《胡耀邦年譜資料長編》，1934年4月14日至17日條目。
27. 張等，《胡耀邦傳》，1:74。
28. 舒雲，〈毛澤東寫給抗大的十九件手跡〉，*Party History Overview*, July 2015, http://www.yancloud.red/Education/News/info/id/2673。
29. 陳文勝，〈胡耀邦在「抗大」的歲月〉，HYBSL, March 10, 2010, http://w.hybsl.cn/article/10/104/19523。
30. 水新營，〈胡耀邦第一次見到毛澤東因何事〉，HYBSL, November 2, 2015, http://w.hybsl.cn/article/11/110/55123。
31. 張等，《胡耀邦傳》，1:79。
32. 張等，《胡耀邦傳》，1:79-80。
33. 張等，《胡耀邦傳》，1:81-82。
34. 張等，《胡耀邦傳》，1:88。
35. 高華，《紅太陽是怎樣升起的：延安整風運動的來龍去脈》（中文大學出版社，2011）；英譯本為 Gao Hua, *How the Red Sun Rose: The Origins and Development of the Yan'an Rectification Movement,*

1930–1945, trans. Stacy Mosher and Jian Guo（Chinese University of Hong Kong Press, 2018）。

36. Gao, *How the Red Sun Rose*, 138-139, 143-144.
37. 高華，〈抗戰前夕延安發生的一場爭論〉，HYBSL, January 4, 1011, http://w.hybsl.cn/article/13/24571。
38. Tetsuya Kataoka, *Resistance and Revolution in China:The Communists and the Second United Front* (University of California Press, 1974), 145. 高華估計當時共產黨軍隊人數超過25萬人，見Gao, *How the Red Sun Rose*, 163。
39. Gao, *How the Red Sun Rose*, 248-255.
40. Gao, *How the Red Sun Rose*, 161-186.
41. 張成潔，〈延安話語系統是怎樣形成的〉，《炎黃春秋》，December 2015。
42. 于繼增，〈康生在延安〉，HYBSL, February 5, 2015, http://w.hybsl.cn/article/13/50729. 關於中共早期情報機構的研究，另見：Matthew Brazil, "The Darkest Red Corner" (PhD diss., University of Sydney, 2012), 134–138.
43. 于繼增，〈康生在延安〉。
44. Gao, *How the Red Sun Rose*, 227-230; Brazil, "Darkest Red Corner," 141; 王珺，〈康生在中央社會部〉，HYBSL, January 21, 2015, http://w.hybsl.cn/article/13/50503。
45. Brazil, "Darkest Red Corner," 145.
46. Gao, *How the Red Sun Rose*, 227.
47. Brazil, "Darkest Red Corner," 151.
48. 郝在今，〈1940年代的「審幹」與「鋤奸」〉，HYBSL, January 7, 2016, http://w.hybsl.cn/article/13/56343。
49. 王珺，〈康生在中央社會部〉。
50. Brazil, "Darkest Red Corner," 153-165.
51. 滿妹，《思念依然無盡：回憶父親胡耀邦》，64；肖祖石，〈一個不平凡的女性：記胡耀邦夫人李昭（之二）〉，HYBSL, March 17, 2007, http://w.hybsl.cn/article/10/104/743。
52. 肖祖石，〈一個不平凡的女性：記胡耀邦夫人李昭（之二）〉。
53. 肖祖石，〈一個不平凡的女性：記胡耀邦夫人李昭（之三）〉，http://w.hybsl.cn/article/10/104/742。
54. 肖祖石，〈一個不平凡的女性：記胡耀邦夫人李昭（之五）〉，http://w.hybsl.cn/article/10/104/740。
55. 肖祖石，〈一個不平凡的女性：記胡耀邦夫人李昭（之五）〉。見陳利明，《胡耀邦傳》（夏菲爾國際出版公司，2005），1:149-150。該傳記的原始版本為2005年版，內容比2013

年在北京出版的刪節本更為詳盡。

56. 肖祖石，〈一個不平凡的女性：記胡耀邦夫人李昭（之五）〉。
57. 中共中央黨史研究室，《中國共產黨簡史》（2021年修訂版），http://fuwu.12371.cn/ddzs/zggcdjs/。
58. Frederick C. Teiwes, *Politics and Purges in China:Rectification and the Decline of Party Norms, 1950-1965* (M. E. Sharpe, 1979), 64-78.
59. Gao, *How the Red Sun Rose*, chap. 11.
60. Gao, *How the Red Sun Rose*, chap. 11；楊奎松，〈毛澤東發動延安整風的台前幕後〉，HYBSL, October 14, 2017, http://w.hybsl.cn/article/13/48740。
61. 楊奎松，〈毛澤東發動延安整風的台前幕後〉。
62. 張成潔，〈延安話語系統是怎樣形成的〉。
63. Gao, *How the Red Sun Rose*, 305, 306-308.
64. Gao, *How the Red Sun Rose*, 422-424.
65. 陳永發，《延安的陰影》（中央研究院近代史研究所，2015）。書中第229至243頁為關於胡耀邦的章節，題為「胡耀邦在軍委會二局」。
66. 錢江，〈胡耀邦與蘇進將軍〉，HYBSL, July 29, 2010, http://w.hybsl.cn/article/11/109/21516。
67. 陳永發，《延安的陰影》，229。
68. 陳利明，《胡耀邦傳》，1:145；肖祖石，〈一個不平凡的女性：記胡耀邦夫人李昭（之五）〉。
69. 陳永發，《延安的陰影》，230。
70. 曹瑛，〈親歷者：整風時毛澤東為搶救運動深鞠躬道歉〉，May 5, 2015, CCP History Web, https://read01.com/e50Ezm.html。
71. 張等，《胡耀邦傳》，1:92-93。
72. 肖祖石，〈一個不平凡的女性：記胡耀邦夫人李昭（之五）〉；陳利明，《胡耀邦傳》，1:151。
73. 方實，〈我在延安被「搶救」〉，《炎黃春秋》，October 2003；杜惠，〈親歷延安搶救運動〉，《炎黃春秋》，October 2015。
74. 王玉貴，〈康生延安整風標準：長這麼漂亮定是特務〉，HYBSL, January 28, 2015, http://w.hybsl.cn/article/13/50598。
75. Gao, *How the Red Sun Rose*, 486.
76. 陳永發，《延安的陰影》，234-238；錢江，〈胡耀邦與蘇進將軍〉。
77. 陳永發，《延安的陰影》，240；張等，《胡耀邦傳》，1:94；錢江，〈胡耀邦與蘇進將軍〉。

78. 唐非，〈胡耀邦在陝北10年〉，HYBSL, February 14, 2007, http://w.hybsl.cn/article/11/109/1328。
79. 錢江，〈胡耀邦與蘇進將軍〉。
80. Gao, *How the Red Sun Rose*, 580-588.
81. 毛澤東，〈關於審幹的九條方針和在敵後的八項政策〉，July 30, 1943, http://db.cssn.cn/sjxz/xsjdk/mkszyjd/mzdsx/840204/84020402/201311/t20131124_878367.shtm。
82. Gao, *How the Red Sun Rose*, 593, 595.
83. 鄭仲兵編，《胡耀邦年譜資料長編》，1945年4月23日至6月11日條目（中共第七次全國代表大會）。
84. 高華，〈「毛主席萬歲」：延安整風的完成〉, excerpted from his book《紅太陽是怎樣升起的》（香港中文大學，2011），HYBSL, September 13, 2011, http://w.hybsl.cn/article/13/26823。
85. 張等，《胡耀邦傳》，1:91-93。
86. 據夢菲說，陶鑄、胡耀邦、王鶴壽的「約法三章」指的是永不背叛毛主席、永不背叛共產黨、永不驕矜自大。見夢菲，〈陶鑄、胡耀邦、王鶴壽的「約法三章」〉，HYBSL, March 24, 2015, http://w.hybsl.cn/article/11/109/51348。

第三章

1. A. J. Baime, "Harry Truman and Hiroshima:Inside His Tense A-Bomb Vigil," *History Channel*, October 11, 2017.
2. David Rees, *The Defeat of Japan* (Praeger, 1997), 157-159.
3. Rees, Defeat of Japan, 159-160; Alex Wellerstein, "Nagasaki:The Last Bomb," *New Yorker*, August 7, 2015.
4. Tsuyoshi Hasegawa, "The Atomic Bombs and the Soviet Invasion:What Drove Japan's Decision to Surrender?," *Asia-Pacific Journal—Japan Focus* 5, no. 8 (August 2007).
5. Dieter Heinzig, *The Soviet Union and Communist China, 1945-1950:The Arduous Road to the Alliance* (M. E. Sharpe, 1998; repr., Routledge, 2015), 59-71.
6. Rana Mitter, *Forgotten Ally:China's World War II, 1937-1945* (Houghton Mifflin Harcourt, 2013), 345.
7. Mitter, *Forgotten Ally*, 347.
8. Heinzig, *Soviet Union*, 73.
9. Mitter, *Forgotten Ally*, 364; Heinzig, *Soviet Union*, 76.
10. 「百度百科」詞條，「雙十協定」（無日期），http://baike.baidu.com/view/69735.htm。
11. 毛澤東1945年10月29日致電重慶共產黨代表，〈同國民黨談判的補充意見〉，https://marxistphilosophy.org/maozedong/mx4/018.htm。毛澤東的電報指示中共軍隊在向戰略鐵路幹線推進的過程中避免發生衝突。
12. Rees, Defeat of Japan, 170; Charlie Chi, "The Surrender of Japanese Forces in China, Indochina, and Formosa,"

Taiwan Documents Project, 2002.

13. 王奇生，〈評蔣永敬「蔣介石、毛澤東的談打與決戰」、金沖及「轉折年代：中國的1947年」及「決戰：毛澤東、蔣介石是如何應對三大戰役的」〉，HYBSL, March 11, 2016, http://w.hybsl.cn/article/13/57536。
14. Richard Bernstein, *China 1945:Mao's Revolution and America's Fateful Choice* (Knopf, 2014), 299.
15. 錢江，〈胡耀邦逆風千里上戰場〉，HYBSL, March 12, 2013, http://w.hybsl.cn/article/11/109/35072。
16. 滿妹，《思念依然無盡：回憶父親胡耀邦》，68。
17. 滿妹，《回憶父親胡耀邦》（天地圖書，2016），1:111。這是滿妹為其父所寫的第二本傳記，在香港出版，共兩冊（以下簡稱為：滿妹，《回憶父親胡耀邦》）。另見肖袓石，〈一個不平凡的女性：記胡耀邦夫人李昭（之六）〉，HYBSL, March 17, 2007, http://w.hybsl.cn/article/10/104/739。
18. 鄭仲兵編，《胡耀邦年譜資料長編》，1945年10月14日條目。另見錢江，〈胡耀邦逆風千里上戰場〉。
19. Xiaobing Li, *A History of the Modern Chinese Army* (Kentucky University Press, 2007), 70. 國民黨地面部隊共有二百萬人，編制為八十六個師；其他軍事組織超過一百萬人，另有約七十四萬名非正規部隊。蔣介石所屬的部隊中，有二十二個師配備美製裝備。
20. Xiaobing Li, *A History of the Modern Chinese Army,* 65.
21. Xiaobing Li, *A History of the Modern Chinese Army,* 71。另見，〈解放戰爭國共軍力的真實對比800萬國軍系謠傳〉，《新浪軍事》，November 19, 2015, http://mil.news.sina.com.cn/2015-11-19/1429844316.html。
22. 鄭仲兵編，《胡耀邦年譜資料長編》，1945年10月10日條目。
23. 張等，《胡耀邦傳》，1:98-99。
24. Ambassador in China (Hurley) to President Truman杜魯門總統駐華大使, doc. 530, November 26, 1945, *Foreign Relations of the United States,* Diplomatic Papers, 1945, vol. 7:The Far East, China, ed. Ralph Goodwin et al. (US Government Printing Office, 1969).
25. "General Marshall's Appointment and Instructions," in *United States Relations with China:With Special Reference to the Period 1944-1949,* Department of State Publication 3573 (US Government Printing Office, 1949), pt. 1, chap. 5, "The Mission of General George C. Marshall," 132.
26. "The Cease-Fire Agreement of January 10, 1946," in *United States Relations with China,* pt. 2, chap. 5, 137; 張等，《胡耀邦傳》，1:99。
27. 張等，《胡耀邦傳》，1:99, 100。

28. 張等，《胡耀邦傳》，1:101-102。
29. 我由衷感謝Dennis Blasko幫我澄清「政委」與政治部主任的角色。
30. 陳利明，《胡耀邦傳》，1:98。
31. 何仁學、楊峰，〈大同集寧戰役：華北解放軍被傅作義部重創〉，發表於April 3, 2013，網址：http://www.jianglishi.cn/zhanshi/196949.html，查閱日期：July 3, 2021（目前網址已失效）。
32. 何仁學、楊峰，〈大同集寧戰役：華北解放軍被傅作義部重創〉；張等，《胡耀邦傳》，1:102-103。
33. 何仁學、楊峰，〈大同集寧戰役：華北解放軍被傅作義部重創〉；另見〈聶榮臻最恥辱一戰〉，新浪歷史，November 5, 2015, http://mil.news.sina.com.cn/2015-11-05/1727843142.html。
34. 〈聶榮臻最恥辱一戰〉。
35. 張等，《胡耀邦傳》，1:104.
36. 來自國民黨或共產黨不同陣營的戰役統計資料，往往無法作為準確評估戰果的依據。這些數據之所以不精確，原因包括：難以準確統計屍體數、出於政治考量不願承認己方重大傷亡，以及指揮官往往無法分辨是哪些士兵負傷撤離、哪些則是臨陣脫逃。此外，中共軍方常用的術語如「殲滅」或「消滅」，在實際使用上語意模糊，也加強了數據的不確定性。無論如何，在大同集寧戰役中，國軍傷亡高達一萬兩千人，共軍死傷甚至可能多達十萬的說法，仍不可輕忽。中國內戰的戰役往往極為慘烈，機槍、大砲，甚至偶爾出現的飛機，在空曠地形上對裝備簡陋、訓練不足的步兵均可造成巨大殺傷。
37. "The Drift toward All-Out Strife," in *United States Relations with China*, pt. 7, chap. 5, 184-195.
38. 張等，《胡耀邦傳》，1:104；另見中共中央文獻研究室，〈聶榮臻傳：從大同集寧之戰到撤離張家口〉，http://www.quanxue.cn/lsgonghe/niyz/NiYZ48.html。
39. 中共中央文獻研究室，〈聶榮臻傳：從大同集寧之戰到撤離張家口〉。
40. 伯玉，〈傅作義經典戰役之二：張家口〉，http://tieba.baidu.com/p/91149418。
41. 伯玉，〈傅作義經典戰役之二：張家口〉。
42. 何仁學、楊峰，〈大同集寧戰役：華北解放軍被傅作義部重創〉。
43. 王奇生，〈評蔣永敬「蔣介石、毛澤東的談打與決戰」、金沖及「轉折年代：中國的1947年」及「決戰：毛澤東、蔣介石是如何應對三大戰役的」〉。
44. "The End of the Marshall Mission," in *United States Relations with China*, pt. 8, chap. 5, 217.
45. 錢江，〈胡耀邦在冀中戰場〉，HYBSL, September 6, 2012, http://w.hybsl.cn/article/11/109/30803。
46. 錢江，〈胡耀邦在冀中戰場〉；「正太路戰役」，百度百科，http://baike.baidu.com/view/3079921.htm。

47. 張等，《胡耀邦傳》，1:112-115。
48. Christopher Lew, *The Third Chinese Revolutionary Civil War, 1945-49:An Analysis of Communist Strategy and Leadership* (Routledge, 2011), 92.
49. 張等，《胡耀邦傳》，1:117。
50. 張等，《胡耀邦傳》，1:117；Lew, Third Chinese Revolutionary Civil War, 93。
51. 王奇生，〈評蔣永敬「蔣介石、毛澤東的談打與決戰」、金沖及「轉折年代：中國的1947年」及「決戰：毛澤東、蔣介石是如何應對三大戰役的」〉。
52. 毛澤東，〈中國人民解放軍宣言〉，1947年10月，收錄於《毛澤東選集》第四卷（外文出版社，1967）。
53. 江林平，〈解放戰爭解放軍為何越打越多〉，新浪歷史，February 22, 2016，https://mil.sina.cn/ls/2016-02-22/detail-ifxprucu3079190.d.html；另見王奇生，〈評蔣永敬「蔣介石、毛澤東的談打與決戰」、金沖及「轉折年代：中國的1947年」及「決戰：毛澤東、蔣介石是如何應對三大戰役的」〉。
54. 〈解放戰爭國共軍力的真實對比800萬國軍系謠傳〉，《新浪軍事》。
55. 王奇生，〈評蔣永敬「蔣介石、毛澤東的談打與決戰」、金沖及「轉折年代：中國的1947年」及「決戰：毛澤東、蔣介石是如何應對三大戰役的」〉；江林平，〈解放戰爭解放軍為何越打越多〉。
56. 江林平，〈解放戰爭解放軍為何越打越多〉。
57. 毛澤東，〈目前的形勢和我們的任務〉，在中央政治局會議上的報告，1947年12月25日，收錄於《毛澤東選集》第四卷。
58. 張等，《胡耀邦傳》，1:119-126.
59. Dominic Meng-Hsuan Yang楊夢軒, "Noble Ghosts, Empty Graves, and Suppressed Traumas:The Heroic Tale of 'Taiyuan's Five Hundred Martyrs' in the Chinese Civil War," *Historical Reflections* 41, no. 3 (2015):109-124. 另見，陳利明，《胡耀邦傳》，1:203。
60. 彭海，〈滄桑閱盡話太原〉，第30章〈太原戰役〉，第一節〈兵臨城下〉，http://www.tydao.com/tycs/cs30-jiefang/cs30-1.htm。
61. 陳利明，《胡耀邦傳》，1:202-203；張等，《胡耀邦傳》，1:128-129。
62. 王文棟、白梅月，〈太原戰役為何成為解放軍付出代價最大的城市攻堅戰？〉，February 27, 2018，https://kknews.cc/zh-my/history/93lk525.html。
63. Yang, "Noble Ghosts."
64. 王文棟、白梅月，〈太原戰役為何成為解放軍付出代價最大的城市攻堅戰？〉。
65. 鄭仲兵編，《胡耀邦年譜資料長編》，1948年10月10日與23日條目。

66. 彭海，〈滄桑閱盡話太原〉，第一節。
67. 彭海，〈滄桑閱盡話太原〉，第一節。
68. 楊雲龍，〈閃耀著人文精神光芒的太原戰役〉，HYBSL, September 11, 2009, http://w.hybsl.cn/article/13/16018。
69. 鄭仲兵編，《胡耀邦年譜資料長編》，1948年11月29日條目。
70. 彭海，〈滄桑閱盡話太原〉，第二節；Yang, "Noble Ghosts."
71. 張等，《胡耀邦傳》，1:137.
72. 毛澤東，〈將革命進行到底〉，1948年12月30日，收錄於《毛澤東選集》第四卷。
73. 彭海，〈滄桑閱盡話太原〉，第三節；另有資料指出，閻錫山的部隊人數高達89,000人。
74. 彭海，〈滄桑閱盡話太原〉，第三節；鄭仲兵編，《胡耀邦年譜資料長編》，1949年3月17日條目。
75. 張等，《胡耀邦傳》，1:145-146.
76. 張等，《胡耀邦傳》，1:149；詳見〈太原戰役〉，維基百科，無標註日期，https://zh.wikipedia.org/wiki/太原戰役。
77. Yang, "Noble Ghosts."自1951年起，台灣的國民黨政府每年舉行對「太原五百烈士」的紀念活動，儘管調查顯示，閻錫山原本準備給其支持者的五百顆氰化鉀藥丸，大多數最終並未被服用。
78. 張等，《胡耀邦傳》，1:150。
79. 鄭仲兵編，《胡耀邦年譜資料長編》，1949年5月4日條目；陳利明，《胡耀邦：從小紅鬼到總書記》，1:125-127。
80. 張等，《胡耀邦傳》，1:163-167。
81. 張等，《胡耀邦傳》，1:167；毛澤東，〈中國人民從此站起來了！〉，1949年9月21日，收錄於《毛澤東選集》第四卷。
82. 編寫組，《賀龍傳》，第十五章，第六節〈進軍四川〉，國家文化信息資源共享工程陝西分中心，1998年版，https://www.sxlib.org.cn/dfzy/rwk/bqjsldr/hl/qwts/hlz/201707/t20170719821707.html。
83. 編寫組，《賀龍傳》，第十五章，第六節。
84. 張等，《胡耀邦傳》，1:171-172.
85. 編寫組，《賀龍傳》，第十五章，第六節。
86. 錢江，〈胡耀邦和起義將領裴昌會〉，HYBSL, September 7, 2007, http://w.hybsl.cn/article/103/1010/12070。
87. 陳賢慶，《民國軍閥派系》，第十二章〈四川與西康〉（團結出版社，2007），網址：

http://www.2499cn.com/jf/junfamulu.htm。

88. 王銳，〈主政川北的胡耀邦〉，HYBSL, September 16, 2009，http://w.hybsl.cn/article/10/104/16124；另見鄭仲兵編，《胡耀邦年譜資料長編》，1949年12月18日條目。
89. 馬克敏，〈建國初期黨的民族政策在川北區的實踐〉，selections from Party History, July 2014, http://www.dsbczzs.cn/zzshow.asp?nid=4160.
90. 龐松，〈鄧小平與西南區征糧剿匪及經濟恢復〉，新華網，2011年4月26日，http://news.qq.com/a/20110426/001046.htm，查閱日期：2016年6月11日（網址已失效）。
91. 編寫組，《賀龍傳》，第十五章，第二節〈土匪一定要剿滅〉，https://www.sxlib.org.cn/dfzy/rwk/bqjsldr/hl/qwts/hlz/201707/t20170719821705.html。
92. 匿名，〈胡耀邦在川北大事輯錄〉，HYBSL, September 18, 2009，http://w.hybsl.cn/article/10/104/16023。
93. 王銳，〈主政川北的胡耀邦〉；陳鈞，〈胡耀邦在川北〉，HYBSL, September 17, 2009, http://w.hybsl.cn/article/10/104/16131。
94. 楊奎松，〈新中國「鎮壓反革命」運動研究〉，Aisixiang Network, December 13, 2011, http://www.aisixiang.com/data/48152。
95. 王海光，〈中共對新區的接管：從軍事佔領、政治佔領到社會佔領〉，March 30, 2010, http://www.aisixiang.com/data/32718。
96. 王銳，〈主政川北的胡耀邦〉；張等，《胡耀邦傳》，1:198。
97. 張等，《胡耀邦傳》，1:198。
98. 中共所謂「敵人」包括定義含糊的「階級敵人」，對付階級敵人一般採取一種非戰場情勢的行動。但就1950到1952年間中共在進行西南綏靖行動時的血腥暴力而言，所謂「剿」大概就是「殺」了。
99. 楊奎松，〈新中國「鎮壓反革命」運動研究〉，《歷史月刊》，2006年1月；重刊為 Yang Kuisong, "Reconsidering the Campaign to Suppress Counterrevolutionaries," *China Quarterly*, no. 193 (2008):102–121。
100. 龐松，〈鄧小平與西南區征糧剿匪及經濟恢復〉。
101. 例如，可參見百度百科詞條「西南剿匪」，2016年6月13日，網址：http://baike.baidu.com/view/1153880.htm。
102. 楊奎松，〈新中國鎮反運動始末〉，June 22, 2012, https://club.6parkbbs.com/chan1/index.php?app=forum&act=threadview&tid=12094298；另見尹曙生，〈毛澤東與第三次全國公安會議〉，HYBSL, May 21, 2014, http://w.hybsl.cn/article/13/46378。
103. 龐松，〈鄧小平與西南區征糧剿匪及經濟恢復〉。

104. 楊奎松，〈新中國「鎮壓反革命」運動研究〉；Frank Dikotter, *The Tragedy of Liberation:A History of the Chinese Revolution, 1945-1957* (Bloomsbury, 2013), 86-88；黃鐘，〈第一次鎮反運動考察〉，HYBSL, December 29, 2014, http://w.hybsl.cn/article/13/50141。
105. 黃鐘，〈第一次鎮反運動考察〉。
106. 胡德平，〈父親讀《三國演義》的幾個片斷〉，HYBSL, September 9, 2011, http://w.hybsl.cn/article/11/110/26783。
107. 鄭仲兵編，《胡耀邦年譜資料長編》，1950年8月在川北軍區的講話，HYBSL, August 22, 2007, http://w.hybsl.cn/article/11/109/2195。
108. 尹曙生，〈毛澤東與第三次全國公安會議〉。
109. 潘嘉釗，〈鄧小平曾因何事批評重慶「鎮壓不夠不及時」〉，中國警察網，2015年12月30日，https://read01.com/zh-sg/5zRG2E.html，查閱日期：2021年7月8日（網址已失效）；另見王海光，〈中共接管新區〉。
110. 〈第三次全國公安會議決議〉，May 12, 2012, http://www.zhzky.com/news/?5193.html。
111. 楊奎松，〈新中國鎮反運動始末〉。
112. 楊奎松，〈暴力土改及其原因〉，《黑五類記憶》，2018年9月12日，網址：https://botanwang.com/articles/201809/暴力土改及其原因.html。
113. 王安平、韓亮、朱華，〈胡耀邦與川北土地改革〉，*CCP Historical Research* 1 (January 2010):97-107, http://www.nssd.org/articles/articledetail.aspx?id=33147609, accessed June 24，網址已失效。
114. 羅平漢，〈地改革運動是動員農民參加革命的有效方式〉，HYBSL, June 20, 2016, http://w.hybsl.cn/article/13/59648。
115. 王等，〈胡耀邦與川北土地改革〉。
116. 楊奎松，〈暴力土改及其原因〉。
117. 張等，《胡耀邦傳》，1:205；錢江，〈胡耀邦是怎樣進入鄧小平視野的〉人民網，December 14, 2015, http://dangshi.people.com.cn/n1/2015/1214/c85037-27923929.html。
118. 王等，〈胡耀邦與川北土地改革〉；張等，《胡耀邦傳》，1:206。
119. 田紀雲，〈近距離感受胡耀邦〉，《炎黃春秋》，October 2004, https://www.aisixiang.com/data/4455.html。
120. 錢江，〈胡耀邦是怎樣進入鄧小平視野的〉；王大明，〈鄧小平打橋牌與胡耀邦爭冠軍〉，*Duowei news*, August 19, 2014, http://www.wenxuecity.com/news/2014/08/19/3529921.html。
121. 楊奎松,〈毛澤東與三反運動〉，Shi Lin, April 2006, http://w.hybsl.cn/article/13/1858。
122. 張鳴，〈「三反」成了一「反」〉，HYBSL, August 30, 2013, http://w.hybsl.cn/article/13/40160。
123. 周震，〈反腐倡廉的大會戰〉，HYBSL, March 4, 2014, http://w.hybsl.cn/article/13/45043。

124. 周震，〈反腐倡廉的大會戰〉。

125. 張鳴，〈「三反」成了一「反」〉；另見Alexander V. Pantsov, with Steven I. Levine, *Deng Xiaoping: A Revolutionary Life* (Oxford University Press, 2015), 148。

126. 陳利明，《胡耀邦：從小紅鬼到總書記》，1:157-158；鄭仲兵編，《胡耀邦年譜資料長編》，1952年各條目。

127. 周震，〈反腐倡廉的大會戰〉。據報導，川北地區僅有17%的黨幹部涉及貪腐活動，這一比例明顯低於西南局其他省份的通報數據。

128. 楊治釗，〈胡耀邦情牽拆遷戶〉，HYBSL, May 27, 2016, http://w.hybsl.cn/article/11/109/59152；張僅引用了鄧小平對其評價中的一句話：「有主見，不盲從」，見張等，《胡耀邦傳》，1:230。

129. 鄧小平，〈三反五反運動應當防止「左」的偏向〉，May 11, 1952, https://wenku.baidu.com/view/d4527353ad02de80d4d84019.html。

130. 張等，《胡耀邦傳》，1:228。

131. 鄭仲兵編，《胡耀邦年譜資料長編》，1952年6月下旬條目。

132. 黃天祥，〈胡耀邦在川北〉，HYBSL, September 18, 2009, http://w.hybsl.cn/article/10/104/16120。

第四章

1. 滿妹，《思念依然無盡：回憶父親胡耀邦》，68-69；張等，《胡耀邦傳》，1:231-232；另見高勇，《我給胡耀邦當秘書》（香港三聯書店，2014），3。
2. 鄭仲兵編，《胡耀邦年譜資料長編》，1952年8月1日條目。
3. 高勇，《我給胡耀邦當秘書》，3-4；鄭仲兵編，《胡耀邦年譜資料長編》，1952年8月條目。
4. 滿妹，《思念依然無盡：回憶父親胡耀邦》，99；張等，《胡耀邦傳》，1:231。
5. 高勇，《我給胡耀邦當秘書》，4。
6. 陳利明，《從小紅鬼到總書記》，61:165。
7. See, for example: Frederick Teiwes, Politics and Purges in *China: Rectification and the Decline of Party Norms, 1950-1965* (M. E. Sharpe, 1979), chap. 4; Andrew G. Walder, China under Mao: A Revolution Derailed (Harvard University Press, 2015), chap. 6；袁晞，〈毛澤東時代的常委和常委會〉，HYBSL, March 26, 2016, http://w.hybsl.cn/article/13/57831。
8. 龐松，〈高崗、饒漱石問題研究述評〉，HYBSL, July 11, 2014, http://w.hybsl.cn/article/13/47200。
9. 毛岸英之死細節仍屬機密。但曾當過毛澤東秘書的李銳說，毛澤東將毛岸英視為可能的接班人，毛岸英之死令毛澤東非常焦慮，這是之後毛澤東嚴懲彭德懷的原因之一。見汪澍白，〈彭德懷的厄運是如何注定的〉，《炎黃春秋》，October 2002。

10. 「中央」一詞在中國共產黨的語彙中既可作為形容詞使用（如「中央委員會」），也常作為名詞，通常譯為「中央」或「中央當局」。這個詞所指的實體是黨的最高權力機構，可能是一個集體領導機構，如中央委員會、政治局或政治局常委會，也可能是特指黨的主席。
11. 鄭仲兵編，《胡耀邦年譜資料長編》，1952年8月14日與16日條目。
12. Central Leadership Database，〈中國共青團大事記（1919-2005）〉，vol. 1:1919-2005, HYBSL, February 14, 2007, http://w.hybsl.cn/article/13/346。
13. 張等，《胡耀邦傳》，1:233；鄭仲兵編，《胡耀邦年譜資料長編》，1952年8月23日與30日條目。
14. Central Leadership Database，〈中國新民主主義青年團第一次全國代表大會〉，http://m.cyol.com/content/2017-04/25/content15990078.htm。
15. 鄭仲兵編，《胡耀邦年譜資料長編》，1952年9月條目。
16. 胡耀邦，〈在毛主席的親切教導下把青年工作更加推向前進〉, September 14, 1952, HYBSL, http://w.hybsl.cn/article/11/107/1425。
17. 張等，《胡耀邦傳》，1:250。
18. 張等，《胡耀邦傳》，1:238; Yang Zhongmei, *Hu Yaobang:A Chinese Biography* (M. E. Sharpe, 1988), 86.
19. Yang Zhongmei, *Hu Yaobang:A Chinese Biography,* 87；盛禹九，〈胡耀邦和「中國青年」〉，《同舟共進》，November 23, 2015, https://cul.sina.cn/zl/2015-11-23/hiszl-ifxkwuxx1725193.d.html。
20. 鐘沛璋，〈我和張黎群辦「中國青年報」遭難記〉，《炎黃春秋》，August 2003。
21. 曹治雄，〈我給胡耀邦當秘書〉，《炎黃春秋》，March 2004。
22. 盛禹九，〈胡耀邦和「中國青年」〉。
23. 鐘沛璋，〈我和張黎群辦「中國青年報」遭難記〉。
24. 曹治雄，〈我給胡耀邦當秘書〉；張等，《胡耀邦傳》，1:240-241。
25. 蔣仲平，〈耀邦與我們共青人〉，《炎黃春秋》，May 2006, http://w.hybsl.cn/article/10/104/1442。
26. 胡耀邦，〈把我國青年引向最偉大的目標〉，在中國共產黨第八次全國代表大會上的報告，September 25, 1956, http://w.hybsl.cn/article/11/107/1805。
27. 鄭仲兵編，《胡耀邦年譜資料長編》，1954年9月27日條目。
28. 王海光，〈再談高饒問題〉，HYBSL, May 25, 2015, http://w.hybsl.cn/article/13/52383；另見林蘊暉，〈無中生有的「高饒聯盟」〉，HYBSL, June 27, 2011, http://w.hybsl.cn/article/13/26186。

29. 龐松，〈高崗、饒漱石問題研究述評〉；林蘊暉，〈無中生有的「高饒聯盟」〉；Frank Dikotter, *The Tragedy of Liberation:A History of the Chinese Revolution, 1945-1957* (Bloomsbury Press, 2013), 231-233.
30. 王海光，〈再談高饒問題〉。
31. 林蘊暉，〈無中生有的「高饒聯盟」〉。
32. 王海光，〈再談高饒問題〉；胡甫臣，〈高崗和毛澤東〉，Aisixiang Network, January 1, 2007, http://www.aisixiang.com/data/12716.html。
33. Andrew Walder, *China under Mao*, chap. 5, "The Socialist Economy."
34. 羅平漢，〈1956年的冒進與反冒進〉，HYBSL, November 4, 2014, http://w.hybsl.cn/article/13/49105；沈志華，〈周恩來與1956年的反冒進〉，Shi Lin, January 2009, http://www.71.cn/2012/0814/685617.shtml。
35. 馬雙有，〈劉周為何要反冒進〉，HYBSL, April 26, 2016, http://w.hybsl.cn/article/13/58471。
36. 羅平漢，〈1956年的冒進與反冒進〉；高化民，〈1955年「砍社風波」真相〉，《炎黃春秋》，August 2002；楊明偉，〈50年代中後期的毛澤東與周恩來〉，原載於《炎黃春秋》1999至2002年多期，彙編版本可見於：http://www.yhcw.net/famine/Reports/zhoumao00.html。
37. 毛澤東，〈關於農業合作化問題〉，1955年7月31日，收錄於《毛澤東選集》第五卷（外文出版社，1977）。線上版本見：https://www.marxists.org/reference/archive/mao/selected-works/volume-5/mswv544.htm。
38. 毛澤東，〈關於農業合作化問題〉。
39. Guoguang Wu, *The Anatomy of Political Power in China* (Marshall Cavendish, 2005), chap. 5, 99-115.
40. 毛澤東，〈〈農業合作化的一個高潮〉的序言和按語〉，1955年9月與12月，收錄於《毛澤東選集》第五卷。線上版本見：https://www.marxists.org/reference/archive/mao/selected-works/volume-5/mswv547.htm。
41. 沈志華，〈周恩來與1956年的反冒進〉；劉武生，〈周恩來與冒進、反冒進、反反冒進〉，HYBSL, November 21, 2011, http://w.hybsl.cn/article/13/27600。
42. 楊明偉，〈50年代中後期的毛澤東與周恩來〉；沈志華，〈周恩來與1956年的反冒進〉。
43. 張等，《胡耀邦傳》，1:284-286；滿妹，《思念依然無盡：回憶父親胡耀邦》，236-237。
44. 楊奎松，《毛澤東與莫斯科的恩恩怨怨》（江西人民出版社，1999），387；Alexander V. Pantsov, with Steven I. Levine, *Deng Xiaoping:A Revolutionary Life* (Oxford University Press, 2015), 165-166.
45. Pantsov and Levine, *Deng Xiaoping*, 169.
46. Pantsov and Levine, *Deng Xiaoping*, 172-173.

47. 劉少奇，〈中國共產黨中央委員會向中國共產黨第八次全國代表大會的政治報告〉，1956年9月15日，網址：https://www.marxists.org/subject/china/documents/cpc/8thcongress.htm。
48. 劉少奇，〈中國共產黨中央委員會向中國共產黨第八次全國代表大會的政治報告〉。
49. 〈中國共產黨第八次全國代表大會〉，見：http://www.chinatoday.com/org/cpc/cpc8thcongressstandingpolibureau.htm。
50. 匿名，〈劉源談劉少奇與毛澤東：毛劉分裂革命一敗塗地〉，HYBSL, December 2, 2016, http://w.hybsl.cn/article/13/63357。
51. 朱佐勳，〈毛澤東與「大鳴大放」〉，《炎黃春秋》，July 2010。
52. 朱正，〈中國現代知識份子的消失〉，HYBSL, November 21, 2012, http://w.hybsl.cn/article/13/32286。
53. 毛澤東，〈情況正在變化〉，1957年5月15日，收錄於《毛澤東選集》第五卷。線上版本見：https://www.marxists.org/reference/archive/mao/selected-works/volume-5/mswv561.htm。
54. 毛澤東，〈動員一切力量反擊右派的猖狂進攻〉，1957年6月8日，英文線上版本可見：https://www.marxists.org/reference/archive/mao/selected-works/volume-5/mswv563.htm。
55. 「勞動教養」通常與「勞改」（勞動改造）有所區別，後者主要針對一般刑事犯；然而，由於1950年代中期大量政治犯被捕，公安部常將兩者安置於相同的設施中。參見尹曙生，〈勞動教養和反右派鬥爭〉，《炎黃春秋》，April 2010。
56. 郭道暉，〈毛澤東發動整風的初衷〉，《炎黃春秋》，February 2009。
57. 郭道暉，〈毛澤東發動整風的初衷〉。
58. 朱正，〈中國現代知識份子的消失〉。
59. 毛澤東，〈一九五七年夏季的形勢〉，1957年7月，收錄於《毛澤東選集》第五卷。
60. 李洪林，《中國思想運動史》，（天地圖書，1999），102-103。
61. 胡耀邦，〈團結全國青年建設社會主義的新中國〉，在中國共產主義青年團代表大會上的開幕致詞，April 15, 1957, HYBSL, August 28, 2007, http://w.hybsl.cn/article/11/109/2661。
62. 毛澤東，〈情況正在變化〉。
63. 張等，《胡耀邦傳》，1:290。
64. 鄭仲兵編，《胡耀邦年譜資料長編》，1957年9月條目。
65. 鐘沛璋，〈我和張黎群辦「中國青年報」遭難記〉。
66. 戴煌，《胡耀邦與平反冤假錯案》（新華社，1998），8；滿妹，《思念依然無盡：回憶父親胡耀邦》，244。
67. 鄭仲兵編，《胡耀邦年譜資料長編》，1958年2月條目。
68. 鄧小平，〈關於整風運動的報告〉，1957年9月23日，https://banned-historical-archives.github.io/

articles/5269ce2c8f/。

69. Central Leadership Database，〈胡耀邦同志在中共八屆三中全會上的發言〉，1957年10月9日，收錄於《共青團文件彙編：1957》（中國新民主主義青年團中央總辦公室，1959），香港中文大學檔案研究，2015年10月。
70. 滿妹，《思念依然無盡：回憶父親胡耀邦》，246-247。
71. 鄭仲兵編，《胡耀邦年譜資料長編》，1958年7月12日條目。
72. 嚴如平，〈吾愛吾師，吾尤愛真理〉，《炎黃春秋》，April 2002。
73. Pantsov and Levine, *Deng Xiaoping*, 186.
74. Pantsov and Levine, *Deng Xiaoping*, 189；葉永烈，〈毛澤東批周恩來和陳雲：離右派50米遠〉，HYBSL, January 4, 2009, http://w.hybsl.cn/article/13/11741。
75. 姜長青，〈「大躍進」前周恩來的三次檢討〉，HYBSL, February 17, 2009, http://w.hybsl.cn/article/13/12614。
76. 羅平漢，〈發動「大躍進」的1958年南寧會議〉，Xinhua News, December 15, 2014, http://dangshi.people.com.cn/n/2014/1215/c85037-26210862.html。
77. 葉永烈，〈毛澤東批周恩來和陳雲：離右派50米遠〉。
78. 馬雙有，〈毛澤東四批「反冒進」〉，HYBSL, April 28, 2016, http://w.hybsl.cn/article/13/58526。
79. Central Leadership Database，〈中國共產黨第八次全國代表大會第二次會議（1958年5月5-23日））〉，http://dangshi.people.com.cn/GB/151935/176588/176596/10556148.html, accessed March 30, 2017，網址已失效。
80. 姜長青，〈「大躍進」前周恩來的三次檢討〉。
81. 林蘊暉，〈20世紀50年代的個人崇拜〉，HYBSL, January 4, 2015, http://w.hybsl.cn/article/13/50216。
82. 林蘊暉，〈毛澤東1958年壓制反對聲音：與其你獨裁，不如我獨裁〉，HYBSL, February 26, 2013, http://w.hybsl.cn/article/13/34761。
83. 林蘊暉，〈毛澤東1958年壓制反對聲音：與其你獨裁，不如我獨裁〉。
84. 鄭仲兵編，《胡耀邦年譜資料長編》，1958年5月5日至23日條目。
85. 鄭仲兵編，《胡耀邦年譜資料長編》，1958年7月1日條目。
86. 吳欣峰，〈1958年軍委擴大會議真相〉，《炎黃春秋》，January 2008。
87. 劇作家兼政治評論家沙葉新認為，「檢討」是一種被毛澤東用來維繫其對其他黨內領導人支配地位的有效工具。參見沙葉新，〈「檢討」文化〉，Aisixiang Network, September 5, 2005, http://www.aisixiang.com/data/8557.html。
88. 鍾延麟，〈1958年鄧小平在解放軍「反教條主義」運動中之角色與活動〉，*Mainland China*

Research 49, no. 4 (December 2006):77-103。

89. 林蘊暉，〈1958年中央軍委擴大會議紀實〉，《黨史博覽》，March 2005, http://www.aisixiang.com/data/65991.html。

90. 中共中央黨史研究室，《中國共產黨歷史，第二卷（1949–1978）》（中共黨史出版社，2011）。英文書名為 *History of the Chinese Communist Party, vol. 2, 1949–1978*。

91. 王全寶、王迪，〈中共黨史二卷：三年自然災害死亡人口1000多萬〉，China News Network, January 14, 2011, http://w.hybsl.cn/article/13/24703。

92. 楊繼繩，〈1958-1962中國大饑荒〉，September 5, 2010, http://www.ywpw.com/forums/history/p0/html/830.html。

93. Yang Jisheng楊繼繩, *Tombstone:The Great Chinese Famine, 1958-1962,* trans. Stacy Mosher and Guo Jian (Farrar, Straus and Giroux, 2013), 429-430.

94. Frank Dikotter, "Mao's Great Leap to Famine," *New York Times,* December 15, 2010.

95. 即使是1981年通過的《關於建國以來黨的若干歷史問題的決議》，仍延續了「外部勢力至少部分應對錯誤負責」的敘事神話。該決議的英文版可參見：https://www.marxists.org/subject/china/documents/cpc/history/01.htm。

96. 楊繼繩，〈1958-1962中國大饑荒〉。

97. 賈豔敏、朱進，〈國內學者「大饑荒」問題研究述評〉，Jiangsu University Journal of Social Science 17, no. 2 (March 2015), Aisixiang Network, August 23, 2016, https://www.aisixiang.com/data/101083.

98. 李銳，〈「大躍進」的高潮北戴河會議〉，HYBSL, July 10, 2012, http://w.hybsl.cn/article/13/30201；謝春濤，〈1958年北戴河會議述評〉，http://www.yhcw.net/famine/Reports/r020121a.html。

99. Yang Jisheng, *Tombstone,* 165-166.

100. 中共中央黨史和文獻研究院，〈第一次鄭州會議（1958年11月2–10日）〉，網址：http://www.dswxyjy.org.cn/n/2012/1129/c244520-19738174.html。

101. Yang Jisheng, *Tombstone,* 169.

102. 李銳，〈「大躍進」的高潮北戴河會議〉；謝春濤，〈1958年北戴河會議述評〉，http://www.yhcw.net/famine/Reports/r020121a.html。

103. 羅平漢，〈一九五八年全民大煉鋼〉，HYBSL, August 1, 2014, http://w.hybsl.cn/article/13/47542。

104. 師連枝，〈大躍進工作方法歸謬〉，Socialist Studies, September 2009, http://w.hybsl.cn/article/13/3074。

105. 羅平漢，〈1958年的神話：「跑步進入共產主義」〉，HYBSL, October 27, 2014, http://w.hybsl.cn/article/13/48909。

106. 羅平漢，〈毛澤東與廬山會議前人民公社的整頓〉，HYBSL, March 20, 2015, http://w.hybsl.cn/article/13/51303。
107. 蕭冬連，〈滑向大饑荒的「大躍進」〉，HYBSL, December 27, 2013, http://w.hybsl.cn/article/13/43971。
108. 張北根，〈「大躍進」運動的決策問題研究〉，*Journal of Yunnan Administrative College*, December 2012, http://www.aisixiang.com/data/60170.html。
109. 李銳，《廬山會議實錄》（河南人民出版社，1996）。
110. 汪澍白，〈彭德懷的厄運是如何注定的〉。
111. 李銳，《廬山會議實錄》，99。
112. 彭德懷，〈我的一點意見（1959年給毛澤東的信）〉，HYBSL, October 14, 2009, http://w.hybsl.cn/article/13/16643。
113. 黃克誠，〈我所知道的廬山會議〉，October 22, 2014, http://www.aisixiang.com/data/79148.html。
114. 聞集，〈張聞天在廬山會議上的抗爭〉，《炎黃春秋》，December 2000。
115. 毛澤東，"Speech at the Lushan Conference," July 23, 1959, in *Selected Works*, vol. 8, (Kranti Publications, Secunderabad, India, 1994), https://www.marxists.org/reference/archive/mao/selected-works/volume-8/mswv834.htm.
116. 張勝，〈康生廬山評彭德懷萬言書：他是想要換掉主席！〉，HYBSL, January 12, 2012, http://w.hybsl.cn/article/13/28285。
117. 高華，《我給胡耀邦當秘書》，50-51；滿妹，《思念依然無盡：回憶父親胡耀邦》，250-251。
118. 關於「表態」作為中共用以施加政治壓力與強化一致性的手段的討論，可參考沙葉新〈「表態」文化〉，載愛思想網，2005年9月5日，網址：http://www.aisixiang.com/data/8555.html。
119. 鄭仲兵編，《胡耀邦年譜資料長編》，1959年8月2日條目。
120. 張等，《胡耀邦傳》，1:304-305。
121. 中共八屆八中全會，〈關於以彭德懷同志為首的反黨集團的錯誤的決議〉，1959年8月16日，網址：http://www.yhcw.net/famine/Documents/d020202n.html。
122. Central Leadership Database，〈中央軍委擴大會議（1959年8月18日—9月12日）〉一文已從中國官方網站刪除，但仍可透過非官方途徑查閱，例如：http://www.yhcw.net/famine/Documents/d020202n.html。值得注意的是，1959年8月召開的這次中央軍委擴大會議所作出的所有決定，最終皆被撤銷。
123. 張等，《胡耀邦傳》，1:305。

第五章

1. 鄭仲兵編，《胡耀邦年譜資料長編》，1960年9月各條目。
2. 張等，《胡耀邦傳》，1:310-311。
3. 鄭仲兵編，《胡耀邦年譜資料長編》，1960年3月5日與4月8日條目。
4. 尹曙生，〈公安工作「大躍進」〉，《炎黃春秋》，January 2010。
5. 匿名，〈大饑荒年代的北京「特需」〉，*Shi Hai*, July 1, 2021, https://www.secretchina.com/news/gb/2021/07/01/975235.html。
6. 高華，〈大饑荒與四清運動的起源〉，HYBSL, September 9, 2008, http://w.hybsl.cn/article/13/9664；Yang Jisheng, *Tombstone*, 23-31。
7. Yang Jisheng, *Tombstone*, 61-63；張千帆，〈從「信陽事件」看央 地關係〉，HYBSL, September 14, 2009, http://w.hybsl.cn/article/13/16069。
8. 尹曙生，〈曾希聖是如何掩蓋嚴重災荒的〉，《炎黃春秋》，December 2015。
9. 楊繼繩，〈打撈大饑荒記憶〉，HYBSL, May 15, 2012, http://w.hybsl.cn/article/13/29700。
10. 楊繼繩，〈公共食堂的歷史記憶〉，May 7, 2010, http://w.hybsl.cn/article/13/20211。
11. 陳一然，〈毛已知畝產造假1959年經濟計畫繼續「躍進」〉，摘自其著作《親歷共和國60年》（北京：人民出版社，2009），HYBSL, October 12, 2012, http://w.hybsl.cn/article/13/31437；高華，〈大饑荒與四清運動的起源〉。
12. 蕭象，〈毛澤東對於人的生命態度與大饑荒的悲劇發生〉，Aisixiang Network, December 25, 2015, https://chinadigitaltimes.net/chinese/275860.html。
13. Yang Jisheng, *Tombstone*, 317.
14. 高華，〈大饑荒與四清運動的起源〉。
15. 楊奎松，〈毛澤東是如何發現大饑荒的〉，Aisixiang Network, April 17, 2015, https://www.aisixiang.com/data/81435.html。
16. 劉源、何家棟，〈毛澤東為什麼要打倒劉少奇〉，HYBSL, April 6, 2010, http://w.hybsl.cn/article/13/19576。
17. Li Zhisui李志綏, The *Private Life of Chairman Mao*, trans. Tai Hung-chao (Random House, 1994), 400.
18. 王海光，〈林彪私密日記：毛澤東善用捏造打倒對手〉，December 14, 2014, http://www.aboluowang.com/2014/1214/485956.html。
19. 鄭仲兵編，《胡耀邦年譜資料長編》，1961年9月4日至29日條目。
20. 錢江，〈胡耀邦和「包產到戶」的初次接觸〉，HYBSL, April 28, 2016, http://w.hybsl.cn/article/11/110/58558。
21. 錢江，〈胡耀邦和「包產到戶」的初次接觸〉。

22. 高勇，《我給胡耀邦當秘書》，73-74。
23. 錢江，〈胡耀邦和「包產到戶」的初次接觸〉。
24. 唐正芒，〈1962年中央解決糧食問題內幕：七千人大會吃飯……〉，HYBSL, March 21, 2012, http://w.hybsl.cn/article/13/29048。
25. 王聿文，〈「七千人大會」五十週年的思考〉，HYBSL, April 11, 2012, http://w.hybsl.cn/article/13/29323。
26. 張素華，〈七千人大會打下毛劉分歧的楔子〉，HYBSL, September 26, 2013, http://w.hybsl.cn/article/13/40081。
27. 張素華，〈毛澤東究竟對劉少奇和鄧小平的報告怎麼看?〉，HYBSL, April 20, 2012, http://w.hybsl.cn/article/13/29447。
28. 張素華，〈1962年林彪如何讓毛澤東感覺「患難逢知己」〉，HYBSL, January 12, 2012, http://w.hybsl.cn/article/13/28303。
29. 毛澤東，〈在中國共產黨中央工作擴大會議上的講話〉，1962年1月30日，收錄於《毛澤東選集》第八卷；亦可參見英文版：https://www.marxists.org/reference/archive/mao/selected-works/volume-8/mswv862.htm。
30. 張素華，〈七千人大會上從省委書記到部長的檢討〉，HYBSL, July 12, 2010, http://w.hybsl.cn/article/13/21229。
31. Li Zhisui, *Private Life of Chairman Mao*, 386-387.
32. 韓福東，〈親歷七千人大會〉，HYBSL, February 16, 2012, http://w.hybsl.cn/article/13/28612.
33. 匿名，〈陳雲「西樓會議」長篇發言出臺幕後〉，HYBSL, November 28, 2011, http://w.hybsl.cn/article/13/27687。
34. 匿名，〈陳雲「西樓會議」長篇發言出臺幕後〉；馮來剛，〈大躍進後劉少奇批示：這樣搞下去難道不會亡國嗎？〉，摘自魯彤、馮來剛，《劉少奇在建國後的20年》（遼寧人民出版社，2001），HYBSL, April 2, 2011, http://w.hybsl.cn/article/13/25486。
35. 劉源、何家棟，〈毛澤東為什麼要打倒劉少奇〉。
36. 羅貞治，〈1962年包產到戶始末〉，HYBSL, August 27, 2009, http://w.hybsl.cn/article/13/15710。
37. 中共中央文獻研究室編，《毛澤東年譜》第五卷，1962年5月16日，第5卷，102-103、110-111。可檢索線上電子書版本見：https://ebook.dswxyjy.org.cn/storage/files/20220616/ddcdf1b3887dbedd06965f2619a3727d77188/mobile/index.html。
38. 《毛澤東年譜》，1962年7月8日條目，第五卷，111-112。
39. 劉源、何家棟，〈毛澤東為什麼要打倒劉少奇〉。
40. 《毛澤東年譜》，1962年8月4日與6日條目，第五卷，125-127。

41. 《毛澤東年譜》，1962年8月與9月相關記載，第五卷，127–160。
42. 毛澤東，"Speech at the Tenth Plenum of the Eighth Central Committee," September 24, 1962, in *Selected Works*, vol. 8.
43. 中共歷史評述，〈八屆十中全會（1962年9月24至27日）〉，May 5, 2012, https://blog.wenxuecity.com/myblog/37995/201205/3275.html。
44. 賈巨川，〈習仲勳冤案始末〉，《炎黃春秋》，January 2011。
45. 張等，《胡耀邦傳》，1:317-318。
46. 鄭仲兵編，《胡耀邦年譜資料長編》，1962年5月及7月18日條目。
47. 滿妹，《回憶父親胡耀邦》，1:264-265。
48. 唐非，〈耀邦同志在湘潭專區〉，HYBSL, March 16, 2007, http://w.hybsl.cn/article/10/104/555。
49. 鄭仲兵編，《胡耀邦年譜資料長編》，1962年11月16日條目。
50. 張等，《胡耀邦傳》，1:266-272。
51. 陳利明，《從小紅鬼到總書記》，1:110-114。
52. 《毛澤東年譜》，1963年2月20日條目，第五卷，193-194。
53. 《毛澤東年譜》，1963年5月7日至11日條目，第五卷，216–227；另見〈杭州小型會議（1963年5月2-12日）〉，Party History, http://www.chinavalue.net/Wiki/杭州小型會議.aspx。
54. 馬雙有，〈劉少奇和毛澤東在「四清」中的矛盾〉，《共識網》，September 19, 2014, https://blog.creaders.net/u/8311/201409/192061。
55. 鄭仲兵編，《胡耀邦年譜資料長編》，1963年5月2日至12日數則條目；滿妹，《回憶父親胡耀邦》，1:278。
56. 此觀點為鍾延麟所提出，他是《文革前的鄧小平》（香港中文大學出版社，2013）的作者，於2017年11月21日的對談中提出。
57. 鄭仲兵編，《胡耀邦年譜資料長編》，1963年5月下旬條目。
58. 滿妹，《回憶父親胡耀邦》，1:278。
59. 張等，《胡耀邦傳》，1:336-339, 342, 346.
60. 張等，《胡耀邦傳》，1:355-356.
61. 張等，《胡耀邦傳》，1:358.
62. 滿妹，《回憶父親胡耀邦》，1:280-281。
63. 馬永梅、張國新，〈劉少奇指導四清運動思想與實踐〉，HYBSL, June 2, 2011, http://w.hybsl.cn/article/13/25995；另見馬雙有，〈劉少奇和毛澤東在「四清」中的矛盾〉。
64. 《毛澤東年譜》，1963年10月31日、11月3日與11月14日條目，第五卷，273、277、280。
65. 韓鋼，〈中共歷史研究的若干難點熱點問題〉，Aisixiang Network, November 26, 2015, https://

www.aisixiang.com/data/7247.html。

66. 馬永梅、張國新，〈劉少奇指導四清運動思想與實踐〉。
67. 《毛澤東年譜》，1964年8月31日條目，第五卷，402。
68. 羅平漢，〈「四清」性質的高層分歧〉，HYBSL, October 7, 2008, http://w.hybsl.cn/article/13/10084。
69. 陳利明，《胡耀邦：從小紅鬼到總書記》，1:280。
70. 滿妹，《回憶父親胡耀邦》，1:281。
71. 張等，《胡耀邦傳》，1:359-360。
72. 白磊，〈1965年胡耀邦電話通訊產生前後〉，《炎黃春秋》，January 2016, https://difangwenge.org/archiver/?tid-19006.html。
73. 高華，〈在貴州「四清運動」的背後〉，HYBSL, May 29, 2015, http://w.hybsl.cn/article/13/37497。
74. 陳利明，《胡耀邦：胡耀邦傳》，1:466。
75. 林小波，〈「四清」運動中的毛澤東與劉少奇〉，Aisixiang Network, November 15, 2013, http://www.aisixiang.com/data/69584.html。
76. 羅平漢，〈1964年毛澤東對劉少奇說：我罵娘沒有用，你厲害〉，摘自羅著《「文革」前夜的中國》（人民出版社，2007），HYBSL, April 15, 2010, http://w.hybsl.cn/article/13/19837。
77. 張等，《胡耀邦傳》，1:367.
78. 蕭冬連，〈「一線」與「二線」：毛劉關係與文革發起〉，HYBSL, December 19, 2011, http://w.hybsl.cn/article/13/27952；另見羅平漢，〈1964年毛澤東對劉少奇說：我罵娘沒有用，你厲害〉。
79. 羅平漢，〈1964年毛澤東對劉少奇說：我罵娘沒有用，你厲害〉。
80. 羅平漢，〈「四清」性質的高層分歧〉。
81. 蕭象，〈劉少奇是什麼時候感到自己要挨整的〉，Aisixiang Network, May 14, 2013, http://www.aisixiang.com/data/63932.html。
82. 《毛澤東年譜》，1964年12月17日條目，第五卷，449-450。
83. 滿妹，《回憶父親胡耀邦》，1:284。
84. 匿名，〈楊尚昆談「四清」〉，HYBSL, July 24, 2015, http://w.hybsl.cn/article/13/53426。
85. 張等，《胡耀邦傳》，1:369-371。
86. 陳利明，《胡耀邦：從小紅鬼到總書記》，1:290-291；胡德平，〈耀邦同志的安康〉，Aisixiang Network, August 31, 2014, http://www.aisixiang.com/data /77434.html。
87. 胡耀邦該訊息的全文可見於白磊，〈1965年胡耀邦電話通訊產生前後〉。

88. 白磊，〈1965年胡耀邦電話通訊產生前後〉；胡德平, "Comrade Yaobang's Ankang."
89. 鄭仲兵編，《胡耀邦年譜資料長編》，1965年2月18日條目。
90. 呂克軍，〈胡耀邦在陝西的新政及其結局〉，《炎黃春秋》，June 2015。
91. 呂克軍，〈胡耀邦在陝西的新政及其結局〉。
92. 陳利明，《胡耀邦：從小紅鬼到總書記》，1:297。
93. 盛平編，〈「檢討」文化〉，Aisixiang Network, May 28, 2008, http://www.aisixiang.com/data/8557.html。
94. 白磊，〈1965年胡耀邦陝西檢討始末〉，《炎黃春秋》，June 2016, http://w.hybsl.cn/article/11/110/59848。
95. 鄭仲兵編，《胡耀邦年譜資料長編》，1965年3月6日與7日條目。
96. 匿名，〈楊尚昆談「四清」〉。
97. 呂克軍，〈胡耀邦在陝西的新政及其結局〉。
98. 鄭仲兵編，《胡耀邦年譜資料長編》，1965年3月11日至14日條目。
99. 白磊，〈1965年胡耀邦陝西檢討始末〉；鄭仲兵編，《胡耀邦年譜資料長編》，1965年3月18日至19日條目。
100. 匿名，〈楊尚昆談「四清」〉。
101. 鄭仲兵編，《胡耀邦年譜資料長編》，1965年3月31日及5月條目；呂克軍，〈胡耀邦在陝西的新政及其結局〉。
102. 滿妹，《回憶父親胡耀邦》，1:295-296。
103. 匿名，〈陝西主政兩百天〉，《人民網》，January 6, 2014, http://dangshi.people.com.cn/n/2014/0106/c85037-24031859.html。
104. 張等，《胡耀邦傳》，1:386；陳利明，《從小紅鬼到總書記》，1:303。
105. 陳利明，《胡耀邦：從小紅鬼到總書記》，1:303。
106. 羅平漢，〈「四清」性質的高層分歧〉。
107. 滿妹，《回憶父親胡耀邦》，1:300-301。
108. 鄭仲兵編，《胡耀邦年譜資料長編》，1985年8月28日條目。
109. 張等，《胡耀邦傳》，1:389；陳利明，《胡耀邦傳》，1:533。
110. 滿妹，《回憶父親胡耀邦》，1:298。
111. 呂克軍，〈胡耀邦在陝西的新政及其結局〉。
112. 廖大文（Dimon Liu），〈中國共產黨的四大權力工具〉，摘自《中國2030》一文，為美國國防部淨評估辦公室（Office of Net Assessment）於2017年撰寫的未列機密報告，經授權引用。

113. Li Zhisui, *Private Life of Chairman Mao*, 291-293.

114. 喬雨，〈談文革初期毛澤東對黨內高層的批判〉，HYBSL, June 2, 2010, http://w.hybsl.cn/article/13/20703。

115. 丁凱文，〈文革前軍內的一場大搏鬥〉，HYBSL, November 27, 2015, http://w.hybsl.cn/article/13/55638。

116. Roderick MacFarquhar and Michael Schoenhals, *Mao's Last Revolution* (Belknap Press of Harvard University Press, 2006), 20-26.

117. 丁凱文，〈文革前軍內的一場大搏鬥〉。

118. 蕭象，〈羅瑞卿悲劇的歷史原因〉，Aisixiang Network, November 21, 2012, http://www.aisixiang.com/data/59302.html。

119. 楊繼繩，《天地翻覆：中國文化大革命歷史》（天地圖書，2016），146-149。

120. MacFarquhar and Schoenhals, *Mao's Last Revolution*, 34-35.

121. 楊繼繩，《天地翻覆：中國文化大革命歷史》，115。

122. 楊繼繩，《天地翻覆：中國文化大革命歷史》，109； MacFarquhar and Schoenhals, *Mao's Last Revolution*, 27-28.

123. 蕭象，〈毛澤東發動文革新探〉，HYBSL, September 23, 2015, http://w.hybsl.cn/article/13/54493 (here after cited as Xiao, "New Exploration").

124. 楊繼繩，《天地翻覆：中國文化大革命歷史》，118。

125. MacFarquhar and Schoenhals, *Mao's Last Revolution*, 29-30；楊繼繩，《天地翻覆：中國文化大革命歷史》，120-121。

126. 蕭象認為，該次講話是毛澤東首次正式使用「文化大革命」一詞，見蕭象，〈毛澤東發動文革新探〉。

127. 楊繼繩，《天地翻覆：中國文化大革命歷史》，124-125。

128. MacFarquhar and Schoenhals, *Mao's Last Revolution*, 33.

129. 楊繼繩，《天地翻覆：中國文化大革命歷史》，131。

130. 楊繼繩，《天地翻覆：中國文化大革命歷史》，131, 170-171。

131. 胡耀邦當時很可能有資格參加擴大的政治局會議，但其傳記作者似乎有意模糊其是否實際出席的事實。他們列出了一些通過發動文化大革命決議的重要中央會議，但並未使用「出席」這一中文詞彙，來明確表明胡耀邦是否實際參與了這些會議。

132. 〈五一六通知〉全文，《人民日報》，May 17, 1966, http://www.maoflag.cc/portal.php?mod=view&aid=6042。

133. MacFarquhar and Schoenhals, *Mao's Last Revolution*, 38.

134. 楊繼繩，《天地翻覆：中國文化大革命歷史》，175。

135. 陳小津，〈文革前夕，胡耀邦與陳丕顯關起門來「密謀」什麼?〉，HYBSL, January 30, 2012, http://w.hybsl.cn/article/11/109/28410。陳小津為陳丕顯之子。

136. 鄭仲兵編，《胡耀邦年譜資料長編》，1966年4月1日至20日條目。

第六章

1. Principal sources used here are Roderick MacFarquar and Michael Schoenhals, *Mao's Last Revolution* (Belknap Press of Harvard University Press, 2006); Frank Dikotter, *The Cultural Revolution:A People's History, 1962-1976* (Bloomsbury Press, 2017)；楊繼繩，《天地翻覆：中國文化大革命歷史》。
2. MacFarquhar and Schoenhals, *Mao's Last Revolution*, 55-58；楊繼繩，《天地翻覆：中國文化大革命歷史》，181。
3. 陳博達，〈橫掃一切牛鬼蛇神〉，《人民日報》社論，1966年6月1日。英文版可見於：https://www.marxists.org/subject/china/peking-review/1966/PR1966-23c.htm。
4. MacFarquhar and Schoenhals, *Mao's Last Revolution*, 64-65.
5. 苗偉東，〈文革歲月中的胡耀邦〉，HYBSL, November 22, 2010, http://w.hybsl.cn/article/11/109/23647。
6. 張等，《胡耀邦傳》，1:392-393。
7. 滿妹，《回憶父親胡耀邦》，1:302-303。
8. 印紅標（筆名），〈紅衛兵運動的興起與流派〉，HYBSL, January 5, 2016, http://w.hybsl.cn/article/13/56296。這些位於北京的重點中學的學生多為中共高級幹部、政府官員與軍方將領的子女。
9. 楊繼繩，〈從清華大學看文革〉，HYBSL, January 15, 2013, http://w.hybsl.cn/article/13/33895。
10. MacFarquhar and Schoenhals, *Mao's Last Revolution*, 72-74.
11. 楊繼繩，《天地翻覆：中國文化大革命歷史》，196-197, 222。
12. 楊宗麗、明偉，〈毛澤東如何掀起「文革」高潮〉，摘自其著作《周恩來26年總理風雲》（遼寧人民出版社，2001），刊於2012年3月16日，http://w.hybsl.cn/article/13/28991；MacFarquhar and Schoenhals, *Mao's Last Revolution*, 88-89。
13. 鄭仲兵編，《胡耀邦年譜資料長編》，1966年7月29日條目；另見苗偉東，〈文革歲月中的胡耀邦〉。
14. 魯彤、馮來剛，〈劉少奇下臺序幕〉，摘自其著作《劉少奇在建國後的20年》（遼寧人民出版社，2001），刊於2012年1月5日，http://w.hybsl.cn/article/13/28176。
15. 張等，《胡耀邦傳》，1:395；鄭仲兵編，《胡耀邦年譜資料長編》，1966年8月1日至12日條目。

16. 楊繼繩，《天地翻覆：中國文化大革命歷史》，12；江青在1981年的審判中作出了這番陳述。
17. 滿妹，《回憶父親胡耀邦》，1:305。
18. 毛澤東，〈炮打司令部：我的第一張大字報〉，1966年8月5日。英文版可見：https://www.marxists.org/reference/archive/mao/selected-works/volume-9/mswv963.htm。
19. 楊繼繩，《天地翻覆：中國文化大革命歷史》，228-229。
20. MacFarquhar and Schoenhals, *Mao's Last Revolution*, 94-95；袁晞，〈毛澤東時代的常委和常委會〉，HYBSL, March 26, 2016, http://w.hybsl.cn/article/13/57831。
21. 滿妹，《回憶父親胡耀邦》，1:306-307。
22. 滿妹，《回憶父親胡耀邦》，1:307, 309-310。
23. 張等，《胡耀邦傳》，1:398。
24. 高勇，《我給胡耀邦當秘書》，107-109。
25. 滿妹，《回憶父親胡耀邦》，1:311。
26. 鄭仲兵編，《胡耀邦年譜資料長編》，1966年8月條目；滿妹，《回憶父親胡耀邦》，1:316。
27. 葉永烈，〈胡克實自述：「文革」中的團中央〉，《炎黃春秋》，August 2005。
28. 葉永烈，〈胡克實自述：「文革」中的團中央〉；另見Guobin Yang, *The Red Guard Generation and Political Activism in China* (Columbia University Press, 2016), 83.
29. 葉永烈，〈胡克實自述：「文革」中的團中央〉。
30. 滿妹，《回憶父親胡耀邦》，1:319-321。
31. MacFarquhar and Schoenhals, *Mao's Last Revolution*, 162-169.
32. 高勇，《我給胡耀邦當秘書》，110-111。
33. 尹家民，〈毛澤東關於軍隊介入「文革」的思想變化過程〉，HYBSL, April 22, 2014, http://w.hybsl.cn/article/13/45870。
34. MacFarquhar and Schoenhals, *Mao's Last Revolution*, 175-177；楊繼繩，《天地翻覆：中國文化大革命歷史》，431-435。
35. 楊繼繩，《天地翻覆：中國文化大革命歷史》，386-394；Dikotter, *The Cultural Revolution*, 137-138.
36. 胡德平，〈我見到父親唯一一次痛哭失態〉，摘自周海濱著《失落的巔峰》（人民出版社，2012），刊於2012年7月10日，網址：http://w.hybsl.cn/article/11/109/30162；滿妹，《回憶父親胡耀邦》，1:324-325。
37. 張等，《胡耀邦傳》，1:402-403。

38. 鄭仲兵編，《胡耀邦年譜資料長編》，1967年7月條目；滿妹，《回憶父親胡耀邦》，1:323。
39. 張等，《胡耀邦傳》，1:403-404。
40. 顧保孜，〈野心家康生如何用陰謀敲開權力之門？〉，《人民網》，June 14, 2011, https://read01.com/xKgOD.html。
41. 黃金生，〈令人談虎色變的「文革」專案組〉，HYBSL, September 22, 2014, http://w.hybsl.cn/article/13/48361。
42. Michael Schoenhals，"The Central Case Examination Group, 1966-79," *China Quarterly* 87 (1996):87-111.
43. 黃崢，〈江青等人為迫害劉少奇如何製造偽證〉，HYBSL, January 3, 2014, http://w.hybsl.cn/article/13/44037；另見吳法憲，〈我所知道的十四個中央專案組〉，HYBSL, February8, 2014, http://w.hybsl.cn/article/13/44615。
44. Schoenhals, "The Central Case Examination Group, 1966-79," 103；黃金生，〈令人談虎色變的「文革」專案組〉。
45. 黃崢，〈江青等人為迫害劉少奇如何製造偽證〉。
46. 張等，《胡耀邦傳》，1:405。
47. 鄭仲兵編，《胡耀邦年譜資料長編》，1968年5月及7月21日條目。
48. 高勇，《我給胡耀邦當秘書》，120-123。
49. 張等，《胡耀邦傳》，1:405-406。
50. 滿妹，《回憶父親胡耀邦》，1:328；葉永烈，〈胡克實自述：「文革」中的團中央〉。
51. MacFarquhar and Schoenhals, *Mao's Last Revolution,* 273-274；楊繼繩，《天地翻覆：中國文化大革命歷史》，688-691。
52. 苗偉東，〈文革歲月中的胡耀邦〉；滿妹，《回憶父親胡耀邦》，1:328。
53. MacFarquhar and Schoenhals, *Mao's Last Revolution,* 273-274.
54. MacFarquhar and Schoenhals, *Mao's Last Revolution,* 279.
55. 《中國共產黨第八屆中央委員會第十二次全體會議工作報告》，詳見：https://baike.baidu.com/item/中國共產黨第八屆中央委員會第十二次全體會議。
56. 滿妹，《回憶父親胡耀邦》，1:328-330；苗偉東，〈文革歲月中的胡耀邦〉。
57. 胡德平，〈耀邦文革給毛澤東的「萬言書」裡寫了什麼？〉，HYBSL, November 6, 2015, http://w.hybsl.cn/article/11/109/55219。
58. 鄭仲兵編，《胡耀邦年譜資料長編》，1969年4月1日至24日條目。
59. 《關於建國以來黨的若干歷史問題的決議》，由中國共產黨第十一屆中央委員會第六次全體會議於1981年6月27日通過。英文版本可參見：http://www.marxists.org/subject/china/documents/cpc/history/01.htm。

60. MacFarquhar and Schoenhals, *Mao's Last Revolution*, 245-246.
61. 高華，〈「林彪事件」的再考察〉，*21st Century*, October 2006, https://www.cuhk.edu.hk/ics/21c/media/articles/c097-200608073.pdf；見楊繼繩，《天地翻覆：中國文化大革命歷史》，414-420。
62. 楊繼繩，《天地翻覆：中國文化大革命歷史》，433-434；另見東夫，〈造反派才是文革最大的受害者〉，HYBSL, January 22, 2016, http://w.hybsl.cn/article/13/56640。
63. 楊繼繩，《天地翻覆：中國文化大革命歷史》，432-433。
64. Michel Bonnin, *The Lost Generation:The Rustication of China's Educated Youth (1968-1980)* (Chinese University of Hong Kong Press, 2013).
65. 〈五・七指示〉，https://baike.baidu.com/item/五・七指示/5331499。
66. 楊繼繩，《天地翻覆：中國文化大革命歷史》，360。
67. 張紹春，〈五七幹校的歷史脈絡與特點研究〉，Sina .com, May 20, 2017, https://bbs.wenxuecity.om/memory/1131384.html。
68. 程敏，〈胡耀邦在黃湖農場〉，HYBSL, February 13, 2007, http://w.hybsl.cn/article/14/114/155；滿妹，《回憶父親胡耀邦》，1:332-333。
69. 高勇，《我給胡耀邦當秘書》，127-129。
70. 楊春祥，〈胡耀邦在黃湖幹校〉，January 9, 2016, https://www.sohu.com/a/53531739115854。
71. 滿妹，《回憶父親胡耀邦》，1:335。
72. 張等，《胡耀邦傳》，1:414-415。
73. 高勇，《我給胡耀邦當秘書》，129-130；滿妹，《回憶父親胡耀邦》，1:334。
74. 滿妹，《回憶父親胡耀邦》，1:344-345。
75. 楊春祥，〈胡耀邦在黃湖幹校〉。
76. Dikotter, *The Cultural Revolution*, 241-242；高華，〈「林彪事件」的再考察〉。
77. 楊繼繩，《天地翻覆：中國文化大革命歷史》，764-765。
78. 曹英，〈毛澤東在林彪事件前的關鍵決策〉，HYBSL, February 3, 2010, http://w.hybsl.cn/article/13/18616。
79. 于運深，〈口述：我給林彪當秘書的最後一年〉，HYBSL, September 14, 2015, http://w.hybsl.cn/article/13/54312。
80. 韓鋼，〈「九一三」事件考疑〉，《同舟共進》，October 21, 2013, http://w.hybsl.cn/article/13/41922。
81. 王海光，〈「九一三事件」謎團解析〉，HYBSL, December 9, 2013, http://w.hybsl.cn/article/13/43447。

82. 韓鋼，〈「九一三」事件考疑〉。
83. 〈五七一工程〉紀要全文（據稱為原始全文）可見於：https://chinadigitaltimes.net/space/林立果〈五七一工程〉紀要全文；亦可參見邱會作，《邱會作回憶錄》（香港新世紀出版社，2011），861。
84. 紅雨齋，〈「九一三事件」後的清洗〉，HYBSL, June 25, 2009, http://w.hybsl.cn/article/13/14764。
85. 王年一，〈關於「軍委辦事組」的一些資料〉，HYBSL, April 28, 2014, http://w.hybsl.cn/article/13/45976。
86. 高華，〈「林彪事件」的再考察〉。
87. 余汝信，〈蒙古官方調查報告中的「九一三事件」〉，HYBSL, April 8, 2016, http://w.hybsl.cn/article/13/58093；以及〈最新解密的蒙古官方對於林彪專機墜毀原因的調查報告〉，HYBSL, April 11, 2016, http://w.hybsl.cn/article/13/58130。
88. MacFarquhar and Schoenhals, *Mao's Last Revolution*, 337-339; Dikotter, *The Cultural Revolution*, 255-256.
89. Gao Wenqian高文謙, *Zhou Enlai, the Last Perfect Revolutionary:A Biography, trans. Peter Rand and Lawrence R. Sullivan* (Public Affairs Press, 2007), 236. Also Li Zhisui, *The Private Life of Chairman Mao*, trans. Tai Hung-chao (Random House, 1994), 572-573.
90. Li Zhisui, *Private Life of Chairman Mao*, 542-543.
91. MacFarquhar and Schoenhals, *Mao's Last Revolution*, 340；秦九鳳，〈1973年毛澤東穩定中國政局的願望為何落空？〉，HYBSL, November 8, 2011, http://w.hybsl.cn/article/13/27458。
92. Alexander Pantsov, with Steven I. Levine, *Deng Xiaoping:A Revolutionary Life* (Oxford University Press, 2015), 262.
93. Pantsov and Levine, *Deng Xiaoping*, 268-269.
94. 紅雨齋，〈「九一三事件」後的清洗〉。
95. 尹曙生，〈毛澤東與砸爛公・檢・法〉，《炎黃春秋》，October 2013。
96. 余汝信、曾鳴，〈也談中央文革小組的結束時間問題〉，Aisixiang, December 12, 2013, http://www.aisixiang.com/data/70376.html。
97. 滿妹，《回憶父親胡耀邦》，1:346-349。
98. 胡德平，〈在王靈書出版座談會上的發言〉，HYBSL, July 4, 2015, http://w.hybsl.cn/article/13/53054。
99. 鄭仲兵編，《胡耀邦年譜資料長編》，1971年10月條目。
100. 張等，《胡耀邦傳》，1:421。
101. 高勇，《我給胡耀邦當秘書》，148-157。
102. 張等，《胡耀邦傳》，1:421-422。《胡耀邦傳》的五位作者皆曾是他在共青團或中央黨校的部屬，理論上都有機會在這一人生階段與他談論過其思想，儘管書中並未直接引用他的談話內容。

103. 胡德平，〈在王靈書出版座談會上的發言〉。

104. Pantsov and Levine, *Deng Xiaoping*, 275-277.

105. Li Zhisui, *Private Life of Chairman Mao*, 581.

106. 楊繼繩，《天地翻覆：中國文化大革命歷史》，852；MacFarquhar and Schoenhals, *Mao's Last Revolution*, 360-365。

107. 李遜，〈王洪文的升沉〉，《炎黃春秋》，October 2015。

108. Pantsov and Levine, *Deng Xiaoping*, 287-288；楊繼繩，《天地翻覆：中國文化大革命歷史》，894。

109. 楊繼繩，《天地翻覆：中國文化大革命歷史》，895。

110. MacFarquhar and Schoenhals, *Mao's Last Revolution*, 381.

111. 楊繼繩，《天地翻覆：中國文化大革命歷史》，896-902。

112. 鄧小平，《鄧小平文選》，第二卷（北京：外文出版社，1984），第10頁。

113. 劉岩，〈我在「中央讀書班」的見聞〉，《黨史博覽》，February 20, 2009, http://w.hybsl.cn/article/13/12744。

114. 錢江，〈胡耀邦在第四期中央讀書班〉，HYBSL, July 5, 2016, http://w.hybsl.cn/article/11/110/60000。

115. 錢江，〈胡耀邦是怎樣進入鄧小平視野的？〉，《湘潮》，December 14, 2015, http://w.hybsl.cn/article/11/109/55933。

116. 張等，《胡耀邦傳》，1:425-426。

117. 李昌，〈我與耀邦共事〉，《炎黃春秋》，January 2006。

118. 吳明瑜，〈難忘的一百二十天〉，HYBSL, September 21, 2015, http://w.hybsl.cn/article/11/110/54446。

119. 張等，《胡耀邦傳》，1:426。

120. 鄭仲兵編，《胡耀邦年譜資料長編》，1975年8月1日條目。

121. 吳偉鋒，〈1975年胡耀邦整頓中國科學院始末〉，Party History Collection, June 2017, http://www.hybsl.cn/ybsxyj/shengpingyusixiang/2018-06-11/67766.html, last accessed June 12, 2018，網址已失效。簡化版本見：https://www.csibaskets.com/show-54-44263-1.html。

122. 吳明瑜，〈難忘的一百二十天〉。

123. 胡耀邦，《胡耀邦文選》（人民出版社，2015年），61-71。

124. 鄭仲兵編，《胡耀邦年譜資料長編》，1975年8月26日條目。

125. 張等，《胡耀邦傳》，1:440。

126. 張等，《胡耀邦傳》，1:443；另見《毛澤東年譜》，第六卷，612-613，http://mks.bucm.edu.cn/kckz/lnmzddxpwx/43228.htm。

127. MacFarquhar and Schoenhals, *Mao's Last Revolution*, 382.

128. 楊繼繩，《天地翻覆：中國文化大革命歷史》，908-909。

129. Li Zhisui, *Private Life of Chairman Mao*, 596.

130. 楊繼繩，《天地翻覆：中國文化大革命歷史》，917；姜毅然、霞飛，〈1975年鄧小平進入中央領導核心後的整頓風雲〉，《中國共產黨新聞網》，November 30, 2010, http://www.ce.cn/xwzx//dang/fc/200708/03/t20070803l2416837.shtml。

131. 姜毅然、霞飛，〈1975年鄧小平進入中央領導核心後的整頓風雲〉；另見《毛澤東年譜》，第六卷，613。

132. 姜毅然、霞飛，〈1975年鄧小平進入中央領導核心後的整頓風雲〉；另見MacFarquhar and Schoenhals, *Mao's Last Revolution*, 408-409。

133. 趙樹凱，〈紀登奎與高層派系〉，《共識網》，April 16, 2016, https://read01.com/7Kd2Om.html。

134. 滿妹，《回憶父親胡耀邦》，1:383；張等，《胡耀邦傳》，1:444-445。

135. 《毛澤東年譜》，第六卷，624。

136. Ezra F. Vogel 傅 高 義 , *Deng Xiaoping and the Transformation of Modern China* (Belknap Press of Harvard University Press, 2010), 148-149.

137. 姜毅然、霞飛，〈1975年鄧小平進入中央領導核心後的整頓風雲〉。

138. 姜毅然、霞飛，〈1975年鄧小平進入中央領導核心後的整頓風雲〉；MacFarquhar and Schoenhals, Mao, 411。

139. 滿妹，《回憶父親胡耀邦》，1:385, 386。

140. Gao Wenqian, *Zhou Enlai, the Last Perfect Revolutionary*, 305-307.

141. Vogel, *Deng Xiaoping*, 158-159.

142. Pantsov and Levine, *Deng Xiaoping*, 161.

143. 楊繼繩，《天地翻覆：中國文化大革命歷史》，933-934。

144. Dikotter, *The Cultural Revolution*, 310.

145. Vogel, *Deng Xiaoping*, 168.

146. 楊繼繩，《天地翻覆：中國文化大革命歷史》，956-958。

147. 楊繼繩，《天地翻覆：中國文化大革命歷史》，956-958；Vogel, *Deng Xiaoping*, 168-169; Pantsov and Levine, *Deng Xiaoping*, 199。

148. 滿妹，《回憶父親胡耀邦》，1:389。

149. 滿妹，《回憶父親胡耀邦》，1:390。

150. 張等，《胡耀邦傳》，1:446。

151. Li Zhisui, *Private Life of Chairman Mao*, 614.

152. 閻長貴，〈毛遠新再談毛澤東1976年狀況〉，《炎黃春秋》，October 2011。

153. 《關於建國以來黨的若干歷史問題的決議》。

154. 楊繼繩，《天地翻覆：中國文化大革命歷史》，36-38。楊亦於2013年10月25日在北京大學斯坦福中心發表了該書「導論」的口述版本，題為〈道路・理論・制度：我對文革的思考〉，原載博訊網（後已下架），可參見中國新聞網版本，網址：http://hx.cnd.org/?p=133984。

155. Song Yongyi宋 永 毅, "Chronology of Mass Killings during the Chinese Cultural Revolution (1966-1976)" August 25, 2011, https://www.sciencespo.fr/mass-violence-war-massacre-resistance/en/document/chronology-mass-killings-during-chinese-cultural-revolution-1966-1976.html.

第七章

1. 韓鋼，〈還原華國鋒〉，November 18, 2008, http://m.aisixiang.com/data/22330.html。另見袁晞，〈毛澤東時代的常委和常委會〉，HYBSL,March25,2016,http://w.hybsl.cn/article/13/57831。
2. 紀希晨，〈粉碎「四人幫」全景寫真〉，《炎黃春秋》，October 2000。
3. 熊蕾，〈1976年，華國鋒和葉劍英怎樣聯手的〉，《炎黃春秋》，October 2008。
4. 丁東，〈毛澤東選誰接班？〉，收錄於《中華人民共和國史（第八卷）：難以繼續的繼續革命—從批林到批鄧（1972-1976）》（香港中文大學出版社，2008），網址：http://club.6parkbbs.com/chan1/index.php?app=forum&act=threadview&tid=10475102； 另 見 Chu Fang(ZhuFang), *Gun Barrel Politics:Party-Army Relationsin Mao's China* (West view Press, 1998), 221-223。
5. 馮立忠，〈我所知道的8341部隊〉，《人民日報》，February 7, 2006, http://www.bangtai.us/jt/news/view.asp?id=1356。
6. 李維賽，〈吳德、吳忠與林彪、江青集團的覆滅〉，《軍史歷史》，2004, no. 3:45-48。
7. 韓鋼，〈粉碎「四人幫」細節考證〉，June 1, 2015, http://www.aisixiang.com/data/51074.html；吳德，〈粉碎四人幫絕密檔案〉，《華夏文摘》，October 2,2005, http://hx.cnd.org/2005/10/02/吳德：粉碎四人幫絕密檔案：北京衛戍區的鬥爭/。
8. 徐焰，〈1976年李先念密會葉劍英〉，May 5, 2005, http://news.ifeng.com/a/20160505/486866180.shtml。
9. 紀希晨，〈粉碎「四人幫」全景寫真〉；另見張根生，〈華國鋒談粉碎「四人幫」〉，《炎黃春秋》，July 2004。
10. 武健華，〈葉劍英汪東興密談處置四人幫〉，《炎黃春秋》，February 2013。作者武健華在1976年曾任8341部隊政治委員。
11. 紀希晨，〈粉碎「四人幫」全景寫真〉。
12. 紀希晨，〈粉碎「四人幫」全景寫真〉；吳德，〈粉碎四人幫絕密檔案〉；武健華，〈葉劍英汪東興密談處置四人幫〉。
13. 紀希晨，〈粉碎「四人幫」全景寫真〉；吳德，〈粉碎四人幫絕密檔案〉；武健華，〈葉劍英汪東興密談處置四人幫〉。
14. 紀希晨，〈粉碎「四人幫」全景寫真〉。
15. 葉選基，〈葉帥在十一屆三中全會前後〉，October 30, 2008, http://www.aisixiang.com/data/21785.html。葉選基為葉劍英之侄。
16. 李海文，〈中央八人小組瓦解四人幫餘黨武裝叛亂〉，HYBSL, December 18, 2012, http://w.hybsl.cn/article/13/32913。
17. 匿名，〈揭密「四人幫」垮臺全過程〉，HYBSL, September 25, 2009, http://w.hybsl.cn/article/13/16303。
18. 匿名，〈揭密「四人幫」垮臺全過程〉。
19. 滿妹，《回憶父親胡耀邦》，1:396；另見苗體君、竇春芳，〈葉劍英與胡耀邦的友誼〉，HYBSL, February 13, 2012, http://w.hybsl.cn/article/11/109/28573。
20. 滿妹，《回憶父親胡耀邦》，1:396。
21. 嚴如平，〈葉劍英在逆境中扶助胡耀邦〉，《炎黃春秋》，November 2003。
22. 匿名，〈如何從毛澤東、鄧小平之間看葉劍英的特殊功勳〉，HYBSL, April 22, 2010, http://w.hybsl.cn/article/13/19996。
23. 嚴如平，〈葉劍英在逆境中扶助胡耀邦〉。
24. 嚴如平，〈葉劍英在逆境中扶助胡耀邦〉；另見張根生，〈張根生談華國鋒：他曾提議葉帥當主席〉，HYBSL, September 2, 2014, http://w.hybsl.cn/article/13/48050。
25. 熊蕾，〈1976年，華國鋒和葉劍英怎樣聯手的〉；韓鋼，〈還原華國鋒〉。
26. 馬立誠，〈「兩個凡是」的興起和落敗〉，HYBSL, July 19, 2010, http://w.hybsl.cn/article/13/21317。
27. 盛平編，《胡耀邦思想年譜》（香港：泰德時代出版社，2007），第一卷，1976年11月18日，頁32。
28. 淩志軍、馬立誠，〈鄧小平並非公開反對華國鋒「兩個凡是」的第一人〉，摘自其著作《呼喊：當今中國的五種聲音》（人民日報出版社，2011），載《胡耀邦史料信息網》，2011年12月21日，網址：http://w.hybsl.cn/article/13/27984。
29. 盛平編，《胡耀邦思想年譜》，1977年1月1日，1:36。嚴如平於2002年在《炎黃春秋》發表兩篇文章，試圖重塑胡耀邦的形象，對相關談話內容進行了整理與總結。其中一篇為〈「吾愛吾師，吾尤愛真理」：胡耀邦關於毛主席晚年的一席談〉，HYBSL March 19, 2007，見嚴如平，〈「吾愛吾師，吾尤愛真理」：胡耀邦關於毛主席晚年的一席談〉，HYBSL, March 19, 2007, http://w.hybsl.cn/article/11/110/911, (here after cited as Yan Ruping, "Love the Truth").

30. 盛平編，《胡耀邦思想年譜》，1977年1月2日，1:37–38；嚴如平，〈「吾愛吾師，吾尤愛真理」：胡耀邦關於毛主席晚年的一席談〉。
31. 馬立誠，〈「兩個凡是」的興起和落敗〉。
32. 馬立誠，〈「兩個凡是」的興起和落敗〉。
33. Alexander V. Pantsov with Steven I. Levine, *Deng Xiaoping:A Revolutionary Life* (Oxford University Press, 2015), 326.
34. 滿妹，《回憶父親胡耀邦》，1:401。
35. 鄭仲兵編，《胡耀邦年譜資料長編》，1977年2月26日條目。
36. 盛平編，《胡耀邦思想年譜》，1977年2月27日，1:38。
37. 鄭仲兵編，《胡耀邦年譜資料長編》，1977年3月3日條目。
38. 盛平編，《胡耀邦思想年譜》，1977年3月9日，1:39。
39. 黃一兵，〈一九七七年中央工作會議研究〉，August 15, 2013, https://difangwenge.org/forum.php?mod=viewthread&tid=8830。
40. 黃一兵，〈一九七七年中央工作會議研究〉。
41. 黃一兵，〈一九七七年中央工作會議研究〉。
42. 淩志軍、馬立誠，〈鄧小平並非公開反對華國鋒「兩個凡是」的第一人〉。
43. 楊繼繩，《中國改革年代政治鬥爭》，78-79。
44. 葉匡政，〈「四人幫」覆滅後，胡耀邦如何巧妙揭發康生？〉，摘自其著作《大往事：縱橫歷史解密檔案》（中國文史出版社，2006），HYBSL, July 29, 2015, http://w.hybsl.cn/article/11/110/53499。
45. 盛平編，《胡耀邦思想年譜》，1977年4月至5月，1:43-54。
46. 張等，《胡耀邦傳》，2:457。
47. 盛平編，《胡耀邦思想年譜》，1977年「5月中旬」，1:55。
48. 盛平編，《胡耀邦思想年譜》，1:55；另見沈寶祥，〈胡耀邦組建的理論動態組〉，HYBSL, January 16, 2008。
49. 沈寶祥，〈胡耀邦組建的理論動態組〉；盛平編，《胡耀邦思想年譜》，1977年7月12日，1:74-75。

50. 吳江，《十年的路：和胡耀邦相處的日子》（明鏡出版社，1995），20。
51. 盛平編，《胡耀邦思想年譜》，1977年7月19日，1:76。
52. 吳江，〈胡耀邦與鄧小平在理論問題上的「第一次接觸」〉，Sina .com, August 12, 2003, https://news.sina.com.cn/c/2003-08-12/09241526271.shtml。
53. 〈中國共產黨第十次全國代表大會第三次全體會議公報〉，1977年7月22日，網址：http://cpc.people.com.cn/GB/64162/64168/64562/65368/4429440.html。
54. 淩志軍、馬立誠，〈鄧小平並非公開反對華國鋒「兩個凡是」的第一人〉。
55. "The Eleventh Party Congress," *China News Analysis*, October 7, 1977.
56. 于光遠，〈1978年為何要點名批評汪東興〉，摘自其著作《大轉折：十一屆三中全會的台前幕後》（北京：中央編譯出版社，1998），HYBSL, December 27, 2010, http://w.hybsl.cn/article/13/24345；另見馬立誠，〈「兩個凡是」的興起和落敗〉。
57. 〈中國共產黨第十一屆中央委員會第一次全體會議公報〉，1977年8月19日，網址：http://cpc.people.com.cn/GB/64162/64168/64563/65369/4441892.html。
58. 霞飛，〈胡耀邦「揭」康生問題〉，HYBSL, January 12, 2016, http://w.hybsl.cn/article/11/109/56427；另見盛平編，《胡耀邦思想年譜》，1977年9月3日，1:92-94。
59. 沈寶祥，〈胡耀邦關於支持揭露康生的講話〉，HYBSL, July 8, 2013, http://w.hybsl.cn/article/13/38926。
60. 程冠軍，〈康生問題被揭露始末〉，HYBSL, January 4, 2011, http://w.hybsl.cn/article/13/24572。
61. 沈寶祥，〈胡耀邦關於支持揭露康生的講話〉。
62. 鄭仲兵編，《胡耀邦年譜資料長編》，1977年10月5日條目。
63. 盛平編，《胡耀邦思想年譜》，1977年「10月上旬」，1:101。
64. 葉劍英，〈葉劍英在中共中央黨校開學典禮上的講話〉，October 10, 1977, https://banned-historical-archives.github.io/articles/a05697e5c4/。
65. 盛平編，《胡耀邦思想年譜》，1977年9月21日至22日，1:96-97。「路線鬥爭」這一概念是毛澤東從史達林在蘇共內部發動的「你死我活的鬥爭」中借鑑而來。它的作用在於將個人權力鬥爭提升為意識形態層面的「正邪之爭」，藉此為清洗對手提供理論依據。毛澤東每次打敗政治對手後，往往重新改寫黨史，先後界定了十一位「反面人物」，並標記他們所代表的「錯誤路線」。參考百度百科〈十次路線鬥爭〉，無標註日期，網址：https://baike.baidu.com/item/十次路線鬥爭/195846。
66. 王海光，〈中央黨校1977年的800人大討論〉，September 1, 2011, http://www.reformdata.org/2011/0901/2318.shtml。

67. 王海光，〈胡耀邦與黨內第一次集體反思文革的大討論〉，HYBSL, August 13, 2010, http://w.hybsl.cn/article/13/21798。
68. 盛平編，《胡耀邦思想年譜》，1977年秋，1:91；王海光，〈胡耀邦與黨內第一次集體反思文革的大討論〉。
69. 王海光，〈胡耀邦與黨內第一次集體反思文革的大討論〉。
70. 盛平編，《胡耀邦思想年譜》，1977年9月，1:100。
71. 王海光，〈胡耀邦與黨內第一次集體反思文革的大討論〉。
72. 余煥椿，〈胡耀邦與撥亂反正中的《人民日報》〉，《炎黃春秋》，June 2015。
73. 尹曙生，〈冤案是怎樣釀成的〉，《炎黃春秋》，April 2015, http://w.hybsl.cn/article/13/52292。
74. 于光遠，〈1978年為何要點名批評汪東興〉。
75. 高天鼎，〈中組部冤案平反始末〉，HYBSL, March 26, 2015, http://w.hybsl.cn/article/13/51383。
76. 高天鼎，〈中組部冤案平反始末〉。
77. 尹曙生，〈冤案是怎樣釀成的〉。
78. 高天鼎，〈中組部冤案平反始末〉。
79. 曾志，《紅牆外的胡耀邦》（香港中華兒女出版社，1999）, 38-39。
80. 余煥椿，〈胡耀邦與撥亂反正中的《人民日報》〉。
81. 嚴如平，〈葉劍英在逆境中扶助胡耀邦〉。
82. 本報評論員，〈毛主席的幹部政策必須認真落實〉，《人民日報》，November 27, 1977, http://www.reformdata.org/1977/1127/14018.shtml。
83. 本報評論員，〈毛主席的幹部政策必須認真落實〉。
84. 盛平編，《胡耀邦思想年譜》，1977年12月19日，1:124–126。
85. 曾志，《紅牆外的胡耀邦》，54-55；何載，〈耀邦同志平反冤假錯案〉，Aisixiang Network, November 23, 2018, http://www.aisixiang.com/data/113574.html。
86. 何載，〈耀邦同志平反冤假錯案〉。
87. 戴煌，《胡耀邦與平反冤假錯案》（新華出版社，2006），第110頁，加粗為原文所示。
88. 何載，〈耀邦同志平反冤假錯案〉。
89. Pantsov and Levine, *Deng Xiaoping*, 330-331.
90. 胡績偉，〈鄧小平曾阻礙平反冤案〉，China News Digest, October 4, 2015, http://hx.cnd.org/?p=115891。
91. 該文以匿名方式發表於《理論動態》，標題為〈實踐是檢驗真理的唯一標準〉。全文可見於：http://www.chinadaily.com.cn/dfpd/jiandang90nian/2011-04/20/content_12364302.htm。
92. 姜淑萍、張明傑、張曙，〈「實踐是檢驗真理的唯一標準」文章播發始末〉，October 10,

2014, 原載中國共產黨歷史出版社網站：http://www.ccpph.com.cn/ywrd/syxw/201005/t2010051270549.htm，查閱日期：2019年4月11日（網址已失效）。
93. 盛平編，《胡耀邦思想年譜》，1978年5月11日，1:179。
94. 淩志軍、馬立誠，〈胡耀邦「文章救國」〉，Aisixiang Network, March 22, 2011, http://www.aisixiang.com/data/39530.html；另見盛平編，《胡耀邦思想年譜》，1978年5月12日，第一卷，第180頁。
95. 姜等，〈「實踐是檢驗真理的唯一標準」文章播發始末〉。
96. 盛平編，《胡耀邦思想年譜》，1978年5月13日，1:181。
97. 淩志軍、馬立誠，〈胡耀邦「文章救國」〉；姜等，〈「實踐是檢驗真理的唯一標準」文章播發始末〉。
98. 馬立誠，〈「兩個凡是」的興起和落敗〉。
99. 鄧小平，〈在全軍政治工作會議上的講話〉，1978年6月2日，網址：https://dengxiaopingworks.wordpress.com/2013/02/25/speech-at-the-all-army-conference-on-political-work/。
100. 姜等，〈「實踐是檢驗真理的唯一標準」文章播發始末〉。
101. 盛平編，《胡耀邦思想年譜》，1978年「6月上旬」，1:191-192。
192. 余煥椿，〈羅瑞卿與「克思主義的一個最基本的原則」〉，《北京日報》，July 7, 2008, http://www.reformdata.org/2008/0707/2265.shtml。
102. 盛平編，《胡耀邦思想年譜》，1978年6月15日，1:192–193。
103. 余煥椿，〈羅瑞卿與真理標準大討論〉，HYBSL, February 12, 2009, http://w.hybsl.cn/article/13/12548。
104. 盛平編，《胡耀邦思想年譜》，1978年7月22日、23日，1:203–205；另見馬立誠，〈「兩個凡是」的興起和落敗〉。
105. 匿名，〈40年前胡耀邦與中央專案組的一場鬥爭〉，HYBSL, June 21, 2018, http://www.hybsl.cn/ybsxyj/shengpingyusixiang/2018-06-21/67818.html，查閱日期：2018年6月26日（網址已失效）。
106. 盛平編，《胡耀邦思想年譜》，1978年6月10日，1:190。；鄭仲兵編，《胡耀邦年譜資料長編》，1978年6月9日條目。
107. 盛平編，《胡耀邦思想年譜》，1:191。
108. 冷溶、汪作玲編，《鄧小平年譜》（北京：中央文獻出版社，2004），第一卷，1978年6月25日，1:332。
109. 鄭仲兵編，《胡耀邦年譜資料長編》，1978年7月4日條目。
110. 盛平編，《胡耀邦思想年譜》，1978年7月6日，1:195-198；沈寶祥，〈胡耀邦與華國鋒〉，《同舟共進》，November 2009。

111. 盛平編，《胡耀邦思想年譜》，1977年7月10日及「7月上旬」條目，1:200-201。
112. 胡治安，〈回憶「摘帽辦」解決55萬人的問題〉，壹讀，September 8, 2017 https://read01.com/zh-my/Rng0JLO.html。
113. 胡耀邦，〈落實幹部政策，關鍵在於實事求是〉，1978年9月25日，收錄於《胡耀邦文選》，95-101（節錄）；另見盛平編，《胡耀邦思想年譜》，1978年9月25日，1:224-228。
114. 戴煌，〈胡耀邦懷仁堂講話被刪內幕〉，Aisixiang Network, January 5, 2015, https://www.aisixiang.com/data/48842.html。
115. 盛平編，《胡耀邦思想年譜》，1978年9月30日，1:229；見張宏波、鄭志勇，〈胡耀邦主政中組部〉，HYBSL, May 12, 2014, http://w.hybsl.cn/article/11/110/46232。
116. 韓鋼，〈權力的轉移：關於十一屆三中全會〉，HYBSL, March 11, 2009, http://w.hybsl.cn/article/13/13022。
117. 〈十一屆三中全會簡介〉，1978年12月18日至22日，發表日期：2021年4月25日，網址：https://en.theorychina.org.cn/c/2021-04-25/1438324.shtml。
118. 韓鋼，〈權力的轉移：關於十一屆三中全會〉。
119. 吳偉鋒，〈胡耀邦出席1978年中央工作會議始末〉，《人民網》，January 5, 2018, http://dangshi.people.com.cn/n1/2018/0105/c85037-29747419.html。
120. 吳偉鋒，〈胡耀邦出席1978年中央工作會議始末〉；韓鋼，〈權力的轉移：關於十一屆三中全會〉。
121. 陶鑄與王鶴壽是胡耀邦自延安時期起的至交好友。
122. 陳雲講話的一般內容在多部著作中均有引用，包括楊明偉，《晚年陳雲》（現代出版社，2015），11-15；張等，《胡耀邦傳》，2:564；吳偉鋒，〈胡耀邦出席1978年中央工作會議始末〉；韓鋼，〈權力的轉移：關於十一屆三中全會〉。
123. 吳偉鋒，〈胡耀邦出席1978年中央工作會議始末〉。
124. 韓鋼，〈權力的轉移：關於十一屆三中全會〉。
125. 盛平編，《胡耀邦思想年譜》，1978年11月13日，1:239–241。
126. 葉選基，〈葉帥在十一屆三中全會前後〉。
127. 匿名，〈十一屆三中全會回顧：鄧小平春天裡的「宣言書」〉，《北京日報》，June 21, 2011, http://www.chinanews.com/gn/2011/06-21/3125186.shtml.
128. 吳偉鋒，〈胡耀邦出席1978年中央工作會議始末〉；盛平編，《胡耀邦思想年譜》，1978年11月13日，1:239-241。
129. 葉選基，〈葉帥在十一屆三中全會前後〉。
130. Ezra F. Vogel, *Deng Xiaoping and the Transformation of China* (Belknap Press of Harvard University Press, 2011),

240-241; Pantsov and Levine, *Deng Xiaoping*, 339. 以上兩本書均大量引用了葉選基的〈葉帥在十一屆三中全會前後〉一文。

131. 廖大文，〈中國共產黨的四大權力工具〉，摘自《中國2030》一文，為美國國防部淨評估辦公室於2017年撰寫的未列機密報告，經授權引用。

132. 冷溶、汪作玲編，《鄧小平年譜》，1978年11月21日，1:433。

133. 盛平編，《胡耀邦思想年譜》，1978年11月16日，1:242-244。

134. 于光遠，《1978大轉折：十一屆三中全會的台前幕後》，128-129；另見韓鋼，〈權力的轉移：關於十一屆三中全會〉；吳偉鋒，〈胡耀邦出席1978年中央工作會議始末〉。

135. 于光遠，《1978大轉折：十一屆三中全會的台前幕後》，96-97。

136. 韓鋼，〈權力的轉移：關於十一屆三中全會〉。

137. 胡績偉，〈胡耀邦與西單民主牆〉，April 17, 2004, China News Digest, http://hx.cnd.org/2004/04/17/胡績偉:胡耀邦與西單民主牆/。

138. 冷溶、汪作玲編，《鄧小平年譜》，1978年12月1日，1:445；吳偉鋒，〈胡耀邦出席1978年中央工作會議始末〉；于光遠，《1978大轉折：十一屆三中全會的台前幕後》，151-154。

139. 吳偉鋒，〈胡耀邦出席1978年中央工作會議始末〉。

140. 吳偉鋒，〈胡耀邦出席1978年中央工作會議始末〉。儘管8341部隊仍歸中辦管轄，但王東興的長期部屬張耀祠與吳建華於1979年初被調離北京，分別轉至遙遠地區的解放軍部隊任職。

141. 吳偉鋒，〈胡耀邦出席1978年中央工作會議始末〉。

142. 吳國光（Wu Guoguang）在其深具洞見的著作《中國政治權力運作的內幕》（*Anatomy of Political Power in China*，Marshall Cavendish，2005）中，專門用一整章探討中共決策機制中鮮少受到關注的「文件政治」。在中共高度官僚化的體制內，「領導人建立合法性的唯一途徑，仍是將個人偏好轉化為集體決策」，而「集體認可的主要象徵，就是中央文件的形成」，這些文件可能包括「決議、指示、報告，甚至重要領導人的講話」。參見吳國光，99-102。

143. 盛平編，《胡耀邦思想年譜》，1978年12月1日，1:255；于光遠，《1978大轉折：十一屆三中全會的台前幕後》，161-167。

144. 鄧小平，〈解放思想，實事求是，團結一致向前看〉，1978年12月13日，英文版可見於：https://dengxiaopingworks.wordpress.com/2013/02/25/emancipate-the-mind-seek-truth-from-facts-and-unite-as-one-in-looking-to-the-future/。

145. 程冠軍，〈葉劍英1978年中央工作會議講話稿起草內幕〉，《同舟共進》，September 6, 2016, https://pinglun.youth.cn/ll/201609/t20160906_8629109.htm。

146. 葉劍英，〈在中央工作會議閉幕會上的講話〉，December 13, 1978, Aisixiang Network, http://www.aisixiang.com/data/23237.html.

147. 《胡耀邦思想年譜》的編撰者盛平與胡績偉後來聲稱，胡喬木曾將葉劍英在中央工作會議上有關民主牆的講話內容從官方記錄中刪除，但他們並未提供相關證據。參見盛平編，《胡耀邦思想年譜》，1978年12月13日，1:257；胡績偉，〈胡耀邦與西單民主牆〉。

148. 張等，《胡耀邦傳》，2:578-580。

149. 張等，《胡耀邦傳》，2:581。

150. 沈寶祥，〈胡耀邦與十一屆三中全會前後的理論動態〉，HYBSL, May 3, 2017, http://w.hybsl.cn/article/10/104/64413。

151. 《耀邦研究》電子期刊第69期收錄了23篇由前黨政官員與歷史學者撰寫的文章，探討十一屆三中全會及胡耀邦對其成功的貢獻。見〈胡耀邦與十一屆三中全會〉，May 3, 2017, http://w.hybsl.cn/sjournal/104/69。

152. 關葉劍英對鄧小平的戒心：稱其為「奪權者」與「喧賓奪主者」的說法，曾被多家海外中文媒體引用。參見〈葉劍英聯手華國鋒也鬥不過鄧小平〉，Aboluowang News, May 19, 2017, https://www.aboluowang.com/2017/0519/931799.html。

153. 蘇維民，〈胡耀邦與中南海〉，HYBSL, May 3, 2017, http://w.hybsl.cn/article/10/104/64415。

154. 蘇維民，〈胡耀邦與中南海〉。

155. 沈寶祥，〈胡耀邦發動和推進真理標準問題討論紀實〉，刊於《百年潮》，issue 4, March 15, 2007, http://w.hybsl.cn/article/11/109/1574。

156. 本書作者訪談魏京生，2019年6月16日。

157. 胡績偉，〈胡耀邦與西單民主牆〉。

158. 魏京生，《第五個現代化》，December 5, 1978, 英文版可見於https://weijingsheng.org/doc/en/THE%20FIFTH%20MODERNIZATION.html。

159. 胡績偉，〈胡耀邦與西單民主牆〉。

160. 胡績偉，〈胡耀邦與西單民主牆〉。

161. 胡績偉，〈胡耀邦與西單民主牆〉；盛平編，《胡耀邦思想年譜》，1978年12月21日，1:263。

162. 盛平編，《胡耀邦思想年譜》，1978年12月31日，1:268；另見李平，〈胡耀邦就職中宣部的三次講話〉，《炎黃春秋》，August 2015。

163. 盛平編，《胡耀邦思想年譜》，關於胡耀邦1978年12月31日對中宣部高級幹部講話的記錄，1:267–274。

164. 盛平編，《胡耀邦思想年譜》，1978年12月31日，1:267-270。

165. 匿名，〈鄧小平為何不滿1979年理論工作務虛會〉，《人民網》，September 20, 2014, http://view.news.qq.com/a/20140920/000823.htm。
166. 盛平編，《胡耀邦思想年譜》，1979年1月3日，1:283；另見鄭仲兵，〈胡耀邦與胡喬木：在歷史轉折的十字路口〉，Aisixiang Network, July 27, 2013, http://www.aisixiang.com/data/22487.html。
167. 盛平編，《胡耀邦思想年譜》，1979年1月10日，胡耀邦對宣傳幹部的講話，1:285-292。
168. 胡耀邦，〈在理論工作原則問題座談會上的講話〉，收錄於胡耀邦，《胡耀邦文選》，109-122。
169. 胡耀邦，〈在理論工作原則問題座談會上的講話〉。
170. 張顯揚，〈鄧小平突令理論務虛會轉向〉，《明鏡歷史》，July 22, 2012, http://www.mingjinglishi.com/2012/07/blog-post22.html；另見Merle Goldman, "HuYaobang's Intellectual Networkand the Theory Conference of 1979," *China Quarterly 126* (June1991):219-242.
171. 王濤，〈1979年理論工作務虛會〉，HYBSL, August 28, 2014, http://w.hybsl.cn/article/13/47973。
172. 沈寶祥，〈胡耀邦主持的理論工作務虛會（一）〉，HYBSL, January 16, 2019, http://www.hybsl.cn/beijingcankao/beijingfenxi/2019-01-16/69069.html，查閱日期March 18, 2019，網址已失效。
173. 鄧力群，《鄧力群自述：十二個春秋》（香港大風出版社，2006），第137頁。鑑於胡喬木與鄧力群在攻擊胡耀邦事件中的核心角色，這段敘述的真實性至少值得懷疑。
174. Vogel, *Deng Xiaoping*, 339; Pantsov and Levine, *Deng Xiaoping*, 348-349.
175. 史義軍，〈關於華國鋒下臺的幾個細節〉，HYBSL, April 20, 2015, http://w.hybsl.cn/article/13/51780。
176. 〈鄧小平打越南阻力重重陳雲一句話扭轉乾坤〉，《文學城》, April 26, 2015, https://www.wenxuecity.com/news/2015/04/26/4220671.html。
177. 匿名，〈揭秘：1978年對越自衛反擊戰始末〉，鳳凰新聞，August 3, 2008, http://news.ifeng.com/history/1/midang/200808/08032664692237.s html；沈聽雪，〈軍史揭秘：開國上將楊勇與對越自衛反擊戰〉，May 22, 2017, https://m.sohu.com/n/493932722/。
178. Xiaoming Zhang張曉明, *Deng Xiaoping's* Long War:The Military Conflict between China and Vietnam, 1979-1991 (University of North Carolina Press, 2015), chap. 2, "Deng Xiaoping's War Decision"；另見〈鄧小平打越南阻力重重陳雲一句話扭轉乾坤〉。
179. 楊繼繩，《中國改革年代的政治鬥爭》，107。
180. 盛平編，《胡耀邦思想年譜》，1979年2月28日，322-324。
181. 胡績偉，〈胡耀邦與西單民主牆〉。
182. 冷溶、汪作玲編，《鄧小平年譜》，1979年3月16日，1:493。

183. 盛平編，《胡耀邦思想年譜》，1979年3月10日，在全國報紙工作座談會上的講話，1:326-332。
184. 盛平編，《胡耀邦思想年譜》，1979年3月17日，在中央黨校的講話，1:333-336。
185. 魏京生，〈要民主還是要新的獨裁？〉，1979年3月25日張貼於北京西單民主牆，網址：http://weijingsheng.org/doc/cn/23.htm。
186. 來自本書作者對魏京生的訪談。
187. 李洪林，〈我的「理論工作者」經歷〉，HYBSL, April 6, 2011, http://w.hybsl.cn/article/13/25499；另見吳江，〈1979年理論工作務虛會追記〉，《炎黃春秋》，November 2001。
188. 鄧小平，〈堅持四項基本原則〉，1979年3月30日發表演講，英文版見：http://en.people.cn/dengxp/vol2/text/b1290.html。
189. 沈寶祥，〈胡耀邦主持的理論工作務虛會（一）〉。
190. 李洪林，〈我的「理論工作者」經歷〉；吳江，〈1979年理論工作務虛會追記〉。
191. Pantsov and Levine, *Deng Xiaoping*, 355.
192. 鄧小平，〈堅持四項基本原則〉。
193. 鄧小平，〈堅持四項基本原則〉。
194. 鄧小平，〈堅持四項基本原則〉。
195. 鄧小平，〈堅持四項基本原則〉。
196. 鄧小平，〈堅持四項基本原則〉。
197. 盛平編，《胡耀邦思想年譜》，1979年3月30日，1:345-346。
198. 吳江，〈1979年理論工作務虛會追記〉。
199. 盛平編，《胡耀邦思想年譜》，1979年4月3日，卷一，頁345-347。
200. 盛平編，《胡耀邦思想年譜》，1979年4月3日，卷一，頁345-347。
201. 胡績偉口述、姚監復整理，〈論胡趙十年新政〉，Wordpress.com, January 6, 2010, https://wlcp.wordpress.com/2010/01/06/論胡趙十年新政胡績偉口述-姚監復整理/。
202. 胡績偉，〈胡耀邦與西單民主牆〉。
203. 胡績偉，〈胡耀邦與西單民主牆〉；另見作者對魏京生的訪談。魏京生因在對越自衛反擊戰期間「向外國記者洩露情報」被判刑十五年。他表示自己承認這項指控，不是因為屬實，而是因為這樣可以免於被判死刑。有家族朋友告訴他，在一次長時間的政治局會議中，鄧小平曾堅持要處決他，而陳雲則主張釋放，葉劍英則建議讓他接受再教育，稱魏是「自己人」。其他多位元老，包括胡耀邦，也反對鄧小平想要任意施以死刑的做法。
204. 胡績偉，〈論胡趙十年新政〉

第八章

1. 蕭冬連，〈中國改革開放的緣起〉，Aisixiang Network, September 24, 2019, http://www.aisixiang.com/data/117851.html。
2. 蕭冬連，〈1978-1984年中國經濟體制改革思路的演進：決策與實施〉，HYBSL, August 30, 2013, http://w.hybsl.cn/article/13/40161。
3. 吳曉波，〈1979:「調整」與「改革」之爭〉，HYBSL, January 11, 2010, http://w.hybsl.cn/article/13/18302。
4. 韓鋼，〈艱難的轉型：一九七八年中央工作會議的農業議題〉，HYBSL, October 26, 2011, http://w.hybsl.cn/article/13/27298。
5. 李克軍，〈千萬不要忘記「割資本主義尾巴」的歷史教訓〉，Aisixiang Network, December 13, 2017, http://www.aisixiang.com/data/107304.html。
6. 淩志軍、馬立誠，《呼喊：當今中國的五種聲音》(湖北人民出版社，2008), 103-105。
7. 于光遠，〈華國鋒太膽小怯弱〉，Aisixiang Network, July 20, 2012, https://www.aisixiang.com/data/55610.html。
8. 冷溶、汪作玲編，《鄧小平年譜》，第一卷，1978年12月1日，1:445。
9. 黃衛，〈誰提出要堅決擁護以鄧小平為「頭子」的黨中央？〉，《中國新聞周刊》，October 13, 2015, http://w.hybsl.cn/article/13/54767。
10. 例如Ezra F. Vogel, *Deng Xiaoping* and the Transformation of China (Belknap Press of Harvard University Press, 2011), 238；另見 Alexander V. Pantsov with Steven I. Levine, *Deng Xiaoping:A Revolutionary Life* (Oxford University Press, 2015), 343.
11. 宋毅軍，〈鄧小平為核心的中央領導集體形成始末〉，《中國共產黨新聞網》，June 8, 2013, http://dangshi.people.com.cn/n/2013/0608/c85037-21793779.html；另見韓鋼，〈權力的轉移：關於十一屆三中全會〉，HYBSL,March11,2009,http://w.hybsl.cn/article/13/13022。
12. 楊光，〈華國鋒、鄧小平、陳雲之間的派系之爭〉，《獨立中文筆會》，January 16, 2017, https://www.chinesepen.org/blog/archives/75916。
13. 楊繼繩，《中國改革年代的政治鬥爭》，6-7。
14. 張金才，〈陳雲與中央財經工作領導機構的變遷〉，HYBSL, February 3, 2015, http://w.hybsl.cn/article/13/50689。
15. 楊明偉，《晚年陳雲》，1-3。
16. 朱佳木，〈改革開放初期的陳雲與鄧小平〉，《當代中國史研究》17, no. 3 (May 2010), 4-15。
17. 楊繼繩，《中國改革年代的政治鬥爭》，78-79；蔡如鵬，〈求實者陳雲〉，《中國新聞周刊》，July 23, 2015, http://w.hybsl.cn/article/13/53398。

18. 匿名，〈陳雲力薦胡耀邦任中紀委書記〉，《山西晚報》，June 2, 2013, https://groups.google.com/g/axth518/c/Sb6f3aF4TkA?pli=1。
19. 楊光，〈華國鋒、鄧小平、陳雲之間的派系之爭〉。
20. 楊明偉，《晚年陳雲》，28-33；蕭冬連，〈1978-1984年中國經濟體制改革思路的演進：決策與實施〉。
21. 楊明偉，《晚年陳雲》，39。
22. 蕭冬連，〈中國改革開放的緣起〉。
23. 楊明偉，《晚年陳雲》，27-28, 43-56。
24. 楊明偉，《晚年陳雲》，58。
25. 王剛，〈陳雲在哪三次重要歷史關頭成關鍵人物〉，《中國共產黨新聞網》，June 30, 2015, http://w.hybsl.cn/article/13/52984。
26. 〈中國共產黨大事記：1979年〉，http://cpc.people.com.cn/GB/64162/64164/4416113.html。
27. 鐘延麟，〈彭真和中共東北局爭論：兼論其於高崗、林彪、陳雲之關係〉，中央研究院近代史研究所，《近代中國史料叢刊》第91輯（2016）：99-151。
28. 高天鼎，〈彭真蒙冤及平反始末〉，HYBSL, July 8, 2015, http://w.hybsl.cn/article/13/53123。
29. 楊繼繩，《中國改革年代的政治鬥爭》，130-131；徐慶全，〈「八老」與1980年代政治格局〉，Aisixiang Network, December 23, 2014, http://www.aisixiang.com/data/81722.html。
30. 張等，《胡耀邦傳》，2:582-583；朱佳木，〈改革開放初期的陳雲與鄧小平〉；楊明偉，《晚年陳雲》，161-163。
31. 〈關於黨內政治生活的若干準則〉，原文與解析見：https://baike.baidu.com/item/關於黨內政治生活的若干準則.
32. 〈中國共產黨大事記（1980）〉，（無日期），http://www.gov.cn/test/2007-09/04/content736395.htm。
33. 〈中國共產黨大事記（1980）〉。
34. 〈中國共產黨大事記（1980）〉。
35. 〈中國共產黨大事記（1980）〉。
36. 楊光，〈華國鋒、鄧小平、陳雲之間的派系之爭〉。
37. 李林，〈中共中央書記處組織沿革與功能變遷〉，《中國共產黨新聞網》，October 22, 2012, http://news.sohu.com/20121022/n355444622.shtml。
38. 〈中國共產黨第十一屆中央委員會第五次全體會議公報〉，於1980年2月29日通過，全文見：http://cpc.people.com.cn/GB/64162/64168/64563/65373/4441915.html.
39. 〈中國共產黨第十一屆中央委員會第五次全體會議公報〉。

40. 蘇維民，〈十一屆三中全會後的中南海〉，HYBSL, May 3, 2017, http://w.hybsl.cn/article/10/104/64415。
41. 滿妹，《回憶父親胡耀邦》，2:534-536。
42. 鄭仲兵編，《胡耀邦年譜資料長編》，1979年3月25日條目；另見盛平編，《胡耀邦思想年譜》，卷一，484-496。
43. 張等，《胡耀邦傳》，2:586-588。
44. 陳維仁，〈胡耀邦與西藏〉，HYBSL, November 28, 2012, http://w.hybsl.cn/article/10/104/32430。
45. 王堯，〈我陪耀邦書記進藏側記〉，HYBSL, November 28, 2012, http://w.hybsl.cn/article/10/104/32429。
46. 王堯，〈我陪耀邦書記進藏側記〉。
47. 〈中共中央關於印發西藏工作座談會紀要的通知（一九八四年四月一日）〉，HYBSL, July 15, 2007, http://w.hybsl.cn/article/15/38928。
48. 趙樹凱，〈胡耀邦與「包產到戶」政策突破〉，China's Reform, February 2018, https://www.aisixiang.com/data/110007.html。
49. 徐慶全、杜明明，〈包產到戶提出過程中的高層爭論〉，《炎黃春秋》，November 2008, https://bbs.wenxuecity.com/memory/512163.html;Vogel,DengXiaoping,439。
50. 冷溶、汪作玲編，《鄧小平年譜》，1:641-642。
51. 趙樹凱，〈胡耀邦與「包產到戶」政策突破〉。
52. 趙樹凱，〈胡耀邦與「包產到戶」政策突破〉。
53. 盛平編，《胡耀邦思想年譜》，胡耀邦在全國宣傳工作會議上的講話，1980年7月12日至13日，1:526-527。
54. 吳象，〈胡耀邦與萬里在農村改革中〉，《財新》，May 26, 2021, https://shengping.blog.caixin.com/archives/246266。
55. 趙樹凱，〈胡耀邦與「包產到戶」政策突破〉；鄭仲兵編，《胡耀邦年譜資料長編》，1980年9月27日條目。
56. 趙樹凱，〈農村改革的政治邏輯〉，《華中師範大學學報》（February 2020），https://www.aisixiang.com/data/120604.html。
57. 胡績偉在其帶有自傳性質且經常帶有辯駁色彩的著作中主張，鄧小平不應為胡耀邦與趙紫陽的改革倡議居功。參見胡績偉，《胡績偉自選集：餘絲集》（卓越文化，2013），70-76。
58. 甄實，〈胡耀邦與關於建國以來黨的若干歷史問題的決議〉，HYBSL, September 4, 2012, http://w.hybsl.cn/article/11/110/30794。

59. 黃黎，〈……「歷史問題的決議」起草的台前幕後〉，《中國共產黨新聞網》，April 2, 2009, http://www.reformdata.org/2009/0420/3623.shtml。
60. 陳東林，〈鄧小平與「關於……歷史問題的決議」的形成〉，《黨史博覽》，June 2013, https://www.dswxyjy.org.cn/n1/2019/0228/c423730-30915972.html。
61. 宋月紅，〈起草黨的第二個歷史決議的思想史料整理與研究〉，*CCP Historical Research*, April 2014, https://www.reileurope.com/dsdj/dsdjggkfsq/201910/t201910315024247.shtml。
62. 見〈對〈關於建國以來黨的若干歷史問題的決議〉幾個稿子的意見〉(1980年3月－1981年6月)，收錄於《鄧小平文選（1975－1982）》(外文出版社，1983)，276-296。
63. 甄實，〈胡耀邦與關於建國以來黨的若干歷史問題的決議〉。
64. 冷溶、汪作玲編，《鄧小平年譜》，1:609-611；黃黎，〈……「歷史問題的決議」起草的台前幕後〉。
65. 蔣永清，〈鄧小平主持起草「歷史決議」……〉，《中國共產黨新聞網》，March 17, 2014, http://cpc.people.com.cn/n/2014/0317/c69113-24656794.html。
66. 蔣永清，〈鄧小平主持起草「歷史決議」……〉。
67. 蔣永清，〈鄧小平主持起草「歷史決議」……〉；黃黎，〈……「歷史問題的決議」起草的台前幕後〉；陳東林，〈鄧小平與「關於……歷史問題的決議」的形成〉。
68. 蔣永清，〈鄧小平主持起草「歷史決議」……〉。
69. 鄧小平，《鄧小平文選》，〈答義大利記者法拉奇問〉，1980年8月21日與23日，326-334。
70. 盛平編，《胡耀邦思想年譜》，1980年10月10日，1:542。
71. 郭道暉，〈問四千老幹部對黨史的一次民主評議〉，March 25, 2010，https://www.aisixiang.com/data/32590.html。
72. 郭道暉，〈問四千老幹部對黨史的一次民主評議〉。
73. 郭道暉，〈問四千老幹部對黨史的一次民主評議〉。
74. 鄧小平，〈關於歷史決議〉，收錄於《鄧小平文選》，282-287。
75. 鄭仲兵的《胡耀邦年譜資料長編》(1980年8月17日至19日)與盛平的《胡耀邦思想年譜》(1:534–537)均記載胡耀邦在這三天的政治局會議期間身處偏遠的寧夏，但兩者也皆提及鄧小平於8月18日的講話。鄭仲兵並聲稱胡「出席」了該次會議。
76. 吳偉，〈鄧小平與「黨和國家領導制度的改革」〉，HYBSL, October 11, 2014, http://w.hybsl.cn/article/13/48626。
77. 鄧小平，〈黨和國家領導制度的改革〉，1980年8月18日，收錄於《鄧小平文選》，302–325。
78. 鄧力群，《鄧力群自述：十二個春秋》(大風出版社，2006)，183。

79. 〈中國共產黨大事記（1980）〉。
80. 〈中國共產黨大事記（1980）〉。
81. 本人感謝澳洲蒙納許大學（Monash University）的孫萬國（Warren Sun）教授透過電子郵件分享他所整理的關於1980年末華國鋒下臺過程的詳盡筆記，以下簡稱為「孫萬國資料」。其他重要資料包括：史義軍，〈關於華國鋒下臺的幾個細節〉，HYBSL, April 20, 2015, http://w.hybsl.cn/article/13/51780；韓鋼，〈對華國鋒的爭議從何而來〉，HYBSL, August 26, 2011, http://w.hybsl.cn/article/13/26654。
82. 韓鋼，〈對華國鋒的爭議從何而來〉；「孫萬國資料」。
83. 盛平編，《胡耀邦思想年譜》，1980年11月19日，1:558。
84. 「孫萬國資料」；新浪網在2015年1月9日的一篇新聞報導中廣泛引用了相關會議內容，見〈華國鋒辭去中央主席：陳雲建議其『讓賢』〉，網址：https://cul.sina.cn/sh/2015-01-09/detail-iavxeafr9793894.d.html?from=wap。
85. 「孫萬國資料」。
86. 盛平編，《胡耀邦思想年譜》，1980年10月19日，1:551-559；史義軍，〈胡耀邦狠批華國鋒「五宗罪」〉，https://www.aboluowang.com/2015/0427/548066.html。
87. 吳偉，〈很多扣給華國鋒的罪名是子虛烏有〉，Phoenix Information, September 2, 2014, https://news.creaders.net/china/2014/09/02/1425945.html；韓鋼，〈對華國鋒的爭議從何而來〉。
88. 史義軍，〈胡耀邦崛起的墊腳石〉，《共識網》，April 21, 2015, https://bbs.wenxuecity.com/huyaobang/737961.html。
89. 胡德平，〈「為何」耀邦不願動華國鋒?〉，《炎黃春秋》，July, 2010。
90. 〈華國鋒辭去中央主席：陳雲建議其「讓賢」〉。
91. 〈華國鋒辭去中央主席：陳雲建議其「讓賢」〉。
92. 滿妹，〈胡耀邦十次拒任中共中央主席鄧小平出招應對〉，Sohu News, August 20, 2015, http://news.sohu.com/20150820/n419337166.shtml。
93. 〈中國共產黨大事記（1980）〉。
94. 盛平編，《胡耀邦思想年譜》，1980年12月3日至12日，1:568-571。
95. 蔣永清，〈簡述1977年至1982年國民經濟調整的兩次決策〉，中央黨史和文獻研究院官網，December 16, 2015, http://www.dswxyjy.org.cn/n1/2019/0228/c423964-30930048.html；蕭冬連，〈1978-1984年中國經濟體制改革思路的演進：決策與實施〉。
96. 胡甫臣，〈胡耀邦鮮為人知的兩大貢獻〉，《炎黃春秋》，September 2010, https://www.aisixiang.com/data/36465.html。
97. 蔣永清，〈簡述1977年至1982年國民經濟調整的兩次決策〉。

98. 蕭冬連，〈1978-1984年中國經濟體制改革思路的演進：決策與實施〉。.

99. 鄧小平，〈落實調整政策，保證穩定團結〉，1980年12月25日，收錄於《鄧小平文選》，335、343。

100. 盛平編，《胡耀邦思想年譜》，1980年12月16日，1:573。

101. 李銳，〈耀邦去世前的談話〉，《當代中國研究》，2001年4月，網址：https://www.aisixiang.com/data/20900.html。該文詳細記錄了1989年4月8日胡耀邦在去世前對其擔任總書記經歷的回顧與反思。

102. 王仲方，〈耀邦與我的兩次談心〉，HYBSL, December 22, 2012, http://w.hybsl.cn/article/11/109/24271。

103. 盛平編，《胡耀邦思想年譜》，1981年1月29日至30日，1:591-602。

104. 盛平編，《胡耀邦思想年譜》，1981年2月17日，1:604。

105. 盛平編，《胡耀邦思想年譜》，1981年3月2日，1:606。

106. 盛平編，《胡耀邦思想年譜》，1981年3月9日，1:609-614；鄧力群，《鄧力群自述：十二個春秋》，173-174。

107. 冷溶、汪作玲編，《鄧小平年譜》，1981年3月7日、9日與13日，2:718-721。另見：蔣永清，〈簡述1977年至1982年國民經濟調整的兩次決策〉。

108. 冷溶、汪作玲編，《鄧小平年譜》，2:725-726；另見陳東林，〈鄧小平與〈關於……歷史問題的決議〉的形成〉。鄧小平親自拜訪陳雲、請求其協助，顯示出他希望儘快完成該決議的迫切心情。

109. 冷溶、汪作玲編，《鄧小平年譜》，1981年3月26日，2:726；盛平編，《胡耀邦思想年譜》，1:617-618。

110. 張等，《胡耀邦傳》，2:651。

111. 盛平編，《胡耀邦思想年譜》，1981年5月4日，1:622-623。

112. 甄實，〈胡耀邦與關於建國以來黨的若干歷史問題的決議〉；陳東林，〈鄧小平與「關於……歷史問題的決議」的形成〉。

113. 盛平編，《胡耀邦思想年譜》，1981年5月15日，1:627。

114. 鄧小平，〈在政治局擴大會議上的講話〉，1981年5月19日，收錄於《鄧小平文選》，第293。

115. 鄧小平，〈在中共十一屆六中全會預備會議上的講話〉，1981年6月22日，收錄於《鄧小平文選》，293-296。

116. 該決議的英文全文可見於：https://www.marxists.org/subject/china/documents/cpc/history/01.htm 截至2021年8月26日，中共中央官方網站上的中文版本（網址：http://cpc.people.com.cn/GB/

64162/64168/64563/65374/4526448.html）已不對外公開。

117. 陳東林，〈鄧小平與〈關於……歷史問題的決議〉的形成〉；另見盛平編，《胡耀邦思想年譜》第一卷，盛平的編者按語，見1:635、636。

118. 胡耀邦，〈在黨的十一屆六中全會閉幕會上的講話〉，1981年6月29日，收錄於胡耀邦，《胡耀邦文選》，261-265。

119. 參見，例如：〈堅守底線，推進變革：紀念〈關於若干歷史問題的決議〉發表三十週年〉，《中國改革》，2011年8月27日，網址：https://magazine.caixin.com/2011-09-28/100310283.html（僅限《財新》訂戶瀏覽）

120. 黃家楊，〈鄧小平：「歷史決議」起草受時局所限〉，HYBSL, March 15, 2012, http://w.hybsl.cn/article/13/28976。

121. Pantsov and Levine, *Deng Xiaoping*, 376.

122. 楊光，〈華國鋒、鄧小平、陳雲之間的派系之爭〉。

123. 陳利明，《胡耀邦：從小紅鬼到總書記》，2:465。

124. 盛平編，《胡耀邦思想年譜》，第二卷，1982年9月1日，2:765–781。該部分包含胡耀邦講話原文及盛平的詮釋性註解。

125. 《中國新聞分析》（*China News Analysis*），〈第十二次黨代表大會（1982年9月1日至11日）〉，第1243期，1982年10月8日，第1-8頁。該刊由常駐香港的耶穌會神父拉達尼（LaDany）主編，他的分析與評論主要依靠每日長時間收聽中文的北京廣播電台。

126. 〈胡耀邦在中共十二大上的報告〉，於1982年9月1日發表，收錄於胡耀邦，《胡耀邦文選》，435頁起。近年來網路上的版本多已刪去報告中提及「共產主義」的內容。參見例如：http://cpc.people.com.cn/GB/64162/64168/64565/65448/4526430.html。

127. 徐慶全，〈胡耀邦對十二大報告的一個修正〉, HYBSL, November 5, 2008, http://w.hybsl.cn/article/11/110/10515.

128. 楊繼繩，《中國改革年代的政治鬥爭》，8。

129. 胡績偉，〈論胡趙十年新政〉，Wordpress, January 6, 2010, https://wlcp.wordpress.com/2010/01/06/；高皋，《鄧小平胡耀邦趙紫陽：三頭馬車時代》（明鏡出版社，2009），116。

130. 盛平編，《胡耀邦思想年譜》，1982年9月1日，2:768-769。

131. 胡耀邦於1983年1月20日發表的講話〈四化建設和改革問題〉，其官方審定版本收錄於胡耀邦，《胡耀邦文選》，474-493。

132. 沈寶祥，〈歷史新時期最早的改革宣言書：重讀胡耀邦「四化建設和改革問題」重要講話〉，HYBSL, July 24, 2014, http://w.hybsl.cn/article/11/110/47398。

133. 胡耀邦，〈四化建設和改革問題〉。

134. 胡耀邦，〈四化建設和改革問題〉。

135. 秦川，〈一九八三年初風雲中的胡耀邦〉，HYBSL, December 10, 2013, http://w.hybsl.cn/article/10/104/43459。

136. 秦川，〈一九八三年初風雲中的胡耀邦〉；另見盛平編，《胡耀邦思想年譜》，2:832-833，839-840。

137. 何雲華，〈1983，總書記胡耀邦在深圳〉，HYBSL, August 28, 2010, w.hybsl.cn/article/10/104/22023。

138. 陳小雅，《八九民運史》，第一部（公民出版社，2019），1:112-113；另見楊繼繩，《中國改革年代的政治鬥爭》，237-239。

139. 楊繼繩，《中國改革年代的政治鬥爭》，237-239；冷溶、汪作玲編，《鄧小平年譜》，2:895-896。

140. 楊繼繩，《中國改革年代的政治鬥爭》，237-239；盛平編，《胡耀邦思想年譜》，1983年3月17日，2:853-856。

141. 冷溶、汪作玲編，《鄧小平年譜》，2:895-896。

142. 鄧力群，《鄧力群自述：十二個春秋》，261。這場會議中似乎有數個不同的議程在暗中進行。胡喬木在鄧力群的協助下，並在陳雲默許之下，意圖將胡耀邦拉下台；鄧小平則似乎希望與趙紫陽推進他的「翻兩番」計畫，對陳雲的激烈言辭感到錯愕。胡耀邦意識到自己正遭受攻擊，並期待獲得葉劍英的支持。滿妹指出，葉在阻止一場逼迫其父下台的行動中扮演了關鍵角色。見滿妹，《回憶父親胡耀邦》，2:731。

143. 李銳，〈耀邦去世前的談話〉；盛平編，《胡耀邦思想年譜》，1983年3月18日，2:857。

144. 盛平編，《胡耀邦思想年譜》，1983年3月19日，2:857-858；秦川，〈一九八三年初風雲中的胡耀邦〉。

145. 李銳，〈耀邦去世前的談話〉。

146. 盛夏，〈中共兩支筆的爭鬥〉，《新浪網》，October 10, 2014, https://xifeizaixian.com/shcg/2352.

147. 楊繼繩，《中國改革年代的政治鬥爭》，206-215。

148. 陳小雅，《八九民運史》，1:96-97。

149. 秦川、徐慶全，〈1983年「清除精神污染」〉，HYBSL, May 20, 2015, http://w.hybsl.cn/article/13/52285。

150. 林牧，〈習仲勳在胡耀邦下臺前後〉，HYBSL, February 16, 2013, http://w.hybsl.cn/article/13/34498。

151. 張曙，〈陳雲力主清理「三種人」〉，《中國共產黨新聞網》，June 30, 2015, http://dangshi.people.com.cn/n/2015/0630/c85037-27228518-3.html。

152. 盛平編，《胡耀邦思想年譜》，1983年10月11日，2:922-923。
153. 鄧小平，〈黨在組織戰線和思想戰線上的迫切任務〉，在中共十二大第二次全體會議上的講話，1983年10月12日，網址：https://www.marxists.org/reference/archive/deng-xiaoping/1983/161.htm。
154. 見〈中共中央整黨工作指導委員會名單〉，http://www.gov.cn/test/2008-06/26/content1028086.htm。
155. 鄧小平，〈黨在組織戰線和思想戰線上的迫切任務〉。
156. 李銳，〈耀邦去世前的談話〉。
157. 李銳，〈耀邦去世前的談話〉；另見魏久明，〈胡耀邦談「反對精神污染」〉，《炎黃春秋》，June 2008。
158. "Spiritual Ecology," *China News Analysis*, no. 1254, February 12, 1984, 1-8.
159. 趙紫陽，《改革歷程》（香港新世紀出版社，2009），182。
160. 盛平編，《胡耀邦思想年譜》，1983年11月21日，2:931。
161. 林牧，〈習仲勳在胡耀邦下臺前後〉。
162. 楊繼繩，《中國改革年代的政治鬥爭》，224-225。
163. 陳小雅，《八九民運史》，1:119。
164. 趙紫陽，《改革歷程》，181-182。
165. 胡耀邦，《胡耀邦文選》，480。
166. 高尚全，〈胡耀邦主持起草「中共中央關於經濟體制改革的決定」〉，《炎黃春秋》，December 2015；另見施濱海、史義軍，〈關於「經濟體制改革的決定」起草過程〉，《炎黃春秋》，July 2015。
167. 高尚全，〈80年代的國家體改委〉，Aisixiang Network, July 2, 2020, http://www.aisixiang.com/data/121922.html。
168. 鄧力群，《鄧力群自述：十二個春秋》，346。
169. 馬立誠，〈胡耀邦的「光彩講話」〉，HYBSL, June 14, 2016, http://w.hybsl.cn/article/11/109/59534。
170. 施濱海、史義軍，〈關於「經濟體制改革的決定」起草過程〉。

第九章

1. 趙紫陽，《改革歷程》，178。
2. 滿妹，《思念依然無盡：回憶父親胡耀邦》，458，459。
3. 高新，〈胡耀邦犯了中南海大忌〉，ApolloNet, January 27, 2013, https://tw.aboluowang.

com/2013/0127/280721.html。

4. 鄧力群，《鄧力群自述：十二個春秋》，356-357。
5. 陸鏗，《回憶與懺悔錄》（時報出版社，1997），第445-446頁。訪談文字稿〈胡耀邦訪問記〉可見於：https://blog.creaders.net/u/3843/201511/240988.html。
6. Ezra F. Vogel, *Deng Xiaoping and the Transformation of China* (Belknap Press of Harvard University Press, 2011), 569（中文譯本內容）；盛平編，《胡耀邦思想年譜》，2:1110-1116, 1121。
7. 〈中共第十二屆歷次中央全會〉，http://www.gov.cn/test/2007-08/28/content729805.htm。
8. 〈中共第十二屆歷次中央全會〉。
9. 盛平編，《胡耀邦思想年譜》，1985年9月25日，2:1144；鄧力群，《鄧力群自述：十二個春秋》，365。
10. 盛平編，《胡耀邦思想年譜》，1985年9月28日，2:1146-1147；鄧力群，《鄧力群自述：十二個春秋》，366。
11. 郝懷明，〈耀邦指導我們起草中央文件〉，《炎黃春秋》，November 2005；另見鄭必堅，〈在胡耀邦同志身邊工作的回顧和感言〉，Study Times, January 25, 2011, https://www.aisixiang.com/data/38603.html。
12. 鄧力群，《鄧力群自述：十二個春秋》，399-400；冷溶、汪作玲編，第二卷，1986年9月15日，2:1138–1139；盛平編，《胡耀邦思想年譜》，1986年9月14日，2:1259–1264。
13. 鄧小平，〈在黨的十二屆六中全會上的講話〉，1986年9月28日，網址：https://dengxiaopingworks.wordpress.com/2013/03/18/remarks-at-the-sixth-plenary-session-of-the-partys-twelfth-central-committee/。
14. 徐慶全，〈「八老」與1980年代政治格局〉。
15. 楊繼繩，《中國改革年代的政治鬥爭》，316-317。
16. 趙紫陽，《改革歷程》，187-189。趙紫陽在胡耀邦下臺過程中的角色至今仍具爭議，他對當時一些關鍵事件的回憶自相矛盾，未必令人信服。
17. 陳小雅，《八九民運史》，1:130。
18. 盛平編，《胡耀邦思想年譜》，1986年5月22日，2:1211。
19. 《鄧小平年譜》，1986年5月25日，2:1119。
20. 吳稼祥，《中南海日記》（明鏡出版社，2002），64。
21. 李銳，〈沖在改革開放第一線的先鋒人物是誰?〉，《炎黃春秋》，November 2008。
22. 有兩個版本描述胡耀邦於1986年與鄧小平在鄧家會面的情節，表面上是討論鄧是否應在中共十三大上退位。然而，這兩個版本在時間上相差六個月，而且在細節上也不一致：一說鄧提出讓胡接任中央軍委主席，另一說則是接任中央顧問委員會主任。這些版本在《鄧小平年譜》中均未提及。盛平的《胡耀邦思想年譜》（1986年5月，2:1212-1213）將這次會面時間定於1986年5月；趙紫陽在其《改革歷程》（191頁）則記為10月。陳小雅在《八九民運史》（第1卷，124-126頁）對這些說法進行梳理，但也指出資料來源本身存在含糊與矛盾之處。

23. 摘自《60分鐘》節目對鄧小平的訪談，1986年9月2日，英文逐字稿可見：https://china.usc.edu/deng-xiaoping-interview-mike-wallace-60-minutes-sept-2-1986。
24. 胡耀邦接受《華盛頓郵報》董事長凱瑟琳・葛蘭姆（Katharine Graham）訪問，1986年9月23日，載於滿妹，《回憶父親胡耀邦》，2:754。
25. 盛平編，《胡耀邦思想年譜》，1986年「10月」，2:1286。
26. 高勇，〈從來歷史非欽定自有實踐驗偽真〉，HYBSL, April 20, 2010, http://w.hybsl.cn/article/11/109/19886；見孫長江，〈趙紫陽口述其與胡耀邦的關係〉，《動向》，May 2006, https://www.secretchina.com/news/gb/2006/05/19/151790.html。
27. 吳稼祥，〈胡耀邦與鄧小平矛盾的起因〉，摘自《中南海日記》第十二章，網址：https://www.epochtimes.com/gb/2/3/1/n173706.htm；陳小雅，《八九民運史》。
28. 苗體君、竇春芳，〈葉劍英與胡耀邦的友誼〉，HYBSL, February 13, 2012, http://w.hybsl.cn/article/11/109/28573。
29. 盛平編，《胡耀邦思想年譜》，1986年10月29日，2:1284-1286。
30. 蔡如鵬，〈求實者陳雲〉，《中國新聞周刊》，July 23, 2015, http://w.hybsl.cn/article/13/53398。
31. 楊明偉，〈鄧小平與李先念陳雲密商「交班」揭胡耀邦辭職內幕〉，鳳凰網，2012年12月20日，查閱日期：2020年9月26日，網址已失效。
32. 陳小雅，《八九民運史》，1:135。
33. 陳小雅，《八九民運史》，1:135-136；該小組的五位成員分別為趙紫陽、胡啟立（代表中央書記處）、田紀雲（國務院）、薄一波（中央顧問委員會）與彭沖（全國人大）。趙紫陽的秘書鮑彤擔任小組的辦公室主任。
34. 吳稼祥，《中南海日記》，159-160。
35. 吳稼祥，《中南海日記》，190。
36. 楊繼繩，《中國改革年代的政治鬥爭》，265。
37. 匿名，〈「八六學潮」始末〉，美國中文匿名部落格，2011年9月7日，網址：http://program-think.blogspot.com/2011/09/june-fourth-incident-6.html。
38. 吳稼祥，《中南海日記》，198-199。
39. 吳稼祥，《中南海日記》，198-199；〈八六學潮〉，https://zh.wikipedia.org/zh-hans/八六學潮.
40. 吳稼祥，《中南海日記》，211-215。

41. 盛平編，《胡耀邦思想年譜》，1986年「12月中旬」，2:1296-1297。
42. 陳小雅，《八九民運史》，1:146-153；楊繼繩，《中國改革年代的政治鬥爭》，266-268。
43. 盛平編，《胡耀邦思想年譜》，1986年12月27日，2:1297；陳利明在《胡耀邦傳》第二卷的頁414提及此會議，但在之後北京出版的版本中被刪去，《鄧小平年譜》則未提及此事。
44. 鄧小平，〈堅決旗幟鮮明地反對資產階級自由化〉，1986年12月30日，網址：https://dengxiaopingworks.wordpress.com/2013/03/18/take-a-clear-cut-stand-against-bourgeois-liberalization/。
45. 吳稼祥，《中南海日記》，226-227；陳利明，《胡耀邦傳》，2:410-411。
46. 盛平編，《胡耀邦思想年譜》，1986年12月30日，2:1297-1299（作者翻譯）。另見高勇，〈從來歷史非欽定，自有實踐驗偽真〉。
47. 陳小雅，《八九民運史》，1:166-167。
48. 陳小雅，《八九民運史》，1:168-169。
49. 陳小雅，《八九民運史》，第1卷，第169頁；另見盛平編，《胡耀邦思想年譜》，1987年1月2日，2:1302。
50. 陳利明，《胡耀邦傳》，2:414-416。
51. 《鄧小平年譜》，1987年1月4日，2:1163。出席人員未列出。
52. 趙紫陽在，《改革歷程》194；陳小雅，《八九民運史》，1:174。
53. 陳小雅，《八九民運史》，1:174-175。
54. 趙紫陽，《改革歷程》，194。
55. 陳小雅，《八九民運史》，1:174.
56. 盛平編，《胡耀邦思想年譜》，1987年1月6日，2:1302；鄧力群，《鄧力群自述：十二個春秋》，415。
57. 趙紫陽，《改革歷程》，195。
58. 沙葉新，《良心胡耀邦》（香港東方時代，2015）。
59. 陳小雅，〈「倒胡」生活會〉，《八九民運史》，1:174-190。
60. 李銳，〈耀邦去世前的談話〉，Aisixiang Network, July 13, 2014, https://www.aisixiang.com/data/20900.html。
61. 陳利明，《胡耀邦傳》，2:419-425；陳小雅，《八九民運史》，1:175。
62. 鄧小平那篇長篇抨擊的講話內容，詳見於鄧力群，《鄧力群自述：十二個春秋》，417-443。
63. 陳小雅，《八九民運史》，1:177。
64. 高勇，〈從來歷史非欽定自有實踐驗偽真〉。

65. 孫長江，〈趙紫陽口述其與胡耀邦的關係〉。

66. 趙紫陽，《改革歷程》，198-199。

67. 阮銘，〈鄧小平政變，趙紫陽發言尖銳〉, Aboluowang, January 15, 2009, http://www.aboluowang.com/2009/0115/116493.html;DengLiqun*Autobiography*,445.

68. 陳小雅，《八九民運史》，1:181-182.；楊（有人認為他意圖問鼎軍委）將其講話散發給高層軍方將領閱讀，但內容過於激烈，以至於鄧小平下令他收回該文件。

69. 陳小雅，《八九民運史》，1:186。

70. 盛平編，《胡耀邦思想年譜》，1987年1月16日，2:1307。

71. 楊繼繩，〈追憶朱厚澤〉，HYBSL, May 10, 2012, http://w.hybsl.cn/article/13/29679。

72. 滿妹，《思念依然無盡：回憶父親胡耀邦》，473。

73. 鄧力群，《鄧力群自述：十二個春秋》，446；盛平編，《胡耀邦思想年譜》，1987年1月16日，2:1307；陳利明，《胡耀邦傳》，2:433。

74. 楊繼繩，〈追憶朱厚澤〉。

75. 陳小雅，《八九民運史》，2:209-211；趙紫陽，《改革歷程》，216-217。

76. 吳稼祥，《中南海日記》，242。

77. 楊繼繩，〈追憶朱厚澤〉。

78. 吳稼祥，《中南海日記》，301-303。

79. 這七位成員皆為「老幹部」，包括楊尚昆、薄一波、姚依林、王震、宋任窮、吳修權與高揚，其中多數與陳雲的關係較鄧小平更為親近。見《鄧小平年譜》，1987年2月4日，2:1167。

80. 李劼，〈論八十年代改革悲劇〉, May 27, 2020, https://yibaochina.com/?p=238621."LiJie"isapseudonym.

81. 盛平編，《胡耀邦思想年譜》，1987年「2月上旬」，2:1317。

82. 盛平編，《胡耀邦思想年譜》，〈年初〉，1987年，2:1317；張等，《胡耀邦傳》，3:958。

83. 張黎群，〈胡耀邦最後的二十七個月〉，Aisixiang Network, February 27, 2013, www.aisixiang.com/data/61598.html.

84. 盛平編，《胡耀邦思想年譜》，1987年1月至2月，2:1316-1317。

85. 鄧力群，《鄧力群自述：十二個春秋》，447。

86. 陳小雅，《八九民運史》，2:215-216。

87. 陳小雅，《八九民運史》，2:215。

88. 鄧力群，《鄧力群自述：十二個春秋》，446-454。

89. 趙紫陽，《改革歷程》，221-222。

90. 陳小雅，《八九民運史》，2:217。
91. 趙紫陽，《改革歷程》，234。
92. 繼盛，《中國改革年代的政治鬥爭》，317。
93. 陳小雅，《八九民運史》，2:218。
94. 吳偉，〈中共十三大報告起草過程述實〉，HYBSL, April 28, 2014, http://w.hybsl.cn/article/13/45980。
95. 陳小雅，《八九民運史》，2:221。
96. 陳小雅，《八九民運史》，2:219-220。
97. 趙紫陽，《改革歷程》，233。
98. 繼盛，《中國改革年代的政治鬥爭》，287。
99. Jaime FlorCruz, "What Would China Look Like Today Had Zhao Ziyang Survived?," ChinaFile, August 18, 2016, https://www.chinafile.com/conversation/what-would-china-look-today-had-zhao-ziyang-survived.
100. 吳偉，〈中共十三大前後的政治體制改革〉，*Leader,* December 2011, https://www.aisixiang.com/data/49946.html。
101. 盛平編，《胡耀邦思想年譜》，1987年10月，2:1326。
102. 李銳，〈耀邦去世前的談話〉；另見王大明，〈鄧小平打橋牌與胡耀邦爭冠軍〉, *Duowei News,* August 19, 2014, http://wap.sinoca.com/news/china/2014-08-20/357071.html.
103. 滿妹，《思念依然無盡：回憶父親胡耀邦》，3-4。
104. 盛平編，《胡耀邦思想年譜》，1988年1月至2月，2:1335–1337；劉崇文，〈胡耀邦和我談下臺前後〉，Aisixiang Network, July 2, 2014, https://www.aisixiang.com/data/75989.html。
105. 盛平編，《胡耀邦思想年譜》，1988年5月15日至19日；「5月下旬」，2:1338-1339。
106. 高皋，《鄧小平胡耀邦趙紫陽：三頭馬車時代》280。
107. 陳小雅，《八九民運史》，2:228-232；盛平編，《胡耀邦思想年譜》，1988年5月19日，2:1339。
108. 盛平編，《胡耀邦思想年譜》，1988年6月，2:1340。
109. Central Leadership Database，〈中國共產黨大事記〉，9月下旬相關條目，http://cpc.people.com.cn/GB/64162/64164/4416138.html。
110. 盛平編，《胡耀邦思想年譜》，1988年9月12日，2:1346。
111. 陳小雅，《八九民運史》，2:228-230。
112. 盛平編，《胡耀邦思想年譜》，1988年9月26日至30日，2:1348。
113. 趙紫陽，《改革歷程》，257-261。
114. 盛平編，《胡耀邦思想年譜》，1988年11月10日至11日，2:1349。

115. 錢江，〈青山綠水總關情：胡耀邦遊覽張家界〉，HYBSL, February 13, 2014, http://w.hybsl.cn/article/11/109/44703。
116. 錢江，〈青山綠水總關情：胡耀邦遊覽張家界〉。
117. 劉崇文，〈胡耀邦和我談下臺前後〉。
118. 盛平編，《胡耀邦思想年譜》，1988年「11月下旬」，2:1356。
119. 鄧力群，《鄧力群自述：十二個春秋》，482-484。
120. 盛平編，《胡耀邦思想年譜》，1988年「11月下旬」，2:1356。
121. 盛平編，《胡耀邦思想年譜》，1988年「12月中旬」，2:1358。
122. 劉崇文，〈胡耀邦逝世前半年的心態〉，HYBSL, September 23, 2009, http://w.hybsl.cn/article/11/110/16329。
123. 劉崇文，〈胡耀邦逝世前半年的心態〉。
124. 陳小雅，《八九民運史》，2:238-240。
125. 劉崇文，〈胡耀邦逝世前半年的心態〉。
126. 劉崇文，〈胡耀邦逝世前半年的心態〉。
127. 鄭仲兵編，《胡耀邦年譜資料長編》，1989年3月20日條目。
128. 盛平編，《胡耀邦思想年譜》，1989年3月26日，2:1367。
129. 李銳，〈耀邦去世前的談話〉；盛平的《胡耀邦思想年譜》對李銳文章的要點進行了摘要，並附有解說註釋，見第2卷，第1369-1371頁。
130. 李銳，〈耀邦去世前的談話〉。
131. 滿妹，〈父親胡耀邦的最後七天〉，摘自《思念依然無盡：回憶父親胡耀邦》，https://www.sohu.com/a/271037500_100123653。

第十章

1. 滿妹，《思念依然無盡：回憶父親胡耀邦》，485。
2. 徐慶全，〈耀邦「脫敏」過程〉，Aisixiang Network, September 16, 2014, http://www.aisixiang.com/data/77976.html。
3. 匿名，〈25年前，炎黃春秋這樣誕生在地下室〉, China News Digest, July 26, 2017, http://hx.cnd.org/2016/07/26/25年前，炎黃春秋這樣誕生在地下室/。
4. 衛毅，〈杜導正：兩頭真的春秋〉Southern People Weekly, November 2, 2011, https://grjs770237233.wordpress.com/2021/11/02/杜導正：兩頭真的春秋/。
5. 杜導正，〈炎黃春秋的春秋〉，《炎黃春秋》，July 2001。
6. 徐慶全，〈耀邦「脫敏」過程〉。

7. 徐慶全，〈文人將軍蕭克〉，HYBSL, November 21, 2013, http://w.hybsl.cn/article/13/42751。
8. 杜導正，〈炎黃春秋的春秋〉。
9. 該四卷本中的前兩卷於1999年出版，後兩卷則於2001年出版。參見張宛佳，〈胡耀邦傳寫作經過〉，March 23, 2016, https://www.sinovision.net/home/space/do/blog/uid/31319/id/280831.html。
10. 張宛佳，〈胡耀邦傳寫作經過〉。
11. 滿妹，《思念依然無盡：回憶父親胡耀邦》，525-526。
12. Joseph Fewsmith, "The Succession That Didn't Happen," *China Quarterly* 173 (March 2003):1-16.
13. 廖大文，〈中國共產黨的四項權力工具〉，摘自《中國：2030年》一文中的未分類章節，為美國國防部淨評估辦公室於2015年委託撰寫的研究報告，第250–277頁，經作者授權引用。文章指出，中共內部的權力機構分工如下：羅干與周永康掌控政法委，劉雲山負責宣傳系統，王剛領導中央辦公廳，賀國強主管組織部。
14. 林和立（Willy Wo-lap Lam），〈胡錦濤在維穩壓力下強化權力〉，刊於《中國簡報》（China Brief）第5卷第19期，2005年9月13日，網址：https://jamestown.org/program/hu-boosts-power-as-he-scrambles-to-maintain-social-stability。
15. 于光遠，〈揭秘：周恩來與胡耀邦訃告都少了什麼評語？〉，《大公報》（香港）, May 29, 2014, http://sinofo.com/m/view.php?aid=12880。
16. Xinhua News Service，〈中共中央舉行座談會紀念胡耀邦誕辰90週年〉, November 18, 2005, http://news.sina.com.cn/c/2005-11-18/18207477868s.shtml.
17. Xinhua News Service，〈曾慶紅在紀念胡耀邦誕辰90週年座談會上的講話〉, November 18, 2005, http://dangshi.people.com.cn/n/2013/0412/c85037-21118362.html.
18. 張宛佳，〈胡耀邦傳寫作經過〉。
19. 郝懷明，〈耀邦指導我們起草中央文件〉，《炎黃春秋》，November 2005.
20. 田紀雲等，〈我們心中的胡耀邦：紀念胡耀邦同志九十誕辰〉，《炎黃春秋》，November 2005, http://w.hybsl.cn/article/11/109/10277。
21. 田紀雲，〈胡耀邦是共產黨人的良心〉，《炎黃春秋》，November 2005.
22. 徐慶全，〈耀邦「脫敏」過程〉。
23. 胡啟立，〈我心中的耀邦〉，《炎黃春秋》，December 2005。
24. 丁小，〈胡耀邦紀念網站開通〉，《自由亞洲電台》，May 17, 2006, https://www.rfa.org/mandarin/yataibaodao/huyaobang-20060517.html.
25. 該網站的〈背景與分析〉專區彙整了來自中國大陸多家雜誌與網站的歷史類文章，作為研究資源與觀察中國政治氣候的風向指標，具有特別價值，見HYBSL, http://www.hybsl.

cn/。

26. 胡德平，〈中國為什麼要改革：回憶父親胡耀邦〉（香港中和出版社，2009）。
27. 馮蘭瑞，〈精神文明決議：擦肩而過的遺憾……〉，《炎黃春秋》，March 2009。
28. 李銳，〈向胡耀邦學習：胡耀邦傳序言〉，《炎黃春秋》，April 2009。
29. 林和立，〈胡錦濤選定第六代核心領導人〉，《中國簡報》，2009年5月15日，網址：https://jamestown.org/program/hu-jintao-picks-core-sixth-generation-leaders/；另見林和立，〈共青團派雖在黨代會受挫，仍保持影響力〉，《中國簡報》，2012年11月30日，網址：https://jamestown.org/program/communist-youth-league-clique-maintains-clout-despite-congress-setback/。
30. Joseph Fewsmith, "Authoritarian Resilience Revisited," *Journal of Contemporary China* (September 23, 2018):167-179.
31. Benjamin Kang Lim (Reuters), "Analysis:China's Mission Impossible:A Date for Hu's Military Handover," November 5, 2012, https://www.reuters.com/article/us-china-military/analysis-chinas-mission-impossible-a-date-for-hus-military-handover-idUSBRE8A407020121105. Also Peter Mattis, "Hu Jintao's Doubtful Future on the Central Military Commission," *China Brief*, August 17, 2012, https://jamestown.org/program/hu-jintaos-doubtful-future-on-the-central-military-commission/.
32. "Bo Xilai Scandal:Timeline," *BBC News*, November 11, 2013, https://www.bbc.com/news/world-asia-china-17673505.
33. Cheng Li李　成 , "Rule of the Princelings," August 2013, https://www.brookings.edu/articles/rule-of-the-princelings/.
34. Chris Buckley, "Exclusive:China President-in- Waiting Signals Quicker Reform:Sources," *Reuters*, September 7, 2012, https://www.reuters.com/article/us-china-politics-xi/exclusive-china-president-in-waiting-signals-quicker-reform-sources-idUSBRE8860BI20120907.
35. Edward Wong and Jonathan Ansfield, "Many Urge Next Leader of China to Liberalize," *New York Times*, October 21, 2012, https://www.nytimes.com/2012/10/22/world/asia/many-urge-chinas-next-leader-to-enact-reform.html.
36. 匿名，〈習近平胡德平政改談話內幕曝光18大後或平反胡耀邦〉，*Epoch Times*, September 26, 2012, http://www.epochtimes.com/gb/12/9/26/n3691507.htm。
37. 習近平，〈恪守憲法原則弘揚憲法精神履行憲法使命……〉，演講發表於2012年12月4日，摘要刊載於新華網，http://jhsjk.people.cn/article/19791897。
38. 《炎黃春秋》編輯部，〈憲法是政治體制改革的共識〉，《炎黃春秋》，January 2, 2013, https://www.bbc.com/zhongwen/simp/chinesenews/2013/01/130104yanhuang_editorial。
39. Deutsche Welle (Chinese service)，〈炎黃春秋網被關閉：習李「新政」受考驗〉，January 4,

2013, https://www.dw.com/zh/炎黃春秋網被關閉-習李新政受考驗/a-16498907, accessed November 12, 2014，網址已失效。

40. 蘇仁彥，〈胡耀邦子女與習近平決裂〉，Open Network (Hong Kong), August 10, 2013, https://botanwang.com/node/13284.
41. “Document 9: A ChinaFile Translation: How Much Is a Hardline Party Directive Shaping China's Current Political Climate?” November 8, 2013, http://www.chinafile.com/document-9-chinafile-translation.
42. 匿名，〈關於當前意識形態領域情況的通報〉, https://chinadigitaltimes.net/chinese/2013/08/自由微博-網傳9號檔原文/.
43. 駱亞，〈胡德平「拚了」三代常委遭「大革命」警告〉，Epoch Times, August 12, 2013, http://www.epochtimes.com/gb/13/8/11/n3938662.htm.
44. 胡德平，〈破解舊制度與大革命之問〉, http://w.hybsl.cn/article/10/102/39485.
45. 習近平，〈言論方面要敢抓敢管敢於亮劍〉，發表於2013年8月19日，轉載自中國數字時代，2013年11月4日，https://chinadigitaltimes.net/chinese/321001.html。
46. 喬龍，〈炎黃春秋高層掀辭職風波，胡德平尚未承諾任社長〉，自由亞洲電台獨家報導，2014年11月7日，網址：https://www.rfa.org/mandarin/yataibaodao/meiti/ql2-11072014102954.html。
47. 丁東，〈我在炎黃春秋的最後一程〉，《明報月刊》，http://hx.cnd.org/2017/01/02/丁東：我在炎黃春秋的最後一程/。
48. 丁東，〈我在炎黃春秋的最後一程〉。
49. 丁東，〈我在炎黃春秋的最後一程〉。
50. 丁東，〈我在炎黃春秋的最後一程〉。
51. 楊一帆，〈杜導正發公告正式宣佈「炎黃春秋」停刊〉，*Epoch Times*, July 18, 2016, http://www.epochtimes.com/gb/16/7/18/n8112434.htm.
52. Jun Mai, “‘Leftist Takeover’ at Chinese Liberal Leading Light Yanhuang Chunqiu,” *South China Morning Post*, August 16, 2016, https://www.scmp.com/news/china/policies-politics/article/2004292/leftist-takeover-chinese-liberal-leading-light-yanhuang.
53. 朱洪蕾，〈揭秘官方如何紀念已故國家領導人〉, *China News Network*, August 17, 2017, http://news.ifeng.com/a/20170817/51662762O.shtml。
54. 匿名，〈胡德平：中央對胡耀邦百年誕辰活動已有鄭重安排〉，中青線上（China Youth Online）, April 16, 2015, http://news.sina.com.cn/c/2015-04-16/083731724078.shtml。
55. 匿名，〈前中共總書記胡耀邦親屬要求「公平結論」〉，*Voice of America*, April 15, 2015, https://www.voacantonese.com/a/hu-yaobang-will-be-honored-by-the-party-20150415/2719745.html。

56. 王海光，〈如何研究胡耀邦〉，《炎黃春秋》，November 2015, https://www.aisixiang.com/data/94126.html。
57. 《環球時報》社論，〈歷史沉澱之後，留下對胡耀邦敬意〉，發表於2015年11月18日，網址：http://opinion.huanqiu.com/editorial/2015-11/8000273.html（已於2019年2月28日存取，但現已失效）。
58. 儀式影片網址：http://news.sina.com.cn/c/nd/2015-11-20/doc-ifxkwuwx0254335.shtml。
59. 匿名，〈習近平在紀念胡耀邦同志誕辰100週年座談會上的講話〉，新華網，November 20, 2015, http://www.xinhuanet.com/politics/2015-11/20/c1117214229.htm.
60. 楊繼繩，〈鄧胡趙體制自相矛盾注定失敗〉，Aboluowang News, March 16, 2015, https://www.aboluowang.com/2015/0316/528630.html。
61. 徐慶全，〈「八老」與1980年代政治格局〉。
62. 鄭仲兵編，《胡耀邦年譜資料長編》，1986年8月18日至19日條目。
63. 趙紫陽，《趙紫陽，改革歷程》257-265。
64. See Robert Suettinger, *Beyond Tiananmen:The Politics of US-China Relations* (Brookings Institution, 2003), chap. 4.
65. Joseph Fewsmith, "The 16th Party Congress:Implications for Understanding Chinese Politics," *China Leadership Monitor* 5 (Winter 2003), https://www.hoover.org/research/16th-party-congress-implications-understanding-chinese-politics.
66. Verna Yu, "Son of Reformer Hu Yaobang Rues Lost Chance for Change, 25 Years after His Father's Death" *South China Morning Post*, April 14, 2014, https://www.scmp.com/news/china/article/1482513/son-reformer-hu-yaobang-rues-lost-chance-change-25-years-after-his-death.
67. 習近平，〈習近平「我還能怎麼樣？」的內部談話〉，《前哨月刊》（香港），2013年4月，阿波羅新聞網於2013年4月25日上線發表，網址：http://tw.aboluowang.com/2013/0425/301625.html。《前哨月刊》曾是觀察中國大陸政治動態的熱門刊物，但現已停刊。該篇習近平談話內容無法由其他來源加以證實，但具備若干真實性特徵。
68. Jack Goodman, "Has China Lifted 100 Million People out of Poverty?," *BBC News*, February 28, 2021, https://www.bbc.com/news/56213271.
69. 王仲方，〈耀邦與我的兩次談心〉，《炎黃春秋》，July 2005。

國家圖書館出版品預行編目(CIP)資料

胡耀邦：從國共內戰到天安門事件(1915-1989)/蘇葆立(Robert L. Suettinger)作；林瑞譯. -- 初版. --
[新北市]：黑體文化, 左岸文化事業有限公司出版：遠足文化事業股份有限公司發行, 2025.06
面； 公分. -- (黑盒子；43)
譯自：The conscience of the party : Hu Yaobang, China's communist reformer.
ISBN 978-626-7705-27-8(平裝)

1.CST: 胡耀邦(Hu, Yaobang) 2.CST: 傳記

782.886 114005992

黑體文化

讀者回函

黑盒子 43

胡耀邦：從國共內戰到天安門事件（1915-1989）
The Conscience of the Party: Hu Yaobang, China's Communist Reformer

作者・蘇葆立（Robert L. Suettinger）｜譯者・林瑞｜責任編輯・龍傑娣・涂育誠｜封面設計・林宜賢｜出版・黑體文化／左岸文化事業有限公司｜總編輯・龍傑娣｜發行・遠足文化事業股份有限公司｜電話・02-2218-1417｜傳真・02-2218-8057｜客服專線・0800-221-029 ｜客服信箱・service@bookrep.com.tw ｜官方網站・http://www.bookrep.com.tw｜法律顧問・華洋法律事務所・蘇文生律師｜印刷・中原造像股份有限公司｜排版・菩薩蠻數位文化有限公司｜初版・2025年6月｜定價・700元｜ISBN・9786267705278・9786267705254（EPUB）・9786267705261 (PDF)｜